【广东省马克思主义理论研究文库】

本研究系国家社科基金项目
马克思主义中国化研究九十年学术史撮要 [08BKS011]之最终成果

马克思主义中国化学术史

周全华　著

MAKESI ZHUYI ZHONGGUOHUA
XUESHUSHI

SPM
南方出版传媒
广东人民出版社
·广州·

图书在版编目（CIP）数据

马克思主义中国化学术史 / 周全华著．—广州：广东人民出版社，2018.12（2023.1重印）
（广东省马克思主义理论研究文库）
ISBN 978-7-218-13035-4

Ⅰ．①马…　Ⅱ．①周…　Ⅲ．①马克思主义—发展—研究—中国　Ⅳ．①D61

中国版本图书馆 CIP 数据核字（2018）第 145531 号

MAKESI ZHUYI ZHONGGUOHUA XUESHUSHI
马克思主义中国化学术史
周全华　著

出 版 人：肖风华

责任编辑：卢雪华　伍茗欣
封面设计：李桢涛
责任技编：吴彦斌　周星奎

出版发行：广东人民出版社
地　　址：广州市大沙头四马路 10 号（邮政编码：510199）
电　　话：（020）85716809（总编室）
传　　真：（020）83289585
网　　址：http://www.gdpph.com
印　　刷：河北飞鸿印刷有限责任公司
开　　本：787mm×1092mm　1/16
印　　张：25.25　**插　页：**1　**字　数：**360 千
版　　次：2018年12月第1版
印　　次：2023年1月第2次印刷
定　　价：75.00元

目　　录

第二篇　马克思主义中国化第一次飞跃的完成与新的探索

绪 论

马克思主义中国化问题，境内外的历来研究可归纳在如下一些课题上：

一、1. 以马克思主义观点认识中国国情和中国革命的性质、动力、对象和战略，对历史上几次教条主义偏差的研究和再研究（认识上和实践中的错误）；2. 马克思主义中国化与吸收中国传统文化的关系；3. 对著名研究者如胡乔木、胡绳等的研究工作的个案研究；4. 马克思主义中国化的基本经验、特征、方法、规律；5. 马克思主义中国化的价值意义及其与当代中国、中华民族的关系。

二、研究马克思主义中国化之历史过程。1. 马克思主义中国化的必然性与可能性，中国革命最终选择马克思主义的深层原因；2. 马克思主义在中国运用中的教条主义和经验主义问题及正确的结合原则——解放思想、实事求是；3. 中国马克思主义产生、形成、发展的历史；4. 中国化马克思主义的时代背景、历史条件、物质条件（阶级基础）、实践依据、理论前提、文化渊源；5. 中国化马克思主义对马克思主义的发展创新。

三、研究马克思主义中国化之理论产物。1. 马克思主义中国化两大理论成果的体系、内涵、精髓、哲学基础之界定；2. 中国化马克思主义的性质、理论地位、历史贡献、世界影响、功能价值（实践指导、规律揭示、道路开创、社会整合、民族凝聚、传统继承、文化创新）之研究；3. 两大理论体系之关系；4. 中国化马克思主义与原典马克思主义、列宁主义及斯大林理论的关系之厘清；5. 几代领导人理论上的个人贡献。

上述已有的大量研究，构成学术史得以成立的条件和梳理评估的对象。学术史的研究对象不是“马克思主义中国化”，而是“马克思主义中国化之研究”。本研究是将各个时期各种专门的研究及散见于其他研究中一些专论，以时间向度为线，以中国境内的研究为主，撮要串起一个“马克思主义中国化研究”的学术史，并联系时代和当时社会的政治经济文化诸条件及各种思潮的消长之背景，对代表性的研究者及其有影响的成果加以评析，揭示学术史不同发展阶段各学术理念、学术观点、评估价值标准、研究方法、理论基础、学术族群所发生的变化，及这些研究对社会政治历史文化的影响，并试图从学术史的角度概括 90 多年来“马克思主义中国化”之研究的基本经验及特点。

为厘清学术史的基本对象，先得进行一个“概念族群”的清理。重新梳理这些相近概念之间关系的做法，一是取众说中较合理的一说略加演绎，二是为研究方便而自行的界定。按近年最一般的概括，“中国化马克思主义”的内涵为如下三条，可一并图示如下：

马克思主义理论与中国实践相结合
↗1. 实践运动→实践产物→产生党和国家等政治实体、制度、政治文化等
→2. 理论运动→理论产物→
↗移植马克思主义基本原理而取得的中国形式
→概括中国共产党实践经验而取得的创新理论
↘融合中华民族优秀思想而成的中国特色理论

广义的“马克思主义中国化”，包括实践运动和理论自身运动这两个运动。多数学者持此论，认为其与“马克思主义理论与中国实践相结合”运动等值。包括两个运动过程：一、马克思主义“化”中国，即实践主体运用其立场（价值体系）、观点（世界观、历史观）、方法（实事求是科学方法）于改造社会的实践；二、中国“化”马克思主义，即实践主体对马克思主义的移植（解读、选择、调整）、运用（具体化为民族形式及内容、实践化为政纲、政策、策略）、创新（概括实践经验上升为新理论形态）。

狭义的“马克思主义中国化”，仅指理论自身的中国化，因此仅指理论自身的运动，即“中国‘化’马克思主义”。我们取此义，以便学术史的展开。狭义就限定“马克思主义中国化”为一个理论运动，一个

思想史进程，而中国马克思主义则是这个理论运动（及实践运动）的产物、结果。这样就可以排除广义所包含的实践运动及以其为对象的现实研究与历史研究，以与中共党史研究及其学术史相区别。

然而学术史的研究对象，却不就是这个理论运动本身及其产物，而是研究者对这个理论运动及其产物，曾进行过的“共时性、即时性研究”和后来继续着的“历史的、历时的研究”。学术史的研究对象就有一个严格区分：一是那些跟踪“中国化”理论运动而作的“共时性研究”；二是那些后续的站在新的时代高度的“历史的研究”。“历史的研究”：一是对前人研究过的历史问题的再研究，二是对历史提新问题作新研究。“历史的研究”归在研究者所在的时段，而不归在历史（研究对象）所在的时段来做考察。

学术史的研究对象还有必要作第二个限定。马克思主义中国化有两种研究范式：一是政治领袖在政治实践中研究“马克思主义如何运用、如何中国化”；二是学者对前者的政治实践与理论创新活动进行评价性、学术性研究，另外独立解释马克思主义及以之解释中国社会与文化。学界已有“现实化形态与学术化形态”“政治层面与学术层面的中国化”等诸多相近意思的概念，我们统概括为：“政治实践范式研究”与“文化学术范式研究”。

“政治实践范式研究”的主体，是毛泽东邓小平等中国革命与建设的实践者领导者；其研究目的是直接政治性的，是解决中国革命、建设中的实践问题；其研究内容是马克思主义在中国的移植、运用、创新及与民族文化的融合；其研究成果一是实践问题的解决，二是其共生成果、即“理论创新”成果。

“文化学术范式研究”的主体，有体制内的理论工作者和思想史学者，还有民间的及境外的学人。其研究目的亦不免政治性（各异的政治倾向），但他们都还抱负其学术目的。其研究内容是以前者的理论活动实践活动、马克思主义的中国解释为对象。其研究成果是对上述所有内容的理论解说。其研究在性质上有马克思主义的、非马克思主义的及反马克思主义的。

关于学术史结构。一、学术史以马克思主义倾向“学术性研究”的成果及杰出研究者为基本对象，兼及“实践性研究”者的相关理论活动及成果。同时回应“非马”“反马”倾向的学术性研究所提出的代表性的、有影响的理论观点，也回应马克思主义阵营中的不同观点。

二、考察的时段：“马克思主义中国化”的理论运动起于五四运动前后，“实践性研究”即起于同时，而“学术性研究”的一部分稍前于前者，另一部分稍后于前者。本课题即以五四前后为上限。由于“马克思主义中国化第二次飞跃”的理论运动至今仍在进行之中，对之进行跟踪的“即时性共时性研究”也在进行之中，而对已成历史的“第一次飞跃”所进行的“历时性研究”也还在进行之中，本课题即以当今为学术史考察的下限。

三、考察研究者族群及其所处历史环境：“实践性研究”者都是政治家，拟扩大队伍构成，以符合“集体智慧的结晶”的结论；各阶段的杰出学者；党的理论工作者；队伍庞大的院校研究者；民间研究者（含部分有志于此的离休老干部）；境外研究者（只取在中国产生影响者）。他们研究的动因、倾向、成果、影响（学术的与政治的）以及研究性社团的活动。

四、考察研究者所用的新方法新理论：如“移情”法、比较法、文本解释学方法、文化学方法、社会学方法、西马的意识形态理论方法等，评估其得失，以推进“马克思主义中国化研究”的全面繁荣和学科建设。

关于学术史的基本思路。学术史所考察的“马克思主义中国化”之研究活动，按学术自身发展特点划为四期。这与众所公认的“马克思主义中国化历史进程”的分期、及中共党史的分期，是略有不同的。

第一段：1918 年至 1938 年六届六中全会提出“马克思主义中国化”的命题之前，是研究的摸索阶段。划分“研究的摸索阶段”的理由是，遵义会议只解决了政治问题，而未解决思想路线和理论问题。“马克思主义中国化”于中国共产党全党而言尚在摸索之中，对其进行的研究也还处于自发状态。这一时期的研究有点“百家争鸣”，未达到后来的全党统一认识。主要围绕“主义有用无用”、“共产主义是否适合国情”、中国社会性质、中国革命性质、中国革命动力与对象、中国革命道路、马克思主义如何运用于中国等基本问题进行讨论。

第二段：1938 年至 1956 年，为研究的自觉阶段。这一分期是有歧见的，有人划到 1949 年，是以政权转移、新旧国家交替为分界线。也有划到 1953 年社会主义改造的起点，后来的左，虽可以追溯到这个“过早过急”过渡的开端，政策也发生了大的变化，但是毕竟社会转型还在推动之中，还没完成。而划线到 1956 年，是以社会主义体制的确立为界的，这是以社会形态的转换为分界线的，社会转型对中国的实际影响更大。划分“研究的自觉阶段”的理由是，党的六届六中全会第一次提出“马克思主义中国化”的命题，而提出这一命题的人又在这次全会上真正奠定了其领袖地位，这就标志这一理论运动进入全党的自觉状态。这一理论运动的产物毛泽东思想虽成熟于延安，但在中华人民共和国成立后继续发展，在理论上具有连续性，故不分开。对其的研究也进入自觉状态，其标志是集中宣传诠释毛泽东思想。

第三段：1956 年至 1978 年是对社会主义探索的曲折阶段。划分“研究的曲折阶段”的理由是对社会主义这一全新课题的探索有对有错。积极方面是 1956 年对苏联教训的反思、就《论十大关系》《关于正确处理人民内部矛盾问题》所提出的新问题进行讨论。这一时期的研究，侧重于对毛泽东思想的研习宣传、阐发注疏、编辑完善，及其产生条件、功能价值、历史地位和世界影响。后来的研究在中苏论战与“文化大革命”的背景下，“马克思主义中国化”运动自身在探索中发生了全局性偏差，产生了“无产阶级专政下继续革命”的错误理论和错误实践。对毛泽东思想的研究产生了科学态度与迷信态度的暗中论争；对“马克思主义中国化”运动出现的偏差，产生了抵制性的研究活动。但由于种种禁区的设置和研究条件的严峻，科学的研究转入低迷停滞状态（如张闻天的禁中著述、邓小平被迫离开中央领导岗位时期的思考、民间思想者的探索，都得不到公开表达）。

第四段：1978 至 21 世纪初以新时期为一个单元，这 30 年的研究，一是对“马克思主义中国化”第一次飞跃的深化研究，二是对第二次飞跃的建构式研究。之所以称为“建构式研究”，是指学者们不仅宣传诠释政治领袖的理论创新，而且直接参与理论创新，“政治实践性研究”与“学术性研究”双层推进马克思主义中国化，后者以马克思主义哲学中国化的成就为代表。新时期的和谐政治，是双层推进新局出现的前提。将第四阶段分为“深化研究阶段”与“建构式研究阶段”双线并进的理由是：在科学地深化地研究毛泽东思想即第一次飞跃的同时，发生了“马克思主义中国化”的第二次飞跃。这一阶段实际是分别对二次飞跃进行各自的研究，而且研究的目的也有所不同：前者是为着革命历史的合法性，后者是为着改革施政的合法性，论证二者的“一脉相承”则是为着执政的连续合法性。

伟大的思想解放运动打破了理论禁锢，出现“凡是”教条主义与“全盘否定”两种思潮之争，邓小平力主的科学评价，经拨乱反正之后，系统地体现于《关于建国以来党的若干历史问题的决议》，统一党内思想，给定了研究的准绳。对“马克思主义中国化”第一次飞跃的研究走向深化，先是集中于对失误的清理，后是出现一段时间的研究低潮，随后“毛泽东热”带起一个研究高潮。多角度多学科的研究如雨后春笋，尤其是境外的研究大规模译介进来。出现了许多新的研究领域，如以文化社会学理论，研究毛泽东思想与中国优秀传统文化的关系，研究西方的马克思主义如何能契合于东方文化等。

随着“马克思主义中国化”第二次飞跃的理论运动开始，党继八大前后的反思，再次反思，溯源原典，认识到出“修正主义”之前的苏联模式即有问题。邓小平理论、“三个代表”重要思想、科学发展观相继发展着中国特色社会主义理论体系。学者们不仅对之进行“共时性即时性研究”，而且直接参与理论创新，可以概括为“政治实践性研究”与

“学术性研究”双层推进的马克思主义中国化。

学术史梳理与评析以上四个时期学者的研究成果，并兼及中央权威文献中指导性的研究（如两个历史决议和一些重要决定）及领导人和著名研究者的研究性意见。对研究观点取先不取后，有全不取偏，取虽平但影响大的，取虽不彰但深刻独特的。取弃之间已是初步研究。理出其间渊源、承继、发展、微差、歧异，是进一步研究。从史的角度并联系当时研究条件，作出臧否品评，并引出该学术史发展的基本特征和规律性的东西，则是深度研究。

关于学术史的基本方法。写出一部材料堆积的学术史并不难，难在精当的、高屋建瓴式的评析，又更难在真正概括出自我期许的“基本特征和规律”。上个世纪末张静如先生编著“中国共产党史学史”，不少人以为怪，打趣说还可以加上无穷追尾的“史的史的史……”。现在在“马克思主义中国化进程史”之外提出“马克思主义中国化研究”学术史，人已不以为怪了，也有人零星的在做。因而敢斗胆来做一个系统的然而粗线条的勾勒，趁权威版本一统之前，出一个自己心得的学术史的框架，为以后大家登场作一个铺垫和纠谬之的，也算是一种新尝试吧。

学术史架构得以建立的方法论基础，是借鉴近年学界研究中所提出的新分析方法。不少学者认为马克思主义中国化可以依据“研究范式”的不同，在横向上划分为两个并存的“理论形态”。如此划分的权威依据，是胡乔木，他最早提到“政治性学术”一词。[①] 所以学者们据此将马克思主义中国化的理论形态分成两个：一个是“政治化理论形态”，指中国共产党将马克思主义理论转化为中国的政治实践，形成革命运动、路线方针政策、制度规范，而对之作理论概括所产生的中国化马克思主义。另一个是“学术化理论形态”，指中国马克思主义学者运用马克思主义理论批判中西文化学术，并以中国革命实践和中国化马克思主义理

① 郭建宁：《马克思主义中国化研究的历史、现状与方法论》，《毛泽东邓小平理论研究》2005 年第 5 期。

论自身作为反思对象，所产生的学术成果。因此学术史的研究重点是后者，以同众多研究“马克思主义中国化历史进程”的论著（他们主要是研究“政治化理论形态”）相区别。

也有学者分为“现实化形态”与“学术化形态”。“现实化形态”理论，依赖中国共产党的领导地位和改造中国的社会实践，在政治交往领域形成。“现实化形态”理论是直接指导政治实践的，理论的研究与政策研究是一体的。而“学术化形态”理论则是运用学术研究的方法，遵循学术规范，在学术交往领域形成。“现实化形态”理论遵循政治权威性原则，“学术化形态”理论要求学术自由性原则。

也有学者分为“政治性意识形态研究”和“学术性意识形态研究”。“政治性意识形态研究”寻求“正统”性和一统性，这种研究倾向突出体现于以前对毛泽东思想的研究中，以及长期局限于苏联教科书体系框架下研究马克思主义。“学术性意识形态研究”具开放性特征，它向所有的马克思主义文本开放，包括：西方马克思主义的文本、中国以外的共产党领导人和理论家的文本、外国共产党人以外的活动家或理论家的文本。

也有学者将马克思主义中国化的两个层面称为：“实践诠释”与“学理解读”，或“政治层面研究”与“学术层面研究”。政治层面的中国化，是指马克思主义作为政治意识形态的中国化，是化为中国共产党的指导思想。而学术层面的中国化，是指中国学者以马克思主义批判吸收西方文化和中国传统文化，建立中国特点的马克思主义人文学术和实现马克思主义在文化层面的中国化。并认为政治层面的中国化已经取得了重大的成就，而学术层面的中国化却尚未取得令人满意成果。

也有人分为：“政治意识形态领域”途径与“学院派学术领域”途径。前者是对中国革命和建设的实践经验的总结和概括；后者是指马克思主义哲学、政治学、经济学等社会学科的中国化。也有叫做“党的理论化路径”和“学术化路径”的。后者虽不具备前者那样的直接实践能力，但也有它的独立功能，这就是对前者的科学性、合理性、合法性进行反思。

本学术史将以上诸家之见概括为下面两种研究范式：一是“政治实践范式研究”，它是一种“即时性共时性研究”，是一种“学以致用”性的研究，与“马克思主义中国化”运动同时出现，并同步发展，命运相连，其研究主体有严格的规定性，主要是中国化马克思主义的创造者和实践者。二是“文化学术范式研究”，其研究主体没有“资格”限制，可以是各种政治倾向的学者。它可以是“即时性共时性研究”，也可以是“历史的历时的研究”，即可以自由选择研究当前问题或已成为历史的问题。学术路径之中又以研究对象不同而分两类：一是研究马克思主义政治理论与中国现实政治相结合，以同政治领袖的研究相呼应，并也直接研究政治领袖的实践活动和理论创新活动、如对中国化马克思主义的研究。二是研究马克思主义的人文学术与中国传统学术的对接，力图实现马克思主义学术中国化。后者稍前、而前者稍后于马克思主义中国化运动的出现，且并不与马克思主义中国化运动严格同步，另有自己的独立发展轨道（如前苏联的马克思主义实践运动已经告一段落，但俄罗斯学者仍在对其历史进行学术的和学术史的研究），服从学术史的发展规律。

学术史遵循“两种理论形态”“两种研究范式”的基本理论方法和分析方法，才得以确定所研究的基本内容。这也决定学术史搜集资料的范围与方法是：一、“实践范式研究”者，即政治领袖，我们只“涉及”他们推进“马克思主义中国化”的理论研究活动（因这种研究已经很多，不再重复之），而不涉政治实践活动。二、“学术范式研究”者，即党内外学者，其中老辈学者对政治领袖理论活动所进行的研究、及他们独立对马克思主义的研究和解释，是我们研究的重点，并要收入较有名的学者的生平资料。三、今天的学者对历史上政治领袖理论活动的重新研究，不纳入过去历史阶段的学术史中，而放在今天的研究评述中。但进行过去历史阶段的学术史研究时，要参考之，可以加深对当时历史背景、理论运动、研究活动的理解。而且宜先读，以取得最新观点去看过去的研究。四、今天学者对老辈学者学术成果的研究，即可视其为我们这部学术史的参与者，我们拟直接采纳其成果（当然要标明其贡献），或不同意而在书中与之商榷。

本书注重学术史意识，只取那种能揭示马克思主义理论在学术上有实质性创新突破的文章。有的文章只是论证某理论“是”或者“符合”马克思主义或历史唯物主义，无甚学术价值。有的文章虽论证它“发展”了马克思，但其未准确说出在哪点上发展了，或把未发展处也说成是发展了，此无可取，只有实质性的讨论才能进入学术史。

本书注重问题意识，但防止陷于假问题之争。如关于在中国是哪个阶级更早“传播”马克思主义的争论就是一个假问题，因为史实是明确而无须争论的，而且双方对这个史实的认识是完全一致的。争论实际上是对“传播”一词的解释：一方认为“传播”是“介绍”之意，因此是中国资产阶级更早传播了马克思主义；一方认为“传播”是“宣传”和“主张”之意，因此中国资产阶级不是传播马克思主义，而且是误解和歪曲马克思主义。双方因“传播”与“未传播”而上纲到如何看待资产阶级。其实这种语义之争毫无学术史价值，学术史不能给这种“学术研究”以地位。既然“传播”一词含糊，会给研究工作带来一个“假问题”，所以避开这种无意义争论的办法，就是不用习以为常“传播”一词，而用“介绍”和“宣传”。“介绍”是中性的，可以是客观中立性的介绍，也可是否定性的介绍，还可以是有保留的肯定性的介绍、如孙中山特别是其在联俄联共时期。而“宣传”则是积极推动的，只能是肯定性的。其中又分：同情性肯定，积极性主张，信仰性的“生死以之”①。但是要从学术理解的深浅来说，未必一个没文化的工人的理解会比孙中山的理解更深，但是工人信仰马克思主义而后者不信仰。

---

① 典出林则徐诗句“苟利社稷生死从，岂因祸福驱避之”。（当年汪道涵书赠江泽民北上就职。）

再如一些对“海外研究”述评的论著，通篇只是辩论中国特色社会主义理论是发展还是“偏离”了毛泽东思想、是继承了中华优秀文化还是“封建儒家文化”、是实事求是还是“实用主义”、是特色社会主义还是“变相资本主义”等。这当然有政治意义，但在学术上只能算是假问题的争论，因为双方并无事实判断实证问题上的异见，只是话语口水之争。

学术史的次一级的研究方法，主要是文献学的方法，通过取弃让文献说话。另外，马克思的意识形态理论是一个重要理论方法，作价值规范理论研究与科学理论研究的区分是必要的。历史学与思想史方法是基本的分析方法。文化学关于文化的移植与融合之可能性、条件与途径、规律与方法的理论，也可以作为辅助的分析工具。还有比较研究法，如“官学”“学院派”“民间学”的比较、俄“汉学”与西“汉学”的比较。某些地方还可以用到统计学。

划分框架原则：四大时段是按历史逻辑处理的，是学术史基本框架，而每一大时段内部的小框架，则主要按问题、专题、即理论逻辑来分，不拘泥时间。因为这些专题有不少在时间上是并行的、交叉的。只有一些叙事性节段可按时间逻辑来分。为说清一个问题是可以打破时间界限的，即使打破四大时段的框架也是可以的。比如安排在1978—2008年大时段才写的文化学专题，就可以向前延伸到1918年前，而向后可以说到21世纪。再如1918—1938年大时段的有些大、小问题也可交代到21世纪，如李达的主要贡献是在中华人民共和国成立前宣传马克思主义，而大跃进和“文革”前夕对错误路线抵制只是个人人格光辉，而并未发生什么政治的和历史的影响，可以在写中华人民共和国成立前贡献时拉一个尾巴：交代他后来以生命抵制“文革”错误及死后到21世纪仍有文章在称颂他的精神。当然写1957—1978年大时段，作为极左盛行时黑暗中的一点亮色，也可以再次提一下李达，但他的主要活动应在中华人民共和国成立前了结。

由于我们所接触到的材料有限，我们必定会遗漏许多有价值的研究，又由于我们这个学术团队的理论素养有限，我们还会忽略了一些真正有价值的研究，甚至不仅昧于识珠而且可能鱼目混杂。所以在这里特别声明，这还称不上是一部真正的学术史，而是本着“有比无好”的理由来勉力为之的一个试验产品，以俟来者总成全面公允的学术史。

第一篇
中国化马克思主义的肇始与发展

1918 年至 1938 年党的六届六中全会提出“马克思主义中国化”的命题，这是马克思主义中国化的萌动到中国马克思主义生成的阶段。这阶段的特征是马克思主义进入中国之后沿双线与中国实际结合：一方面参与中国革命实践，导致政治理论、纲领、方针政策上的探索，一方面介入中国文化学术，引发一系列学术论争。正是这种双重介入，马克思主义开始了中国化的进程。这一时期马克思主义政治理论的中国化，是由中国共产党的革命实践来进行探索的，这是中国马克思主义生成的主要条件，也是中国马克思主义人文学术生成的社会政治背景和思想理论动力。中国共产党在革命实践中逐步解决中国革命的基本问题：中国民主革命纲领问题、与资产阶级的统一战线问题、无产阶级领导权问题、农民主力军问题、中国革命道路问题。农民问题是中国革命问题的中心，解决农民土地问题、对农民思想教育，引导农民这一特殊社会群体从革命的“边缘”走入革命的“中心”，从社会改造的“客体”变成改造社会的“主体”，从无产阶级的“同盟军”变成“主力军”，是一个理论难题。马克思恩格斯认为农民属于“前资本主义”的生产关系，是“一种过去的生产方式的残余”①。尽管“农民到处都是人口、生产和政治力量的非常重要的因素”，但是农民“同资产阶级作斗争，都是为了维护他们这种中间等级的生存，以免于灭亡。所以，他们不是革命的，而是保守的。”② 他们是将农民定位于未来的社会主义革命，而列宁却别具慧眼发现农民参加民主革命的积极性，“任何反对中世纪制度的农民革命都是资产阶级革命”③。共产国际认为中国革命“全部政策的中心乃是农民问题”，进行“反对封建主义残余的农民土地革命。只有把占中国人口大多数的农民，即小农吸引到运动中来，中国革命才能取得成功”④。毛泽东在领导农民运动的实践中认识到农民群众中蕴含着积极、迅猛的革命热情。他说：“农民问题乃国民革命的中心问题，农民不起来参加并拥护

---

① 《马克思恩格斯选集》第 4 卷，人民出版社 1995 年版，第 487 页。

② 《马克思恩格斯选集》第 1 卷，人民出版社 1995 年版，第 282－283 页。

③ 《列宁全集》第 16 卷，人民出版社 1988 年版，第 315 页。

④ 《中共中央文件选集》第 1 册，中共中央党校出版社 1989 年版，第 586 页。

国民革命，国民革命不会成功。”[①] 通过满足农民的土地要求来调动农民参加革命，依靠军队来保证土地革命的实施是苏联的成功经验。共产国际代表鲍罗廷劝说国民党通过军事力量来消灭封建土地所有制，但孙中山拒绝“仿效俄国的急进办法，把所有的田地马上拿来充公，分给农民”，主张农民和政府合作，通过用政治和法律的途径，“慢慢商量来解决农民同地主的办法，让农民可以得利益，地主不受损失”[②]，苏联的土地革命仅仅是一种革命技术而已[③]，只同意建立农会之类的农民组织。直到中共“四大”才公开提出要把农民运动置于自己的旗帜之下，1927年国共分裂之后中国共产党确定靠自己的力量进行土地革命，着重探讨更加现实更加急迫的革命道路问题。

1927 年革命失败以后马克思主义中国化分途为二，即党的理论化路径和学术化路径被分割开而分别进行着。一方面是政治领袖用马克思主义分析中国社会和中国革命，形成革命的行动纲领、方针政策，同时概括中国革命经验，上升为中国化马克思主义理论，这就是许多学者所称的“理论化路径”或“政治实践范式研究”。土地革命战争时期革命走向低潮，中共在困境中求生存发展，几次教条主义的惨痛教训，使大多数党员逐渐认识到要从实际出发，实事求是，要认识中国革命客观规律，这是把握马克思主义理论的出发点。俄国共产党建立的辩证唯物主义和历史唯物主义体系突出强调世界的物质性、运动性、规律性、可知性，恰好可以满足中国共产党人的这种需要。[④] 党内实事求是派与教条主义者就马克思主义的中国运用展开了一系列政治论争，反映了中国共产党对马克思主义中国化研究的深化。调查研究就在马克思主义“本本”同中国实际之间充当不可缺少的方法，而高扬这一实事求是方法论的《反对本本主义》一文，反映了中国马克思主义者对待马克思主义的科学态

① 《毛泽东文集》第 1 卷，人民出版社 1993 年版，第 37 页。

② 《孙中山全集》第 10 卷，中华书局 1986 年版，第 554、558 页。

③ 邱捷：《“孙中山与农民问题”补论》，《中山大学学报》（社会科学版）2006 年第 6 期。

④ 孙芳：《马克思主义哲学中国化的路径解析》，《毛泽东邓小平理论研究》2007 年第 8 期。

度，这成为中国共产党的实事求是思想路线的发端，标志着毛泽东个人在马克思主义与中国革命实践如何结合的问题上，达到了理论自觉。但以毛泽东当时在党内地位和对党的影响力而言，他一人的自觉并不意味全党的自觉，全党仍处于摸索之中。

另一方面是理论工作者、学者在文化领域进行马克思主义中国化的工作，这就被相应地称为“学术化路径”“学术范式研究”。他们以马克思主义的理论方法，尝试马克思主义与各具体社会科学、与中国学术传统相结合，建构中国马克思主义的政治学、历史学、经济学、社会学和教育学等学科，这成为20世纪30年代中国文化思想的主流。李达早在1922年就“主张党内对于马克思学说多做一番研究功夫，并且自己也努力研究马克思学说和中国经济状况，以求对于革命理论得一个彻底的了解。但当时党内的人多注重实行，不注重研究，并有‘要求马克思那样的实行家，不要求马克思那样的理论家’的警句”，李达也被加上了“研究系”的头衔。[①] 李达不顾此讥而埋头于理论研究，正是在这一时期他成长为一个代表性的马克思主义学者。其实重视理论的李达并不轻视实践，早在1923年他写《马克思学说与中国》时说：马克思学说已是由介绍的时期而进到实行的时期了，“至于中国无产阶级对于目前的政治运动，究应怎样决定，这一点马克思在《共产党宣言》上并未为中国共产党筹画，若按照目前中国国情，参照马克思在1848年替波兰瑞士德国共产党设下的计划，也可以定出一个政策来”[②]。

由于马克思主义政治理论的中国化，在许多“中国马克思主义发展史”类的书籍中说得很多，所以本书着重研究“政治性学术”论争，从意识形态、哲学、政治模式、经济模式、文化模式及社会发展理论几方面，还原马克思主义与其他思潮的学术论争。自新文化运动以来到新启蒙运动之间，影响中国社会的重要“主义”和新思潮达数十种之多，如不从实质而从名目上看计有：中体西用思潮、国粹主义思潮、儒学复兴思潮、复古主义思潮、进化论思潮、实验主义思潮、基尔特社会主义思

---

① 李达：《中国所需要的革命》，《现代中国》1928年。

② 《李达文集》第1卷，人民出版社1980年版，第211页。

潮、无政府主义思潮、救国思潮、妇女解放思潮、非基督教思潮、国家主义思潮、新三民主义思潮、马克思主义思潮、科学主义思潮、唯意志主义思潮、好政府主义思潮、联治与自治思潮、乡村建设思潮、平民教育思潮、自由主义思潮、文化复兴思潮、第三条路线思潮、人道主义思潮、法西斯主义思潮、取消主义思潮、“以农立国”思潮、“以工立国”思潮、民族主义思潮、新启蒙思潮、抗日救亡思潮、学术中国化思潮等。这些“主义”和思潮，有的社会基础固定、理论纲领鲜明、实践方式确定，有的组织结构松散、纲领含糊、政策易变；有的主导别的思潮，有的受其他思潮的主导；有的囊括多种社会群体，有的依靠单一群体为支撑；有的特立独行，有的混杂调和，它们都试图在中国现代社会争取话语权，成为中国思想界的主潮，在中国社会改造上辟出新路。中国共产主义者的思想启蒙、学术研究与政治革命相互交织在一起，试图从意义与秩序两个方面对中国社会进行彻底的改造，将马克思主义与中国历史文化实际相结合欲化解中国的意义危机，与中国现实政治相结合欲化解中国的秩序危机。

各种“主义”与思潮，既势若水火，也互相融合、濡化，由论争初期的分立独行到论争后期的借鉴和吸收，保持着竞争与共生的基本态势。论争主体绝不限于是某一思潮中的人，而是同时兼有若干个思潮的特征，有的还信奉过与之相近或对立的思潮，如李大钊曾受无政府主义的影响，陈独秀最初就是一个科学主义者，而戴季陶、胡汉民却曾是一个唯物史观论者。有的“主义”、思潮与马克思主义有过间接或直接的接触和交锋，如进化论、实验主义、基尔特社会主义、无政府主义、新三民主义、国家主义、自由主义、保守主义等。有的“主义”和思潮成为传播马克思主义的重要中介和基础，如进化论、科学主义、无政府主义。有的与马克思主义有过合作，如新三民主义、好政府主义。有的本身就是马克思主义的一种表现形式，如新启蒙思潮、学术中国化思潮。有的思潮为马克思主义所赞同，如妇女解放思潮、抗日救亡思潮等。

第一章 主义之争——马克思主义中国化的启动

从新文化运动到中国共产党成立前，马克思主义进入中国之初遭遇的思想论争有：东西文化、自杀与人生、问题与主义、社会主义与无政府主义等，初步形成马克思主义、自由主义、保守主义、三民主义“四方三面”的思想格局。论争促进了马克思主义在中国的广泛传播，许多非马克思主义者在论争中和论争后转变为马克思主义者，从思想上和组织上为中国共产党的成立准备了基础和条件。

从国民革命失败到新启蒙运动、“学术中国化”运动阶段的思想论争有：中国革命道路、民主革命和社会主义革命的关系、唯物辩证法、哲学史、人权与法治、训政与宪政、民主与独裁、中国社会史、中国近代社会性质、中国革命性质、工业化道路、本位文化与西化等。论战阵营庞大，学术与政治耦合紧密，造成了马克思主义内外两个方面的紧张。国民革命失败后迅速兴起的论争围绕“中国向何处去”的总命题而展开，较之前两个阶段而言具有发展性、现实性和迫切性。

而抗战情势下所爆发出来的民族主义有助于消解各“主义”之间的隔阂、冲突，民族危机使论争与批判变得相对缓和。三民主义形成比较完善的民生哲学，并将三民主义儒家化，加强了意识形态的统制。现代新儒家群体形成，构建了比较系统的理论体系，推动中国传统文化的现代转换。马克思主义者一边参与论争，一边总结前一段革命经验，“马克思主义中国化”这一历史命题随之破土而出，中国共产党提出系统的新民主主义政治、经济、文化理论纲领，标志中国化马克思主义基本成型。

第一节　马克思主义在论争中进入中国

鸦片战争以来，特别是19世纪末期以来中国社会的意义危机与秩序危机是中国“问题”产生的总根源。以经学为核心的儒家主导价值体系遭到西方诸种现代性思想的侵袭而日渐式微，最终成为缺乏社会基础的“孤魂”①。在由传统经学意识形态向现代性意识形态转变的过程中，中国社会的信仰体系出现了真空。费正清说：“当康有为在改变长期被公认的孔子形象和孔子学说的价值的内核方面走得如此之远时，其含义就更加严重了。任何读过康有为的富于煽动性解释的人必然会产生一个感到烦恼的问题：儒家的本来面目和特征何在？这个问题的出现预示着这样一种后果：使儒家学说从一直是无可怀疑的信仰中心，变成了其基本特征是可疑的和有争议的一种思想体系。”② 于是西方各种“主义”和新思潮纷纷来开拓中国处女地，前后见诸书籍报刊的“主义”约有百来种③。从洋务自强到新文化运动，由器而道升华，“借思想文化以解决问题”构成了20世纪中国思想史的主题。但是第一次世界大战暴露了19世纪以来的资本主义文明的严重危机，西方的“问题”似乎比中国的“问题”更大。但这并没有阻滞新文化运动的激进反传统主义思潮。流行于国外的社会思潮不断地在中国被复制、粘贴，以至于中国社会几乎所有重要思潮都可以在国外找到原本，许多论争中的“问题”都是在国际环境的推动下产生，如东西文化问题、科学与人生观问题、“农国”与“工国”问题、中国社会性质问题等。正是这样一种内外互动的生态语境，才造成了中国近现代社会“问题”以前所未有的方式提出，而观察和解决问题的“主义”和思潮得以喷泉般涌入中国，百家争鸣重现于中

---

① 许纪霖：《二十世纪中国思想史论·序言》上卷，东方出版中心2000年版，第1页。

② （美）费正清：《剑桥中国晚清史》下卷，中国社会科学出版社1993年版，第340－341页。

③ 陈哲夫等：《二十世纪中国思想史》上卷，山东人民出版社2002年版，第238－239页。

国，但都是外来的百家。

马克思主义也由此进入中国。中国人最早接触马克思主义，是从1898年夏上海出版的由胡贻谷翻译的英国人克卡朴撰写的《社会主义史》开始的。这是中国近代出版的最早提到马克思名字及其学说的著作，较为系统介绍各种社会主义学说，其中第七章对马克思的生平，辩证唯物主义和历史唯物主义、科学社会主义、政治经济学作了详尽的介绍和评述。马克思主义传入中国的途径，在十月革命前主要是日本渠道。到日本留学，并对马克思主义传播有影响的人物主要有：陈博贤（《晨报》记者）、陈独秀、李大钊、李达（师从河上肇）、李汉俊（同前）、陈望道（翻译了第一个《共产党宣言》中文全译本）。李大钊、李达译介了许多河上肇的著作。日本学者中影响最大的是辛德秋水和河上肇，前者的《社会主义神髓》1903—1907年就有三个中译本。后者则于1920—1965年在中国出版其著作12类，20多种版本。其中《贫乏物语》《社会组织和社会革命》和《资本论入门》均有两个以上的版本。直到1924年以前，马克思主义理论在中国的传播中日本仍然发挥了比苏联更大的作用。1965年毛泽东会见日本朋友时对此评价说："马克思主义的传播在日本要比中国早，一些马克思主义著作是从日本得到的。通过日本学习到了马克思主义。京都帝国大学教授河上肇写的著作现在仍是我们的参考书。"

不过，日本人对马克思主义的介绍只能算是个二传手，基本没有自己的东西。而1924年以后，苏联成为中国最主要的马克思主义来源地。苏联输入中国的马克思主义不再是原来的"本本"，而加上了苏联革命的宝贵经验，这对中国革命有直接的作用和教益。从此苏联化的马克思主义对中国的影响持续而久远。其途径主要有共产国际的指令和文献，有苏联所办训练中国革命者的马克思主义学院，还有马克思主义著作和教科书的翻译。苏联哲学家德波林在1929—1930年间被中译的书，有《唯物辩证法与自然科学》《辩证法唯物论入门》《伊里奇的辩证法》和《哲学与马克思主义》。布哈林则有《历史唯物主义理论》《唯物史观与社会学》和《共产主义ABC》等。30年代末至40年代，有米丁的《新哲学大纲》《辩证唯物论与历史唯物论》《辩证法唯物论》《历史唯物论》《辩证法唯物论辞典》和《新哲学体系》，有罗森塔尔《新哲学教程》《辩证认识论》《革命辩证法的核心》和《简明哲学辞典》。最主要的是联共党史，尤其斯大林的《辩证唯物论与历史唯物论》，即联共党史4章2节，成为中共党内的主要学习文件。直到20世纪50年代，我国高校教学用的都是苏联教材，其中《辩证唯物主义》是亚历山大洛夫的，《历史唯物主义》是康士坦丁诺夫的，《简明哲学辞典》是罗森塔尔和尤金的。从苏联传入的马克思主义，主要是教科书的形态。这种形态的马克思主义以其特有的系统性和权威性而后来居上，在中国占“正统”地位达半个世纪之多。从总体上看，无论是李达的《社会学大纲》，还是艾思奇的《辩证唯物主义历史唯物主义》，都未能从根本上突破苏联哲学教科书的影响。苏联社会发展模式影响中国社会大半个世纪，苏联哲学教科书模式影响中国哲学大半个世纪。

留日学生、留苏学生、留法学生对马克思主义在中国的最初传播发挥了主要作用。媒体相关报刊与团体在传播马克思主义中起了很大作用。如北京大学马克思学说研究会、上海马克思主义研究会、天津的觉悟社，《新青年》《每周评论》《向导》《晨报》《国民》及后来的《解放》周刊、《共产党人》《解放日报》等共产党报刊，还有《民国日报》《大公报》《申报》《东方杂志》等有影响的报刊。

李大钊不是第一个向中国介绍马克思主义的人，但他是第一个公开声明信仰马克思主义的中国人。从信仰层面来看，可以说马克思主义中国化开始于李大钊，这是马克思主义中国化的早期准备阶段，是中国先进知识分子选择性地宣传、诠释和应用马克思主义审视中国的前途命运的开始，是马克思主义中国化研究的两种途径、两种类型（政治实践范式的、学术范式的）的共同发端。他在1918年7月——1919年1月先后发表《法俄革命之比较观》《庶民的胜利》《布尔什维护主义的胜利》《新纪元》等一系列文章或演讲，讴歌十月革命开创人类历史新纪元。1919年9—11月《新青年》第6卷第5、6号“马克思主义研究”专号，连续刊载李大钊的长文《我的马克思主义观》。这篇中国人撰写的马克思主义开山之作中，认为社会主义新方向是一个世纪以来先进中国人苦苦思索的“中国向何处去”问题的“根本解决”路径。这标志着李大钊信仰的根本转变，成为中国第一位马克思主义者，“立其基，导其先河”。1919 年 4 月 6 日《每周评论》16 号登载了《共产党宣言》第二章。1919 年 5 月 5 日北京《晨报》副刊增设了《马克思研究专栏》。1919 年 11 月《国民》杂志 2 卷 1 号刊登了《共产党宣言》第一章。接着上海出版了陈望道翻译的《共产党宣言》全文译本。李达 1919 年 6 月 18 日、19 日在上海《民国日报》“觉悟”副刊发表了以“鹤”为笔名的两篇文章《什么叫社会主义》《社会主义的目的》说：“社会主义有两面最鲜明的旗帜，一面是救济经济上的不平均，一面是恢复人类真正平等的状态。”① 并翻译了考茨基的著作《马克思经济学说》。1921 年李达翻译出版《唯物史观解说》《马克思经济学说》《社会问题总览》，说：“创始者们首先阐明了历史领域中的辩证法，其次由历史的辩证进到自然辩证法，而在社会的实践上统一两者以创出科学的世界观的唯物辩证法。在这种处所，我们可以理解新哲学的新生命、新内容和新的历史使命。”② 1920 年陈独秀发起组织并成立上海共产主义小组，这是正式开始了马克思主义中国化的组织化的活动。

李大钊的信仰并不妨碍他的独立思考，他甚至与早年马克思有不谋而合的见解。他说：“近来哲学上有一种新理想主义出现，可以修正马氏（指马克思——引者注）的唯物论，而救其偏弊。各国社会主义者，也都有注重于伦理的运动、人道的运动的倾向，而这也未必不是社会改造的曙光，人类真正历史的前兆。我们于此可以断定，在这经济构造建立于阶级对立的时期，这互助的理想，伦理的观念，也未曾有过一日消灭，不过因他常为经济构造所毁灭，终至不能实现。这是马氏学说中所含的真理。到了经济构造建立于人类互助的时期，这伦理的观念可以不至如从前为经济构造所毁灭。可是当这过渡时代，伦理的感化，人道的运动，应该倍加努力，以图铲除人类在前史中所受的恶习染，所养的恶性质，不可单靠物质的变更。这是马氏学说应加救正的地方。”“我们主张以人道主义改造人类精神，同时以社会主义改造经济组织。不改造经济组织，

---

① 《李达文集》第 1 卷，人民出版社 1980 年版，第 5 页。
② 《李达文集》第 2 卷，人民出版社 1981 年版，第 56 页。

单求改造人类精神，必致没有效果。不改造人类精神，单求改造经济组织，也怕不能成功。我们主张物心两面的改造，灵肉一致的改造。”① 李大钊对唯物史观的理解还有一个独特的地方，那就是消除生产力论与人类感情、人类需要说的对立，他说：“有人说社会的进步，是基于人类的感情。此说乍看似与社会的进步是基于生产程序的变动的说相冲突，其实不然。因为除了需要的意识和满足需要的愉快，再没有感情，而生产程序之所以立，那是为了满足构成人类感情的需要。感情的意识与满足感情需要的方法施用，只是在同联环中的不同步数罢了。”①

李大钊和他同时代的人对马克思主义的传播都更多地集中于唯物史观，这只是“半部”马克思主义。而瞿秋白第一个把辩证唯物主义和历史唯物主义作为马克思主义理论的统一整体来传播，第一个在中国较全面地传播辩证唯物主义和历史唯物主义，1923 年和 1924 年他先后出版了《社会哲学概论》《现代社会学》《社会科学概论》三部著作。1923 年在其《现代社会学》中首先提出了：“马克思主义宇宙观的基础是在于互辩法的唯物论。互辩法唯物论的名称便可以表示：马克思的唯物论是唯物论与互辩法的综合，而且是这两种学说最发展的最进化的结论。”②李大钊第一个传播了唯物史观，瞿秋白则第一个传播了辩证唯物主义。瞿秋白以“晨报”记者身份赴俄，亲身感受了“战时共产主义”政策的后果并目睹新经济政策实施后的深刻变化，是向中国系统介绍列宁新经济政策的第一人。他报导新经济政策使用的总标题和总评价是“共产主义之人间化”。

李大钊为传播马克思主义而遭遇的第一场论争，是“问题与主义”之争。胡适 1919 年 7 月 20 日在《每周评论》上发表《多研究些问题，少谈些主义》，对以马克思主义来解决中国现实问题的适用性提出了异议，他的策略是将主义与问题分开。然而胡适所代表的那条解决中国问题的慢条斯理的“实验主义”（杜威）或“进化理性主义”（哈耶克）

① 李大钊：《唯物史观在现代史学上的价值》，《新青年》第 8 卷第 4 号，1920 年 12 月 1 日。另见：《李大钊全集》第 3 卷，人民出版社 2006 年版，第 34 页。

② 《瞿秋白文集》第 4 卷，人民出版社 1993 年版，第 1－2 页。

的道路，对于面临急迫社会问题解决的中国人来说是远水不解近渴，而一揽子“根本解决”方案则提供了速达的光明前景而吸引多数中国思想家的注意。李大钊的《再论问题与主义》把问题与主义作为一个整体看，认为问题与主义是不能分离的，因为社会问题的解决，需要依靠社会上多数人共同的行动，而这就要求“先有一个共同趋向的理想、主义，作他们实验自己生活上满意不满意的尺度”。只有依据共同趋向的理想和主义去行动，才能解决社会问题，理想的主义才能提供解决问题的方向和方法。他们实际所争是何种分析问题之理论与解决问题之方法的高下，主义的选择反映了现代中国人对两种理性即“演化理性”和“建构理性”的取舍和偏好。由于迫切救亡，无论中国急进的、革命的思想家或缓进的、改良的那些人都或多或少倾向于“建构理性”。像章太炎、鲁迅这样的人，虽然“都一度笃信进化论，但同时也认为人在历史的进化趋势与规律面前不是被动的，‘一点一滴的进化’归根到底是‘人力’与‘人功’的结果。这样，进化的快慢程度与其说决定于客观事物的规律还不如说取决于人的主观能动性”①。

尽管中国现代各种主义在政治上针锋相对，但在哲学上却有着惊人的一致性，都表现出一种崇尚人的主观能动性和自觉性的建构理性主义倾向。建构理性主义蕴涵着一种“以某种抽象的原则来推演和涵盖解决具体问题的途径的思维模式。它认为，一旦人们认定某种抽象的主义（或理念）是合理的，有功效的，只要符合这种理念原则的制度一旦建立，那么，从官僚腐败、国民道德水准低下，直到各种社会弊政和令人困扰的实际问题，也都能迎刃而解。这种以抽象化的理念原则来简单涵盖‘问题’的政治文化现象，可以说是自五四以来直到1980年代末中国知识分子的共同特征”②。胡适的演化理性、“没有主义”是注定没有市场的。

社会和历史是众人求生存的合力之产物，人类毕竟是一种利益动物，

---

① 张光芒：《启蒙论》，上海三联书店2002年版，第64页。

② 许纪霖：《知识分子的立场·激进与保守之间的动荡》，时代文艺出版社2000年版，第142页。

以理论形态表现出来的主义的功用不能看得太重。[①] 但主义作为大众认可的符号的确具有建构现实的作用，“主义”不仅仅是一种思想理论和精神感情的集结，而且内含一套方法、制度、道路。蓝公武说：“社会主义这个名词输入中国也将近有二十年了。在民国元年江亢虎等大轰了一阵，又居然构成了中国的社会党一段小小的历史，并且有为这主义而死的人。但是中国真正有人研究社会主义，却在最近的两年中。这自然是大战的反动，俄国大革命的影响，所以能使世界潮流也侵入这思想上交通断绝的中国来。”[②]

在“问题与主义”之争中，将马克思主义这种“主义”作为一种学理还是一种“意识形态”，意即作为学术思想还是作为指导思想，马克思主义的批评者只承认马克思主义的学理意义，欲将马克思主义限于纯粹的学理范围，用来做解放思想的资料和研究学问的工具，反对用马克思主义作为改造中国社会和文化的指导思想。而马克思主义者认为它既是一种“学理”也是一种意识形态，不仅可以用来研究学问，也可以解决问题、改造社会、创新文化。当马克思主义作为一种西方社会理论引入中国时，梁启超、国民党人、胡适对其所具有的理论价值和特色均给予肯定。梁启超说它是“学问上解放思想的资料”，国民党人称其为“科学的方法”“精确的学理”，胡适肯定唯物史观“在史学上开一个新纪元，替社会学开无数门径，替政治学说开许多生路”[③]。然而，在十月革命后，马克思主义从学理层面进入意识形态层面，显露其革命本质时，这些马克思主义的最初介绍者却成为马克思主义理论的最早反对者和批判者。

胡适并不反对对“主义”开展学理研究，并且认为“种种学说和主义，我们都应该研究”，因为“没有学理做工具，就如同王阳明对着竹

---

① 刘军宁：《自由与社群》（公共论丛），生活·读书·新知三联书店1998年版，第9页。

② 蓝公武：《社会主义与中国》，《改造》第3卷第6号，1921年2月15日。

③ 胡适：《四论问题与主义——论输入学理的方法》，《每周评论》第37号，1919年8月31日。

子痴坐，妄想‘格物’，那是做不到的事。”① 但他反对将任何一般意义的“主义”作为“救时的具体主张”，而只能作为一种学理、方法，说谈它容易，谈它无用，谈它危险，舆论家应“把一切‘主义’摆在脑背后，做参考资料，不要挂在嘴上做招牌，不要叫一知半解的人拾了这些半生不熟的主义去做口头禅”①。实验主义没有先在的理想，只有一个平庸的实用目的。胡适反对一切有理想的主义，认为都是不能操作的空谈主义。只有实验主义是一个例外，因为实验主义在名义上也是一种主义，但实验主义没有价值理想，“只是一个方法，只是一个研究问题的方法”②。他认为实验主义可“收一点实际的效果，做一点实际的改良”，是一种能够将“目的”与“方法”有效结合起来的目标低调而方法有效的“主义”，其余的“主义”都存在“目的热”和“方法盲”的“病症”。说蓝公武的主义只有理想目的而“并不一定含着实行的方法”，说马克思主义只宜从学理上进行“公平的研究与评判”，不必掀起“社会上多数人共同的运动”③。批评李大钊的“主义”有“理想”和“实用”两个方面，说有价值的思想只是应付环境的产物而不在其有多美妙的理想，有价值的“主义”只是使用的工具而不在其有多远大的目标，不可因为主义有“几分普遍性，就说主义本来只是一种抽象的理想。”④ 胡适拒绝一切别的“主义”的政治理想，只将它们作为不关政治的学理，他的实验主义就是没有理想的学理，但是可以操作，即进行文化改良：“研究问题，输入学理，整理国故，再造文明”⑤。他说实验主义解决“问题”不从任何高远的理想出发，而采取平实而有效的“三步骤”：第一步，先研究问题的各种事实，找出病因何在；第二步，根据研究者一生经验学问，提出种种解决的方法和种种医病的丹方；第三步，以一生经

---

① 胡适：《多研究些问题，少谈些“主义”!》，《每周评论》第 31 号，1919 年 7 月 20 日。

② 胡适：《我的歧路》，《努力周报》第 7 期，1922 年 6 月 18 日。

③ 胡适：《四论问题与主义——论输入学理的方法》，《每周评论》第 37 号，1919 年 8 月 31 日。

④ 胡适：《三论问题与主义》，《每周评论》第 36 号，1919 年 7 月。

⑤ 胡适：《新思潮的意义》，《新青年》第 7 卷第 1 号，1919 年 11 月。

验学问之想象力，通过推想诸种解决法的效果，最后选择一种解决方案。[①]

李大钊认为马克思主义是有理想，又有“根本解决”问题的方法的主义。中国是一个“没有组织没有生机的社会，一切机能，都已闭止，任你有什么工具，都没有你使用他做工的机会”，因此，“必须有一个根本解决，才有把一个一个的具体问题都解决了的希望。”“问题”与“主义”是交相为用、并行不悖的，“大凡一个主义，都有理想与实际两方面……主义的本性，原有适应实际的可能性。”[②] 马克思主义是有理想同时有方法的“主义”，有解决“具体问题”“抽象问题”“根本问题”的所有方法，这就是以解决社会改造、变革经济组织的“根本问题”方法来解决一个一个“具体问题”，而以阶级竞争学理作为“实际工具”。

与胡适一样不喜欢“高谈主义”的梁启超曾说“无论何种主义，一到中国人手里，都变成挂羊头卖狗肉的勾当。”[③] 鲁迅也不无忧虑地说：“我们中国本不是发生新主义的地方，也没有容纳新主义的处所，即使偶然有些外来思想，也立刻变了色，而且许多论者，反要以此自豪……新主义宣传者是放火人么，也须别人有精神的燃料，才会着火；是弹琴人么，别人心上也须有弦，才会出声；是发声器么，别人也须是发声器，才会共鸣。中国人都有些很不像，所以不会相干。”[④] 所以厌闻“主义”者不可一概而论：有的是对空谈主义者不满，有的是对主义被误读不满，而有的则是对某一主义本身不满。第三种人中也有人认为“主义的研究和鼓吹，是解决问题的最重要最切实的第一步。”不要“主义”或免谈“主义”是不可思议的。[⑤] 梁启超早在与资产阶级革命派论战中就属第三

① 胡适：《多研究些问题，少谈些“主义”!》，《每周评论》第31号，1919年7月20日。

② 李大钊：《再论问题与主义》，《每周评论》第35号，1919年8月17日。

③ 梁启超：《无产阶级与无业阶级》，《饮冰室合集·文集》第15册，中华书局1989年版，第1页。

④ 陈哲夫等：《二十世纪中国思想史》上卷，山东人民出版社2002年版，第242页。

⑤ 蓝公武：《问题与主义》，《每周评论》第33号，1919年8月3日。

种情况，认为马克思“极端之社会主义今日之中国不可行，即欧美亦不可行”。后来在宣扬基尔特社会主义的论争中附和张东荪说：“目前是坦坦平平的一条大路，至于太过精辟的新奇的学说，只好拿来做学问上解放思想的资料，讲到实行，且慢一步。”① 这同胡适一样，可以允许别的主义作为学理资料，而反对其作为“意识形态”，即作为政治行动的指导思想。

国民党与胡适一派排斥一切主义有不同，但同意它一党的“主义”，孙中山痛感国民党员对“主义”心智不坚，而加强“主义”立党。为完善三民主义的学理基础，创制了民生史观，使三民主义更加意识形态化。时人评说：“民生史观一词是近20年来由国人根据中山先生批判马克思的唯物史观而立的”②。梅思平直白说国民党的主义创制就是要与共产党的主义争高低：“唯物史观现在是以唯物论作掩护，是藏在唯物论后面与一切社会学说相作战。凡反对唯物史观的，他们都加他一个唯心论或二元论的罪名。……现在我们三民主义者最重要的工作，第一步就是把三民主义站在民生史观的立足点上；第二步就是把民生史观找出一个形而上的出发点。然后民生哲学全体才有一个有条不紊的系统，而可以把共产党的理论根本扫除出去”③。戴季陶说得很霸道：“凡是一个主义，必定具有独占性和排他性，同时也一定具有统一性和支配性”，“因为要独占，所以要排他，因为要统一，所以要支配”，“要图中华民国的生存，先要图中国国民党的生存，一定要充分发挥三民主义的中国国民党之生存欲望所必须具备的独占性排他性统一性支配性”④。而蒋介石则说得圆通一些：“凡是一个团体里面有两个主义，这个团体一定不会成功的，而且一定会发生冲突的，这个冲突，无论大些小些，总是不能避免的，尤其是一个团体里面，有两个中心，有两个领袖，这个团体不但不能巩固，

① 梁启超：《欧游心影录·新大陆游记》，《饮冰室合集》专集第5册，上海中华书局1941年版。

② 范任宇：《民生史观》，商务印书馆1946年版，第2页。

③ 梅思平：《民生史观概论》，《新生命》第1卷第5期，1928年版。

④ 戴季陶：《国民革命与中国国民党》导言，1925年7月23日。

而且一定会分裂的。”①

李大钊等人在对马克思的学理进行研究的基础上将其作为改造社会的“主义”而运用、而信仰，看做是一种意识形态、一种信仰、一种生活动力、人生观点和和生命意念，作为群众运动的“隐语”“方向”“旗子”。“主义的本性，原有适应实际的可能性，不过是被专事空谈的人用了，就变成空的罢了”，“不论高揭什么主义，只要你肯竭力向实际运动的方面努力去做，都是对的，都是有效果的。”② “主义”作为学理，是以一系列概念、判断和推理表达出来的知识体系，具有开放性，允许存在不同意见。但是，“主义”作为意识形态，则从属于一定阶级集团的利益，如果该政治集团握有一定的政治权力，则权力的独占性和支配性决定了意识形态的独断性和支配地位。对“主义”而言，学理与意识形态是不可分割的内容，学理研究为意识形态的扩张提供基础，意识形态的扩展为学理研究的规模化创造条件，意识形态因学理研究而系统化、表象化，学理研究因意识形态的教化而愈具功利性。寻求意识形态的话语权是任何“主义”都有的冲动。胡适的“学理”也参加到救时的政治竞争中来，他所服膺的“科学的学理”实际也成为一种意识形态的追求，并力图使“科学”意识形态化。他与梁启超等人由于没有明确可行的作为政治意识形态的主义，所以竭力倡明自己“不在于革命的宣传，而在于思想的传播”③。

第二节 “问题”的歧见源自“主义”的歧见

对“问题”的分歧实是源于学理的分歧，虽然中国社会的直观现象是各派所见略同的，但有的以为是问题而有的以为不是问题，即使对某一具体问题众所认同，但对根源性的“根本问题”则各派所说大相径庭。胡适以输入的“新思潮”为“评判的态度”和问题标准，因而认为

---

① 高军等：《中国现代政治思想评要》，华夏出版社 1990 年版，第 349 页。
② 李大钊：《再论问题与主义》，《每周评论》第 35 号，1919 年 8 月 17 日。
③ 张东荪：《社会主义研究宣言》，《时事新报》副刊“学灯”，1921 年 9 月 16 日。

孔教、文学、贞操、旧戏、纲常礼教、女子价值、政府、财产的价值等都成为问题，都需要进行重新估定。① 胡适以输入的新思潮来分析古老的中国，原来不是问题的地方就产生了许多问题出来。这是因为用了一种世界视野，即新的价值观念来看待旧的文化习俗，种种冲突就出来了，这就是问题。胡适基于改良主义和实用主义理论，认为中国社会中只是存在一些“具体问题”，没有所谓的“根本问题”，他说：“凡是有价值的思想，都是从这个那个具体问题下手的”②，“凡是能成问题的问题，无论范围大小，都是具体的，决不是抽象的”，“问题本身，并没有什么抽象性；但是研究问题的时候，往往必须经过一番理想的作用；这一层理想的作用，不可错认作问题本身的抽象性”③，“再造文明的下手功夫，是这个那个问题的研究。再造文明的进行，是这个那个问题的解决。”④ 胡适所言的“具体问题”，计有人力车夫的生计问题、“大总统”的权限问题、婚姻问题、卖淫问题、卖官问题、教育改良问题、解散安福部问题、加入国际联盟问题、孔教问题、贞操问题、女子解放问题、男子解放问题、文学改革问题、国语统一问题、礼教问题、父子问题、戏剧改良问题等。在胡适看来，这些都是“火烧眉毛的紧急问题”，舆论界的同志们不能离开这些问题而避重就轻地高谈“主义”的“新奇”与“奥妙”⑤。并批评那些“提倡尊孔祀天的人”“迷信军国民主主义或无政府主义的人”其实“不懂现实社会的需要”，那种“偏向纸上的学说，不去实地考察中国今日的社会需要究竟是什么东西”的倾向是“现在舆论界的大危险”，强调“舆论家的第一天职就是要细心考察社会的实在情形。”⑥ 胡适所提出的这些“具体问题”，但凡有点新观念的人都会承认

① 胡适：《新思潮的意义》，《新青年》第7卷第1号，1919年11月。

② 胡适：《多研究些问题，少谈些“主义”！》，《每周评论》第31号，1919年7月20日。

③ 胡适：《三论问题与主义》，《每周评论》第36号，1919年7月。

④ 胡适：《新思潮的意义》，《新青年》第7卷第1号，1919年11月。

⑤ 胡适：《多研究些问题，少谈些“主义”！》，《每周评论》第31号，1919年7月20日。

⑥ 胡适：《欢迎我们的兄弟——〈星期评论〉》，《每周评论》第28号，1919年6月29日。

其存在。但这些问题很少具有根本意义，而是为某些根本性问题所派生出来。

五四时期的毛泽东也曾受胡适影响[①]，也热心搜罗社会“问题”，在湖南成立“问题研究会”，《问题研究会章程》中列出了七十一个大问题，共一百五十余个小问题，这些问题“全由毛泽东提出”[②]。涵盖了胡适所言的“具体问题”、蓝公武所言的“抽象问题”、李大钊所言的“根本问题”，很能代表当时人们的意见和倾向。邓中夏说：“我的朋友毛君泽东，从长沙寄来问题研究会章程十余张，在北京的朋友看了，都说很好，有研究的必要，各向我要了一份去。现在我只剩下一份，要的人还不少，我就借本校日刊登出，以答关心现代问题解决的诸君的雅意。”[③]

但是蓝公武认为胡适派是吹毛求疵，“太注重了实际的问题”不免“有些因噎废食的毛病”[④]，因为中国社会存在的“问题”是多方面、多层次的，既有世界性的问题，也有民族性的问题，既有全国性的问题，也有地方性的问题，还有某一阶级的问题。蓝公武强调要关注“抽象问题”，即具有“共通性”“共同点”“理想的色彩”的问题，“凡是革命的问题，一定从许多要求中，抽出几点共通性，加上理想的色彩，成一种抽象性的问题，才能发生效力。”[⑤] 蓝公武概括主要问题、主要矛盾的思维，是一种综合的抽象的寻求本质的思维，他认为“根本问题”有三种：一是旧制度和新理想的冲突；二是新生活和旧事物的冲突；三是社会中发生扰乱迫害的事实。[⑥] 与蓝公武同为研究系成员的张东荪、梁启超等人进一步找出“问题”的根本原因是“物产未开发”和“外货之压迫”。[⑦] 这已经点出了民族资本未发达与外资入侵问题，已接近到封建主

---

① （美）埃德加·斯诺：《西行漫记》，生活·读书·新知三联书店 1979 年版，第 125 页。

② 《毛泽东早期文稿》，湖南出版社 1990 年版，第 396 – 403 页。

③ 《毛泽东早期文稿》，湖南出版社 1990 年版，第 402 – 403 页。

④ 蓝公武：《问题与主义》，《每周评论》第 33 号，1919 年 8 月 3 日。

⑤ 蓝公武：《问题与主义》，《每周评论》第 33 号，1919 年 8 月 3 日。

⑥ 蓝公武：《问题与主义》，《每周评论》第 33 号，1919 年 8 月 3 日。

⑦ 张东荪：《答高践四书》，《新青年》第 8 卷第 4 号，1920 年 12 月。

义和帝国主义问题。后来孙中山所重新解释过的三民主义直接提出了反帝反封的明确要求。

中国早期马克思主义者认为“根本问题”是“具体问题”的根源。像卖淫问题、废娼问题、妇女问题皆在于这些问题所依存的不良社会组织所引发，如果不推翻旧的“经济制度”，不改造旧的经济组织，那么胡适所罗列的“这个问题”“那个问题”都无法得到解决。李大钊指说这个“根本问题”就是经济构造，它是中国社会一切问题的总根源。“依马克思的唯物史观，社会上法律、政治、伦理等精神的构造，都是表面的构造。他的下面，有经济的构造做他们一切的基础。经济组织一有变动，他们都跟着变动。换一句话说，就是经济问题的解决，是根本解决。”① 这是他尝试运用马克思主义原理来认识中国社会，但李大钊对“问题”产生原因的分析还是比较机械地运用唯物史观，还没有像中共二大那么清晰地认识到中国社会的主要矛盾即主要问题。

阿尔都塞指出：“每个独特的思想整体的意义并不取决于该思想同某个外界真理的关系，而取决于它同现有意识形态环境，以及同作为意识形态环境的基地并在这一环境中得到反映的社会问题和社会结构的关系”②。矛盾是客观存在的，问题是主观认定的，同一矛盾在不同的主义看来，或者不是问题，或者是问题。而又在量上或者看作大问题，或者看作小问题，在性质上或者看作这样问题，或者看作那样问题。

第三节　各“主义”改造社会的方法之争

对“问题”性质的归因分析，规制了解决的方法。实验主义、基尔特社会主义力主社会改良，马克思主义、无政府主义、三民主义三家则力推社会革命。

革命还是改良之争在清末民初已发生，五四时期又重新提起。胡适提出以实验主义为指导，对社会制度、家庭、学堂，乃至“大我”与

① 李大钊：《再论问题与主义》，《每周评论》第35号，1919年8月17日。
② （法）路易·阿尔都塞：《保卫马克思》，商务印书馆1984年版，第42页。

“小我”关系等各种“具体问题”进行“点滴”改造，承认“那一点一滴做到进步，——步步有智慧的指导，步步有自动的实验——才是真进化。”① “文明不是笼统造成的，是一点一滴的造成的。进化不是一晚上笼统进化的，是一点一滴的进化的。现今的人爱谈‘解放与改造’，须知解放不是笼统的解放，改造也不是笼统的改造。解放是这个那个制度的解放，这种那种思想的解放，这个那个人的解放，是一点一滴的解放。改造是这个那个制度的改造，这种那种思想的改造，这个那个人的改造，是一点一滴的改造。再造文明的下手工夫，是这个那个问题的研究。再造文明的进行，是这个那个问题的解决。”② 而革命方式“不过是人力在那自然演进的缓步徐行的历程上，有意地加上了一鞭”③，“革命和演进只有一个程度上的差异，并不是绝对不相同的两件事”④，社会变革不是用“暴力”去得来的，而是通过“非个人主义的新生活”得来的⑤。

梁启超、张东荪也认为“温情主义”的改良、和平手段比革命手段“容易见效”。基尔特社会主义的“自治运动”和“协作互助”的“根本原理可以普遍应用”，⑥ 是“从内部去瓦解资本主义，不单向资本主义的正面进攻”的“釜底抽薪的法子”，⑦ 能使中国社会主义“更妥善的到‘自由之路’”⑧，并批评俄国“过激主义”是流行于全球的“西班牙伤风症”。⑨

陈独秀已经认识到渐进创造与制度变革同等重要，他说：“改造社会自然应该从大处着想，自然应该在改革制度上努力，如此我们的努力才是经济；但不可妄想制度改革了样样事便立刻会自然好起来。……无论

---

① 胡适：《我的歧路》，《努力周报》第7期，1922年6月18日。
② 胡适：《新思潮的意义》，《新青年》第7卷第1号，1919年12月。
③ 《胡适文集》第8集，北京大学出版社1998年版，第151页。
④ 胡适：《我们走那条路?》，《新月》第2卷第10号，1929年12月10日。
⑤ 胡适：《非个人主义的新生活》，《新潮》第2卷第3号，1920年4月1日。
⑥ 张东荪：《一个申说》，《改造》第3卷第6号，1921年2月15日。
⑦ 虞裳：《基尔特社会主义》，《改造》第1卷第3号，1919年10月1日。
⑧ 张东荪：《社会主义研究宣言》，《时事新报》副刊“学灯”，1921年9月16日。
⑨ 张东荪：《世界公同之一问题》，《时事新报》1919年1月15日。

在何种制度下，人类底幸福，社会底文明，都是一点一滴地努力创造出来的，不是象魔术师画符一般把制度改了，那文明和幸福就会从天上落下来，怀这种妄想的人就是人类懒惰的心理底表现。”“我们时常有‘彻底’‘完全’‘根本改造’‘一劳永逸’一些想头，也就是这种懒惰的心理底表现。人类社会底进化绝不是懒惰者所想象的那样简单而容易。”① 陈独秀综合了胡、李之争双方意见中的合理性，指出了改良与革命并不必然对立，而是相互联系着的，是对胡、李之争的总结。

无政府主义者提倡“革命”，视“革命”为“废除一切机关”“废除一切资本制度”“废除国家、种族、宗教、阶级之差别”“废除一切道德、婚姻制度、各国方言”时所用的“惟一手段”②，罢工、罢市、暴动、暗杀等激烈行动是“最良”的传播方法，它们可以使“大多数平民赞成无政府乃起而革命”③，最后发动总同盟罢工以推翻政府，实行无政府的自治。五四时期，区声白、黄凌霜、朱谦之等继续宣传和主张无政府“革命”，宣称要“革到无人无物，无天无物”④ 时止。

孙中山认为他与马克思主义在革命目标上“没有什么分别”，但在方法上有“分别”⑤，改造中国只能师马克思主义之“意”，不能师马克思主义之“法”，为防备私人大资本，通过发展工业、“制造国家资本”的方法来进行，而不能采用阶级斗争和无产专政的办法⑥。

马克思主义者认为社会改造和文化改造只能采取阶级斗争方式，变革经济基础，因为“历史上一切制度底变化是随着经济制度底变化而变化的”，“创造历史之最有效最根本的方法，即经济制度的革命”⑦。一个

① 《陈独秀文章选编》中卷，生活·读书·新知三联书店 1984 年版，第 26－27 页。

② 师复：《无政府共产主义同志社宣言书》，《民声》第 17 号，1914 年 7 月 4 日；三泊：《我的社会革命的意见》，《国风日报》副刊“学汇”，第 62－63 期，1922 年 12 月 13－14 日。

③ 师复：《答恨苍》，《民声》第 20 号，1914 年 7 月 25 日。

④ 朱谦之：《革命哲学》，上海泰东图书馆 1921 年版，第 204 页。

⑤ 《孙中山选集》，人民出版社 1981 年版，第 830 页。

⑥ 《孙中山选集》，人民出版社 1981 年版，第 842 页。

⑦ 《陈独秀文章选编》中卷，生活·读书·新知三联书店 1984 年版，第 157 页。

一个问题逐步解决的改良主义方式，“那经济的革命，恐怕永远不能实现，就能实现，也不知迟了多少时期”[①]，并批评梁启超等“主张借资本家阶级的国家底立法，施行几项温情政策，略略缓和社会问题，并不想根本的解决社会问题”，“温情主义”只是“缓和”要改变现状的工人阶级，而无法“矫正”资本家，解决中国社会问题最有效的手段是“采取直接行动实行社会革命”[②]。基尔特社会主义不过是“一种特殊的、工联主义的乌托邦的机会主义”，“只具有反革命的作用。”[③]

批判改良之后，马克思主义者又指出了无产阶级“革命”和资产阶级“革命”、小资产阶级“革命”之间的本质区别，认为经过资产阶级右派阐解的三民主义背离了“三大政策”，丧失了“革命”意义，它“疑忌工农阶级之兴起”，“疑忌国内及国际无产阶级政党之援助”[④]，成为“没有前途的”“伪三民主义，或半三民主义”[⑤]，成为资产阶级蒙蔽、愚弄工农阶级的政策，成为资产阶级性质的“国家社会主义”，[⑥] 不能作为国民革命的指导思想。[⑦]

至于无政府主义的“革命”行动，陈独秀援引《共产党宣言》的话批评道：“劳动者和资产阶级战斗的时候。迫于情势，自己不能不组成一个阶级，而且不能不用革命的手段去占领权力阶级的地位，用那权力去破坏旧的生产方法。”[⑧] 李汉俊也指出，无产阶级专政的实现需要一个“长期的压制”阶段而非“短期的暴动”，因为“要把有产阶级的势力连根铲尽，非一时的暴动所能成功的，至少非有比较长期的压制不可，而要行比较长期的压制，非把政权夺到无产阶级手上来不可。”不要政权的

---

① 李大钊：《再论问题与主义》，《每周评论》第 35 号，1919 年 8 月 17 日。

② 李达：《讨论社会主义并质梁任公》，《新青年》第 9 卷第 1 号，1921 年 5 月 1 日。

③ 高军等：《中国现代政治思想评要》，华夏出版社 1990 年版，第 215 页。

④ 《毛泽东文集》第 1 卷，人民出版社 1991 年版，第 29 页。

⑤ 《毛泽东选集》第 2 卷，人民出版社 1991 年版，第 653、650 页。

⑥ 《瞿秋白选集》，人民出版社 1985 年版，第 186、188 页。

⑦ 毛泽东：《帝国主义的最后工具》，《政治周报》第 3 期，1925 年 12 月。

⑧ 《陈独秀文章选编》中卷，生活·读书·新知三联书店 1984 年版，第 8 页。

革命只是“有产阶级的恩人，无产阶级的敌人!”①

第四节　马克思主义基本理论之争

一、阶级斗争理论之争

改良主义者胡适、张东荪等反对通过阶级斗争的暴烈方式解决中国社会问题。胡适说马克思的阶级斗争理论“太偏向申明‘阶级的自觉心’一方面，无形之中养成一种阶级的仇视心”，“使社会上本来应该互助而且可以互助的两种大势力，成为两座对垒的敌营，使许多建设的救济方法成为不可能，使历史上演出许多本不须有的悲剧。”② 基尔特社会主义者认为，巴黎公社的失败“已经完全抛去了”③ 无产阶级专政，国家政权只能以“职能原理”或“机能原理”来自行组织，将社会管理“置放在自由自主，自己管理的基础上，排斥为人所治”，“即不要强有力的万能政权，也不是漫无组织”，中国不存在阶级和阶级斗争问题，农民“智力不发达”，“天性不厚”，工人“阶级意识未生，人数又少，直不能有何势力”。因此，中国“狄克推多的劳农制不能发生”，“今日之中国非组织贫民专制之时，乃改造贫民性格之时。”④

三民主义承认阶级和阶级斗争“是现存的事实，不是想出来的手段”⑤，但孙中山说阶级斗争是社会进化中的一种“病症”，“并不是社会的常态”，是民生问题没解决好，以阶级斗争为因是“倒果为因”⑥。戴季陶说革命势力与反革命势力的对立，是“觉悟者与不觉悟者的对立，

---

① 无懈：《夺取政权》，《共产党》第5号，1921年6月。

② 胡适：《四论问题与主义——论输入学理的方法》，《每周评论》第37号，1919年8月31日。

③ 剑：《答六几和东荪》，《先驱》第6号，1922年4月15日。

④ 张东荪：《社会主义研究宣言》，《时事新报》副刊《社会主义研究》第1号，1921年9月16日；《我也批评——批评》，《时事新报》副刊《社会主义研究》第4号，1922年1月6日；《现在与将来》，《改造》第3卷第4号，1920年12月15日。

⑤ 《朱执信集》下卷，中华书局1979年版，第879页。

⑥ 《孙中山选集》，人民出版社1981年版，第819页。

不是阶级对立”，“不能完全取两阶级对立的革命方式”①。阶级斗争不但不能解决农工生活问题，而且会截断许多改善的路径，在“最近的将来时期中，想要以工业的无产阶级专政，来达革命建设的目的”，是“明明做不到的”，“在国民革命进程中，为农民工人而奋斗，绝不须用唯物史观做最高原则；争得一个唯物史观，打破一个国民革命，绝不是革命者所应取的途径”②。

无政府主义试图“站在阶级对抗之上”③ 进行无政府革命，指责布尔什维克“想打破资本主义，却不料小资本家——个人——没有完全打消，大资本家——国家——反而完全成立”，实际上是复辟了资本主义，使“自己变成了资本主义的国家。”④ 他们希望在推翻资产阶级专政以后直接进入无政府的共产主义社会，因为保存了无产阶级专政，就等于保存了资本主义，“少数人行使的威权和多数人行使的威权没有什么差别，都是行使个人以外的意志。”⑤

中国马克思主义者认为社会变革的基本方式只能是阶级斗争。经济原因是革命的总根源，“许多组成历史明显的社会事实，只是那直接，间接，或多，或少，各殊异阶级间团体竞争所表现的结果。他们所以牵入这竞争中的缘故，全由于他们自己特殊经济上的动机。”⑥ 进行阶级斗争是无产阶级的一种有组织的自觉行动，在群起反抗新制度的纷乱之下，非用无产阶级专政的“铁腕”来“先剥夺阻碍自由的一部分人的自由不可”，那种“求资本家的同情，不用剧烈的革命”的主张只能称作“‘叫

---

① 戴季陶：《孙文主义之哲学的基础》。蔡尚思等：《中国现代政治思想史资料简编》第2卷，浙江人民出版社1982年版，第601－602页。

② 戴季陶：《国民革命与中国国民党》。蔡尚思等：《中国现代政治思想史资料简编》第2卷，浙江人民出版社1982年版，第593－594、584页。

③ 《马克思恩格斯全集》第8卷，人民出版社1961年版，第155页。

④ A·D：《我们反对“布尔札维克”》，《奋斗》第2号，1920年2月24日。

⑤ 叶麐：《“无强权主义的根据”及“无强权的社会”略说》，《新潮》第2卷第3号，1920年4月1日。

⑥ 《李大钊文集》下卷，人民出版社1984年版，第60页。

花式’的阶级斗争”①。陈独秀说戴季陶鼓吹实行“仁爱之心”，“尊重工农群众的利益”是骗人的鬼话，“厂主以仁爱之心待工人，地主以仁爱之心待佃农，这是百年难遇的传奇材料”②。瞿秋白批判戴季陶主义时指出：“中国的工人阶级应当努力实行阶级斗争，不但要求经济生活（民生问题）的改善，不能希望事实上绝对不会有的资本家的仁爱心，而且要力争劳动民众的真正民权，结果也只有剥夺地主大资本家的政权，才能实现。无产阶级的阶级斗争和独裁制的理论，才真是中国一般民众现实要求民权及民生政策的实际政纲的方针和指导”③。陈独秀批判无政府主义时指出，国家、政治、法律是“改良社会的工具，工具不好，只要改造他，不必将他抛弃不用”，无产阶级“虽然承认不必从根本上废除国家、政治、法律这个工具，却不承认现存的资产阶级（即掠夺阶级）的国家、政治、法律，有扫除社会罪恶的可能性”④。无产阶级革命必须“自己造成新的强力，自己站在国家地位，利用政治，法律等机关，把那压迫的资产阶级完全征服，然后才可望将财产私有，工银劳动等制度废去，将过于不平等的经济状况除去”⑤。对基尔特社会主义要求通过发展资本主义实业来制造无产阶级的观点，马克思主义者提出以社会主义方式来发展实业，通过无产阶级专政“把资本由财阀、军阀……的手中没取过来，从新起头来振兴工业，制造劳动者”⑥ 的主张。

无政府主义者、三民主义者都曾重视“民众”的力量。刘师复较早地注意到在“一般平民”中传播无政府主义的重要性，将“一般平民”作为无政府主义的物质承担者，认为“传播吾人主义于一般平民，务使多数人晓然于吾人主义之光明，学理之圆满以及将来组织之美善，及使

---

① 新凯：《再论共产主义基尔特社会主义》，《新青年》第9卷第6号，1922年7月1日。

② 《陈独秀文章选编》下卷，生活·读书·新知三联书店1984年版，第88－89页。

③ 《瞿秋白选集》，人民出版社1985年版，第185－186页。

④ 《陈独秀文章选编》中卷，生活·读书·新知三联书店1984年版，第7、9－10页。

⑤ 《陈独秀文章选编》中卷，生活·读书·新知三联书店1984年版，第4页。

⑥ 旋：《评中国的基尔特主义》，《先驱》第3号，1922年1月31日。

知劳动为人生之天职，互助为未来之良德”①。孙中山的三大政策是“扶助农工”的，即使西山会议派也仍称工农为革命的“先锋军”“主力军”，提出要“反抗不利于农夫工人之特殊阶级，以谋农夫工人之解放”，但他们反对中国共产党领导工农群众开展阶级斗争。马克思主义者所言“人民”，也贯穿阶级理论，人民是一个阶级结构，以工农为主体而包括小资产阶级、民族资产阶级。“人民意识”是一种阶级意识、历史意识、政治意识，主张人民群众是社会革命的基本力量，具有历史主体意义。“人民意识”与“科学意识”一起，是中国现代社会发展过程中存在的两种基本意识形态②，是衡量现代中国一切政治价值的基本尺度。“人民意识”是马克思的唯物史观理论在中国的传播、应用和发展的结果。

阶级斗争理论是马克思主义与其他“主义”、新思潮的最大区别。运用阶级斗争理论和方法，中国马克思主义者在“主义”繁乱、阶级关系复杂、社会矛盾突出的近代中国顺利找到了解决“问题”的“钥匙”并得革命主导权。

二、中国实行社会主义有无阶级基础之争

一般中间派别认为中国实业不发达，无所谓劳动阶级和资本家阶级存在及其对立，中国资产阶级“方在发端”，最多只有几个小富人，而劳动者数量少、素质低，还不能成为一个“阶级”。蓝公武说：“生产器具的公有，自然是社会主义真正的命意所在。”生产器具只有“合于公有性质”，才能实现公有，才能发展社会主义，而这，在中国当时的小农业和手工业制度下无法做到，也就“讲不到社会主义。”③张东荪明白无误地说：“社会主义所以不能实现于中国者，其总原因在于无劳动阶级”，中国“劳动阶级除了交通埠头因为少数工厂才有工人以外，简直

① 师复：《无政府共产党之目的与手段》，《民声》第19号，1914年7月18日。

② 吴炜、周全华：《科学与中国马克思主义的起源》，《云南社会科学》2010年第2期。

③ 蓝公武：《社会主义与中国》，《改造》第3卷第6号，1921年2月15日。

没有”，农民“大抵蠢然一物”，中国既无劳动阶级的存在，欲实行社会主义“其道无由”[①]。梁启超认为“只有劳动阶级的运动，可以改造社会”，“游民阶级之运动，只能毁灭社会”，“目前最迫切之问题，在如何能使多数之人民得以变为劳动者”[②]。孙中山也以实业落后、无产阶级力量缺乏来否认阶级斗争，认为“中国实业尚未发达的时候，马克思的阶级战争、无产专制便用不着。”[③] 他们同意工人阶级在实行社会主义中的基础性地位，但否认中国具有足够的工人阶级作为社会主义的实行基础。

李达的反驳颇有意思：“中国境内的资本家是国际的，全国四万万人——由某种意义上说，都可算是劳动者——虽然有许多无业的游民，然而都可以叫做失业的劳动者。……中国是劳动过剩，不能说没有劳动阶级，只不过没有组织罢了。”而梁启超的“为实行社会主义，才造劳动阶级；为造劳动阶级，才奖励资本主义”的说法，“有故意制造社会主义革命的嫌疑”[④]。陈独秀批评张东荪关于中国无劳动阶级的观点是一种“任意颠倒”，犯了“只望利用他人做出现成的”和“速成无望便要改变方针”两大毛病，是完全听着自然的 Evolution 而不加以人力的 Revolution[⑤]。李大钊总结说：“要问中国今日是否已具实行社会主义的经济条件，须先问世界今日是否已具实行社会主义的倾向的经济条件。因为中国的经济情形，实不能超出于世界经济势力之外。现在世界的经济组织，既已经资本主义以至社会主义，中国虽未经自行如欧、美、日本等国的资本主义的发展实业，而一般平民间接受资本主义经济组织的压迫，较各国直接接受资本主义压迫的劳动阶级尤其痛苦。中国国内的劳资阶级间虽未发生重大问题，中国人民在世界经济上的地位，已立在这

---

① 张东荪：《现在与将来》，《改造》第3卷第4号，1920年12月15日。

② 梁启超：《复张东荪书论社会主义运动》，《改造》第3卷第6号，1921年2月15日。

③ 《孙中山选集》，人民出版社1981年版，第842页。

④ 李达：《讨论社会主义并质梁任公》，《新青年》第9卷第1号，1921年5月。

⑤ 《陈独秀文章选编》中卷，生活·读书·新知三联书店1984年版，第58－59页。

劳工运动日盛一日的风潮中。”① 事实上中国工人阶级的存在及其力量已经显示，1918 年工人罢工 66 次，1920 年罢工 64 次，1921 年罢工 49 次②。1919 年五四运动后爆发的“六·三”运动更表现了中国工人的团体政治意识。

三、社会主义是否“超越阶段”之争

梁启超等人并未否定社会主义的历史合理性，也认为社会主义有“大部分真理”，资本主义“必非社会终局之目的”，在中国实行资本主义，“不过借以为过渡”，是“实行社会主义之预备”③，社会进化的趋势是“资本主义必倒而社会主义必兴”④，社会主义“这个新潮流，不可遏抑；与其阻挠他，不如顺着他，且阻挠是万不可能的。”⑤ 三民主义也认为，民生主义与科学社会主义是“好朋友”，二者在“众人能够共产”这个“大目的”是上一致的，“共产主义是民生的理想，民生主义是共产主义的实行”⑥。无政府主义认为与马克思主义“原出于一本，距离非远，同点甚多”⑦，在“达到共产主义社会，则是‘殊途同归’。”⑧ 但这几派人都认为中国目前无实行社会主义的条件，如果硬是要实行社会主义则是“越阶”⑨。基尔特社会主义者甚至认为，中国目前没有实行社会主义的条件，更没有实行基尔特社会主义的条件，“此种新制度，彼先进民族尚未实行，况论吾国。故此制之在中国，吾辈子孙能否见之，尚属

---

① 《李大钊文集》下卷，人民出版社 1984 年版，第 454 页。

② 王继平等：《中国社会主义思想通史》，湖南人民出版社 2007 年版，第 86 页。

③ 梁启超：《复张东荪书论社会主义运动》，《改造》第 3 卷第 6 号，1921 年 2 月 15 日。

④ 张东荪：《现在与将来》，《改造》第 3 卷第 4 号，1920 年 12 月 15 日；《一个申说》，《改造》第 3 卷第 6 号，1921 年 2 月 15 日。

⑤ 刘秉麟：《什么是社会主义怎样可以实行?》，《新群》第 1 卷第 1 号，1919 年 11 月。

⑥ 《孙中山选集》，人民出版社 1981 年版，第 830 页。

⑦ 江亢虎：《中国无政府主义之活动及余个人之意见》。葛懋春等：《无政府主义思想资料选》上卷，北京大学出版社 1984 年版，第 314 页。

⑧ 《袁振英的回忆》，《“一大”前后（二）》，人民出版社 1980 年版，第 470 页。

⑨ 张东荪：《现在与将来》，《改造》第 3 卷第 4 号，1920 年 12 月 15 日。

问题。"①

他们套用了马克思关于从高度发达资本主义进入社会主义的一般历史理论，认为中国缺乏高度发达的物质条件，只能通过资本主义的充分发展才有进入社会主义的可能。在发展路径上则有三民主义模式、英国式基尔特社会主义模式与美国自由资本主义模式。罗素说，中国要全然不经过资本阶段恐怕不可能，"对于中国改良的方法，暂不主张社会主义，当开发中国财源；以为现时应该从教育入手，应该从平民教育入手，把人民智识增高，到那个时候，再采用社会主义"②。张东荪认为中国的"惟一病症就是贫乏"，"国民经济全般不足"，需要发展实业、增加富力，而这是资本家的分内之事，中国实行资本主义是社会"进步之现象"③。蓝公武也认为，中国"应否实行社会主义不是一个道德问题，而是一个经济问题"④。基尔特社会主义以"协社"为基础进行行业集中，使生产的重心由公司转为协社，实行劳资和解，合理分配国家权力，实行政治上的双轨制，即国家与基尔特同时并存，各司其职，有互相制约，它"既考虑了国家社会主义者保留国家的主张，也考虑了工团主义者对国家的疑惧"，"根据国和国之间采取联邦主义的理由采取了企业与企业之间的联合制度"⑤。这种方式只在阶级矛盾缓和、社会环境稳定的情况下才有可能，而在中国绝没有这样的条件。

胡适与其老师杜威都主张中国采取"完全放任""自由竞争"的方式实行美国式自由资本主义。杜威与孙中山的交谈中提出"依赖于中国潜在资源财富的矿山、铁路、厂矿，会给那些不惹'麻烦'之险就不释

---

① 张东荪：《大家须记罗素先生给我们的忠告》，《新青年》第 8 卷第 4 号，1920 年 12 月 1 日。

② 袁刚等：《中国到自由之路——罗素在华讲演集》，北京大学出版社 2004 年版，第 30 页。

③ 张东荪：《现在与将来》，《改造》第 3 卷第 4 号，1920 年 12 月 15 日；《答高践四书》，《新青年》第 8 卷第 4 号，1920 年 12 月。

④ 蓝公武：《再论社会主义》，《改造》第 3 卷第 11 号，1921 年 6 月。

⑤ 冯崇义：《罗素与中国——西方思想在中国的一次经历》，生活 · 读书 · 新知三联书店 1994 年版，第 66 页。

放的精力提供一条新的发泄渠道”[①]，即发展资本主义实业的主张。胡适认为中国“百事不如人”在于中国资本主义实业不发达，而不在于进行社会革命。胡适的毛病如后来莫里斯·迈斯纳所说，中美两国社会有着结构性的差异，中国的社会现实完全否定了杜威纲领中预先假定的前提，即“改革发生在现存制度所允许的范围之内”[②]。

有论者认为张东荪、梁启超等人的观点也受马克思主义理论影响[③]，罗素在中国讲学期间对苏俄社会主义有过批评，但在“临别赠言”中又表达了对苏俄国家社会主义的赞赏，认为“中国政治改革绝非经几年之后就能形成西方的德谟克拉西。德谟克拉西存在的国家，设想该国的人民已经是能读能写有相当程度的政治知识。这类条件，在中国就不能满足。要到这个程度，最好经过俄国共产党专政的阶段。因为求国民的知识快点普及、发达、实业不染资本主义色彩，俄国式的方法是唯一的道路了。俄国布尔什维克派，自然也有很错误的地方，尤以对于农民的手段为甚，现在渐渐改进手段了。要循彼的道路走的，正可取做前车之鉴。”[④] 罗素此言引起追随者梁启超、张东荪等人的不满，而陈独秀等表示赞赏，认为罗素的观点是“中国政党改造底一个大大的暗示”[⑤]。

马克思主义者认为中国走资本主义道路为“理所不可”，且“势所不能”，这“理”是道义，“势”是必然。陈独秀指出：“资本家兼并土地和资本家利用机器打倒手工业的原故，社会上困苦的失业者已普遍都会与乡间了。这种现象是资本主义生产之下机器工业代替手工业时必然发生的，因此，可以说资本主义生产制一面固然增加富力，一面却也增加贫乏。”既然中国的资本制度不发达，“正好用社会主义来发展教育及

① 张宝贵：《杜威与中国》，河北人民出版社 2001 年版，第 27 – 28 页。

② （美）莫里斯·迈斯纳：《李大钊与中国马克思主义的起源》，中共北京市委党史研究室编译组，中共党史资料出版社 1989 年版，第 119 – 121 页。

③ 陈哲夫等：《二十世纪中国思想史》上卷，山东人民出版社 2002 年版，第 265页。

④ 袁刚等：《中国到自由之路——罗素在华讲演集》，北京大学出版社 2004 年版，第 303 页。

⑤ 《陈独秀文章选编》中卷，生活·读书·新知三联书店 1984 年，136 页。

工业，免得走欧、美、日本的错路”。既然实行资本主义实业对无产阶级而言只能增加贫困，就只能实行从根本上解决工人阶级贫困的社会主义实业，中国“多数人过不着人的生活之状况，正是资本主义生产制下必然的状况”，“要使中国人‘都’得着人的生活，非废除资本主义生产制采用社会主义生产制不可”①。李大钊批评基尔特社会主义在英国犹且“宣传不广”“徒尚空谈”，实行上“无大价值”，何况在阶级斗争激烈的中国社会，通过和平手段而实行劳动者管理产业的做法很难做到②。俄国革命示范着的社会主义是真正“开发实业”“使一般人都得着人的生活”，“实在有利无害”，社会主义实业不但可以集中资本，而且可以普及劳动力，“中国不欲振兴实业则已，如欲振兴实业，非先实行社会主义不可”③。

陈独秀指出资本主义制度存在“资本私有”和“生产过剩”两大缺点，社会主义制度则有“资本集中”和“财产公有”两大优点，而国际形势和历史条件都给予中国直接发展社会主义的机遇：“（一）是救济中国断不能不发展实业，但采用在欧美已经造成实业界危机的资本主义来发展中国实业，未免太无谋了；（二）中国全民族对于欧美各国是站在劳动的地位，只有劳动阶级胜利，才能救济中国底危急及不独立；（三）是现代国际化的力量固然很大，但是渐渐成为国际化，那时新的制度便确立了；（四）是欧战以来，资本制度已经大大动摇了，我们正应该联络各国底同志作国际的改造运动；（五）是在不完全破坏外资相当的利益范围以内，由国家立在资本家的地位经营国内产业及对外贸易，也未必不能免绝对的干涉。”④ 中国早期马克思主义者对“当时在青年中特别称赞的‘互助的精神’和所谓‘真理永恒的标准’设计出来的‘最善最美最新最合理性的社会制度’，或所谓‘真理社会’”⑤ 是以空前的热情

---

① 《陈独秀文章选编》中卷，生活·读书·新知三联书店1984年版，第52－55页。

② 《李大钊文集》下卷，人民出版社1984年版，第435页。

③ 《李大钊文集》下卷，人民出版社1984年版，第445－446页。

④ 《陈独秀文章选编》中卷，生活·读书·新知三联书店1984年版，第85－92页。

⑤ 高军等：《中国现代政治思想评要》，华夏出版社1990年版，第150页。

去拥抱。但他们亦缺乏对中国国情的正确估量，直到二大以后才有了比较清醒的认识。

胡、蓝、李的“问题与主义”之争，表明新文化同人“态度的同一性”出现危机，[①] 导致了自由主义与马克思主义矛盾冲突的表层化，并由此导致了五四时期思想界的大分裂，使得新文化阵营这个松散的联盟终告瓦解，而马克思主义则在各种社会主义思潮中被凸显出来。“问题与主义”之争引发了五四时期的各社团之间、社团内部论争的连锁反应，如少年中国学会、新民学会、新潮社、国民社、留法勤工俭学的工学世界社、方志敏与袁玉冰创办的《新江西》月刊社、周恩来等的觉悟社、恽代英等的互助社等，也发生了类似“问题与主义”的论争，各学会内部成员有的靠拢马克思主义，有的走向非马克思主义、反马克思主义道路。正如美籍学者周策纵所指出的：“‘五四事件’后的那几个月里，在新知识分子之间兴起的联合精神只是表面性的。那是因为在他们面临一种共同对敌的情况下所导致的暂时的结果。除了同心协力于重估传统和提倡新学之外，他们之间的见解显然是不一致的”。通过论争，社会主义的观点从思想界向社会普及，扩大了马克思主义的影响。

论战中各种主义、新思潮的生命力得到了有效的检验，它们的发展结局呈现出多种样态。基尔特社会主义逐渐归于沉寂。无政府主义一分为三：一部分人转变为马克思主义者，一部分人继续坚持无政府主义，一部分人进入国民党营垒。三民主义由于在国民革命中获得政治、军事上的优势而暂居统治地位。而马克思主义在与各种非马克思主义、反马克思主义的论争中已悄然开始了中国化的历程。越来越多具有爱国主义热情和改造社会使命感的中国人从情感和理智上贴近了马克思主义，“憧憬共产主义革命的远景”，“看得真切”并“一往无前”。[②] 由此，马克思主义的在跨文化、跨地域的中国社会与文化“生态”语境获得发展的新契机，中国化马克思主义由此发轫。

---

① 汪晖：《预言与危机——中国现代历史中的“五四”启蒙运动》上篇，《文学评论》1989 年第 3 期。

② 罗章龙：《椿园载记》，生活 · 读书 · 新知三联书店 1984 年版，第 77 页。

第二章　哲学论争与马克思主义哲学中国化之发轫

从中国共产党成立到国民革命失败，发生的思想论争有：科学与人生观、联治与自治、“农国”与“工国”、统一战线、历史观、革命领导权、农民问题，戴季陶主义、国家主义等。论争各方的意识形态性浓厚，论争激烈，阵线分明。马克思主义与科学主义、三民主义之间有过短暂的联合，但最终分道扬镳。

在20世纪中国哲学现代化进程中，来自西方的各种哲学，如进化论、唯意志主义、科学主义、生命哲学、逻辑实证主义、实验主义、马克思主义均受到了中国学人的欢迎，并被广泛吸收。在延续两千年之久的经学独断论被终结后，中国哲学在吸收西方哲学的基础上进入现代性阶段，获得了与世界哲学发展一致的趋向。传统哲学被不断改造和赋予现代学术形态，中国哲学领域呈现出多样化的哲学创造和体系建构局面。20世纪二三十年代，为应对中国历史“千古变局”、挽救民族危亡、重塑中国人的精神世界的时代要求，马克思主义哲学与各种非马克思主义哲学和反马克思主义哲学哲学在历史观、宇宙观、人生观等方面展开了争鸣，中国新哲学——中国化马克思主义哲学由此发轫。

第一节　历史观论战

以进化论输入为肇始，中国社会的历史观由此掀开新的一页。天命史观、进化史观、唯物史观、民生史观是影响二十世纪中国社会的主要史观，在论争中形成了四方三面的基本格局。进化史观是引起中国社会革新的第一大史观，它最具包容性，为多种社会思潮所信奉，如基尔特社会主义、无政府主义、自由主义、保守主义、民主主义。

传统天命史观被现代新儒家改造为“心本体论”而获得新发展。

自严复引入进化史观，试图以科学独断论取代经学独断论，将科学作为形而上学的本体加以推崇，成为批判传统天命史观的利器。以科学为基础，严复提出了“质力相推”社会进化史观，认为自然界、人类社会都是由质点与力相互作用的结果，“大宇之内，质力相推，非质无以见力，非力无以呈质。”[①] 科学派在严复的基础上将科学上升为一种意识形态——科学意识形态[②]，认为物质“本不过是心理上的觉官感触，由知觉而成概念，由概念而生推论，科学所研究的不外乎这种概念同推论”，“宇宙及其中万物的运行变迁皆是自然的”，“变迁的原因都是可以用科学方法寻求出来的”[③]。也就是说，科学方法是万能的，它可以寻求因果、解释过去、预测未来。科学是中国最富有感染力的现代性思想，经过严复、胡适等实证主义者的阐释，形成唯科学主义的倾向。

孙中山融合进化论因子，吸收了唯物史观基本要素，将“民生”作为一个高度抽象的形而上范畴，以此作为历史演绎的基点，“民生”就是“人类求生存”，人类社会的历史就是“人类求生存”的历史。因此，“民生”是历史的重心。他说：“民生就是政治中心，就是经济的中心和种种历史活动的中心，好像天空以内的重心一样。从前的社会主义，错认物质是历史的中心，所以有了种种纷乱”。“我们现在要解除社会问题中的纷乱，便要改正这种错误，再不可说物质问题是历史中的中心，要把历史上的政治和社会经济种种中心，都归之于民生问题，以民生为历史的中心。先把中心的民生问题研究清楚了，然后对于社会问题，才有解决的办法。”[④] 陈立夫沿着孙中山的“民生”思路来构建其唯生论哲学体系，完善和发展了民生史观。认为万物既有生命，也求生存，它们要摄取其他生元以助自己生长，所以有竞争，“凡同类相残者是违反宇宙之生的本意（神意）而必趋灭亡，因主张全人类应当互助相爱，所以是

---

① 严复：《严复集》第5册，中华书局1986年版，第1320页。

② 吴炜、张静：《科学主义：中国现代思想中的“科学意识形态”》，《自然辩证法研究》2009年第11期。

③ 张君劢等：《科学与人生观》，黄山书社2008年版，第44、22－23页。

④ 《孙中山选集》，人民出版社1981年版，第787页。

‘爱的哲学’；认定发挥创造力是人类共生共存共进的大道，也是人类征服宇宙的途径，所以是‘人的哲学’”。陈立夫批评马克思的唯物史观以物质环境来解决人生问题是“根本本末倒置”，人类历史是一部为求生而有的一切现象的历史，“‘生’才是人类历史的中心”[①]。

“五四”以后，唯物史观大行其道，成为中国共产党的“哲学的根据”[②]。唯物史观以其“科学魅力”引起了一些中国人的极大兴趣，同时也因其批判性本质而深受反对者诟病。尽管中国早期的马克思主义学者也存在未能准确理解唯物史观的基本原理，如关于历史发展的必然性与主观能动性、历史规律的一般性和特殊性问题等，但是在对各种非马克思主义历史观的论战中，他们使唯物史观成为中国影响最大的思想。

随着十九世纪中期以来大一统王权政治的瓦解和经学时代的逐步终结，传统天命史观日渐式微，进化史观所蕴含的“进步”理念适应了中国人变革社会的要求，成为重新解释历史的新武器，维新派、革命派无不服膺这个学说，即使是文化保守主义者也不例外，“这种新奇而又激动人心的社会理论在那个时代却注定会成为中国价值系统大变动的根源”[③]。进化论的生物“生存竞争”和“自然选择”理论被应用到社会历史领域，并不能解释和说明全部人类社会现象，而作为进化论的继承和超越者，唯物史观以更为“科学”的魅力征服中国人，中国社会的主流历史观由古代天命史观向近代进化史观转变，向民生史观演进，向唯物史观归宿。

一、何谓历史本体

历史是什么？康有为以“人性”“仁”作为历史本体；谭嗣同将“以太”作为历史的根底，“以太”的精义就是“仁”[④]。张君劢以自由意志作为历史的根本，认为社会现象的发展变化是人类意志加入客观环

① 陈立夫：《唯生论》，正中书局1982年版，第58、77、79页。

② 《新民学会会员通讯录》第3集，人民出版社1980年版，第162页。

③ （美）费正清：《剑桥中华民国史》第一部，章建刚等译，上海人民出版社1991年版，第439页。

④ 《谭嗣同全集》（增订本），中华书局1981年版，第330页。

境所起的一种“函变关系”，社会的经济结构、政治组织、法律设施都是意志的“物化”。熊十力说从自然界到有机界，再到人类社会，一切都由“心”生，“心”为“万化之原”，“心备万物。”[①] 贺麟吸收黑格尔哲学中的“理性”，融合宋明心学，提出“心”即“理”，“心”与“理”合一的历史本体论，宋儒的“天”，即所谓“宇宙法则”或“理性”，“整个历史都是理性逐步实现的历程”[②]。

梁漱溟说历史是“生命”的“绵延”，是宇宙“大生命”“无尽无已的创造”，一切生物都是宇宙大生命的表现[③]，文化是大生命的体现，是“没尽的意欲（will）”，规定着人类文化发展和生活前进的方向。

孙中山将“民生”抽象为一个形而上范畴，以此作为历史演绎的基点，认为“民生”就是“人类求生存”，人类社会的历史就是“人类求生存”的历史，“民生”即求生意欲是历史的重心，唯物史观的“物质中心论”是“错认”了历史的中心。[④] 陈立夫也认为人类历史是一部“求生”的历史，“‘生’才是人类历史的中心”，人类历史演进的原动力是人类之求生、共存、共进化，唯物史观认为经济变动决定一切政治文化的变动，归根到底也是由人类求生存所决定，只有“唯生”是最高最后的“根本义”和“形而上的信仰”，“唯心”与“唯物”是“第二义”和“形而下的应用”[⑤]。

李大钊说：“马克思所以主张以经济为中心考察社会的变革的原故，因为经济关系能如自然科学发见因果律，这样子遂把历史学提到科学的地位。一方面把历史与社会打成一气，看作一个整个的；一方面把人类的生活及其产物的文化，亦看作一个整个的；不容以一部分遗其全体或

---

① 熊十力：《十力语要》卷二，辽宁教育出版社 1997 年版，第 49 页。

② 贺麟：《文化与人生》，商务印书馆 1988 年版，第 63 页。

③ 梁漱溟：《朝话》，《梁漱溟全集》第 2 卷，山东人民出版社 1990 年版，第 94页。

④ 《孙中山选集》，人民出版社 1981 年版，第 787 页。

⑤ 陈立夫：《生之原理》，正中书局 1945 年版，第 198 页；《唯生论》，正中书局 1982 年版，第 63 页。

散其全体。与吾人以一个整个的活泼泼的历史的观念”①。陈独秀认为“什么先天的形式，什么良心，什么直觉，什么自由意志，一概都是生活状况不同的各时代各民族之社会的暗示所铸而成”。② 可是李、陈乃至后来瞿秋白，都没有区分唯物史观与科学的关系，没有从形而上学角度来理解唯物史观，李大钊看作实证性的历史学，陈独秀将其归于社会科学，③ 瞿秋白则有自然本体论和科学化实证化倾向④，认为解释社会现象的“社会公律”必须从解释自然现象的“自然公律”中求出并与之相适合。

将唯物史观赋予形而上意义的是李达等马克思主义专业哲学家，基本思路就是在实践基础上全面阐解马克思主义哲学“整个儿的宇宙观”，他说：“当作世界观看的唯物辩证法，当作自然科学与社会科学的成果之普遍化的概括看的唯物辩证法，其中包含着两个部分，两个领域，即唯物论的自然观（自然辩证法）与唯物论的历史观（历史辩证法）。唯物论的自然观，以自然现象的发展法则为对象，因而它是自然诸科学的成果的概括，唯物论的历史观，以社会现象的发展法则为对象，因而它是社会诸科学的成果的概括。在这种意义上，唯物论的自然观与唯物论的历史观，是唯物辩证法与自然诸科学及社会诸科学之间的媒介的环。所以唯物辩证法之与唯物论的自然观及唯物论的社会观，具有密切的不可分离的关联。”⑤

确立唯物史观的实践本体论，强调从人类社会内部寻找历史发展的终极所在，重视物质资料的生产活动在历史发展中的决定意义。

二、何谓历史主体

“历史创造者”是谁，即对历史主体的确认。中国早期进化论者所

① 《李大钊文集》下卷，人民出版社1984年版，第716－717页。

② 《陈独秀文章选编》中卷，生活·读书·新知三联书店1984年版，第353页。

③ 陶德麟、何萍：《马克思主义哲学中国化：历史与反思》，北京师范大学出版社2007年版，第204页。

④ 李维武：《中国哲学的现代转型》，中华书局2008年版，第408页。

⑤ 《李达文集》第2卷，人民出版社1981年版，第282页。

倡导的“群”演化论对中国马克思主义的群众史观的启蒙具有重要意义。严复、康有为、章太炎等认为历史进化是“合群进化”，是“群与群争”，是“群”在“器”的创造和使用过程中形成的①。康有为甚至提出“以群为体，以变为用”的“群变”观，未来大同社会“斯为天下群者”。进化论者强调“群”在社会演化中的重要意义，认为“群”通过竞争或互助的方式能够积极作用于历史。

孙中山、朱执信等由“民生”推演出“人群”“人民”概念，并肯定了“人民”在历史进化中所具有的主体性功能，提出历史的进化必须顺乎天理，应乎人情，适乎世界之潮流，合乎人群之需要，国民革命的成功要“用农民来做基础”，让工人“做国民的先锋”。② 但是孙中山并未将人民群众看作历史主体，人民只是“群氓”，是“有权没能”的“阿斗”。③

李大钊认为“民众的势力，是现代社会上一切构造的唯一的基础”，一切历史上传留下来的势力，如宗教、皇统、军阀、政阀，都将被民众势力所“粉碎”“降伏”“殄灭”，“一切过去的历史，都是靠我们本身具有的人力创造出来的，不是那个伟大圣人给我们造的，亦不是上帝赐予我们，将来的历史亦还是如此”④。群众是英雄得以成功的基础，英雄“并非有与常人有何殊异，只是他们感觉到这社会的要求敏锐些，想要满足这社会的要求的情绪热烈些，所以挺身而起为社会献身”⑤。李达指出，社会组织改造和变迁虽然离不开“个人努力”，但“个人努力”不能脱离社会关系和人民群众的支持，“特种个人根据其性质之特征活动，能影响历史之进行，且有时能使此影响特别增大。但此种影响增大之可能性，恒受社会组织所拘束，恒受多数社会力所限制。个人之性质所以能成为社会发达之一要素者，非个人之特殊天才使然，实社会关系有以

① 章太炎：《訄书·尊史》，《章太炎全集》第3卷，上海人民出版社1980年版。
② 《孙中山选集》，人民出版社1981年版，第935、911页。
③ 《孙中山选集》，人民出版社1981年版，第767－768、770页。
④ 《李大钊文集》下卷，人民出版社1984年版，第365页。
⑤ 《李大钊文集》下卷，人民出版社1984年版，第363、765页。

玉成之也"①。马克思主义者在论争中确立了"人民主体论"。毛泽东后来简明表述为："人民，只有人民，才是创造世界历史的动力。"②

三、孰为历史动力

历史发展动力是什么？天命论云"天不变，道亦不变"，人性、道德、社会规范、政治制度等的形成发展"无不本于天而备于我"。

梁启超认为，人类社会遵循"天演"原理，"竞争之例与天演相终始"③。严复提出了"质力相推"社会进化史观，认为自然界、人类社会都是由质点与力相互作用的结果，"大宇之内，质力相推，非质无以见力，非力无以呈质。"④ 丁文江把人类历史看做与自然运行一样，认为"宇宙及其中万物的运行变迁皆是自然的"，"变迁的原因都是可以用科学方法寻求出来的"⑤。

而孙中山认为"人类进化之主动力，在于互助，不在于竞争"⑥，"民生"是社会进化的原动力。戴季陶等将民生还原为"求生的冲动""引导着人发生一种生存的欲望"，说"中外古今所有的革命事业，唯有依于人类求生存的天性而出发，才能解决当前问题，增进人群幸福，促进世界大同"⑦。

梁漱溟将"意欲论"、张君劢将"生命冲动论"看作文化发展和历史发展的动力。

多元论历史观如胡适，认为经济、政治、知识、思想在社会发展中同等重要，"历史事实的原因，往往是多方面的，所以我们虽然极端欢迎'经济史观'来做一种重要的史学工具，同时我们也不能不承认

① 《李达文集》，第1卷，人民出版社1980年版，第284、285页。
② 《毛泽东选集》第3卷，人民出版社1991年版，第1031页。
③ 梁启超：《论君政民政相嬗之理》，《时务报》第41册，1897年10月。
④ 《严复集》第5册，中华书局1986年版，第1320页。
⑤ 张君劢等：《科学与人生观》，黄山书社2008年版，第44、22－23页。
⑥ 《孙中山选集》，人民出版社1981年版，第141页。
⑦ 戴季陶：《三民主义之哲学基础》，中国文化服务社北平分社1945年版；蒋介石：《三民主义之体系及其实行程序》，《青年中国季刊》1卷1期，1939年9月。

思想知识等事也都是‘客观的原因’，也可以‘变动社会，解释社会，支配人生观’。”① 张东荪亦持“多元架构论”，批评唯物史观“对于社会之相关性则改为经济一元论，即对于函数关系则改为因果关系；改互相关系而为片面制定：即以经济为因，以政治法律思想道德为果。止可由经济而左右政治法律道德思想而不可由政治法律道德思想以影响于经济。”②

历史二元论者将心与物一同作为推动历史发展的要素，国家主义者陈启天认为，“物质要素”和“心理要素”在社会生活中“同时并在，斤两相称”，“没有物质要素固不能构成社会，没有心理要素也不能构成社会”③。陈立夫将具有物质和精神双重含义的“元子”作为宇宙和历史的根本和推动力，认为宇宙由许多波动的“元子”所构成，“元子有静的本质，然后于宇宙才有一切物质；元子有动的力量，然后于宇宙才有一切能力”，“宇宙之两部——精神和物质，只是元子之一物”，宇宙万物都是元子的“产品”④。

贺麟说：“经济始终是工具，上层的生活才是目的，我们固然不否定工具的重要，但我们更注意目的的重要。经济原不是自天而降的东西，不能自己发展，更不能自己创造，尤不能自来自去。”社会的发展“归根结底不是经济支配人，而是人在支配经济，我们表面上是受经济支配，实际上受经济背后的主人翁支配。”⑤ 梁漱溟也认为生产力动因论是“倒果为因”，因为“人类的精神方面”是使生产力“可钝可利”⑥ 的东西。

李大钊认为历史动力是生产力，社会进化不求于“心的势力，而求之于物的势力”，“以其内部促他自己进化的最高动因，就是生产力，

---

① 张君劢等：《科学与人生观》，黄山书社 2008 年版，第 25 – 26 页。

② 张东荪：《道德哲学》，中华书局 1930 年版。

③ 陈启天：《国家主义与共产主义的分歧点》，《醒狮》第 44 期，1925 年 8 月 8 日。

④ 陈立夫：《唯生论》，正中书局 1982 年版，第 18 页。

⑤ 贺麟：《五十年来的中国哲学》，商务印书馆 2002 年版，第 72 – 73 页。

⑥ 梁漱溟：《东西文化及其哲学》，商务印书馆 1935 年版，第 46 页。

……生产力一有变动，社会组织必须随着他变动”。[①] 陈独秀批评胡适的“秃头的历史观”说：“唯物史观所谓客观的物质原因，在人类社会，自然以经济（即生产方法）为骨干”。“唯物史观所谓客观的物质原因，是指物质的本因而言，由而质发生之心的现象，当然不包括在内。世界上无论如何彻底的唯物论者，断不能不承认有心的现象，即精神现象这种事实”。“唯物史的哲学者，也并不是不重视思想文化宗教道德教育等心的现象的存在，惟只承认他们都是经济的基础上面之建筑物，而非基础之本身”。“思想知识言论教育，自然都是社会进步的重要工具，然不能说他们可以变动社会解释历史支配人生观和经济立在同等地位。”[②]

关于阶级斗争是否为历史动力的争论，仍沿袭“问题与主义”之争时的话题。胡适指责阶级斗争“使历史演出了许多本不须有的惨剧”，历史“真实可靠的进化”只能是“一点一滴的不断改进”。张东荪认为中国工人商人都不能成为有力的阶级，阶级的划分只能以职业、行业而论，所谓阶级，是指社会上由某一种利益与某一种技能而归类的人们，这种归类有永久性，并以职务来表现，一种行业就是一个阶级，“行业”以外“不成为一个阶级，更谈不到阶级自觉”[③]。梁漱溟从文化、道德角度立论，认为中国是个“伦理本位”“职业分途”的社会，中国社会整个政治构造、政治理想与学术都纳于伦理关系中，不存在西方国家那样的阶级对立，只有职业上的不同：“士、农、工、商之四民，原为组成广大社会之不同职业，彼此相需，彼此配合。”贺麟批评阶级斗争只具有策略性意义，“只是政治斗争一个口号。但历史上的斗争并不是限于阶级，我们也可说历史是观念的斗争，民族的斗争”[④]。

三民主义主张阶级调和，视阶级斗争为社会的“病态”，道德上的

---

① 《李大钊选集》，人民出版社1959年版，第337、186页。

② 张君劢：《人生观》。张君劢等：《科学与人生观》，黄山书社2008年版，第28、30页。

③ 张东荪：《阶级问题》，《再生》第1卷第4期，1932年8月。

④ 贺麟：《当代中国哲学》，台北宗青图书出版公司1978年版。

堕落[①]，只有“民生”“仁爱”“道统”“生元”而非“物质”“生产力”“阶级斗争”是历史发展的动力。国家主义认为“马氏学说的重心既归到了阶级战争一义，要阶级真能对立作战，则不得不把资本家与工人两种阶级明显地对立起来，中间掘下一条深沟，使他们无论如何不会合了起来。其实他们俩平常合了起来用力的地方很多，尤其是对国家的救护上面”，“表现于过去社会中的，是我们中国固有的文化，表现于现在社会中的，是国民相处而无争斗极其和善的态度。所以我们一面主张阐扬国家文化，一面主张四民协作。”[②] 阶级调和论承认阶级是一种客观存在，但反对阶级斗争。

李大钊指出：“历史的唯物论者，既把种种社会现象不同的原因总约为经济的原因，更依社会学上竞争的法则，认许多组成历史明显的社会事实，只是那直接，间接，或多，或少，各殊异阶级间团体竞争所表现的结果。他们所以牵入这竞争中的缘故，全由于他们自己特殊经济上的动机”；“各类政治变动，其根本原因都在殊异经济阶级间的竞争。”[③]

四、各派社会理想皆“大同”

天命论者承接传统社会理想，习惯于由今返古，追溯上古三世“黄金时代”，随着历史的延长，其思古之幽情有增无减。与之相反，进化论者、民生论者向往超越现实的未来社会。进化史观原本就是一种社会向善论，[④] 而经康有为改铸的进化论则将未来社会与中国古代的“大同”社会组合一体，弥合改革与保守。他“发明《春秋》三世之义，以为文明世界在于他日，日进而日盛”[⑤]，反对使用暴烈的、激进的方式进行社

---

① 《孙中山全集》第 9 卷，中华书局 1986 年版，第 369 页；戴季陶：《三民主义之哲学基础》，中国文化服务社北平分社 1945 年版；陈立夫：《唯生论》，台北正中书局 1982 年版，第 79 页。

② 余家菊：《国家主义释疑》，高军：《中国现代政治思想史资料选辑》上，四川人民出版社 1983 年版。

③ 《李大钊选集》，人民出版社 1959 年版，第 187 – 188 页。

④ 高瑞泉：《论“进步“及其历史——对现代性核心观念的反省》，《哲学研究》1998 年第 6 期。

⑤ 梁启超：《南海康先生传》，《清议报》第 100 期，1901 年。

会变革。孙中山也多次强调："民生主义就是社会主义，又名共产主义，即是大同主义"，"真正的民生主义，就是孔子所希望之大同世界"；"共产是民生主义的理想，民生是共产主义的实行"；"实行民生主义，而以社会主义为归宿。"① "辛亥"革命前孙中山曾试图"举政治革命、社会革命毕其功于一役"②。"五四"运动以后，孙中山主张通过互助原则，发扬自由、民主、博爱精神，使世界进入"大同"。

以经济构造为基础的唯物史观将中国未来社会发展定位为共产主义社会，这与传统社会中的"大同主义"是契合的。差异在于社会理想实现的途径和方法。马克思主义者认为"除了诉于最后的阶级竞争，没有第二个再好的方法"③，"现在无产阶级和有产阶级争斗，也必然要掌握政权利用政权来达到他们争斗之完全目的"，"由资本主义的社会移到社会主义的社会之中间，必然有一个政治的过渡时期。这政治的过渡时期，就是劳工专政"。④ 蔡和森说"不专政则不能改造社会，保护革命。原来阶级战争就是政治战争，因为现政治完全为资本家政治，资本家利用政权、法律、军队，才能压住工人，所以工人要得到完全解放，非先得攻权不可。换言之就是要把中产阶级那架国家机关打破（无论君主立宪或议院政治），而建设一架无产阶级机关——苏维埃。无产阶级不获得政权，万不能得到经济的解放。"⑤

五、孰为历史规律

历史规律的讨论涉及两大问题：1、历史必然规律与主观能动性（自由意志）的关系；2、是否有适合一切社会的普遍规律、马克思主义所揭示的普遍规律是否适合中国这个特殊社会。

自进化论输入，传统天命循环论、退步论历史观受到了猛烈批判，

① 《孙中山选集》，人民出版社 1981 年版，第 843－844 页。

② 孙中山：《〈民报〉发刊词》，《民报》第 1 号，1905 年。

③ 《李大钊选集》，人民出版社 1959 年版，第 117 页。

④ 《陈独秀文章选编》中卷，生活·读书·新知三联书店 1984 年版，第 197－198 页。

⑤ 《蔡和森文集》，人民出版社 1980 年版，第 65 页。

康有为的"公羊三世说"、梁启超的"三世六别说"、谭嗣同的"两三世说"最先运用进化论思想对传统社会发展观进行了改造。而进步主义科学派则突出强调历史发展的因果法则，认为历史领域与自然界都受同样的因果大法制约。

张君劢、梁启超、梁漱溟等玄学派人物受唯意志论和生命哲学的影响，夸大自由意志、"意欲"、"生之冲动"等在历史发展中的作用，实际主张偶然及历史无规律论。张君劢提出了"思想者事实之母"的著名命题，认为自由意志决定人类社会的发展，社会进化无可量度，无因果可求，不要什么科学，没有因果之必然，只有偶然。"人生者，变也，活动也，自由也，创造也。惟如是，忽君主，忽民主，试问论理学上之三公例（日同一，日矛盾，日排中）何者能让其合不合乎?""忽而资本主义，忽而社会主义，试问论理学之三大公例，何者能让其合不合乎?"[①]梁启超也否定科学派的因果律，肯定自由意志创造历史，认为我们既承认历史为人类自由意志的创造品，当然不能又认为他要受因果必然法则的支配。历史是"出于良心之自动，而决非有使之然者也"。[②]

有论者认为唯物史观是二元论，历史规律所说社会主义必然性与阶级斗争所说历史主体能动性之间存在矛盾，唯物史观将人类社会历史看作自然的历史过程，就不应该将阶级斗争归于历史发展的动力。李大钊最初介绍和研究唯物史观时，也曾觉得"唯物史观与阶级竞争说的矛盾冲突"，后来在批判天命史观中贬斥"天命"而高扬"人道"，突出"力"与"命"的对立，强调"人力造命"，承续了晚清以来所言的历史非"天造"而是"人造"的观点，批评了"天命"论者在人类社会发展之外寻找历史的动因、抹煞人的主体性的观点，而是认为人类社会发展的动力"可以在人类的需要中和那赖以满足需要的方法中认识出来"[③]。"人力造命"反对消泯人民群众在历史必然性面前所具有的主观能动性，无产阶级谋求解放，不能"坐待集产制度自然成熟，一点不去活动"，

① 张君劢等：《科学与人生观》，黄山书社 2008 年版，第 78 页。
② 张君劢等：《科学与人生观》，黄山书社 2008 年版，第 35 页。
③ 《李大钊文集》下卷，人民出版社 1984 年版，第 364 页。

因为“社会主义的实现，离开人民是万万做不到的”[①]。

马克思主义主张历史规律论，主张历史是合目的性和合规律性的统一。马克思主义者与科学派结成了联盟，马克思主义者坚持生产力决定论，科学派坚持科学方法的因果决定论，他们共同对自由意志论、文化决定论的历史非决定论开展了批判。文化自身是被决定者而不是决定者，各种新思想决非无因而生，均有各种事实背景，先有物质世界这一事实，才能有思想的人及思想的对象这一事实，然后思想才会发生，思想是事实的儿孙，决非事实之母，自由意志为社会现象的因果律和心理现象的因果律所支配，而非支配因果律者。意志本身是不自由的，要受环境束缚，“人的意志若是绝对自由绝无联系，那他就是无原因的。——宇宙间的一切，从臭虫的滋生到太阳系的运行，都有公律的，独有人的意志，好像天神似的，站在全宇宙之上，而不是自然界的一部分。他是一个惟一的例外。意志自由论简直直达宗教，丝毫无所说明，无所谓知识，而只有盲目的信仰。”“不论是经常的现象，是异常的现象，一个人的意志、感觉、行动都有一定的原因，是有定的，是有所联系的，——原因不具，果即不现。无定论实际上不过‘玄妙化’的半宗教式的解释，丝毫不能说明实际事实，仅仅是精神破产的哲学家之‘自欺的安慰’，而且不足以止滞科学的发展。惟一正当的观点，只是有定论。”[②] 马克思主义者对历史非决定论及科学主义的决定论批判的过程中，过分地强调了历史的必然性而否定了偶然性的实际价值，不免带有机械主义的倾向。

20 世纪 30 年代艾思奇对自由与必然的关系作了较深的探讨：“自由不仅是顺应必然性就能成立，而是要依着必然性去克服必然性的体系自身的矛盾。”“意志只在成为行动而实现而贯彻的时候，才扬弃其被规定的地位，而转入规定者的地位，这便是自由”[③]。在承认意志自由选择必须正确认识现实及其规律的理性主义前提下，初步解决唯物史观与阶级

---

① 《李大钊文集》下卷，人民出版社 1984 年版，第 64、65 页。
② 瞿秋白：《自由世界与必然世界》，《新青年》（季刊）第 2 期，1923 年 12 月。
③ 《艾思奇文集》第 1 卷，人民出版社 1981 年版，第 96 页。

斗争之间不是一个二律背反的命题。毛泽东的“能动的革命的反映论”①命题对此做了进一步的回答，该命题包含了客观过程的反映、主观能动性的作用和革命的实践三个环节，解决了历史决定论与主观能动论的统一问题。

胡须认为“‘有贯通于一切社会形态的永久不变的（发展）法则存在’，更不能说承认有这种法则，‘就等于承认了现存社会是始终不变的’（现代新哲学，不正是研究自然和社会的一般法则的吗?）”平心（即李平心）反驳说“承认有通用于一切社会的永久不变的法则”观点是形而上学的见解，“在社会发展的过程中，并没有通用于一切社会形态的始终不变的历史法则，社会发展的法则连同新史观的最一般的法则与公式（如生产力与生产关系的法则，社会层的矛盾法则等等）在内，都只是历史的，永久变动发展的。”②

马克思主义者认为人类社会发展存在普遍性规律，就是生产力与生产关系、经济基础与上层建筑两对矛盾的辩证运动，而阶级斗争是“一般的历史发展规律”的阶段性表现和特殊表现形式。一般规律当然适用于中国社会的特殊历史。李大钊认为“在现实个个特殊的时会，种种事情纷纭缠绕，交感互应，实足以妨碍一般的理法以其单纯的形态以为表现”③。李达认为“社会非由契约而成，非由心性相感作用而起，亦非如有机体之受自然法则所支配，乃由加入生产关系中之各个人结合而成”④。

第二节　宇宙观论争

一、何谓本体

早在五四运动前后，马克思的辩证唯物主义已经作为马克思主义哲

① 《毛泽东选集》第2卷，人民出版社1991年版，第664页。
② 胡须、平心：《关于社会发展的一般法则问题》，《自修大学》1936年。
③ 《李大钊文集》下卷，人民出版社1984年版，第727－728页。
④ 《李达文集》第1卷，人民出版社1980年版，第241页。

学的一部分在中国进行了零星介绍①，但当时并未真正引起人们的兴趣。1923 年以后才有对辩证唯物主义的系统介绍和研究②，1927 年以后开始"风行全国"③。20 世纪二三十年代，主要有科学主义、人文主义、马克思主义三种本体论，他们对 20 世纪中国哲学本体论发展有着重要的影响。④ 在思想界、知识界之间终于酿成了一场大范围的唯物辩证法论战⑤。

---

① 美国学者伯纳尔认为，日本岛田三郎的《社会主义概评》较早介绍了对历史的辩证唯物论的解释［（美）马丁·伯纳尔:《1907 年以前中国的社会主义》，福建人民出版社 1985 年版，第 96 页］。美籍学者田辰山认为，中国人以更为严肃的态度对马克思辩证唯物主义的讨论是 1917 年俄国十月革命以后才开始［（美）田辰山:《中国辩证法：从〈易经〉到马克思主义》，萧延中译，中国人民大学出版社 2008 年版，第 58 页］。1919 年 7 月 18 日—24 日，《晨报》刊载了日本《社会主义研究》杂志上的《马氏唯物史观概要》一文指出："马克思学说的构成分子，就是当时世上所流行的辩证论的思索法和唯物论的观察法"，这个学说的"新特征"就是这两个东西的"结合"。

② 瞿秋白首先对辩证唯物主义进行了系统介绍。他将马克思主义理论体系划分为互辩律的唯物论、历史唯物论、经济学说、科学社会主义，认为互辩律唯物论是马克思主义总的宇宙观和统一的方法论，唯物史观和经济学说是其在具体研究领域的展开，科学社会主义则是马克思主义形成的最初动机和最终目标。这种划分在于"帮助读者得到对于'马克思主义'一词的正确概念，不至于认为马克思主义就限于唯物史观及其经济学说"。（曾乐山:《马克思主义哲学的中国化及其历程》，华东师范大学出版社 1991 年版，第 96 页）

③ 郭湛波:《近五十年中国思想史》，山东人民出版社 1997 年版，第 194 页。

④ 李维武:《20 世纪中国哲学本体论问题》，湖南教育出版社 1998 年版。

⑤ "唯物辩证法"论战与"唯物辩证法论战"是两种不同的说法。前者是指围绕马克思主义哲学中辩证唯物主义有关内容而进行的论战，除唯物辩证法论战中的有关讨论外，还散见于二十世纪二三十年代的若干重大论战之中。后者是指发生在二十世纪三十年代的唯物辩证法论战这一历史事件，论战几乎覆盖整个哲学的基础领域，被认为是"围绕着唯物辩证法的实质和作用、哲学能否消灭、科学与哲学的关系、物质与精神的关系、辩证法与形式逻辑的关系，以及宇宙观、认识论、历史观、人生观等一系列问题而展开的一场关于'新哲学'（即马克思主义哲学）的真理性和有效性的大论战。"（耿彦君:《唯物辩证法论战研究·序一》，社会科学文献出版社 2005 年版）已有论著对此进行了详细的资料整理和价值评判，如徐素华的《马克思主义哲学在中国：传播、应用、形态、前景》（北京出版社 2002 年版）、耿彦君的《唯物辩证法论战研究》（社会科学文献出版社 2005 年版）等。本文所说宇宙观论争主要是指"唯物辩证法"论战，强调论战中的辩证唯物主义内容。

（一）心性本体论

东方文化派、学衡派、玄学派、现代新儒家等文化保守主义者，试图融合西方的唯意志主义、生命哲学和现代文化来重建正在衰退的“天命”信仰，将人性、心性、仁、生命、意欲、自由意志等作形而上抽象和概括，以构建具有现代精神的新宇宙观。梁漱溟认为“宇宙之生”是中国形而上学的本来议题，宇宙是一个活的“大生命”，一切生物、自然都是这个大生命的表现。孔子是“宇宙之生”学说的典型代表，“孔家没有别的，就是要顺着自然道理，顶活泼顶流畅的去生发。他以为宇宙总是向前生发的，万物欲生，即任其生，不加造作必能与宇宙契合，使全宇宙充满了生意春气。”[①] 宇宙“大生命”是可以认识的，认识的方法只能是直觉而不是理智。

张君劢将自由意志赋予形而上意义，认为人生在于自由意志，无客观标准，“惟有返求之于己”[②]。玄学派的自由意志、生命本体论主要是针对科学本体论而言，他们借助了西方生命哲学理论，倡扬儒家心性之说，藉以批评科学本体论。

熊十力融合唯识论与中国传统文化，以本心、仁心、“宇宙心”为本体，即“心本体”，认为本体“非是离我的心而外在者”，它“圆满至极，德无不全，理无不备”。人类的“性智”可以认识“心本体”，人类的“量智”（亦称“理智”）则可以认识“心本体”外显的物质。“理智”与“性智”结合，形成一种认识外界与本体，探求知识和超越知识的认识活动[③]。

牟宗三将精神性的“仁”作为哲学最高抽象物，它可以通过“觉”和“健”来认识，“觉”是从心上讲，即生命不僵化、不粘滞。“健”是“健行不息”之“健”，也是精神的，不是自然生命或生物生命之冲动，

---

① 梁漱溟：《东西文化及其哲学》，《梁漱溟全集》第 1 卷，山东人民出版社 1989 年版，第 448 页。

② 张君劢：《人生观》。张君劢等：《科学与人生观》，黄山书社 2008 年版，第 36 页。

③ 熊十力：《新唯识论》，中华书局 1985 年版，第 247、536、249、327 页。

“仁就是‘创造性本身’”①。

贺麟把宋明心学与理学相结合，并糅入黑格尔哲学，将“心”“天”“理性”等同起来，认为精神哲学是注重心与理一，心负荷真理，理自觉于心的哲学②。现代新儒家的心本体论虽具有传统哲学的“本位”特色，但不是对传统宋学的简单复归，而是融入了西方哲学，进行了现代转换，也是一种现代性本体论。

（二）科学主义解构本体论

严复以“天演”来批判“天命”“天理”观念，建立科学主义宇宙论和科学逻辑方法论，“奠定了新时代思想家们把现代科学作为一种价值体系而接受的基础”③，从而将哲学引向科学化、实证化道路。胡适将科学的实验精神扩大来讲人生，讲宇宙，讲哲学，试图构建一个“建筑在二三百年的科学常识上的”宇宙观，认为物质是不死的，是活的；不是静止的，是动的，宇宙及其中万物运行变迁的原因都“可以用科学方法寻求出来”④。

科学主义思潮否定本体论的意义，解构哲学形而上学，以经验实证原则对形而上学的批判，在中国哲学史上是空前的⑤，丁文江批评“不可思议”的“本体”是“玄学家吃饭的家伙”，从伯克莱至张君劢，始终没有大家公认的定义方法，各有各的神秘，说“哲学是假科学”“科学是真哲学”⑥。南庶熙、叶青等认为哲学本体论是根据认识论的，离开认识而独立的本体是乌有的。近代哲学的本体在康德以后就不再有优越地位，本体论降为认识论的一个“分科”，唯物论者将本体作为哲学研究的一个重要部门是在“古调独谈”，现代科学“根本不问本体”，“认

---

① 牟宗三：《中国哲学的特质》，上海古籍出版社1997年版，第88－89页。

② 贺麟：《近代唯心论简释》，《哲学与哲学史论文集》，商务印书馆1990年版，第131页。

③ （美）郭颖颐：《中国现代思想中的唯科学主义（1900—1950）》，雷颐译，江苏人民出版社2005年版，第5页。

④ 胡适：《科学与人生观》序二，张君劢等：《科学与人生观》，黄山书社2008年版，第22－23页。

⑤ 李维武：《20世纪中国哲学本体论问题》，湖南教育出版社1998年版。

⑥ 王星拱：《科学概论》序，武汉大学出版社2008年版，第1页。

知作用本身即是以表示宇宙本体”①。

批判唯物论的另一个致思路径，是将哲学上的物质予以实证化，从而否定物质的本体意义。傅统先认为物质只能是被人认识的物质，它只有认识论的意义而无本体论的意义，“新唯物论者只是用一个本体论上的名词套在一种不健全的认识论上面。这只是名词之争而非真理之争”。唯物论的“物质”与唯心论的“绝对观念”、新实在论的“逻辑的结构”并无多大区别，实在论也主张在人的意识之外有一个独立的外界存在，只是不承认外界即是物质；绝对观念论的“绝对”，也可以解释为独立存在于意识之外，而刺激我们之感觉的”②。

张东荪说辩证唯物论的“物质”，与唯心论的“绝对观念”、新实在论的“逻辑的结构”并无多大区别：“实在论也主张在人的意识之外有一个独立的外界存在，只是不承认外界即是物质；绝对观念的‘绝对’，也可以解释为独立存在于意识之外，而刺激我们之感觉的”③。“我们把物理而代替物，便亦正可把生理而代替‘生’，就是有物理而无物质；有生理而无生命；有心理而无心灵。这亦就是说一切都是架构，而无实质。而架构却不是能离开我们的认识”④。他又说“所谓机械的唯物论与辩证的唯物论之分别就只是抛弃德穆克里托、霍布士一流的唯物论，而转到自然主义的、实在论的、经验论的进化论，其内容毫无新颖，所有的都是欧美哲学已经早有过的。又可见自从新物理学出来了以后旧式的唯物论（即把物质当作本体的）实在无法维持了”⑤。

陈伯达等批评张东荪、叶青等的“唯物论破产”是没看懂列宁《唯物主义和经验批判主义》，书中明明提出应把哲学上的物质概念同物理学

---

① 南庶熙：《答二十世纪记者叶青》。张东荪：《唯物辩证法论战》上卷，北平民友书局 1934 年版，第 287－289 页；叶青：《物质的存在问题》，《中山文化教育馆季刊》第 3 卷第 1 期。

② 傅统先：《辩证法唯物论批判》。张东荪：《唯物辩证法论战》上卷，北平民友书局 1934 年版，第 62－63 页。

③ 张东荪：《唯物辩证法论战》上，北平民友书局 1934 年版，第 33、63 页。

④ 张东荪：《认识论》，上海世界书局 1934 年版，第 131 页。

⑤ 张东荪：《我亦谈谈辩证的唯物论》，《大公报》“现代思潮”第 3 期，1931 年。

的物质结构理论区别开来。

（三）民生本体论

孙中山将“民生”看做是形而上的最高存在、宇宙的重心和一切生产、经济、政治活动的中心，涵盖“社会的生存、国民的生计、群众的生命”①。孙中山哲学思想中原本存在唯物论的因子和辩证法的要素，但其继承者却以“仁爱”“诚”等儒家思想加以曲解，使民生主义儒学化。戴季陶的“仁爱”说、萨孟武的“生存技术”说、胡汉民的“心物合一”说、陈立夫的“唯生论”、蒋介石的“力行哲学”等，无不以“民生”为最高范畴。民生哲学与马克思主义哲学是中国现代思想史上尖锐对立的两种哲学形态，特别是民生哲学发展到“唯生论”阶段，成为“这些年来在中国与辩证法唯物论相对抗的最主要的思想之一”。他们批判马克思主义的物质本体论“以物质环境，来作解决人生问题”是“本末倒置”②。

艾思奇之针锋相对批判“唯生论”的心物综合本体论偏离了孙中山的“民生”本意，是“物活论”在中国的再版。他说：“唯生论的哲学，是以孙中山先生的思想中的某些因素为渊源，以孙中山先生的某些话做为根据，但唯生论哲学本身，并不是孙中山先生的哲学思想，而只是他的一部分思想的附会夸大的产物”。③

（四）物质本体论

中国早期马克思主义者对哲学本体论问题缺乏思考。陈独秀称“哲学”主要是指“实验主义的及唯物史观的人生哲学，不是指本体论、宇宙论的玄学，即所谓形而上学的哲学”④。对哲学本体论的思考起于瞿秋白，他用“我”与“非我”、“实质”与“认识”、“自然”和“灵魂”等范畴来阐解哲学的基本问题，初步确立了物质本体论。他说：“‘我’与‘非我’的关系，‘认识’与‘实质’的关系以及‘灵魂’与‘自

① 《孙中山选集》，人民出版社1981年版，第802页。
② 陈立夫：《唯生论》，台北正中书局1982年版，第25－58页。
③ 《艾思奇文集》第1卷，人民出版社1981年版，第566页。
④ 《陈独秀文章选编》中卷，生活·读书·新知三联书店1984年版，第350页。

然’的关系……直到如今，这一问题还是哲学中的根本问题”。“非我”“实质”“自然”是指客观存在，“我”“认识”和“灵魂”则指由客观存在决定的思维和意识。“先有物质，而后发生能思想的物质——‘人’。可见，物质先于精神。”“可以有无精神的物质，而不能有无物质之精神。”“可以断言：精神不能外乎物质而存在；物质却能外乎精神而存在，物质先于精神；精神是特种组织的物质之特别性质。——物质当然是宇宙间一切现象之根本。”①

艾思奇遵列宁的“物质”定义，认为哲学上的物质是指“实实在在地在我们主观意识之外独立地存在独立地运动变化的东西”，“物理学上的物质，在哲学上看来，只是物质运动的一种状态，或一个阶段”②。

李达对马克思主义哲学本体论的阐释则最早从实践角度来立论，这使中国马克思主义者高出于苏联教科书的机械论倾向。他认为实践范畴是马克思“建立历史观之唯物论的根据”，马克思“把实践的契机导入于唯物论，使从来的哲学的内容起了本质的变革”③。物质本体论与实践本体论都来自马克思主义哲学，物质本体论主要源自列宁主义的物质观。“实践”本体论是中国马克思主义哲学家李达从马克思主义哲学中抽取的一个概念，给马克思主义哲学本体论研究提供了一个新视角。到20世纪80年代以来，将马克思主义哲学概括为“实践唯物主义”成为中国哲学界的主流。

二、哲学消灭论与发展论

叶青提出科学将取代哲学，哲学只能归于消灭。“哲学消灭论”有四点理由：一是“方法底决定”，既然一切皆有流变，哲学当然也有自己“生长死灭底过程”，“哲学消灭论”合乎辩证法的“变”的通律；二是“历史底必然”，人类知识史依次由“宗教——哲学——科学”进化，

---

① 《瞿秋白文集》（政治理论篇）第2卷，人民出版社1988年版，第311、442、443页。

② 《艾思奇文集》第1卷，人民出版社1981年版，第167页。

③ 《李达文集》第2卷，人民出版社1981年版，第60－61页。

哲学必然随着科学的勃兴而科学化；三是“事实底证明”，哲学和科学有共同的对象，只是研究的方法不同，“科学吸收了哲学底任务，科学于是哲学化了”①；四是“文献底印证”，马克思和恩格斯实际上是“消解哲学于科学中的执行者和完成者”。他印证恩格斯的话说：“近代唯物论不是简单地使旧时唯物论重现，而是把二千年来哲学、自然科学的发展，以及二千年历史本身发展的整个思想内容，加于坚固的唯物论的基础之上。一般地说来，这已经不再是哲学，而是单纯的宇宙观，这样，哲学便被扬弃，在形式上被克服，在实际内容上却被保留起来。”②

叶青还提出“物心综合论”为哲学消灭论提供理论依据：哲学问题就是物质论与观念论的对立问题，统一了这两个对立物，就可以消灭哲学上的矛盾和斗争。矛盾没有了，以矛盾发展为基础的哲学就消灭了。叶青摘引马克思《关于费尔巴哈的提纲》中的话说：“从前的一切唯物主义的主要缺点是：对对象、现实、感性，只是从客体的或者直观的形式去理解，而不是把它们当作感性的人的活动，当作实践去理解，不是从主体方面去理解。因此，和唯物主义相反，能动的方面却被唯心主义抽象地发展了，当然，唯心主义是不知道现实的、感性的活动本身的”③。叶青从中概括出“物质论 + 观念论 = 辩证法的物质论”的“物心综合论”公式。这是哲学消灭论第二个经典公式，叶青称其为研究唯物论和辩证法的“新见解”。“哲学消灭”论是以曲解马克思主义哲学的科学性来论证其观点：科学的发展，一是使哲学科学化，使唯物辩证法成为实证科学而非哲学，二是逼使观念论哲学消亡，于是便宣告整个哲学的消灭。科学无论怎么发展也不可能泯灭哲学与科学的界限，哲学仍然

---

① 叶青：《论哲学的消灭》，《新中华》第 4 卷第 15、22 期，1936 年。

② 叶青：《关于哲学消灭论》，《研究与批判》第 2 卷第 7 期，1936 年。

③ 这一段话现在的译文是：“从前的一切唯物主义——包括费尔巴哈的唯物主义——的主要缺点是：对对象、现实、感性，只是从客体的或者直观的形式去理解，而不是把它们当作人的感性活动，当作实践去理解，不是从主体方面去理解。因此，结果竟是这样，和唯物主义相反，唯心主义却发展了能动的方面，但只是抽象地发展了，因为唯心主义当然是不知道现实的、感性的活动本身的。”（《马克思恩格斯选集》第 1 卷，人民出版社 1995 年版，第 58 页）

有自己的研究领域、研究对象、研究方法，哲学将随着科学的发展而发展。

沈志远指控叶青是抄袭，是承续了苏联米宁等人提出哲学将被科学取代而应“抛弃哲学”的观点，并批判叶青犯了将变化或否定等同于死灭的错误，“死灭是变化或否定底形式之一，可是否定或变化却不一定是死灭。把否定解作死灭，是曲解辩证法的一种企图”①。恩格斯所讲的被消灭的哲学是玄学、观念论哲学，这种哲学类型的消灭并不代表整个哲学的消灭，反而是旧哲学达到新哲学的前提。张岱年批判说：“哲学消灭论之根源在其三种智识体裁论。他以为人类智识史上，有三种互相独立的智识体裁，即是宗教、哲学、科学。把宗教认为是一种智识体裁，这完全是唯心的荒谬见解”，“认为哲学与科学是两种独立的各占一个时代的智识体裁，也是谬误的。”② 艾思奇说：“现在的新唯物论的见解是认为：像从前一样，想保持一种超乎科学之上的哲学或玄学，是不正当的，但同时，要把哲学这一门学问，完全消灭掉，使它没有一个自己特有的领域和对象，也是机械论的错误。”③

第三节　辩证法论争

贺麟回忆说：辩证法唯物论“盛行于‘九一八’事变后及抗战期间，当时有希望的青年几乎都会受此思潮的影响。那时的中国学术界，既没有重要的典籍出版，又没有伟大的哲学家的领导，但青年求知的饥渴，不因此而稍衰，于是从日本传译过来的辩证法唯物论的书籍遂充斥坊间，占据着一般青年的思想了。因为当时青年情志上需要一个信仰，以为精神的归宿、行为的指针。唯物辩证法正好提供了一个主义的信仰，不能从实验主义那里得到的。不但这样，这新思潮既有实际的方案，又

① 沈志远：《叶青哲学往何处去?》，《读书生活》第 4 卷第 5 期，1936 年。

② 张岱年：《评叶青〈哲学问题〉及〈哲学到何处去〉》，《国闻周报》第 13 卷第 25 期，1936 年 6 月 29 日。《张岱年全集》第 1 卷，河北人民出版社 1996 年版，第 320 页。

③ 艾思奇：《几个哲学问题》，《读书生活》第 2 卷第 12 期，1935 年。

有俄国革命成功为其模范，国内又有严密坚固的政治组织，凡此都是不能从实验主义那里得到的。在理论方面，辩证唯物论也自成体系，有一整套的公式，以使人就范。同时辩证唯物论又似乎有科学的基础，此即19世纪最发达的经济学和社会学。足见辩证唯物论之吸引青年决不是偶然的”。[①] 唯物辩证法在20世纪二三十年代的广泛流行，是总结国民革命失败教训的需要，是探求中国革命方法的结果。马克思主义哲学的宣传和研究由唯物史观进到唯物辩证法方面。

一、“节取”还是“颠倒”黑格尔

张东荪认为黑格尔的辩证法是思想的方术、主观的看法，不能倒过来，也不能移到事实界、客观界、物质界中去[②]。黑格尔的可以说是辩证法，而马克思的却只可说是“行历”，即“自然的事实而映射于主观”[③]。马克思是“节取”“误用”而不是“颠倒”黑格尔辩证法，“节取黑格尔关于自然与历史二方面所用的正反合而删除其纯粹的正反合”，因此，“凡黑格尔的毛病马克思无一不具，而黑格尔的比较上说得通的地方马克思却一概删除”[④]。

叶青不同意张东荪的“节取”观点，对“颠倒”做了另一种解释，认为黑格尔是辩证法的创立者，马克思是辩证法的应用者，二者在“逻辑公式”上是完全相同的，所不同的是马克思对黑格尔的辩证法作了体系（观念论）和方法（辩证法）的划分，抛弃其体系而全盘接受其方法，再加入费尔巴哈的物质论内容，就构成了唯物辩证法。叶青认为，马克思所说的“‘要把黑格尔所说的颠倒过来’的话，实在是有理由的。指出运动的纯逻辑公式之实现的根源，那个创造世界的上帝——理性，就失掉了依据，辩证法于是变成事实上的运动法则之抽象。黑格尔给他蒙上的神秘包裹被剥去，合理的核心便发现了。所以，物质论的辩证法

---

① 贺麟：《五十年来的中国哲学》，商务印书馆2002年版，第67－68页。
② 张东荪：《动的逻辑是可能的么?》，《新中华》第1卷第18期，1933年。
③ 叶青：《哲学论战》，上海辛垦书店1936年版，第69页。
④ 张东荪：《唯物辩证法论战》上卷，北平民友书局1934年版，第154－155页。

自然是观念论的辩证法的颠倒。”[①] 马克思“颠倒”黑格尔辩证法后所产生的“新物质论”，是把费尔巴哈的唯物论与黑格尔的辩证法相加的结果，“新物质论是旧物质论底辩证法化。而旧物质论在嘉尔（即马克思）则取之于费尔巴哈。”[②] 叶青将唯物辩证法看做是辩证法与唯物论的机械主义相加。

贺麟则认为不存在“颠倒”问题，“马克思之所以研究物质，黑格尔之所以研究心灵，一个注重经济生活，一个注重精神生活，两人只是应用不同，而不是根本不同”，“马克思只是应用辩证法的方法来研究历史、政治、经济学科，特别用来搞革命”，“马克思并没有把黑格尔的辩证法颠倒过来”[③]。

艾思奇认为马克思对黑格尔辩证法的“颠倒”，是“对黑格尔哲学作全面的批判和改作。接受他的方法论，是要加以批判和改作的，抽取材料，也一样要通过批判和改作”。由黑格尔到新唯物论，不但要破壳，连内容也得经过一番成熟的改造才行。他批评叶青把马克思的“颠倒”曲解为“形而上学地把方法和体系分开”，这种机械分割法使得“颠倒”等于简易的分割，[④] 不能理解“颠倒”的真实含义，也就不能分辨马克思辩证法与黑格尔的辩证法之间的异同。

二、辩证法的“悖论”问题

辩证法的“内在的矛盾”问题是指辩证法自身的“辩证性”问题，通过这种“矛盾诘难”而使唯物辩证法陷入悖论，从而颠覆辩证法。张东荪等认为“倘使照马克思派那样到处都可用辩证法来观察，以为天下万物没有不具‘内在的矛盾’，一切物的成立都是由于有相反者相争而始生，则我们敢问：辩证法自身是不是亦具有‘内在的矛盾’，亦是由

---

① 叶青：《动的逻辑是可能的——答张东荪教授》，《新中华》第 1 卷第 23 期，1933 年。

② 叶青：《动的逻辑是可能的——答张东荪教授》，《新中华》第 1 卷第 23 期，1933 年。

③ 贺麟：《五十年来的中国哲学》，商务印书馆 2002 年版，第 69、70 页。

④ 艾思奇：《论黑格尔哲学的“颠倒”》，《新中华》第 3 卷第 21 期，1935 年。

于有相反者相争而始生。倘使辩证法不如此，则世界至少便是有一个东西是不含有内在的矛盾的了。则世界上至少有这个辩证法是不相反而相成的。”① 辩证唯物论“主观预立了一个万古不变的正反合程式，套用到一切事物之上”，除“正反合三位一组”外别无他物②。“辩证法本身是不是辩证的”问题一经提出，对这个问题的任何答案，都会使辩证法“自己把自己取消”。如果说辩证法本身是辩证的，就要产生出非辩证法，即按正反合法则，它会自己否定自己，辩证法的绝对性、必然性、普遍性就为之降低。如果说辩证法本身不是辩证的，那么，辩证法就犯了外在的自相矛盾，即否认了矛盾的普遍性和绝对性③。因此，“辩证法唯物论本身与内在的矛盾律是不相容，因为辩证法唯物论本身若含有矛盾，则该理论不能成立，若无内有在矛盾，则矛盾律之普遍性即被摧残。”④

叶青反驳说辩证法所揭橥的矛盾存在于一切事物之中，作为一种认识方法的辩证法，只有接近和不接近、符合和不符合客观真理的问题，根本没有内在的矛盾和不矛盾的问题，辩证法自身没有内在矛盾，“正反合”三段论是对辩证法的机械理解。⑤

有学者认为，辩证法本身是辩证的。就辩证法发展的历史看，就经过了由原始的辩证法到唯心辩证法再到近代的唯物辩证法这样一个否定之否定的过程，以后的辩证法也会被否定和发展，这种发展是无穷尽的，辩证法如不辩证地发展，也就没有辩证法。辩证法本身的矛盾发展，不是否定辩证法本身的存在，在我们所预知的社会历史范围内，唯物辩证法必不会再为唯心辩证法所否定，只会推进到更高的阶

---

① 叶青：《哲学论战》，上海辛垦书店 1936 年版，第 71－72 页。

② 牟宗三：《唯物史观与经济结构》。张东荪：《唯物辩证法论战》下卷，北平民友书局 1934 年版，第 107、120 页。

③ 孙道升：《辩证法本身是辩证的么?》。张东荪：《唯物辩证法论战》上卷，北平民友书局 1934 年版，第 305 页。

④ 傅统先：《辩证法唯物论批判》。张东荪：《唯物辩证法论战》上卷，北平民友书局 1934 年版，第 65 页。

⑤ 叶青：《傅统先的“批判”之批判》，《研究与批判》第 2 卷第 3 期，1936 年。

段。唯物辩证法论者从来没有主张过预立什么万古不变的公式来排列一切事物和事实。

三、辩证法是不是哲学

心性本体论者心目中的哲学只是一种远离社会政治的玄学，因此他们认定变革社会的哲学不是哲学。如张东荪认为马克思哲学不是“纯粹”的哲学，也“决不能说是一种科学”，它“干预”了政治而丧失了哲学的性质，只能称为历史哲学、社会哲学，是为政治斗争需要而制造出来的政治理论，最多只是与政治结合着的哲学。在马克思主义哲学产生以前，“哲学无论如何变化，而哲学自身终是哲学，迨马派一出，哲学变成为社会思想的产物了，变为社会上阶级利益的呼声了，变为经济结构中自然而然所发出来的东西”，“变成了留声机器，人们唱什么他方收得什么”①。

又如傅统先说马克思“也许是经济学者，也许是社会学家，然而他并非是哲学家”，马克思的目的“只在建设一个社会理论，而不在创造一个哲学系统”，要从马克思身上得点哲学精义，等于“画饼充饥”。中国的新唯物论者“预先有了一定社会学上的主张，然后他们把一切能拉拢到原有的那种主张里面去的那些哲学理论上去，再加上几个笼统的名词，以示其业已经过辩证之炉所综合的学说”，而这只是“偏见”，根本不是“学理”②，“真正的”哲学应该是“冥想”“探求内心”之学，面向现实的只能是具体科学。

批评者的另一个致思路径，是将马克思哲学与自然科学相混，认为马克思哲学被科学化、实证化了。叶青认为，哲学是原理之学，辩证唯物论只是一种现实的实证知识，是立于科学之巅的科学理论，随着科学

① 张东荪：《文哲月刊发刊词》，《文哲月刊》第1卷第1号，1935年10月；《唯物辩证法之总检讨》，张东荪：《唯物辩证法论战》上卷，北平民友书局1934年版，第156页。

② 傅统先：《辩证法唯物论批判》。张东荪：《唯物辩证法论战》上卷，北平民友书局1934年第48、52页。

的发展，哲学将被科学化而不再存在①。陈范予则说，唯物辩证法既不是一种科学知识，也不是一种“非科学的东西”，而是“科学的敌人”，那些不知不识的青年学生“把科学的敌人认为是科学”是一件“可怜而且残酷的事情！”②

马克思在批判费尔巴哈时指出：“哲学家们只是用不同的方式解释世界，问题在于改变世界。”③ 马克思的“新世界观”始终定位于“改变世界”，与“解释世界”的旧哲学大不一样。辩护者紧紧把握新哲学是革命变革，是世界哲学发展的崭新阶段，批判前一种人仅仅把哲学看作“内心探求”是哲学神秘主义、非理性主义。批判后一种人把辩证唯物论“抬高”到科学的位置，实则把它降为一种实证科学④。辩证法是对自然界、人类社会、思维的一般运动法则的概括，而自然科学则是研究自然具体现象，其研究成果是“和思维之最高形态即辩证法的哲学相一致的”，而且“又可证实而且充实辩证法之理论。”⑤ 这一次论战中，中国早期马克思主义者尚未能真正理清哲学与科学的区别与联系，这也对未来中国思想理论产生了长远的影响。

艾思奇的成就是写出了第一本哲学通俗化、大众化典范的《大众哲学》。其一是力图打破哲学的神秘感，让普通人也能够感受到哲学的价值和魅力，阐明哲学与人们日常生活的联系。他说人们“只看见哲学和日常生活感想的对立和差异，却看不见两者的统一和共通的地方。他们以为只有日常生活中的感想才是最平凡而不神秘，最切实而不空洞。他们不知道哲学正是在日常生活的基础上发生起来，而人们日常生活的感想也正有着丰富的哲学的萌芽。”⑥ 但生活哲学的出现并不排除如科学哲学、技术哲学、逻辑哲学等一些“远离生活”的哲学以及形而上的研

---

① 叶青：《哲学往何处去?》，上海辛垦书店 1934 年版，第 3 页。

② 叶青：《哲学论战》，上海辛垦书店 1936 年版，第 114、113 页。

③ 《马克思恩格斯选集》第 1 卷，人民出版社 1995 年版，第 57 页。

④ 弱缨：《评张东荪的〈唯物辩证法论战〉》，《清华周刊》第 44 卷第 2 期，1936 年；沈志远：《叶青哲学往何处去?》，《读书生活》第 4 卷第 5 期，1936 年。

⑤ 叶青：《哲学论战》，上海辛垦书店 1936 年版，第 411、294 页。

⑥ 《艾思奇文集》第 1 卷，人民出版社 1981 年版，第 132 页。

究，“烦琐哲学”“经院哲学”仍有哲学研究之价值。[①] 艾思奇认为“哲学的主要任务是要能够真正解决人类生活上事实上的问题。……它的‘重要的问题是在于要改变世界’！”[②] 此话源于马克思，也有中国传统文化“实用理性”精神的影响。如果将“改变世界”完全等同于“解决人类生活上事实上的问题”，以为凡是解释世界而不涉及改变世界的哲学都没有价值，把哲学变为一种解决事实问题的“超级科学”，那就取消了哲学与科技的区别及取消哲学自身了。

四、辩证法三大规律有无客观性

论争双方都没有区分客观性与科学性是两个不同概念，都以是否科学方法来确定哲学意义上的客观性问题。陈范予认为：“马克思主义者想把世界解释为变动的世界，而以内在的矛盾为变动的原因。这是一种主观的大错误。”辩证法是一种思辨的哲学方法而不是一种实证的科学方法，不能接受自然科学的检验。[③] 张栗原反驳说：“辩证法实是一般的科学方法论。自然科学所获得的成果，在实际上是和思维之最高形态即辩证法的哲学相一致的。”[④]

张东荪等认为对立统一规律、质量互变规律、否定之否定规律，这三大辩证规律只存在于思维世界而不存在于事实界。贺麟也认为辩证法只是研究问题的方法，三大规律不是规律而只是方法。张东荪认为“矛盾”只是逻辑学上的名词，客观世界不存在矛盾，矛盾论是马克思及黑格尔把“对待”（如大与小、冷与热）、“负面”（是与非）与“矛盾”

---

① 至于第二点即认为唯心论使得人们产生了对哲学的神秘感，应属于没有什么根据的臆测。如果非要追究哲学中的哪种理论应对人们对哲学的神秘感负责，那恐怕不是唯心论，当然也不是唯物论，而很可能是辩证法，因为正是辩证法把许多人弄糊涂了，所以有人戏称辩证法是“变戏法”。当然，这样的看法仍然是对辩证法与生活的关系不了解所致。

② 《艾思奇文集》，第1卷，人民出版社1981年版，第139—140页。

③ 陈范予：《辩证法与自然科学》，《大陆杂志》第1卷11、12期，1933年5月。

④ 张栗原：《自然科学与辩证法》，《新启蒙》创刊号，1932年。

三个名词混一，并统称为“相反”[①]。对于质量互变律，张东荪等只承认事物的量变，否认事物的质变，“由量转化为质只能就一件一件各别事实而言，乃是实验的结果，不能变为预立的普遍方法”，“在没有发生质变前，我们都可以说没有变”[②]。贺麟则认为黑格尔哲学中并没有给辩证法立出呆板的定律或公式，只是说质变与量变是对立统一的一个例子，由量到质的变化不是一个规律，只是一个事实，“是可以用辩证法来研究的一个问题”，“本身不是辩证法的内容”[③]。

张东荪认为是否定之否定律是“历史定命论”，“所谓否定只是‘不见’了而已”，“这些名学上的专用名词不能移用于事实界”，因为事实界只有“起”和“灭”，无所谓否定，辩证唯物论者把把事实上变化的“起”和“灭”误用于“名理上是非的肯否”[④]。叶青也说“否定之否定是一个不适当的名词”，“如果把否定之否定看成一个法则，那么肯定和否定也各自独立成为一个法则了”，“用否定之否定包括全般，在逻辑上便为不通”[⑤]。贺麟认为“否定之否定是无限的否定”，是“坏的无限”，第一个否定是“形式的对立”，第二个否定是“矛盾的统一”，否定之否定是“合”，达到正反之合即是“矛盾的解除”。所谓“否定”，只能说真否定伪、全体否定部分，不能说伪否定真、部分否定全体，因为真理不是矛盾的，真的东西是不怕被否定的[⑥]。批评者的意见基本一致，认为“由量到质”“对立之合一”“否定之否定”不是客观规律，只是唯物辩证法研究方法与对象。张东荪总结说辩证法“倘是预先假设的，便只

① 张东荪：《唯物辩证法之总检讨》。张东荪：《唯物辩证法论战》上卷，北平民友书局1934年版，第171页。

② 张东荪：《唯物辩证法之总检讨》。张东荪：《唯物辩证法论战》上卷，北平民友书局1934年版，第178页；叶青：《形式逻辑与辩证逻辑》，《研究与批判》第2卷第2期，1936年。

③ 贺麟：《五十年来的中国哲学》，商务印书馆2002年版，第71页。

④ 张东荪：《唯物辩证法之总检讨》。张东荪：《唯物辩证法论战》上卷，北平民友书局1934年版，第168页。

⑤ 叶青：《黑格尔：其生平其哲学及其影响》。《艾思奇文集》第1卷，人民出版社1981年版，第120页。

⑥ 贺麟：《五十年来的中国哲学》，商务印书馆2002年版，第70－71页。

能是方法，是假设，不能是法则，是对相；倘使是法则便只能是归纳研究的结果”，因为方法与对相不能结合，辩证法不可能既是方法，又是方法指向的对相①。

对唯物辩证法三大规律的建构和阐述，是马克思主义者在论战中最富创新的成果之一。邓云特批评张东荪所谈的辩证法“几乎全是他对黑格尔辩证法的了解”，张东荪所认为的“扬弃”是“逻辑的变而不是空间的变时间上的变与事物的变”的观点是一种非常机械的了解。②

艾思奇打破了黑格尔哲学的布局，重置了马克思、恩格斯的排序，发挥了列宁的思想，将矛盾统一律作为统帅质量互变规律和否定之否定规律的“核心”，认为“一切的运动并不是纯逻辑的或理性的运动，而是存在自身的有质量的运动”③。在矛盾着的力量中，内因决定外因，中国近代历史发展中的外力从根本上看，是依赖内力而发生的。矛盾统一律揭示了事物运动的根本动力，普遍地存在于一切事物之中，“辩证法（即动的逻辑），就本来的意义讲，就是要研究对象本身内部的矛盾”④。马克思主义者认为辩证法既是形而上世界观，又是客观存在的规律，存在于事实界和思维界。对立统一规律认为矛盾是事物运动的动力，质量互变是矛盾的展开，否定之否定是“扬弃”，是矛盾的解决。它概括了事物发展由低级到高级、由简单到复杂、由量变到质变的螺旋式上升过程，辩证的否定观是“扬弃”而不是完全消灭、“抛弃”、“消解”。⑤

李达也阐解了三大规律之间的关系，他说：“对立统一的法则，是辩证法的根本法则，是它的核心。这个根本法则，包摄着辩证法的其余的法则——由质到量及由量到质的转变法则、否定之否定的法则、因果性的法则、形式与内容的法则等。这个根本法则，是理解其他一切法则的关键。因为在对立物的统一发展过程中，所谓‘飞跃’、‘连续性的断

---

① 张东荪：《唯物辩证法之总检讨》。张东荪：《唯物辩证法论战》上卷，北平民友书局 1934 年版，第 179－180 页。

② 邓云特：《形式逻辑还是唯物辩证法?》，《新中华》第 1 卷第 23 期，1932 年。

③ 《艾思奇文集》第 1 卷，人民出版社 1981 年版，第 117 页。

④ 《艾思奇文集》第 1 卷，人民出版社 1981 年版，第 209 页。

⑤ 《艾思奇文集》第 1 卷，人民出版社 1981 年版，第 120 页。

绝’、‘向反对物的转变’、‘质量间的转变’、‘旧物死灭与新物发生’，都是必然的形态，都是对立物的斗争的发展，都是由对立物的转变而显现，都是由对立物的统一去说明”。①

在论争中艾思奇将差异和矛盾看作两个不同的范畴，认为一切事物是“矛盾”和“差异”的统一体，这是值得商榷的。毛泽东后来纠正说：“差别的东西在一定条件下也可以转化为矛盾，倘若某两件差别东西同时同地在一起且发生互相排斥的作用时，就成为矛盾了”，“应说一切差别的东西在一定条件下都是矛盾”，“差别是世上一切事物，在一定条件下都是矛盾，故差别就是矛盾，这就是所谓具体的矛盾”。②

五、形式逻辑与辩证法

形式逻辑（形式论理学、静的逻辑）与唯物辩证法（辩证逻辑、动的逻辑）关系的讨论是唯物辩证法论战的“分战场”③。论争中主要有三种观点：一是张东荪、牟宗三等人的形式逻辑“唯一论”；二是叶青、李石岑、范寿康、王礼锡等人的辩证逻辑与形式逻辑“分治论”；三是艾思奇等的辩证逻辑取代论④。

（一）形式逻辑“唯一论”

认为形式逻辑完全可以代替所有的思维规律和方法。张东荪认为形式逻辑在思维和语言方面“已绰乎有余”，有办法对付动的事物，不必再重新发明一种动的方法学，“不论辩证法是动的思想律亦好，还是动的方法学亦好，要而言之，思想律与方法学都是工具则无疑。工具与其对象因不必是同一性质的。”自古以来的科学家“从来没有用过辩证法”，

---

① 《李达文集》第 2 卷，人民出版社 1981 年版，第 132 页。

② 谢本书：《战士学者：艾思奇》，贵州人民出版社 1999 年版，第 109－110 页。

③ 尹继佐、高瑞泉：《二十世纪中国社会科学》（哲学卷），上海人民出版社 2005 年版，第 314 页。

④ 有论者将辩证法与形式逻辑论战中的观点分为四类：一是张东荪等的唯逻辑论，二是艾思奇的取代论；三是邓云特等的分治论，四是张栗原等的包容论。（耿彦君：《唯物辩证法论战研究》，社会科学文献出版社 2005 年版，第 289 页）多数学者认为，论战中的马克思主义者，如艾思奇等采取一种以唯物辩证法取代形式逻辑的机械论主张。

"迄今尚未发现现在所有的方法有不能对付动的对象的地方"。①

牟宗三将唯物辩证法看做是一种元学理论，既不是逻辑，也不是方法，它"不能克服形式论理"，"不能自成一个逻辑而代替形式论理"，只能"指示客观事实的性质"，是"一个解析事实的命题"和"元学上的原则"，"与物理律性质并无不同"。牟宗三只承认辩证法是一个事实命题而否认其方法论意义，认为逻辑是客观的、绝对的、普通的，是公共的法模（form），唯物辩证法只是"物质的演化或演化的物质的一种元学主张"，它取了黑格尔的辩证形式做外衣，而骨子里则完全不是辩证的意义"②。

贺麟则认为辩证法是"哲学中的一个主要思想方法。为哲学家所共有，而非任何一派所能包办"。但是贺麟限制辩证法的适用范围，只能用于研究人类的情感生活，是"哲学家研究人类情感生活所发现的一个道理"，辩证逻辑是"爱的逻辑"，如果用辩证法来研究自然界，则有"穿凿附会、削足适履的地方"③。

（二）辩证逻辑与形式逻辑"分治论"

认为辩证逻辑比形式逻辑高级，二者各有不同的适用范围。辩证逻辑要消灭形式逻辑的绝对性而使其保存相对性，将形式逻辑在从前所支配的一切领域中予以分离，只规定其在静的领域里起作用，辩证逻辑则在动的领域里起作用，二者各得其所，互不侵犯。叶青批评艾思奇说："绝对地否认形式逻辑，好像是辩证法底'卫道'者，其实是辩证法底浅尝者和曲解者"④。李石岑认为"形式逻辑便可算辩证法的一部分"，只有辩证法才能真正把握和认识宇宙的真相，形式逻辑是人类相互了解的一个手段，二者可以相需为用，而不是绝对相反⑤。范寿康认为形式逻辑只在静止的孤立的存在中使用，而辩证法是一种更高级、更普遍、

① 张东荪：《动的逻辑是可能的么?》，《新中华》第1卷第18期，1933年。

② 牟宗三：《逻辑与辩证逻辑》。张东荪：《唯物辩证法论战》上卷，北平民友书局1934年版，第113－115、98、133页。

③ 贺麟：《五十年来的中国哲学》，商务印书馆2002年版，第69页。

④ 叶青：《形式逻辑与辩证逻辑》，《研究与批判》第2卷第2期，1936年。

⑤ 李石岑：《辩证法与形式逻辑》，《读书杂志》第2卷第5期，1932年。

更正确、更深刻的观察法①。王礼锡认为形式逻辑有局限性，“形式逻辑的破产，是指明形式逻辑是不能在流动的，各方面，各种关系中去把握事象，它仅能把握静止的，孤立的，片面的事象。所以我们不是要完全打破形式逻辑，而是要限制形式逻辑的绝对功用。”②

“分治论”观点既打破形式逻辑的“绝对性”，又肯定了形式逻辑的必要性，充分论证了辩证逻辑有形式逻辑不可替代的功用。

（三）辩证逻辑“取代论”

其中邓云特、胡绳持“取代论”，艾思奇持“吸收论”，卢心远等持“融合论”。他们的共同思路就是将形式逻辑与形而上学等同，主张用辩证逻辑来“扬弃”形式逻辑。

胡绳认为“静”的世界观溯源于“到变动的现象中去寻求永久不变的本体”，久而久之就形成了形式逻辑的思想方法，把法则和客观事实相脱离，只看见推理的形式，不顾及客观事实的发展，所以主张否定形式逻辑。“我们之所以不拿形式逻辑而拿动的逻辑（辩证法）做我们的思想方法，就是由于客观事实是永远在变动中间的缘故。”③ 逻辑是活的，是有内容的，它不但是思维的法则，又是生活中的逻辑，是行动的逻辑，“我们的方法论不能不和我们的本体统一——辩证法则是我们的世界观：是本体论，同时又是方法论。”④

艾思奇认为形式逻辑“是从形式论理学产生的，它的特征，就是把世界上的一切事物，或社会上的一切现象，或思想中的一切概念等都看作固定的，各自独立毫不相关的东西”。⑤ 由于形式逻辑“从来都把形式论理学看作仅仅研究思想形式的学问”，“不研究思想形式所反映的现实内容”⑥，因而是“低级的”。而辩证逻辑讲求内容与形式统一，是“高级的”，“辩证法吸收形式论理学，并不是简单的保留，而要加以改作，

① 范寿康：《形式论理学与辩证法》，《安徽大学月刊》第1卷第1号，1933年。
② 王礼锡：《思想方法论》，《读书杂志》第2卷第1期，1932年。
③ 胡绳：《死的逻辑和动的逻辑》，《新学识》第1卷7期，1937年。
④ 胡绳：《思想方法和行的方法》，《新学识》第1卷10期，1937年。
⑤ 《艾思奇文集》第1卷，人民出版社1981年版，第233页。
⑥ 《艾思奇文集》第1卷，人民出版社1981年版，第429页。

消化，经过改作和消化而吸收以后，它已成了最高的方法，自然就不能再另外给形式逻辑辟独占的地盘了”[①]。艾思奇没有否定形式逻辑而是低估了形式逻辑的功用，并忽视了辩证逻辑与形式逻辑的区别，说“形式逻辑的真理方面被辩证法作为一个有机的要素吸收了”[②]。艾思奇所言的“扬弃”是包摄、吸收，不同于邓云特、胡绳的“取代”。

卢心远、谭辅之、潘梓年等人反对简单抛弃形式逻辑，也不赞成形式逻辑与辩证法“分疆而治”，主张把形式逻辑融合于辩证法之中。形式逻辑与辩证法的关系是辩证法否定形式逻辑，这是一种辩证的否定，是扬弃，是抛弃形式逻辑的糟粕，取得它的精华，再加以辩证法的锤炼，使其溶解于辩证法之中，成为辩证法的一部分[③]。形式逻辑可以融合于辩证法之中，但两者决不能并存、相安、分疆而治[④]。

潘梓年则认为逻辑学可以分为方法和技术两部分，辩证法是一种思维方法，形式逻辑只是一种逻辑技术。形式逻辑的具体内容可以分为几个部分，采用不同的方法加以处理，比如，抛弃形式逻辑的三个基本定律，改作概念、判断、推理、分析与综合、演绎与归纳等，收编形式逻辑的词、命题、三段论的各种规定以及统计法等到辩证法中来，让它们在辩证法的指挥下，充当技师，起思维技术的作用。

“唯物辩证法”论争中的几方都有非此即彼、非彼即此的倾向，这是中国近代社会以来的严峻的政治、社会局势使然，是“主义”求取生存空间的不当但又必需的做法。钱曼予的一段话代表了当时各派的心理：“资产阶级的学者，为着要替资本主义辩护，把资本主义社会说成永久的理想王国，这种保守性，使他们不能不远避唯物辩证法，而采取形而上的思维方法……唯物辩证法是劳动阶级用以认识和改变世界的革命工具，形式逻辑是资产阶级保存一切古旧和陈腐东西的反动工具。辩证法与形式逻辑之争，正反映着两种人类类型的你死我活之争。因此我们不可能

---

① 《艾思奇文集》第 1 卷，人民出版社 1981 年版，第 305－308 页。

② 耿彦君：《唯物辩证法论战研究》，社会科学文献出版社 2005 年版，第 293 页。

③ 卢心远：《艾思奇如何处理形式逻辑》，《思想月刊》第 1 卷第 2 期，1937 年。

④ 谭辅之：《哲学批判集》，上海思想出版社 1937 年版，第 37 页。

跟形式逻辑成立任何的妥协。”①

第四节　认识论论争

对经学独断论的批判使人们不再相信“道在六经”，不再相信古代经典是知识和真理的来源，而认为经验和生活实践是知识的来源，如严复的“学于自然”、孙中山的“知难行易”、胡适的“拿证据来”等。认识论因此成为哲学论争的重要问题之一。论争在认识的来源、过程、标准问题等方面展开。

一、认识的来源

张东荪沿着康德的“理性”路线，以认识论为基础建构多元论宇宙观，认为哲学的研究对象是“知者”与“所知”中间那一段，在知者与所知中间，“普遍认为没有东西存在，换言之，即好像是空的。所以能知与所知得以直接发生关系。我则以为在这个中间却有许多东西，换言之，即是复杂的。两端独简单，中间独复杂……至于两端的背后，则完全超出我们的可知界了”。知识是由条理、感觉、范畴、设准和概念多种因素综合作用而成，它们相互平行，没有递进关系，离此则无知识②。

叶青持“感觉论”“经验论”，认为感官是认识外界事物的窗口，思维是由感觉活动而引起的，感觉造成了观念的材料，思官的产物要经过感官的验证，所谓认识，就是“以能知的感官去理解所知”，认识的起源是“由于经验而成于经验”。叶青的观点被张东荪的支持者南庶熙批评为“唯感觉论”，认为把感觉在形成思想、记忆和概念过程中的作用等同于思想、记忆和概念本身是错误的，因为思想、记忆、概念都不是感觉，“科学始终并没有相信感觉。不然，何以必须发明望远镜与显微镜呢？足见科学本以为肉眼不可靠。其所以不完全抛弃感官乃是因为无可

① 钱曼予：《辩证法与形式逻辑》，《哲学杂志》第 2 期，1940 年。
② 张东荪：《认识论》，上海世界书局 1934 年版，第 123－125 页。

奈何”，“并不以为感觉是最好的材料。”① 叶青答辩说：离开感觉的认识是空想的，南庶熙以感觉有错就不信任感觉是因噎废食，科学方法论的一贯精神态度全是感觉论，离开感觉，科学就成了玄学和神学②。叶青的“感觉论”包含唯物主义因素，杨伯凯指出，“思想、知识、乃是外物藉感官而反映于思官中的影响。我们的认识，当然是经验论的，同时亦是感觉论的。”③

马克思主义者主张实践是认识的唯一来源，重视感觉在认识起源中的基础性、决定性意义。张岱年认为感觉是一切知识的唯一源泉，客观世界是感觉的对象、“必要的基础”、“根源”，感觉以实践为基础而发生，由感觉过渡到概念也是基于实践，认识是建立在实践基础上的辩证发展过程，康德“只机械地综合经验论与唯理论，而不见感觉与理性之间的联系。”④ 艾思奇说：“实践是人类认识的基础，没有实践，也就没有认识”。⑤。

二、认识的过程

对认识运动过程的讨论，主要在艾思奇与《大众哲学》读者之间进行。正如艾思奇所说：“过去的许多新唯物论著作，都没有好好地来处理这认识的运动问题，就是《辩证法唯物论教程》这样新近的书，也没有十分具体的论述。”⑥

艾思奇发挥了列宁关于认识是“从生动的直观到抽象的思维，并从抽象的思维到实践”⑦ 的观点，将感性认识和理性认识看作同一认识过程的不同发展阶段，“从感性到理性，从理性到实践，又由实践得到新的

---

① 南庶熙：《张东荪哲学批判之批判》。张东荪：《唯物辩证法论战》下卷，北平民友书局 1934 年版，第 143 页。

② 耿彦君：《唯物辩证法论战研究》，社会科学文献出版社 2005 年版，第 352 页。

③ 杨伯凯：《认识论问题》，《二十世纪》第 2 卷第 1 期。

④ 张岱年：《辩证唯物论的知识论》，天津《大公报》“世界思潮”第 61 期，1933 年 12 月 14 日。《张岱年全集》第 1 卷，河北人民出版社 1996 年版，第 187 页。

⑤ 《艾思奇文集》第 1 卷，人民出版社 1981 年版，第 331、201、388 页。

⑥ 《艾思奇文集》第 1 卷，人民出版社 1981 年版，第 318－319 页。

⑦ 《列宁全集》第 38 卷，人民出版社 1959 年，中文版，第 181 页。

感性，走向新的理性……这种循环，是螺旋式的循环，而不是圆圈式的循环，它永远在发展，进步，决不会停滞在原来的圈子里。”① “由具体的感觉和表象开始，走向抽象的思维（概念、判断、推理），又由比较抽象的质的推理和反省推理，走向较具体的必然推理。”②

谭辅之有不同意见：“把感性的认识和理性的认识强分为决不相同的两个东西，‘永远要抬杠下去’，这是不理解辩证法的结果。”③ 感性认识和理性认识是两个对立物，但并非是永远绝缘、绝对不相同的东西，理性认识并非是康德所说的“先验的”，也并非艾思奇所说的与感性完全断绝。谭辅之对“永远抬杠”问题的“清算”，得到艾思奇的认同，承认还缺乏对认识运动中“具体的关联”做充分说明。艾思奇揭示了由感性认识到理性认识的飞跃，即“第一次飞跃”，却忽视了从理性认识到实践的飞跃，即“第二次飞跃”，这是因为艾思奇“没有自觉地把认识与实践的矛盾当作认识过程的基本矛盾，没有自觉地意识到围绕这一矛盾来讲认识论，而只是在讲到由理性认识回到实践时讲这对矛盾”④。

三、认识的标准

对知识的“发现”和“检验”是认识论中的真正问题，认识标准是什么？

叶青持符合论，就是理论与事实对照相符合，不是事实的根据——原物。实践论是符合论的一种新形态，“符合论是以静的直观谋符合，实践论则以动的体验谋符合”。南庶熙提出“原物”和“真理自身”来否定叶青的感觉论，“感觉论的感觉为最后的最可靠的。果尔则真理自身就是感觉自身了。如果感觉是真理，则凡感觉都是真理。则除了幻想的以外；于感觉世界中便无真假之别。果尔则用不着有所谓真理自身了。所

---

① 《艾思奇文集》第 1 卷，人民出版社 1981 年版，第 186 页。

② 《艾思奇文集》第 1 卷，人民出版社 1981 年版，第 350 页。

③ 谈虎（谭辅之）：《论感性与理性——评艾思奇》，《思想月刊》第 1 卷第 4 期，1937 年。

④ 许全兴：《浅谈〈大众哲学〉的理论价值》，《马克思主义哲学家艾思奇》，中共中央党校出版社 1987 年版，第 201 页。

以感觉论与真理自身论是相互冲突的。”①

叶青反驳南庶熙的“原物不可认识”“符合等于认识”“认识不是反映”的观点毫无学理意义，“把符合论看成用感觉印象与原物符合，简直没有懂得符合论是怎样的一回事。”② 叶青以能够被认识与否将认识对象做了划分，将“符合”看作是一个与“实践”相关的概念，肯定了实践在认识中的地位和作用。杨伯凯认同说：“在直觉说与符合说、贯通说底斗争中，我们依然主张符合说。”但杨伯恺认为，他的符合论与叶青的符合论不同，是一种吸收直觉说、贯通说、效用说精华部分的高级符合说③。

张东荪主张效用论和真理标准多元论，认为响应论、符合论与效用论三个标准可以调和，“凡一个真理必是在所对上是相应的；在系统上是符合的；在未来上是有用的。倘使只有一个标准适用，则这个真理便不完全”。用“价值的实现”来做真伪的辨别，并不是把价值判断来代替真伪判断，因为“认识论上是真是假，纯为客观的问题，而价值论上底有用无用，则为主观感觉”④。效用论以马克思主义者的实践论和叶青的符合论为批评对象，认为实践不能证明知识的真伪，“实践”是外界的、具有可感觉性，“我们能感觉它，或由感觉去推论它”。凡一个正确的认识均有“真”与“有用”两部分，而“有用与真是分不开的”，“真理之所以有用，在于他是真理”，虽然“真理自身有待于证实”，但能够“证实”真理的却不是感觉符合论和实践论，只能是效用。“真即是有用，有用即是真”⑤。

叶青反驳说：实践论也强调“真”与“有用”不可分，效用论将

---

① 南庶熙：《张东荪哲学批判之批判》。张东荪：《唯物辩证法论战》下卷，北平民友书局 1934 年版，第 153 页。

② 叶青：《与南庶熙谈认识论》，《研究与批判》第 2 卷第 3 期，1936 年。

③ 叶青：《哲学论战》，上海辛垦书店 1936 年版，第 611、612 页。

④ 南庶熙：《张东荪哲学批判之批判》。张东荪：《唯物辩证法论战》下卷，北平民友书局 1934 年版，第 150 页；张东荪：《认识论》，上海世界书局 1934 年版，第 126 页。

⑤ 南庶熙：《张东荪哲学批判之批判》。张东荪：《唯物辩证法论战》下卷，北平民友书局 1934 年版，第 152 页。

"真"与"有用"分开作为检验认识的标准缺乏说服力，"把真在用中变成真在行中。真在行中，就是知在行中。这不是实践论是什么?"① "实践是真伪底试金石，为认识的标准。"②

实践论认为，效用论以"效用"为先，是一种主观真理论，以主观效用去判断真伪，否定了客观真理的存在，既然一切知识只要有用就是真理，那么，一切迷信、荒诞之说只要有效用则都是真理。有用只是认识的动机，而不是真理的标准③。只有实践才能检验真理的内容是否与客观事物相符合，"只有变革的实践，能够使人认识真理"，"最后的真理，始终不能不由实践来检验"④。杨伯恺认为感觉只用感官是很有限的，实践不仅用感官，思官和手乃至整个的身体都是使用了，是更深刻、复杂、精微的感觉。他引用马克思的话说："实践、生活的概念，应该是认识理论之基础的概念。"⑤ "不能以单纯的有用作为知识标准，真的知识是有用的，而有用的知识不必是真的。效验与效用应该分开。"⑥ 毛泽东总结说："判定认识或理论之是否真理，不是依主观上觉得如何而定，而是依客观上社会实践的结果如何而定。真理的标准只能是社会的实践。"⑦

第五节　科学与人文的价值论争

近代以来传统经学独断论衰退所造成的意义危机主要表现在两个方面：一是国家意识形态的危机；二是个人心灵世界的危机。前者主要表现为集体政治意识形态的转型，后者主要表现为个体精神信仰的转型。

---

① 叶青：《与南庶熙谈认识论》，《研究与批判》第 2 卷第 3 期，1936 年。

② 叶青：《傅统先的"批判"之批判》，《研究与批判》第 2 卷第 3 期，1936 年。

③ 耿彦君：《唯物辩证法论战研究》，社会科学文献出版社 2005 年版，第 364、365 页。

④ 《艾思奇文集》第 1 卷，人民出版社 1981 年版，第 189－198 页.

⑤ 叶青：《哲学论战》，上海辛垦书店 1936 年版，第 616 页。

⑥ 张岱年：《辩证唯物论的知识论》，天津《大公报》"世界思潮"第 61 期，1933 年 12 月 14 日。《张岱年全集》第 1 卷，河北人民出版社 1996 年版，第 190 页。

⑦ 《毛泽东选集》第 1 卷，人民出版社 1991 年版，第 284 页。

“丧乱之后多文章”。政治理念和精神信仰领域出现了前所未有的价值真空，这就是新主义与新思潮“百家争鸣”的现代语境。科学主义、传统主义（先后表现为国粹派、玄学派、现代新儒家）、自由主义、马克思主义、三民主义诸思潮围绕科学与人文的关系从新文化运动到20世纪40年代展开持续论争。这是马克思主义能否有效解决中国全部“问题”的一大考验。论争主要在科学与哲学的划界、中国文化的人文价值、科学的人文效力及限度、自由意志与因果律等方面展开。论争的结果是马克思主义进一步深入到中国人的人生精神世界。

一、哲学与科学的划界之争

近代以来冲击传统经学独尊地位、给中国思想界和学术界造成前所未有的范式革命的西学，是以科学为其理论武器的。胡适说：“这三十年来，有一个名词在国内几乎做到了无上尊严的地位；无论懂与不懂的人，无论守旧与维新的人，都不敢公然地对他表示轻视或戏侮的态度。那个名词就是‘科学’。”① 与科学主义相颉颃的则是中国文化固有的人文精神，科学与人生观论战杂糅了“古今中西”的思想和学术，贯穿20世纪的中国，迄今仍回响不绝②。玄学派认为，科学与哲学是截然分立的，科学是客观的、论理的、分析的、因果的、统一的，人生观是主观的、直觉的、综合的、自由意志的、单一的③。科学派认为，科学与哲学之间不存在分界问题，科学并非纯粹的自然科学，而是一种具有形而上意义的科学意识形态，科学方法是万能的，凡事实都可以拿来研究，所有

---

① 胡适：《科学与人生观》序二。张君劢等：《科学与人生观》，黄山书社2008年版，第9页。

② 科学与人文之间的冲突与对话最为精彩的一幕则是科玄论战。对这一场论战的过程及其回响，朱耀垠划分为五个阶段：一是1923年前后的科学派与玄学派的论辩；二是从论战结束到1949年参展各方思想的发展及论辩；三是二十世纪五十至七十年代在大陆和海外的新回声；四是二十世纪七十年代末以来大陆和海外学者对论战的新评论；五是二十一世纪对论战的回声。（朱耀垠：《科学与人生观论战及其回声》，上海科学技术文献出版社1999年版）。

③ 张君劢：《再论人生观与科学并答丁在君》。张君劢等：《科学与人生观》，黄山书社2008年版，第59页。

学问都可以变成科学，可以还原为简单的事实、物质现象，科学完全可以取代玄学解决人生观[①]。

张君劢以“自由意志”为立论基础，认为科学可以分为物质科学和精神科学。物质科学是指有公例可求的、客观效力最大的科学，如物理学、化学等。除此之外就是精神科学，包括社会科学和人文学术，精神科学不能严格算做科学。人生观自然是精神科学之列，它以自由意志为核心。玄学派指出，“科学方法不是科学所穿的衣服可以随便剥下来给别的任何人穿的”[②]。科学方法不是形式论理而是实质论理，各门科学因研究材料不同而方法有别，如果把科学方法普遍化，则必使科学泛滥，这是糟蹋科学，不是提倡科学[③]。在研究对象上，科学与玄学根本不同，“玄学整个地研究宇宙（指本体论），科学分别地研究宇宙”，“哲学是整个地和分别地研究人生”，人生观应该包括在哲学之内，而不属于科学的领地。

科学派批评玄学派把科学与人生观划开是不对的，“人生观在一切情感作用场里，要能分析到和没有情感一样的地步，原则也一定还是存在。”[④] 如果承认“精神科学”包括哲学，那就等于承认哲学是在科学之内，就等于把他所推崇的宋明人生哲学置于科学之中[⑤]。科学的本质在于“科学的精神”，尤其是“科学的方法”，“科学的精神”承认当科学的公例和方法不适用于新发现的事实时可以随时变更，而这与玄学派的“规律迷”相反。自然科学与精神科学之间没有截然分界，“分类”只是为研究方便起见，不能作知识界真有鸿沟的证明。基督教科学、灵学、

---

① 陈独秀：《科学与人生观》序一。张君劢等：《科学与人生观》，黄山书社2008年版，第7页。

② 张东荪：《劳而无功：评丁在君先生口中的科学》。张君劢等：《科学与人生观》，黄山书社2008年版，第233页。

③ 林宰平：《读丁在君先生的〈玄学与科学〉》。张君劢等：《科学与人生观》，黄山书社2008年版，第158页。

④ 章演存：《张君劢主张的人生观对科学的五个异点》。张君劢等：《科学与人生观》，黄山书社2008年版，第144页。

⑤ 朱经农：《读张君劢论人生观与科学的两篇文章后所发生的疑问》。张君劢等：《科学与人生观》，黄山书社2008年版，第149－150页。

妖怪学之所以不是科学，原因在于没有使用真正的科学方法。科学方法是普遍存在，不能说一切科学没有唯一的共同方法。既然有唯一的共同方法，当然可以说凡用这种方法的研究都是科学。如果以科学的态度整理思想、构造意见，以至于身体力行，便能形成“科学的人生观”。科学派认为科学方法适用于哲学、人文、人生、价值及一切超验领域。这种科学万能论已把科学变换成一个新的上帝，成为一种对科学的迷信。

梁启超、范寿康、任叔永等是“骑墙派”，但也各有其立场。梁启超既批评张君劢将科学与人生观截然割裂，“人生观最少也要主观和客观结合才能成立”①，也不同意丁文江用科学来统一全部人生观，认为科学仅仅限于理智范围内，至于人的情感（爱和美）和宗教信仰应该是直觉的、综合的，不能也不应由科学来研究。

范寿康赞同科学的本质是科学方法的观点，但认为科学不同于艺术和宗教，只能用科学方法研究艺术和宗教，这只得出“说明科学”而非艺术和宗教，与之相区别的是“规范科学”，如美学、论理学等②。这已接近我们现在的看法。任叔永认为人生观的科学是不可能的事，而科学的人生观却是可能的事。③ 这不过是给某种人生观贴上科学标签。

陈独秀认为因果律虽是一切科学共通的原则，而各种科学之方法论却各不相同，不但社会科学和自然科学不同，即使在自然科学中，数学和化学、动植物学也各不相同。科学可以分为自然科学和社会科学两类，但他误将哲学归属于社会科学。瞿秋白则否认了用自然科学方法来研究人生和社会问题的可能性。他在批评哈兰德（Harte）和罢尔谢洛（A. P. Barcelo）用机械力学原理来研究社会现象以求取社会“公律”的做法时说：“无论此等学派怎样证明人及其相互关系完全等于电力，他们始终不能证明人是不是人。物体及物体之关系及其‘力’之变更趋向等等

---

① 梁启超：《人生观与科学》。张君劢等：《科学与人生观》，黄山书社2008年版，第138页。

② 范寿康：《评所谓“科学与玄学之争”》。张君劢等：《科学与人生观》，黄山书社2008年版，第310页。

③ 任叔永：《人生观的科学或科学的人生观》。张君劢等：《科学与人生观》，黄山书社2008年版，第124、125页。

可以用物理学公律来归纳，而人却除此公律以外，还有一部分特别的变化及关系——不是物理公律所包含的。社会现象与物理学所研究的现象截然不同。他确应有一特别科学——社会学；社会学是独立的。所谓‘独立’，当然不是形而上学的，不是绝对的……社会学不但不应当和物理学相混，并且也不能和生物学相混”①。

陈独秀、瞿秋白等并非科学主义者，但他们也没有正确解决人文学科与社会科学的划分问题。20 世纪 20 年代的科玄论战并没有给科学与哲学划界做一个了断，20 世纪 30 年代随着研究的深入、国外人生哲学书籍的译介、现代新儒家的崛起、马克思主义哲学的“风行”，科学与哲学的关系得到了进一步阐释和说明。玄学派及后续者改变了以往科学与玄学截然分立的思想倾向，认为科学与哲学既是对立的，又是相通的，科学在解决人生观方面有一定的作用，但没有“科学人生观”的可能性。从“人类思想系统都是人生情趣与意义的象征”上看，哲学问题的中心集中于对人类精神工作意义的探讨和文化创作价值的评判。但是，科学派仍旧强调科学在人生观中的基础性作用。

张君劢从此前的反理智主义转向德智并重，坚持“德性的理智主义”，“以知识论和道德论分别言之”②，认为吴稚晖“漆黑一团”的宇宙观与十九世纪德国的布希纳（今译毕希纳）和赫克尔（今译海克尔）一鼻孔出气③；胡适的十条人生观“是在采取自然主义以排除迷信，排除旧习，与伏尔泰一般人的宗旨完全相同”④；陈独秀的《科学与人生观》“序言”实质在于强调阶级斗争，促进社会革命，不在于成立一种学说。科学家与哲学家的区别只是认知态度的不同，“科学家重量的观察，持机械论，命定论；哲学并不否认量，机械论和命定论；但是除此这三个以

① 《瞿秋白文集》（政治理论篇）第 2 卷，人民出版社 1988 年版，第 401 页。

② 吕希晨，陈莹：《精神自由与民族文化：张君劢新儒学论著辑要》，中国广播电视出版社 1995 年版，第 366 页。

③ 吕希晨，陈莹：《精神自由与民族文化：张君劢新儒学论著辑要》，中国广播电视出版社 1995 年版，第 110 页。

④ 吕希晨，陈莹：《精神自由与民族文化：张君劢新儒学论著辑要》，中国广播电视出版社 1995 年版，第 112 页。

外，应容许性（质）、目的论及自由意志论且扩而充之至于价值论”[1]。张君劢“携手”自然科学和人文思想并论证二者之间的互补性，以抵制“浅薄的”科学派而为人文学术争地盘。

张东荪以人的生命活动来统合知识（科学）和文化（人文）的关系，认为生命就是“活着”（living），“活着”时的所见、所闻、所想就是“知识”，也就是说，知识是生命的活动“历程”，“有生命必有知识，有知识必有文化”，知识创造文化，文化控制个人，个人的心理受文化因素的支配[2]。人的知识分为常识、科学和形而上学三种系统，它们所用的材料（data）是同一的，但对付知理材料的方式不同。科学系统与形而上学系统以人的行为过程为参照系，科学是对外，重在发掘客观事实，即在事实界（realm of facts），形而上学是对内，以人的品行和修养为对象，即在理想界（realm of ideals），科学与哲学由于对象不同，只能在各自的范围内起作用。当然，张东荪对这种划分只是为研究方便而言的，不是绝对的，“形而上学知识在表面上也未尝不是对外的，因为其探究的是最终极的实在，这个实在至少是超乎主观的心理而独立存在的。而同时在科学方面亦不能完全没有对内的功用，所以我说对外与对内是勉强而分但未尝不可借此以明两者之性质。”[3] 科学与人生观“截然不可相通”，“人生观是理想，理想不能用严格的科学方法来实验”，“人生观是一种综合，实验的方法止能于分析而不能用于综合”，因此，“以科学方法产生不出人生观”，但科学能“解决人生的问题”[4]。

新起的现代新儒家也参加到讨论中来。熊十力认为科学是知识的学问，哲学是心性的学问。牟宗三认为科学与哲学分处科学世界和价值世界，人生的本质只能在价值世界里寻找，批评科学派以“科学一层论”的“知识之学”否定“德性之学”，这是把“根源的文化生命”也抹杀

---

① 张君劢：《科学与哲学之携手》，《再生》第2卷第1期，1933年10月1日

② 张东荪：《知识与文化》。张耀南：《知识与文化：张东荪文化论著辑要》，中国广播电视出版社1995年版，第176－177页。

③ 张东荪：《知识与文化》。张耀南：《知识与文化：张东荪文化论著辑要》，中国广播电视出版社1995年版，第305、306、330页。

④ 张东荪：《人生观ABC》，上海世界书局1928年版，第97、102页。

了，因此“科学一层论者，泛科学主义者，是无德性的人”，是“狂妄无知”的表现[①]。冯友兰认为“真际是指凡可称为有者，亦可名为本然；实际是指有事实底存在者，亦可名为自然”，“真正形上学底命题，可以说是‘一片空灵’，空是空虚，灵是灵活。与空相对者是实，与灵相对者是死。”因为“科学底命题是对经验作积极的释义”，是有内容的。而形上学命题是对实际无所肯定，所以是“空”，其命题对一切事实无不适用，所以是“灵”[②]。这就在形式上为科学与哲学做了区分。

胡适等科学派人物继续强调“拿科学做人生观的基础”“拿科学的态度、精神、方法，做我们生活的态度，生活的方法”[③]，要求常怀疑、遵事实，重证据、求真理，科学的功效不只是粗浅的物质功用，还具有引导个人和社会生活趋于合理化的人生观和价值观功能。认为过去的哲学只是幼稚的、错误的或失败了的科学，将来的哲学家是自然科学的理论家，他们或批评已有的理论或解释已发现的事实，或沟通其冲突矛盾，或提出新的解释，请求专家的试验与证实，他们都不能自外于人类的最进步的科学知识思想，而不是自夸不受科学制裁的哲学家。他们的根据必须是已证实的事实，他们的方法必须是科学实验的方法。若不如此，他们便不是将来的思想家，只是过去的“玄学鬼”。

马克思主义者批判汲取双方的理论营养以发展自身学理，他们倾向科学人生观，而将玄学作为传统文化而加以批评，认为推翻传统，打破迷信，提倡科学是当务之急。[④] 但对于人生观问题科学化倾向还是提出了批评，社会科学是能解决人生问题的，但应以“新哲学”为指导。胡绳说：“我们还是应该首先根据新哲学来确立我们对于人生观的基本的认

---

① 牟宗三：《略论道统、学统、政统》。郑家栋：《道德理想主义的重建：牟宗三新儒学论著辑要》，中国广播电视出版社 1992 年版，第 96 页。

② 王中江等：《冯友兰学记》，生活·读书·新知三联书店 1995 年版，第 331－333 页。

③ 胡适：《科学的人生观》。葛懋春等：《胡适哲学思想资料选》上册，华东师范大学出版社 1981 年版，第 319 页。

④ 胡绳：《什么是世界文化危机》，《群众》（重庆）第 9 卷第 8、9 期，1944 年 5 月 5 日。

识，然后，才可以把人生的一切问题再放到社会科学中去做更具体的研究”。“新哲学一方面把人生问题的具体解决权交给社会科学，让这些问题配合着各种特殊的环境，特殊的条件，得到个别的圆满的解决，但另一方面也不放松哲学在人生问题上的指导权，要把我们的人生观看作我们的正确的世界观、方法论和认识论在人生问题上的应用。——这是我们处理人生问题时，和旧哲学绝对不同的态度。”①

二、中西文化的价值之争

科学与人文关系讨论中的一个重要议题就是中国传统文化及其现代发展问题，西方科学与中国传统文化能否融通的问题，中国文化有无人文精神，西方文明的危机与科学发展的关系。

（一）中国传统文化有无价值

张君劢肯定儒家义理的人文价值，而对胡适只赞赏考据精神合于“科学方法”不以为然，“吾国之心性学自有其至强之根据而不易动摇者”，“专就修身养心方面，在生理上心理上求得坚确不移之基础，不独可使心性学成为一种科学，且为吾国发挥一种国粹之特色，则其功真可谓‘不在禹下’”②。“胡适之辈推崇汉学家工作，谓其能合于科学方法。……特国中近来趋向，似谓汉学家在学术上大有贡献，而宋儒之学，往往以腐儒以伪道学以‘吃冷猪头肉’之名讥之，若已不足自存于今世者，此则我期期以为不可者也。”③ 梁启超说中国人首要的不是“知识饥荒”而是“精神饥荒”，“没有精神生活的人，有知识实在危险。盖人苟无安身之命之具，生活便无所指归，生理心理，并呈病态。”④ 玄学派认为知识少一点好，精神文化多一点好，“功利主义”“唯物史观”极浅

---

① 胡绳：《新哲学的人生观》，北京大学哲学系 1988 年版，第 613 页。

② 张君劢：《学术界之方向与学者之责任》。黄克剑，吴小龙：《当代新儒家八大家集之三：张君劢集》，群言出版社 1993 年版，第 225 页。

③ 张君劢：《学术界之方向与学者之责任》。黄克剑，吴小龙：《当代新儒家八大家集之三：张君劢集》，群言出版社 1993 年版，第 224 页。

④ 梁启超：《东南大学课毕告别辞》，上海《时事新报》副刊“学灯”，1923 年 1 月 20 日。李华兴，吴嘉勋：《梁启超选集》，上海人民出版社 1984 年版，第 819 页。

薄，现代科学昌明造成了人类精神生活的压迫，只有儒学对于人生最合理。

科学派则认为玄学派所言“中国虽无科学却有人文（精神）”之类的话纯为谬论，中国的科学的势力还不能扫除那遍地的乩坛道院、仙方鬼照，这不是人文精神，只是愚昧迷信。蛇鼠黄狼一齐显灵，妖巫道姑耀武扬威，都是《东西文化及其哲学》《欧游心影录》、清华学校的《人生观》演说稿鼓吹出来的①。儒家的道德信条就有反人文的成分，“中国八百年的宋明理学功夫居然看不见二万万多妇女缠足的惨无人道！明心见性，何补于人道的苦痛困穷！”② 空疏的心性之学不能满足人的求知欲，无助于个人修养和社会道德改良，唯有提倡科学。

马克思主义者倾向于科学派的看法，认为中国传统文化是与传统不发达生产力和封建生产关系相适应的封建文明。“在‘东方的精神文明’中，从根本上就是既没有民主的气味，也没有科学的气味，他自己没有资格立足在现代社会中，正是泥菩萨过河，自身难保，有什么能力去搭救落水的旁人呢?”③ “一战”后中国传统文化并未复兴，更不用说拯救世界，只是一种道德理想主义的空论，与宗法的政治结构和农业自然经济相适应，近代以来又具有殖民地的特征，中国的习静养心、绝欲诚意的功夫确实可笑，“在如此恬静的农村生活里，威严的君主政治下，求不到什么‘物’，所以只为‘养心’，不会满欲，所以只好绝欲。”④

（二）西方文明危机与科学发展的关系

梁启超等人早在第一次世界大战期间就开始批判西方文明，认为欧洲大战之原因，是科学发展的结果，是欧美人在国内提倡个人主义，实

---

① 胡适：《科学与人生观》序二；吴稚晖：《一个新信仰的宇宙观及人生观》。张君劢等：《科学与人生观》，黄山书社 2008 年版，第 11、12、400 页。

② 胡适：《我们对于西洋近代文明的态度》，《现代评论》第 4 卷第 83 期，1926 年 7 月 10 日。罗荣渠：《从“西化”到现代化》，北京大学出版社 1990 年版，第 162 页。

③ 胡绳：《什么是世界文化危机》，《群众》（重庆）第 9 卷第 8、9 期，1944 年 5 月 5 日。

④ 《瞿秋白文集》（政治理论篇）第 2 卷，人民出版社 1988 年版，第 20、21 页。

施工商立国，在国外则实施国际贸易、投资和扩张军备的结果，是实验科学发达和官觉主义盛行所致。即是说，人文精神的缺乏和畸变导致一战的爆发，导致了科学破产，解决的办法和途径就是以中国文化来“超拔”世界。

科学派则认为“一战”不是科学破产的标志，而恰恰是科学提倡不够和不发达的表现，是政治家不肯用科学来研究政治和战争及其关系，“对于战争最应该负责的是政治家同教育家”而不是“纯洁高尚的科学”。① 解决西方文明危机的办法是进一步发展科学，而非玄学家的“克己”、“内省”、“养心”明心见性的功夫。

马克思主义者认为“一战”不说明“科学破产”，而是宗法社会及资产阶级文明的破产，无产阶级正应当用他们所惧怕的科学武器来进行革命并获得胜利。战争是根源于社会经济制度，也就是私有财产制度。科学发展的结果恰恰是促成社会革命。

（三）中国文化如何吸纳西方科学

玄学派并不反对输入科学文化，而且还将西方的个人独立精神、实验科学方法、民主主义政治视为根治中国腐败的旧文化的“血清剂”，所反对的是西方文化中的机械主义目的论、命定主义、功利主义、军国主义、个人主义、工商主义。② 但为保持中国文化的独立性，主张以宋明理学为本来吸收西方科学。张君劢说：“今日当务之急，在求思想界之独立，独立以后则知其责任所在，……盖凡文化者，特殊的、固有的、独立的、非依样葫芦的，此言新文化者最不可不注意之一点。”③ 追求科学与人文的统一是玄学派挽救经学于既倒的策略，复兴宋学的讲求心性修养而不重求真，以人生、人伦为对象而非宇宙，治学重内省、体验而不在观察和实验，以圣人典籍为标准而不以论理为标准，认为吾国格物致知之目的，不在于科学上之真理，而在乎身心之修养，即为伦理而非

① 丁文江：《玄学与科学：评张君劢的〈人生观〉》。张君劢等：《科学与人生观》，黄山书社 2008 年版，第 52 页。

② 吕希晨，陈莹：《精神自由与民族文化：张君劢新儒学论著辑要》，中国广播电视出版社 1995 年版，第 445－446 页。

③ 程文熙：《中西印哲学文集》上卷，台湾学生书局 1981 年版，第 148 页。

物理[①]。玄学派坚持以“国族”为本位，力求实现中国文化与西方科学的融合，以补救中国科学之不足，反对进行纯粹的器物引进和改装等急功近利倾向，认为西方文化是“整个儿的理智的文化”，可以在社会群体文化层面吸收，“在个人心安理得的做人方面适用孔子之道”[②]。仍然否认科学能解决人生观问题。

科学派则主张从物质到精神、从科学到人文全方位吸收西方文明，“把科学方法应用到人生问题上去”，改革传统“不人道的人生观”，建立“科学的人生观”[③]。精神离不了物质，道德是文化的结晶，宇宙的一切皆可由科学来解释。西洋文明在满足人类心灵上的要求的程度，如给人带来精神乐趣、满足求知欲、训练官能智慧、催生社会化的新道德、改变社会宗教、推动文艺美术的发展、增强人类自信心、提高人的尊严等，远非东洋旧文明所能梦见[④]。胡适说，科学“在理智的方面，用精密的方法，继续不断地寻求真理，探索自然界无穷的秘密。他在宗教道德的方面，推翻了迷信的宗教，建立了合理的信仰；打倒了神权，建立了人化的宗教；抛弃了不可知的天堂净土，努力建设‘人的乐园’‘人世的天堂’；丢开了那个自称的个人灵魂的超拔，尽量用人的想象力和新智力去推行那充分社会化的新宗教与新道德，努力谋求人类最大多数的最大幸福。”[⑤] 科学派坚持文化进化论，认为西方科学文明代表中国文化未来发展的方向，在 20 世纪 30 年代形成了“西化论”思潮。胡适说：

---

① 张君劢：《学术界之方向与学者之责任》。黄克剑，吴小龙：《当代新儒家八大家集之三：张君劢集》，群言出版社 1993 年版，第 207 页。

② 张东荪：《中国文化的出路》。张耀南：《知识与文化——张东荪文化论著辑要》，中国广播电视出版社 1995 年版，第 441 页。

③ 胡适：《五十年来世界之哲学》，《最近之五十年》“申报五十年纪念”专刊，1923 年 2 月。

④ 胡适：《我们对于西洋近代文明的态度》，《现代评论》第 4 卷第 83 期，1926 年 7 月 10 日。罗荣渠：《从“西化”到现代化》，北京大学出版社 1990 年版，第 158 页。

⑤ 胡适：《我们对于西洋近代文明的态度》，《现代评论》第 4 卷第 83 期，1926 年 7 月 10 日。罗荣渠：《从“西化”到现代化》，北京大学出版社 1990 年版，第 164－165 页。

“让我们建立起我们的技术和工业的文明作为我们民族新生活的最低限度的基础吧。”“我们决不受保守派思想家的护短的观点的影响，也不因害怕丢掉自己的民族特性而有所动摇。”① 科学派的主张最后概括为“全盘西化”四个字。

马克思主义者在接受“主义”之前，无不是新文化运动中的激进反传统主义者，在科玄论战中与科学派同道，反孔非儒，批评玄学派在东方文化中找科学（格致）犹如在粪秽中找香水，把东方文化神圣化是在粪秽中找毒药。同时又与科学派的改良主义划清界限，反对科学派的科学救国论，认为在半殖民地半封建的中国没有独立发展科学的条件，“帝国主义不但为经济上政治上的侵略，而且扰害殖民地法治，竭力阻止殖民地人研究真正的科学，唯恐弱小民族因真得科学文明而强盛。”② 科学派强调以科学精神来反对玄学时，马克思主义学者是持赞成态度的。但认为科学派的功绩只在破除传播科学的思想障碍，而无法促成科学在中国落地生根。胡绳批评胡适的实用主义“在实践上的成绩其实是有限的。对于封建的宗法社会的传统，他也不曾得到决定性的胜利。”③ 科学主义、传统主义都没有找到中国未来的文化发展方向，而马克思主义与中国历史文化相结合将开创一个新的文化局面。

三、科学的人文效力及限度之争

19 世纪末在进化论推动下，中国人对科学的态度由“技”而“道”上升为科学主义，其活动领域由自然界进入人事界。玄学派对此持悲观主义，认为科学是合理文明的破败者，于人生观无能为力，反对夸大科学的人文效力。科学派对此持乐观主义，认为科学可以求真、求善、求美，可以解决人生观，竭力阐扬科学的人文意义。对科学的人文效力的阐解，有科学万能论、科学有限论、科学中立论三种不同观点。

---

① 胡适：《文化的冲突》。罗荣渠：《从“西化”到现代化》，北京大学出版社 1990 年版，第 361 页。

② 《瞿秋白文集》（政治理论篇）第 2 卷，人民出版社 1988 年版，第 22 页。

③ 胡绳：《胡适论——对于胡适思想方法及其实际应用之一考察》，《新学识》第 1 卷第 4 期，1937 年 3 月。

“一战”后“科学破产”论流行，认为今后世界的未来不在科学的发展，而在中国传统文化的复兴，科学的效用在于物质文明方面，若将科学搬到人的精神生活世界，则有害无益，欧战就是“结算二三百年之总帐者，对于物质文明，不胜务外逐物之感”①。玄学派据一战之灾而预设科学具有负面精神价值，假定科学是反人道的②。欲克此弊端，需由人生观支配科学，而不是科学支配人生观。科学是人造的，不能逃出人的好恶之外。玄学派以人驾驭科学的观点是积极的，他们对科学家的活动及其人格修养是肯定的，“科学思想的发展，可以药中国思想界之‘囫囵吞’和‘差不多’之毛病，换句话说，科学家搜集许多事实与证据以后，然后标出一种学说或公例来，这一种对于研究工作之忍耐力与慎重力与理智的忠实，实在是科学家的美德”③。玄学家所反对的是科学教育能够满足人类的求真、求善要求。在他们看来，科学教育只偏重理智与体质，不能把握事物的真相和人生真义，因而，仅有科学教育不够，还应“加超官觉超自然之条目”“增加艺术之训练”“发扬人类自由意志之大义”④。

科学派认为科学是合乎人道的，科学是教育同修养最好的工具，科学的求真活动可以破除成见、提高求真理的能力和爱真理的诚心，打破物质界的许多引诱和一切偏见私意，打破“荣名界限和一切社会阶级”，“拿论理来训练他的意想”，“用经验来指示他的直觉”，“以了然于宇宙生物心理种种的关系，才能够真知道生活的乐趣”⑤。认为“人的重要在于用器具，世界发明科学就在此，人是制造器具的，器具愈完备，文明

---

① 丁文江：《玄学与科学：评张君劢的〈人生观〉》。张君劢等：《科学与人生观》，黄山书社2008年版，第51页。

② 朱耀垠：《科学与人生观论战及其回声》，上海科学技术文献出版社1999年版，第140页。

③ 吕希晨、陈莹：《精神自由与民族文化：张君劢新儒学论著辑要》，中国广播电视出版社1995年版，第118－119页。

④ 张君劢等：《科学与人生观》，黄山书社2008年版，第103页。

⑤ 丁文江：《玄学与科学：评张君劢的〈人生观〉》。张君劢等：《科学与人生观》，黄山书社2008年版，第51页。

的程度愈高。科学愈发达，道德愈高尚。"[①]。"在宇宙方面凡哲学应当研究的，都可以付与科学去研究；在人生方面，凡哲学应解决的，都可以付与科学去解决"[②]；"在知识界内，科学方法是万能的"[③]；"一切心理现象是有因的"，"心理学者没有人不知道感觉情调是有因的，也没有人承认思想是无因的"[④]。一切精神现象都可以还原为生理过程来解释，用实验科学的方法来分析。

虽然科学方法也可以用于精神现象的研究，但并不能代替人文学科的研究，这正如对宗教的科学研究不能代替神学的价值一样。玄学派不否认科学具有认识功能、科学家的思想方法在"发现力"和"创造的想象力"方面具有重要的作用，但批评"胡适之辈，天天在那里奖励科学，以为用不着哲学，这种主张，实不知学问的全体，且不知学问本身的性质。"[⑤] 科学效力、科学精神是有限的，这种有限性须由人文学术来补充。科学精神的还原、实证、理智的态度会导致机械、被动、消极的人生观，应当大力发展艺术教育、意志教育和精神教育予以补足[⑥]。受康德二元论启示，张君劢提出"德智平等观"，[⑦]。科学知识虽然是理智的产物，但"科学不能当做人生问题的唯一解答"，"人生的实际不是仅仅理智一方面，感情的活动，意志的活动也占很大一部分"，"偏重科学的结果一定要把人生变成机械的，无意味的东西。"[⑧] 科学精神的缺陷恰

---

① 胡适：《吴稚晖的人生观》，上海中山书店 1928 年版，第 7 页。

② 王星拱：《科学概论》，武汉大学出版社 2008 年版，第 125 页。

③ 丁文江：《玄学与科学：答张君劢》。张君劢等：《科学与人生观》，黄山书社 2008 年版，第 202 页。

④ 唐钺：《心理现象与因果律》。张君劢等：《科学与人生观》，黄山书社 2008 年版，第 210、214 页。

⑤ 张君劢：《科学与哲学之携手》，《再生》第 2 卷第 1 期，1933 年 10 月 1 日。蔡尚思等：《中国现代思想史资料简编》第 3 卷，浙江人民出版社 1983 年版，第 609 页。

⑥ 瞿菊农：《人格与教育》。张君劢等：《科学与人生观》，黄山书社 2008 年版，第 243、246 页。

⑦ 张君劢：《学术界之方向与学者之责任》。黄克剑，吴小龙：《当代新儒家八大家集之三：张君劢集》，群言出版社 1993 年版，第 200 页。

⑧ 钟离蒙、杨凤麟：《中国现代哲学史资料汇编》第 1 集第 10 册，辽宁大学哲学系 1981 年版，第 246 页。

好是玄学永远存在的理由，科学无论发达到何种程度，当它仅仅为一科之学时，玄学将永无消除之日。基于理性的分工，科学之外必须有哲学，“科学是哲学的基础，哲学是科学的综合”，“哲学必俟科学而得完全，科学亦必俟哲学而始得正确。”①

在科玄论战中，陈独秀、瞿秋白基本上持“科学能力无限论”②，认为社会现象和社会心理变迁都受因果律的支配，个体人生观的差异也有客观原因，如社会心理和社会根基的变迁以及个人经历和环境的不同的影响。同时也承认意志的作用，“个人的意志固然不能创造客观上不可能的东西，而在客观上可能的范围以内，却有个人意志回旋的余地”，“人们的意志是人们物质生活关系造成的，人们的历史是贪欲无厌的意志造成的”③。马克思主义者也批评了科学派忽视社会制度变革，沦为科学救国论与技术决定论。彭康批评胡适为“工具主义者”，是批评他将科学上升为目的价值，而马克思主义学者更看重科学作为社会革命的手段价值，通过科学扫除愚昧和落后思想，使人们接受科学的同时而接受马克思主义。事实上正是科学开路，才使马克思主义作为一种现代思想意识成功地进入中国人的心灵。

四、自由意志与因果律之争

自古希腊伊壁鸠鲁与卢克莱修用偏斜原子说论证自由意志的存在开始，唯意志论与决定论的矛盾和冲突一直贯穿至今，感性与理性孰可靠，意志与理智孰优先，从来都争论不休。玄学派持自由意志论，崇奉非理性主义。科学派持因果决定论，贬斥人的意志自由，认为科学所揭示的因果律是宇宙和人事界的根本法则。马克思主义者对玄学派、科学派均提出了批评。瞿秋白说：“《努力周报》丁文江、胡适之先生等与张君劢先生辩论科学与人生观。我看他们对于自然科学与社会科学之争辩实在

① 王平陵：《“科哲之战”的尾声》。张君劢等：《科学与人生观》，黄山书社2008年版，第296页。

② 朱耀垠：《科学与人生观论战及其回声》，上海科学技术文献出版社1999年版，第152页。

③ 吴晓明：《陈独秀文选》，上海远东出版社1994年版，第262－263页。

打不着痛处。”他们“所论的问题，在于承认社会现象有因果律与否，承认意志自由与否，别的都是枝节。”① 玄学派不懂得良心、直觉、自由意志“一概都是生活状况不同的各时代各民族之社会的暗示所铸而成”②。科学派则由于缺乏唯物史观这一“攻破敌人大本营的武器”，无法辩护其“科学人生观”。

玄学派认为“人之生于世也，内曰精神，外曰物质。内之精神变动而不居，外之物质凝滞而不进，所谓物质者，凡我之外者皆属之”，“我对我以外之物与人，常求所以变革之，以达至善至美之境”③。人是自由意志的主体，可以决定自己的德性和人格，“往往（在）有理智的判断上，以为极不可能之事，而靠着意志的力量、竟可以实现”④。玄学派将人生、历史的动因归于意志，又将意志解释为纯粹的心理活动、不可分割的绵延，不服从因果律。这就夸大了意志的作用。

科学派嘲笑玄学派难脱逻辑先生的矛盾律。张君劢既说人生观不为论理方法和因果律支配，但又认为：（大前提）事可预测必为因果律所支配，（小前提）人类目的虽屡变但可据往以测将来，（结论）张君励的“人类目的”必为因果律支配⑤。

马克思主义学者批评玄学派的自由意志论是“胡思乱说”，自然界及社会都有它的实际现象，不以科学家的说明为转移，不随唯物论唯心论而改变⑥。种种不同人生观都为种种不同客观因果所支配，找不出哪一种是没有客观原因而由个人主观直觉的自由意志凭空发生。无论普通

---

① 瞿秋白：《自由世界与必然世界》，《新青年》（季刊）第2期，1923年12月。

② 陈独秀：《科学与人生观》序一。张君劢等：《科学与人生观》，黄山书社2008年版，第6页。

③ 张君劢：《再论人生观与科学并答丁在君》。张君劢等：《科学与人生观》，黄山书社2008年版，第77页。

④ 张君劢：《科学之评价》。张君劢等：《科学与人生观》，黄山书社2008年版，第223页。

⑤ 胡适：《孙行者与张君劢》。张君劢等：《科学与人生观》，黄山书社2008年版，第123页。

⑥ 陈独秀：《科学与人生观》序一。张君劢等：《科学与人生观》，黄山书社2008年版，第2页。

人的生活、行为，还是英雄伟人的行为，都是不自由的，都是有历史条件制约的。那种认为因果只是现象、心理活动形式、时间上被规定的关系的观点，那种认为客观世界无因果、主观世界才有因果、因果之间并无产生和被产生的必然关系的观点，是有违科学常识和逻辑规律的①。

科学将因果法则归结为宇宙和历史的根本法则，人生是有因果的，人的意志是绝对不自由的，"一切心理现象都是有因的"，它的可信程度与"一切物质现象都是有因的"相等②，"因果的大法支配着他——人——的一切生活"③，人类的精神现象受环境、教育等条件的制约和影响，不能逃出科学的"因果"与"齐一"两个原理④。丁文江说，万能的科学方法不能解决人生问题，科学复有何用？人生观如果脱离了论理学的公例、定义、方法，还成一个什么东西？⑤ 科学是对感觉秩序的记录，科学的材料是所有人类心理的内容，凡是真的概念推理，科学都可以研究，都要求研究。⑥ 意志自由就是服从因果律，"所谓自由是必然的反对名辞，但与因果律并不矛盾。我们的决意及选择不能绝对地自由，我们为选择及决意时，必为过去的经验所决定、教育的状况所制约。完全离开过去的经验而作的决意及选择，可说是脱离本人的品性而发生的心意动作，这只有与狂人中见之。如果以我们过去的经验的累积——品性为原因，那么，我们的决意及选择是被品性制约的结果。这意思便是说意志活动是服从于因果律"⑦。

---

① 张庆：《20世纪中国人生观论争》，广东高等教育出版社2000年版，第127页。

② 唐钺：《心理现象与因果律》。张君劢等：《科学与人生观》，黄山书社2008年版，第216页。

③ 胡适：《科学与人生观》序二。张君劢等：《科学与人生观》，黄山书社2008年版，第23页。

④ 胡适：《科学与人生观》序二。张君劢等：《科学与人生观》，黄山书社2008年版，第14页。

⑤ 丁文江：《玄学与科学：评张君劢的〈人生观〉》。张君劢等：《科学与人生观》，黄山书社2008年版，第41页。

⑥ 丁文江：《玄学与科学：答张君劢》。张君劢等：《科学与人生观》，黄山书社2008年版，第198页。

⑦ 蒋径山：《自由意志问题》，《东方杂志》第32卷第1期，1935年。

但科学派也不认可经济是“客观的物质原因”“心即是物的一种表现”，胡适批评陈独秀说：既然心是物的表现，那么知识、思想、言论、教育等也同经济一样，都是“客观的物质原因”，也“可以变动社会，解释历史，支配人生观”①。从而以多元决定论否定经济一元决定论。

玄学派批评科学派为机械决定论，将人视为一种动物，其一切需求都可以约化为食色的生物性本能，再可约化为无机物“质力相推”的运动，忽视和消弭了人类的能动性、意志的自因性，陷入了“纯物质的纯机械的人生观”。科学派所提出的“因果”与“齐一”两个原则并非就是一切自然现象和社会现象的公律。

马克思主义者持辩证决定论。陈独秀说：“在一定范围内，个人意志之活动，诚然是事实，而非绝对自由，因为个人的意志自由是为社会现象的因果律并心理现象的因果律支配，而非支配因果律者。”② 这个“因”与科学派理解的“因”不一样，“在人类社会，自然以经济（即生产方法）为骨干”，“是指物质的本因而言，由物而发生之心的现象，当然不包括在内。世界上无论如何彻底的唯物论者，断不能不承认有心的现象即精神现象这个事实；唯物史观的哲学者也并不是不重视思想文化教育等心的现象之存在，唯只承认它们都是经济的基础上面的建筑物，而非基础之本身。”③ 因此，“我们相信只有客观的物质原因可以变动社会，可以解释历史，可以支配人生观，这便是‘唯物的历史观’”④。然而，陈独秀对意志自由的认识，离开科学派的水准并不太远⑤。瞿秋白以一种严格决定论和理性主义批判唯意志论⑥说，“意志自由”应当解作

---

① 胡适：《科学与人生观》序二。张君劢等：《科学与人生观》，黄山书社 2008 年版，第 25 页。

② 《陈独秀文章选编》中卷，生活·读书·新知三联书店 1984 年版，第 489 页。

③ 胡适：《科学与人生观》序二。张君劢等：《科学与人生观》，黄山书社 2008 年版，第 28 页。

④ 陈独秀：《科学与人生观》序一。张君劢等：《科学与人生观》，黄山书社 2008 年版，第 7 页。

⑤ 高瑞泉：《中国近代社会思潮》，华东师范大学出版社 1996 年版，第 209 页。

⑥ 高瑞泉：《马克思主义者对“科玄论战”的二度超越》，江苏社会科学，1991 年第 2 期。

“确知事实而能处置自如之自由”，如果将否认因果律算作自由，那是“盲目的真理”①。在对唯意志论的批判中，瞿秋白肯定历史发展的必然性却否定历史发展的偶然性，说“一切历史现象都是必然的。所谓历史的偶然，仅仅因为人类还不能完全探悉其中的因果，所以纯粹是主观的说法”。瞿秋白没有认识到作为主体的人的选择自由，将历史规律与自然界规律混淆，认为“历史之中无数不同的倾向及行动互相冲突，其结果却与无意识的自然界毫无差异”⑥。

艾思奇力图在自由意志与因果律之间寻求某种统一，以纠正科玄论战中对自由与必然关系认识的机械论倾向。认为“新哲学一方面反对观念论，一方面和机械主义作战，要在这两条战线的夹击中，打出一条血路来。这就是说，不能把人类生活中的意志现象和自然的机械运动同等看待，同时也不让玄学鬼有作祟的机会，而将具体的解决权交与研究人类生活的社会科学。”② “观念论的哲学以及一切旧哲学，对于这个问题大都只有两种解答，或是认为意志完全自由，或是认为意志一点自由也没有。”③ 他们的共同之处都是盲从，即自由意志论服从英雄伟人，反自由意志论服从命运。“意志是可以用一定的条件和原因加以说明的，但在一定的条件原因范围之内，还可以有一种自由。” “一个人面对着一件事情时，做与不做，自己有选能力，也就是有选择的自由，能选择就是一种自由。”④ “自由不是顺应必然性就能成立，而是要依着必然性去克服必然性的体系自身的矛盾，才能显现的。单单认识了自己的主观意志为客观条件所规定，这还只是在必然性中，而非自由；因为这里的意志还只是消极地被决定着的东西。意志只有成为行动而实现而贯彻的时候，才扬弃其被规定的地位，而转入规定的地位，这便是自由。”⑤ 艾思奇在自由与必然关系上的辩证解释，强调自由是对必然的认识和超越，初步解决了在自由与必然关系上的机械主义倾向。

---

① 瞿秋白：《自由世界与必然世界》，《新青年》（季刊）第 2 期，1923 年 12 月。
② 《艾思奇文集》第 1 卷，人民出版社 1981 年版，第 90 页。
③ 《艾思奇文集》第 1 卷，人民出版社 1981 年版，第 82 – 83 页。
④ 《艾思奇文集》第 1 卷，人民出版社 1981 年版，第 85 – 87 页。
⑤ 《艾思奇文集》第 1 卷，人民出版社 1981 年版，第 96 页。

有论者认为中国马克思主义者的缺陷在于，对唯物史观予以科学化的理解、对形而上学予拒斥，这构成了中国人接受马克思主义哲学的一种无法剔除的解释学背景。科学主义对马克思主义哲学中国化的影响，是把哲学理解为自然科学和社会科学的概括和总结；在本体观上，是把与人的存在无关的抽象的物质作为本体范畴，以对象性结构预设本体论框架，从而形成物质本体论立场；在实践观上，把实践仅局限在认识论范畴，遮蔽了它的本体论意味；在自由观上，停留在自由就是认识了的必然这样一种水平上，没有注意马克思提示的此岸与彼岸的划界及其意义，未能发现马克思自由观的哲学意蕴等等。①

20 世纪中国哲学现代化进程是从介绍和移植西方哲学开始，从达尔文到弗洛伊德，从康德到叔本华、尼采，从皮尔士到杜威，从柏格森到倭铿，乃至罗素、杜里舒等，均受到了中国人的欢迎，中国传统哲学被不断改造和赋予现代的学术形态，摆脱以往单线发展的势头，呈现出多样化的哲学创造和体系建构局面。为应对“千古变局”研究历史规律，为挽救民族危亡寻找新的方法，为重塑现代中国人的精神世界探讨人生哲学，因此历史观、辩证法、人生观等问题成为各派哲学论争的焦点，马克思主义哲学在这次论争中得到广泛传播、引领思想潮流，推动中国哲学的现代转变。

李达从论争中吸收营养和思考，于 1937 年 5 月出版《社会学大纲》，被在延安的毛泽东称赞为中国人自己写的第一本马克思主义哲学教科书。《社会学大纲》的确对马克思主义有所创新。一是李达发展了列宁思想，确定对立统一规律是根本规律，而质量互变规律、否定之否定规律只是对立统一规律的表现形态。二把列宁对抗与矛盾相区别的思想，发展为对抗性矛盾和非对抗性矛盾的区分，“一切拮抗（或敌对）都是矛盾发展的阶段，而一切矛盾，不必都发展到拮抗的阶段。”其次是区分一般矛盾与具体特殊矛盾，“根据特定事实材料，去认识特定的自然或社会现象中所固有的矛盾的发展之具体的矛盾”。从《社会学大纲》出版后不久写成的毛泽东《矛盾论》一文看，李达对后者影响不小。三是李达虽沿

① 何中华：《“科玄论战”与 20 世纪中国哲学走向》，《文史哲》1998 年第 2 期。

袭苏联哲学教科书把历史唯物论看做是辩证唯物论在社会历史领域中的推广和应用，但他又说马克思、恩格斯“首先阐明了历史领域中的辩证法，其次由历史的辩证法进到自然辩证法，而在社会的实践上统一两者以造出科学的世界观的唯物辩证法。”① 四是李达首次提出了未来的社会主义和共产主义社会仍然将存在生产力与生产关系的矛盾，他可能尚不知道斯大林对社会主义社会基本矛盾的保守观点。

① 《李达文集》第二卷，人民出版社1981年版，第56页。

第三章 中国现代化模式论争与科学社会主义理论中国化之萌动

林毓生认为1915—1927年五四运动时代“要求彻底摧毁过去的一切思想，在很多方面都是一种空前的历史现象。”① 而文化保守主义者则感受到“一战”后“西方的没落”，骤然而生“东方文化救世论”，“完全扫清”了昔日对中国文化的“悲观之观念”，“精神得以振作”②，认为新文明的太阳“自朦胧的东方渐渐而升”，主张“儒化、华化西方文化”③。正是在这一背景下，德国法兰克福大学的中国学院于1926年举办了一场以“东方与西方”为主题的国际学术研讨会④，试图在反思西方世界自身发展的进程中寻找新的出路。20世纪二三十年代的中国思想界、知识界兴起了一场以政治、经济、文化为主题的，决计“革新”的“西方”道路和决计“守旧”的“东方”道路之争。论争对新民主主义革命理论的形成具有重要意义。

第一节 政治模式选择之争

从戊戌维新开始，西方民主政治成为中国现代性追求的价值内核。

---

① 林毓生：《中国意识的危机——五四时期激烈的反传统主义》（增订本），贵州人民出版社1988年版，第2、6页。

② 梁启超：《在中国公学之演说》，《东方杂志》第17卷第6号，1920年3月25日。

③ 常乃德（常燕生）：《东方文明与西方文明》，《国民》第2卷第3号，1920年10月1日。

④ 杨武能：《文化：中国与世界》，生活·读书·新知三联书店1988年版，第215－216页。

新文化运动开启现代民主、人权思想的启蒙。孙中山提出了军政——训政——宪政循序渐进的民权运动方案，蒋介石南京国民政府借以确立其“党治训政”体系。胡适等自由主义知识分子大倡人权运动，批评国民党的“党治”政策。马克思主义在与各种社会思潮交锋与互动中初步形成了新民主主义宪政思想。

一、国民党训政模式论争

20 世纪以来中国社会的意义世界、秩序世界的整全性危机，需要一个具有“全能”功能的政治组织或机构的“政治力量、组织方法，深入和控制每一个阶层、每一个领域，才能改造或重建社会国家和各领域中的组织与制度，才能解决问题，全面克服危机。”① 孙中山曾指出：“中国今日政治不修，经济破产，瓦解土崩之势已兆，贫困剥削之病已深。欲起沉疴，必赖乎有主义、有组织、有训练之政治团体，本其历史的使命，依民众之热望，为之指导奋斗，而达其所抱政治上之目的。”② 为此而制订的建国方略中将党治置于重要地位

在孙中山制定的军政、训政、宪政民权运动程序中，“军政”时期实行军事统治，既以兵力统一全国，又训练人民接受三民主义。“训政”时期是执政党代替人民行使国家统治权（即立法、行政、司法、监察、考试“五权”），在地方自治完成“四权”（即选举、罢免、创制、复决四项“政权”）的基础上进入“宪政”时期，实现还政于民。南京国民政府于 1928 年 10 月通过《训政纲领》，宣布“军政”结束，进入“训练国民使用政权”③，即“训政”时期。1931 年国民党又颁布了《训政约法》，把“训政”时期大大延长，并给予立法保障。国民党“党治”体制由此确立。杨公达等为之造舆论说：要强化“党治”以渡“国难”，“党治”本身并没有根本性的问题，辩称“以党治国”和“一党专制”

---

① 邹谠：《中国二十世纪政治与西方政治学》，《思想家：跨世纪探险》，华东华工学院出版社 1989 年版，第 19 页。

② 《孙中山全集》第 8 卷，中华书局 1981 年版，第 429－430 页。

③ 蔡鸿源：《民国法规集成》第 33 册，黄山书社 1999 年版，第 33 页。

不同，是“革命的必要策略，到了宪政时期，以党治国应该停止，而切实实行政党政治，至于一党专政则无时间的限制”，“以党治国”是“中国的新发明”，①“党治”是宪政的必要阶段，“由训政下的民治，进而宪政下的民治，由党治进而为政党政治”。②

胡适首先批评训政的理论基础——“知难行易”哲学说：“一面要人知道‘行易’，可以鼓舞人勇往直前。一面更要人知道‘知难’，可以提倡多数人对于先知先觉者的信仰与服从。信仰领袖，服从命令，一致进取，不怕艰难，这便是革命成功的条件。”③ 罗隆基批评国民党以党训政的“党治”模式是“‘建国’上南辕北辙的方法”，任何一项都是向苏联“师法共产党，抄袭共产党，整个的模仿共产党”④。张君劢批评国民党所说的党对国家的领导权是一种“特权”，有违民治精神，因为领导力是要竞争而不能“霸占”⑤。张东荪认为“党治”在党外消灭异己与在党内造成分歧造成一种吊诡，结果是“个人主义”盛行⑥。

许多思想界、知识界人士期盼早日召开“国民代表大会”，实现“宪政”。胡适指出，“宪政和议会政治都只是政治制度的一种方式，不是资本主义所能专有”，而是“引中国政治上轨道的一个较好的方法”⑦。胡适还批评孙中山“对于一般民众参政的能力很有怀疑”的看法，认为人民的参政能力如变法一样，也是“必待行之成之而后乃能知之也”，“民治制度的本身便是一种教育。人民初参政时期，错误总不能免的，但我们不可因人民程度不够，便不许他们参政”。“中山先生的根本大错误在于误认宪法不能与训政同时并立”⑧。

而另一些学者则质疑宪政对挽救中国的意义和在中国实行的可能性，

---

① 杨公达：《政治科学概论》，神州国光社 1930 年版，第 182 – 184 页。
② 杨公达：《政党概论》序言，神州国光社 1933 年版。
③ 胡适：《知难，行亦不易》，《新月》第 2 卷第 4 期，1929 年 6 月。
④ 罗隆基：《论中国的共产》，《政治论文》1932 年 1 月。
⑤ 张君劢：《我们与他们》，《再生》第 1 卷第 10 期，1933 年 2 月。
⑥ 张东荪：《为国家计与为国民党计》，《再生》第 1 卷第 6 期，1932 年 10 月。
⑦ 胡适：《宪政问题》，《独立评论》第 1 号，1932 年 5 月。
⑧ 胡适：《我们什么时候才可有宪法?》，《新月》第 2 卷第 4 期，1929 年。

“宪政”对解决中国当务之急的“民生”问题药不对症①。张东荪说“民主是一种生活”，“宪政”不是按照宪法统治就可以实现的，而是与人们的文化传统和社会习惯密切相关的②。梁漱溟认为“宪政要求”是“从外面潮流所开出来的，而非从固有历史演出”，中国自古是一个伦理本位的国家，没有法律观念，政治结构松散无力，缺乏实行宪政的条件，只能从“村治”入手，做改造“礼俗”的功夫③。

中国共产党注重对“民主”“宪政”进行阶级性质判定和实行“宪政”基础条件的争取，中国现在的事实是半殖民地半封建的政治，即使有一部好宪法，要想畅通实行是不可能的，宪政运动的主题是“争取尚未取得的民主，不是承认已经民主化的事实。”④ 中国共产党采取的是新民主主义的民主政治模式，正如毛泽东后来说，资本主义共和国在中国行不通，而苏联式的社会主义共和国目前也不适用于中国，中国只能建立一个新民主主义的共和国。

二、人权派自由主义模式论争

人权运动的代表人物之一罗隆基说：“国家的功用就在于保障人权，就在于保障国民做人上那些必要的条件。什么时候我的做人的必要条件失去了保障，这个国家，在我方面，就失去了他的功用，同时我对这个国家就失去了服从的义务”。国家的优劣“在任何时期，即因人权得到承认的标准为标准”⑤。个人有个人之价值，国家与社会要保障个人的平等自由。个人对于国家社会有维持的责任⑥。这与早期马克思主义者观点接近。陈独秀说：“从舆论以行庶政，为立宪政治之精神。蔑此精神，

---

① 马季廉：《宪政能救中国?》，天津《国闻周报》1932 年 5 月。

② 张东荪：《“国民无罪”》，《再生》第 1 卷第 8 期，1932 年 12 月。

③ 梁漱溟：《中国此刻尚不到有宪法成功的时候》，《大公报》星期论文，1934 年 4 月。

④ 《毛泽东选集》第 2 卷，人民出版社 1991 年版，第 732、735 页。

⑤ 罗隆基：《论人权》，《新月》第 2 卷第 5 号，1929 年。

⑥ 蒋梦麟：《个性主义和个人主义》，《教育杂志》第 11 卷第 2 号，1919 年。

则政乃苛政，党乃私党也。”① 李大钊认为，宪政的精神在于自由人权，近代西方“自有英之‘大宪章法’之人权宣言为近世人类自由之保证书，各国宪法莫不宗为泰斗”②。

胡适说自由就是“能容忍异己的意见与信仰。凡不承认异己者的自由的人，就不配争自由，就不配谈自由”，包括“批评国民党的自由和批评孙中山的自由”③。在思想言论自由权问题上，马克思主义学者亦持同样看法，认为思想言论自由是“文明进化的第一重要条件”，以三民主义来统一思想是“一个荒唐无稽的幻想”④，是违背思想自由原则的，“无论新旧何种思想，他自身本没有什么罪恶，但若利用政府权势，来压迫异己的新思潮，这乃古今中外旧思想家的罪恶”⑤。法律只能拘束人民的行为，不能拘束人民的言论。“个人不说老实话，其事还小；政府使人不敢说老实话，事情已经够严重了；社会不许人说老实话，则更糟。”⑥

三派分歧主要在于人权与国权的关系上，一些政治家认为当时的中国国权更重要，国权高于人权。蔡锷曾说：“天赋人权之说，只能有效于强国之人民，吾侪焉得而享受之？故欲谋人民之自由，须先谋国家之平等。国权为拥护人权之保障……苟国家能跻于强盛之林，得与各大国齐驱并驾，虽牺牲一部分之利益，忍受暂时之苦痛，亦所非恤。国权大张，何患人权之不伸！”⑦ 孙中山是同样看法，他说苏联的“人民独裁”政体在保障和实现集体人权方面比代议制政体要改良得多，个人人权要服从国家独立权，革命争的是团体、民族、国家政治上的平等和自由。⑧。

而人权派认为“国家利益，社会利益，名与个人主义相冲突，实以

---

① 《陈独秀文章选编》上卷，生活·读书·新知三联书店 1984 年版，第 127 页。
② 《李大钊文集》上卷，人民出版社 1984 年版，第 244 页。
③ 胡适：《人权论集》序，《胡适文集》，第 5 卷，北京大学出版社 1998 年版，第 523 页。
④ 《陈独秀文章选编》下卷，生活·读书·新知三联书店 1984 年版，第 593 页。
⑤ 《陈独秀文章选编》上卷，生活·读书·新知三联书店 1984 年版，第 359 页。
⑥ 《陈独秀文章选编》下卷，生活·读书·新知三联书店 1984 年版，第 615 页。
⑦ 陈永森：《告别臣民的尝试》，中国人民大学出版社 2004 年版，第 352 页。
⑧ 《孙中山选集》，人民出版社 1981 年版，第 741、756、757 页。

巩固个人利益为本因也”①，“国家为人而设，非人为国家而生”。② 胡适较更明确说：“改造社会要从改造个人做起，要从自救开始”，“争你们个人的自由，便是为国家争自由！争你们自己的人格，便是为国家争人格！自由平等的国家不是一群奴才建造得起来的”③。罗隆基也说：“国家的功用就在于保障人权，就在于保障国民做人上那些必要的条件。什么时候我的做人的必要条件失去了保障，这个国家，在我方面，就失去了他的功用，同时我对这个国家就失去了服从的义务。”④

“人权派”却回避主权谈人权，对帝国主义抱有幻想。胡适提出：“陈独秀先生们在上海出版的《向导》周报，标出两大目标：一是民主主义的革命，一是反抗国际帝国主义的侵略。对于第一项，我们自然是赞成的。对于第二项，我们觉得这也应该包括在第一项之内。因为我们觉得民主主义的革命成功之后，政治上了轨道，国际帝国主义的侵略已有一大部分可以自然解除了”。“所以我们很恳挚的奉劝我们的朋友们努力向民主主义的一个简单目标上做去，不必在这个时候牵涉到什么国际帝国主义的问题。政治的改造是抵抗帝国侵略主义的先决问题。”⑤

孙中山赞同苏联的革命方法：“俄国近来革命之所以成功的道理，就是由于打消无政府的主张，把极端平等、自由的学说完全消灭。”“民权主义，与所谓‘天赋人权’者殊科，而唯求所以适合于现在中国革命之需要。盖民国之民权，唯民国之国民乃能享之，必不轻授此权于反对民国之人，使得借以破坏民国。详言之，则凡真正反对帝国主义之个人及团体，均得享有一切自由及权利；而凡卖国罔民以效忠帝国主义及军阀者，无论其为团体或个人，皆不得享有此等自由及权利。”⑥ 而蒋介石借

---

① 蔡尚思：《中国现代思想史资料简编》第 2 册，浙江人民出版社 1982 年版，第 8 –9 页。

② 高一涵：《国家非人生之归宿论》，《新青年》第 1 卷第 4 号，1915 年。

③ 胡适：《介绍我自己的思想》，《新月》第 3 卷第 4 号，1930 年 4 月。

④ 罗隆基：《论人权》，《新月》第 2 卷第 5 号，1929 年 7 月。《胡适文集》第 5 卷，北京大学出版社 1998 年版，第 547 页。

⑤ 胡适：《国际的中国》，《努力周报》第 22 期，1922 年 10 月 10 日。蔡尚思等：《中国现代思想史资料简编》第 2 卷，浙江人民出版社 1982 年版，第 89、90 页。

⑥ 《中国国民党一大宣言》，《孙中山文集》上，团结出版社 1997 年版，第 400 页。

此说“中国所以贫弱受不平等条约的约束，就是中国人太自由的毛病生出来的”[①]，国民政府“于必要时，得就于人民之集会、结社、言论、出版自由权，在法律的范围内加以限制”。

“人权派”反对以阶级斗争和暴力革命方式解决人权问题，认为苏联制度是“反自由、反民主，不容忍”[②]，“中国今日需要的，不是那用暴力专制而制造的革命，也不是那用暴力推翻暴力的革命，也不是那凭空捏造革命对象因而用来鼓吹革命的革命。……因为这种种革命都只能浪费精力，煽动盲动残忍的劣根性，扰乱社会国家的安宁，种下相残害相屠杀的根苗。”[③] “人权派”幻想纯用“纸笔墨水”的方式实现人权。鲁迅说新月社批评家“尽力地维持了治安，所要的却不过是‘思想自由’，想想而已，决不实现的思想”[④]。

人权派在政治上走中间道路。一方面罗隆基向国民党要求“改革政治，以民治代替‘党治’”[⑤]，另一方面胡适对共产党说，“以为自由主义是18世纪的东西，今天时代进步了，以往的自由民主思想不合时宜了，今天要牺牲个人的自由来完成一个党一个阶级的自由，同时要舍弃言论出版自由的旧民主政治的作风，来实行没有言论出版自由的新民主作风”是“没有自由的自由，没有民主的民主”[⑥]。

瞿秋白批判说：“中国的人权派表面上反对摧残人权要求保障自由，实际上却并不是反对什么国民党，并不是反对什么压迫和剥削，而是反对共产党，反对国民党压迫剥削的不得法”。“他们所以反对国民党和政府，原来是只因为国民党采用共产党的制度”。

马克思主义者认为人权是一个阶级的、历史的范畴，认为集体人权

---

① 王邦佐等：《二十世纪中国社会科学》（政治学卷），上海人民出版社2005年版，第332页。

② 罗隆基：《论中国的共产》，《政治论文》1932年1月。

③ 胡适：《我们走哪条路?》，《新月》第2卷第10号，1929年12月。

④ 鲁迅：《新月社批评家的任务》。《鲁迅全集》第4卷，人民文学出版社1981年版，第159页。

⑤ 罗隆基：《论中国的共产》，《政治论文》1932年1月。

⑥ 胡适：《当前中国文化问题》。蔡尚思等：《中国现代思想史资料简编》第5卷，浙江人民出版社1983年版，第628－630页。

更为重要。“社会是个人的系统，个人是社会系统的一员。有个人而有社会，有社会而有个人”。“离个人没有社会，离社会没有个人。社会与个人是相对的，实在的”。[①] “国家对于人民有权利，人民对于国家亦有权利；人民对于国家有义务，国家对于人民亦有义务。”[②] 要在实现国家主权、集体人权的基础上争取个人人权。实行社会革命，建立社会主义制度是解决集体人权和个体人权的基本途径。任何人权都是一国之内的人权，绝无超越国家的人权。马克思主义者强调主权独立是解决人权的先决条件。

瞿秋白论证了暴力革命在解决人权问题上的合法性，说现在中国的政治异乎寻常的黑暗，“民众一点儿自由也没有，一点儿‘人权’也没有，有的只是挨打挨杀的‘权利’，和饿死冻死淹死烧死……的‘自由’”[③]。因此，“要想把我们的同胞从奴隶境遇中完全救出，非由生产劳动者全体结合起来，用革命的手段打倒本国外国一切资本家阶级，跟着俄国的共产党一同试验新的生产方法不可。”[④] 李达批评无政府主义的个人“绝对自由”时说：“实在的谈起来，资产阶级并不怕人提倡什么绝对自由、绝对平等的社会那种抽象的思想，他们所怕的，还是那种最有力的具体的即时可以实现的社会主义制度。”[⑤] 实现立法权力和执行权力合一化的苏维埃的政制，是“民主主义在历史上发展到今天的最新最高阶段，也是一切政制在历史上发展到今天的最高最后形式。”[⑥]

三、新民主主义政治模式的提出

民初立宪政治破产后，自由主义民主模式受到中国进步知识分子的

---

① 《李达文集》第 1 卷，人民出版社 1980 年版，第 10 页。

② 高一涵：《国家非人生之归宿论》，《新青年》第 1 卷第 4 号，1915 年。

③ 蔡尚思等：《中国现代思想史资料简编》第 3 卷，浙江人民出版社 1983 年版，第 35 页。

④ 蔡尚思等：《中国现代思想史资料简编》第 1 卷，浙江人民出版社 1982 年版，第 59 页。

⑤ 《李达文集》第 1 卷，人民出版社 1980 年版，第 88 页。

⑥ 唐宝林：《陈独秀语萃》，华夏出版社 1993 年版，第 212 - 213 页。

质疑。陈独秀说“立宪政治在19世纪总算是个顶时髦的名词，在20世纪的人看来，这种敷衍不彻底的政制，无论在君主国民主国，都不能够将人民的信仰、集会、言论三大自由权完全保住，不过做了一班政客先生们争夺政权的武器。现在人人都要觉悟起来，立宪政治和政党，马上就要成历史上过去的名词了，我们从此不要迷信它罢。”① 李大钊转向平民主义，陈独秀转向民治主义，这是民众直接参与式民主，是比代议制更为激进的民主思潮。而融合了直接民主、积极自由因素的苏俄式的“伊尔革图克拉西”（Ergatocracy）即“工人政治”，作为一种全新的德谟克拉西受到中国早期马克思主义者的热烈拥护。它“把政治上、经济上、社会上一切特权阶级，完全打破，使人民全体，都是为社会国家作有益的工作的人，不须用政治机关以统治人身，政治机关只是为全体人民，属于全体人民，而由于全体人民执行的事务管理工具。……其政权没有统治与服属的关系，只有自由联合的关系。”② “德谟克拉西，伊尔革图克拉西，社会主义，共产主义，在精神上有同一的渊源”③。

毛泽东等用马克思主义的阶级分析方法区分资产阶级民主和无产阶级民主，认为无产阶级民主是“更广泛的民主”。民主作为一种政治上层建筑，是由民主的经济基础所决定的，因此“共产就是民主”。

这种理论上的新民主制度，后来中国共产党在农村根据地进行了实践，建立了仿效苏联制度的苏维埃共和国，通过了《中华苏维埃共和国宪法大纲》《劳动法》《土地法草案》《关于经济政策的决定》等文件，规定中华苏维埃共和国是“工人和农民的民主专政的国家”，“消灭封建，赶走帝国主义，制止资本主义的发展，“以转变到无产阶级专政”。

这种直接过渡到社会主义的激进路线，后来为毛泽东所纠正。他在根据地民主建设的基础之上，结合抗战以来的民主政治运动，吸收了民主与独裁的论战成果，于1940年2月提出了新民主主义命题，提出了新民主主义民主政治模式。说我们“决不漠视中国的特殊社会条件与政治

---

① 《陈独秀文章选编》上卷，生活·读书·新知三联书店1984年版，第422页。
② 《李大钊文集》下卷，人民出版社1984年版，第609页。
③ 《李大钊文集》下卷，人民出版社1984年版，第506－507页。

环境。由于中国既不是资本主义国家，又不是社会主义国家，当然就不能产生英、美式的或苏联式的宪政”①。中国要实行既不同于“旧的、过了时的、欧美式的、资产阶级专政的所谓民主政治”，也不同于“苏联式的、无产阶级专政的民主政治”，而是合乎中国国情的新民主主义。

第二节　经济道路选择之争

康有为在 1898 年呈奏《请历工艺创新折》，建议将我国“定为工国”，这是一个正式提出中国工业化的政治文献。这表明中国经济的现代发展问题，得到思想界越来越多的讨论，到 20 世纪二三十年代，形成“以农立国”“以工立国”“第三条道路”三种经济发展模式论，围绕中国要不要工业化以及如何工业化问题上展开论争，论争的实质是中国继续走依附型的现代化道路还是另外走自主型的现代化道路。论争在 20 世纪三十年代中期进入高潮，抗战爆发后有过短暂的中断，抗战结束后重新鹊起，至新中国成立时最终谢幕。马克思主义学者自始至终不同程度地参与了这场论争，批判农本主义、村治派、乡建派、经济派、西化派，以及国民党的“农化”和“工化”主张，强调社会革命在中国工业化道路中的基础性、前提性意义。②

一、立国之“道”论争

起始于五四时期的“农国”与“工国”之争是和“孔化”与“西化”同时提出来的论题③。它表明我国思想文化现代化与经济现代化的内在关联性：现代新文化与中国传统文化之争，自然形成了工业文明支持者与农业文明支持者的分野。马克思主义者主张通过社会革命的方式，为工业化建设创造前提条件，并由新民主主义工业化过渡到社会主义工业化。

---

① 李平心：《民主宪政的基本问题》，《民主》周刊第 2 期，1945 年 10 月。
② 《毛泽东选集》第 3 卷，人民出版社 1991 年版，第 1081 页。
③ 陈宰均：《工化与农化》，《甲寅周刊》第 1 卷第 29 号，1926 年 1 月 30 日。

（一）“农国论”及其理由

“一战”后出现的西方工业文明危机强化了传统主义思想，从“东方文化救世论”引申出来“农业文明救世论”。“农国论”以“农国”与“工国”具有不同的政治道德法律习惯立论，倡导“小农经济模式”，宣扬“农国”更能维护中国传统文化的调和持中、尚俭节欲、清静安民等精神和美德，强调“立国之道不在物质文明，而在风俗之淳厚；不在都市之华美，而在乡村之逸安”①，与此前倭仁反对洋务运动所言“立国之道，尚礼仪不尚权谋，根本之图在人心不在技艺”② 的观点如出一辙，全为迂腐之论。章士钊首先提出中国应“以农立国，文化治制，一切使基于农”③，放弃“工国浮滥不切之诸法”，“返求诸农，先安国本，而后于以拙胜巧之中，徐图捍御外侮之道”④。董时进认为中国缺乏与“工国”争强弱的“兵力”和“经济力”，不宜“工化”⑤。王鸿一在“村治”运动中“标揭主义”“建立名词”“草定制度”，积极宣传“农村立国制”⑥。以“村治”运动为基础，梁漱溟在山东成立了乡村建设研究院，从理论与实践两方面探讨乡村建设问题。晏阳初在河北定县、黄炎培在江苏徐公桥、陶行知在南京晓庄，以及燕京大学师生在北平清河等地进行了一系列乡村建设运动研究和探索。“农国论”的共同思路是，将农村与城市二元分立，将中国历史从世界历史中分割出来，坚持农本主义传统，实行以农业为本位的立国方针，反对中国走工业化和城市化道路，至多兴办一些自给自足性质的农村工业。

章士钊说“农国”就是全国人口平均分配所获农产品，取义在均，使有余不足之差，不甚相远，而不攫国外之利益以资挹注者。“不以己国之利源为范围，所有作业专向世界商场权子母之利，不以取备国邸及用为原则，因之资产集中，贫富悬殊，国内有劳资两极，相对如寇准谁者，

① 龚张斧：《农化蠡测》，《甲寅周刊》第1卷第19号，1926年。
② 中国史学会：《洋务运动（二）》，上海人民出版社1961年版，第30页。
③ 章士钊：《业治与农（告中华农学会）》，上海《新闻报》1923年8月12日。
④ 章士钊：《农国辨》，上海《新闻报》1923年11月3日。
⑤ 董时进：《论中国不宜工业化》，上海《申报》1923年10月25日。
⑥ 《梁漱溟全集》第5卷，山东人民出版社1989年版，第15－16页。

谓之工国。建国之本原既异，所有政治道德法律习惯，皆缘是而两歧”。[①] 中国社会问题的“病源为工业传染之细菌”[②]，解决的办法只有一个，即“返本还原，一铲伪工业国之文明，仍从农业振顿。使人弃虚华而重朴实，除巧伪而崇德信。”[③]

在政治治理方面，“中国宜保存农业立国之制，以后提倡农村，使一村自给自治。……乃农村制推行各省，国乃可治也。”[④]。农业社会安定太平，求过于供，很少受经济变迁的影响，无所谓失业和罢工。工业社会则组织细致，牵一发而动全身，供过于求。“病象立征”，中国一旦改为工业国，剧烈之变迁必不可免，必遭西方国家“染指”[⑤]。城市不过是变相的农村而已，全国人民十之八九在农村，中国的政治、经济和文化都应以农村为基础、为重心，政权操于民众，治权始于乡村，一切学术思想和政治制度应“共同归宿于教养，植基于村本”[⑥]。

到20世纪30年代，“农国论”吸收了“工国论”的合理观点，不再反对工业化，而提出先发展农业，再“从农业引发工业”，“以完成大社会的自给自足，建立社会化的新经济构造”[⑦] 的主张，批评那种“希望中国仍走个人主义、自由竞争、发达工商业、繁荣都市的路”是“主观的梦想”，农业生产的土地、本土种植方法是现成的，兴办工业的资本机器十分缺乏，先发展农业而后工业可以兴，马上办工业则无可能。因此，“我们唯有到乡村来，救济乡村，亦即救济都市；如往都市去，不但于乡村无好处，于都市也无好处。”[⑧]

章士钊还将“农国”与社会主义、共产主义相比附，认为第一、第

---

① 章士钊：《农国辨》，上海《新闻报》1923年11月3日

② 章士钊：《业治与农（告中华农学会）》，上海《新闻报》1923年8月12日。

③ 章士钊：《章行严在农大之演说词》，《晨报副刊》1924年12月28日。

④ 《章士钊全集》第4卷，上海文汇出版社2000年版，第160页。

⑤ 董时进：《论中国不宜工业化》，上海《申报》1923年10月25日。

⑥ 王鸿一：《建设村本政治》，《村治》第1卷第1期，1929年3月。

⑦ 《梁漱溟全集》第2卷，山东人民出版社1990年版，第495－496页。

⑧ 梁漱溟：《往都市去还是到乡村来——中国工业化问题》《乡村建设》旬刊，第4卷第28期，1935年6月。

二、第三国际“不主谋利，而主公制以均民用，多与农国之本义相默契”[①]。事实上，章士钊的“农国论”与马克思的科学社会主义相差甚远，而与马克思所批判的“小资产阶级的社会主义”相符。从传统农业社会向现代工业社会的转变，是一个不可扭转的历史发展趋势，“农国论”只知道工业文明之弊，而不知中国无工业化不足以自存和自强。

（二）“工国论”及其理由

“工国论”始于戊戌维新时期，五四时期成为“农国论”最有力的批判者，首倡者为孙倬章、杨明斋等，继之而起有吴景超、张培刚、周宪文、陈序经、贺岳僧、王子健、吴知等人。他们清醒地认识到中国的“工化”之路不能因“欧战”而停顿、改道，“要把中国从根救起来，须向工业迎头赶上去”[②]。“工国论”批判“农国论”所持的思想武器是进化论，“由农入工”是社会进化和中国经济发展的必然趋势。孙倬章说：农业是“保守的，少进化的，与现社会之进化潮流，当相反；工业为进化的，且速进化的，与现社会之进化潮流适相应”；“中国因以农立国，故数千年以来，毫无进化之成绩；今欲与彼进化之工业国，并驾齐驱，以谋生存，而仍欲偏重农业，宁非南辕北辙，背道而驰乎？”“苟欲保存专制政体，则可主张以农立国；若欲实现民主政治，则决不可不趋重工业”。“有极多之学术，常因工业而发达；不独因工业的经验，始有学术的发明，且常因工业的需要，始有学术的学习。欧洲之学术，亦至工业发达之后，始有今日气象万千之盛况，所以谓学术为工业时代之产物，亦决非过言。若中国欲以农村立国，则此等被工业振兴而后发达的学术，不独无发明之机会，且亦无学习之机会，中国学术既幼稚如此，若不趋重工业，不将为文化的落伍者乎”？“现在之经济政治学术，处于进化之中，大有一日千里之势；农民故步自封，处处与进化潮流相逆迕；惟工业富于进化性，始与此进化潮流相应，然则吾人不欲生存进化之社会则

---

① 章士钊：《农国辨》，上海《新闻报》1923年11月3日。

② 周宪文：《中国不能以农立国》，《时代精神》第1卷第5期，1939年12月20日。

已，苟欲生存于进化之社会，固不能不追踪于工业之后尘矣。”①

至20世纪30年代，“工国论”也肯定了“农国论”的某些合理思想，认为“在以人力为重要生产力的时代，则以人力为生产基础的农业自然占据着最重要的地位，这一时代的国家必以农立，毫无疑义。但是历史进步到以机械为主要生产力的时代，则以机械为生产基础的工业（机械工业）自然取得了过去农业的地位，所以在这一时代，立国以工，那也是必然的结果”。② 但是“农国论”者要知识分子下乡搞乡村建设却不可能，因为乡村缺乏容纳和满足知识分子的职业、研究学问的设备、物质生活条件以及适宜的社会环境。并继续批评“农化”是“经济上的复古论”，是“以筋肉方法生产的路”，是使人贫穷、愚笨、短命的路。而“工化”则是“以机械方法生产的路”，是使人富有、聪明、长寿的路，中国经济建设只能走“发展都市以救济农村”的“工化”之路③。

“工国论”与“农国论”之间的经济发展道路的分歧，反映在文化领域就是“西化”与“传统”的对立。“工国论”批评“农国论”将东西文化做乡村文化和都市文化区分的观点不合逻辑，因为文化是一个整体，可以概括都市和乡村，而都市和乡村不能概括文化，新文化的创造“与其说是依赖于乡村，不如说是依赖于都市”④。况且，农业发展与工业发展本身并不矛盾，欧美工业发达国家的农业发达程度为我们所望尘莫及，同样，“中国工业苟不发展，则农业出路也成问题”⑤。“工国论”从文化角度对“农国论”的批评成为30年代东西文化论争内容的一部分。

“工国论”顺应了中国工业化和世界工业化潮流，适应了化解民族

---

① 孙倬章：《农业与中国》，《东方杂志》，第20卷第17号，1923年9月。

② 周宪文：《中国不能以农立国》，《时代精神》第1卷第5期，1939年12月20日。

③ 吴景超：《知识分子下乡难》，《独立评论》第62号，1933年8月；《发展都市以救济农村》，《独立评论》第118号，1934年9月；《我们没有歧路》，《独立评论》第125号，1934年11月。

④ 陈序经：《乡村文化与都市文化》，《独立评论》第126号，1934年11月。

⑤ 陈序经：《乡村建设的理论检讨》，《独立评论》第199号，1936年5月。

危机的社会要求。在南京国民政府工业化建设的推动下，“工国论”获得了多数学者的支持。“农国论”的错误在“忽视了人类所以进化的原则，忽视了分工的利益，忽视了供给与需要的相互关系，更忽视了产业革命所给予大多数人类的福利”①。“工国论”认为资本主义的主要特征虽是工业化，但工业化并非是资本主义的代名词，而是一种经济建设模式，工业化是民族复兴的重要手段，中国“不但要建设工业化的都市，同时还要建设工业化的农村——也就是农业的工业化”②。“当然，工国论”在批评“农国论”时，学理不够深入，对“工国”与“农国”的内涵没有深入阐解。

（三）“第三条道路”及其理由

“第三条道路”调和“农国论”与“工国论”，陈宰均最先提出了农化与工化并举的经济建设方针，到20世纪30年代形成“第三条道路”，认为“发展农业必须与工业化相配合”，“立国虽不妨以农业，建国则必须以工业”③。持此观点的还有杨杏佛、郑林庄、王印川、姚溥荪、漆琪生、翁文灏、刘大钧等人。他们内部又有郑林庄、漆琪生的“先农后工”和翁文灏、刘大均的“先工后农”的分别。

早在20世纪20年代陈宰均、杨杏佛等人就提出中国经济建设“非工化无以农化。非农化无以工化。吾国宜农化。亦宜工化”。中国应当像美国“地大物博农工并重，进可以战，退可以守，遂执世界经济之牛耳”④。至20世纪30年代郑林庄明确提出“第三条道路”，以农村工业作为中国工业化基础。所谓“农村工业”，“就是目前大规模都市工业的分散化。它在形式上和技术上间或与集中的工业不一式一样，但它却保持了几种工业的精髓”，即“科学与工业的密切关系”⑤。“第三条道路”

---

① 贺岳僧：《解决中国经济问题应走的路》，《独立评论》第131号，1934年12月。

② 王子建：《农业与工业》，天津《益世报》1934年12月8日。

③ 翁文灏：《以农立国，以工建国》，《中央日报》1940年8月。

④ 陈宰均：《工化与农化》，《甲寅周刊》第1卷第29号，1926年1月30日；杨铨：《中国能长为农国乎》，《申报》1923年10月28日。

⑤ 郑林庄：《论农村工业》，《独立评论》第160号，1935年7月。

主张优先发展农村工业以实现都市工业目标。郑林庄说："我认为我们所企望的那个工业经济，应该由现有的这个农业经济蜕化出来，而不能另自产生。因此，我们现在所应急图者，不是吴先生所主张的如何在农业之外另办都市的工业，而是怎样在农村里面办起工业来，以作都市工业发生的基础"。"我们应该在农业上想工业化的办法，应该在农村里建设工业的基础。换句话说，因为受了客观的限制，我们已不能在农业之外另建立大规模的都市工业，但我们却可以在农村里面培植小规模的农村工业。""因为农村工业是分散的，是多少可以容易免除帝国主义的束缚的；是为达到自供自给的状态的，而不是想向外夺取市场的；最后它不是需要根本的'改造'的，而是需要就现况'改良'的"①。

而"工国论"认为将农村工业作为中国由农业社会达到工业社会的桥梁是值得怀疑的，中国分散的农村工业和集中的都市工业都不能免除帝国主义的束缚和压迫，自给自足的农业在洋货的倾销下免不了破产，以工厂制度代替家庭制度，工厂生产代替家庭生产，实现国民经济的工业化是一种必然的趋势，"把农村工业当做走上工业经济的过渡方法，自然是倒行逆施"②。

"先工后农论"的"第三条道路"，实质上属于"工国论"阵营。他们既是国民党内经济政策与方针的决策者、执行者，又具有理论研究水平的学者，需要化解和吸收"工国论"与"农国论"的论争分歧，以引导思想界和知识界转入经济建设方针、政策上来，"以农立国，以工建国"的方针只是一种理论上的折衷主义，具有明显的策略性，实际工作采取的是工业化政策。

（四）"社会革命论"及其理由

马克思主义者主张中国走工业化道路。恽代英最早表明了"工化论"立场，中国人"衣食之所需，乃转而大宗须仰给于外国"，"母国之人经济上处处占取优势，而殖民地之土人，必至劳苦而不能自给"，中国

① 郑林庄：《我们可走第三条路》，《独立评论》第 137 号，1935 年 1 月
② 张培刚：《第三条道路走得通吗?》，《独立评论》第 138 号，1935 年 2 月。

"必化为工业国然后乃可以自存"①。杨明斋在《评〈农国辨〉》这篇"早期马克思主义者宣传中国应走工业化道路的珍贵文献"② 中对"农国论"批判说："'中国可以长为农国'这话完全是'秀才不出门遍知天下事'的自是观念。他以自是为判断一切事务之理，并不去理会环境是否容纳中国长为农国。试看中国于六十余年来的抵抗环境之力有多大的效果！莫说是养生且使人愉快的物质实在东西，为我们所不能拒绝；就连那虚空希望得救的宗教，和毒人的鸦片也都推不出国门。铁路纱厂兵工厂甚至于电影吗啡快普遍全国各地了，不料还有人说可以长为农国。"③

无论是"农国论"还是"工国论"，都主张在现有社会条件下进行某些改良、改革，而不考虑根本性变革。而马克思主义者强调中国工业化前提条件的解决，主张先有社会改造后行社会主义工业化，故称"社会革命论"。④ "必须推翻帝国主义对于中国从城市到乡村的统治，夫然后才能解除封建的剥削，也只有在中国独立的条件下，才说得上发展中国的生产"。孙冶方批评"动力派""中国经济派"说，在殖民地半殖民地条件下，工业——尤其是重工业——的自由发展是绝对不可能的，工业如果不发展，那么整个国民经济亦不能向前发展，一切前资本主义的剥削关系亦不能根本消灭。⑤

马克思主义者对工业化问题的讨论与中国共产党领导的农村社会革

---

① 恽代英：《中国可以不工业化乎?》，上海《申报》1923 年 10 月 30 日。

② 罗荣渠：《从西化到现代化》，北京大学出版社 1990 年版，第 25 页。

③ 杨明斋：《评〈农国辨〉》，罗荣渠：《从西化到现代化》，北京大学出版社 1990 年版，第 709－711 页。

④ 有论者称之为"条件派"，他们主张在扫除中国经济发展道路的社会障碍的基础上进行经济建设。(周积明等：《震荡与冲突——中国早期现代化进程中的思潮和社会》，商务印书馆 2003 年版)。也有论者称之为"社会改革或改良"派，包括马克思主义者、民主人士和进步学者，还包括主张"先农后工"的漆琪生等［施岳群等：《二十世纪中国社会科学（理论经济学卷）》，上海人民出版社 2005 年版］文所指的"社会革命"派与"社会改革或改良"所概括的人物大体无异，但在阐述漆琪生等人的主张时将他归入"以农立国"论者当中。"社会革命"论者更注重通过社会革命的方式来解决中国经济建设的前提和基础，与新民主主义革命历史任务保持一致。

⑤ 《孙冶方全集》第 1 卷，山西经济出版社 1998 年版，第 85、90 页。

命直接相关，针对晏阳初把农民的“愚贫弱私”当作农村问题的根源和梁漱溟将农村经济发展滞后归于文化失调的观点，千家驹说：“在半殖民地的中国，不平等条约之桎梏未解除以前，一切发展工业的计划都不能谈，不配谈。近二十年来一部中国民族工业之发展史，已足为此事之明证。现在一般工业建国论者，亦不过如在沙漠上幻想着建筑一座巨厦，离现实性是很远的。那么中国的出路是什么呢？曰：只有彻底消灭帝国主义者及封建残余之势力。这工作由何处着手呢？曰：自组织民众教育民众入手。不过这种民众组织不是梁漱溟先生的乡农学校。这种教育民众不是定县平教会之平民教育”①。而是共产党所领导的土地革命。民主人士章乃器也表达了同样观点：那些“迷醉在教科书里面的流俗经济学家”，“就是退到‘勘察加’去建设国民经济，那先决条件，也依然是一个民族革命。”“中国国民经济建设的先决条件，是民族解放运动——民族革命。中国只能经过民族解放运动取得国民经济建设，而绝不能经过国民经济建设取得民族解放。”②

中国早期马克思主义者同其他新知识分子一样，对思想文化的批判超过了经济发展道路与方向的思考，对伦理、思想、原则的构建超过了对工业技术和物质建设的关注，在一定程度上忽视了工业化的紧迫性。而后来马克思主义者的工业化理论非常现实地从属于社会革命目的，从属于根据地建设需要，具有鲜明的政治性，既反对“农国论”否认将中国进行任何制度性的变革而返回到“农本社会”“伦理本位社会”的主张，也反对遵循西方国家的老路进行资本主义工业化的方针。毛泽东总结说：“没有一个独立、自由、民主和统一的中国，不可没能发展工业”，“不可能建设真正大规模的工业”，“中国工人阶级的任务，不但是为着建立新民主主义的国家而斗争，而且是为着中国的工业化和农业近代化而斗争。”③

---

① 千家驹：《中国的歧路——评邹平乡村建设运动兼论中国工业化问题》，天津《益世报·农村周刊》第57期，1935年4月6日。

② 章乃器：《国民经济建设的先决条件》，《中国农村经济论文集》，1934年。

③ 《毛泽东选集》第3卷，人民出版社1991年版，第180－181页。

二、工业化战略论争

到20世纪30年代，中国应取工业化目标已达成一致意见。原“农国论”与“工国论”的新的分歧、“工国论”内部的分歧，在以下几个方面：一是工业化重心问题，即工业与农业发展孰先孰后；二是工业化结构问题，即国防工业与民生工业、重工业与轻工业的布局问题；三是经济运行体制问题，即采取统制经济体制、自由经济体制还是计划经济体制进行资源配置的问题。

（一）工业化重心

基于对农业、工业的重视程度不同，形成了农业重心论、工业重心论、农工兼重论三种不同观点①。一是“农业重心论”坚持“保全农化”的农村工业化主张，主要有村治派、乡村建设派、“第三条道路”的“先农后工论”等三条路线；二是郑林庄、杨开道等的农村工业化路线；三是漆琪生的“农业资本主义”路线。

梁漱溟等乡村建设派的文化教育路线，将中国经济落后归于农村落后，农村落后归于文化教育落后。因而，工业化应通过重建、调整农村文化教育，通过农业引发工业来进行。乡村建设之所以必要，其总根源在于西方文化的输入、中国文化的变化、乡村文化的失调，中国工业化必须从农村建设开始，农村建设必须从文化教育开始。梁漱溟说：“我们如果要在政治问题上找出路的话，那决不能离开自己的固有文化，既是

① 参与论争的吴景超将“以农立国”论者分为四派：夸大派、禁欲派、因噎废食派和畏难退缩派。（吴景超，《我们没有歧路》，《独立评论》第125号，1934年10月26日）罗荣渠将工业与农业何者为重心的论争者分为四派：一是梁漱溟等的复兴农村派；二是吴景超、张培刚等的发展工业派；三是先农后工派；四是调和派。（罗荣渠：《从西化到现代化》，北京大学出版社1990年版，第667页）有论者将“先农后工”派归入“以工立国”派，认为他们也主张中国的工业化道路。（李放，黄南珊：《“现代化”、“工业化”的论争与现代中国的现代化经济取向》，江汉论坛，1997年第4期）也有论者将其分为五派：先农后工派、先工后农派、乡村工业派、工农并重派、条件派。（周积明等：《震荡与冲突——中国早期现代化进程中的思潮和社会》，商务印书馆2003年版）笔者认为，“先农后工”论和“乡村工业”论都是农业重心论，只是在发展农村经济的方式上不同而已。

去找经济的出路，其条件亦必须适合其文化，否则必无法找寻得出，因为这是我们自家的路，不是旁人的路。”“我们可以肯定地回答，尽力于农业，其结果正是引发工业，并且我敢断定中国工业的兴起只有这一条道。”[①] 晏阳初将以文艺、生计、卫生、公民为中心的“平民教育”看做是“促兴农业以引发工业”“达于新社会建设之成功”、实现“民族再造”[②] 的基本途径，其农业重心论与梁漱溟并无二致。但是乡村建设派的文化教育不是一种现代农业理念、思想道德教育，而是一种儒家文化本位教育，试图以非市场化的农村经济来抵制世界现代工业化[③]。这种非工业化、非市场化的农村“自救运动”不从土地制度根本变革和发展农村生产力着手来解决农村经济破产问题，是一种非现代化农业乌托邦。

“农村工业化论”认为，农村工业不受市场、人才、资本的限制，也不存在劳动力问题，繁荣农村工业既可以解决农村经济落后问题，也可以由此引发都市工业，达致国家工业化的目的。杨开道说：“我们所要的不是印度式的中大农业国家，也不是丹麦式的纯农业国家和澳洲式的附庸农业国家，而是一个能自足自给，能独立自主的农业国家”，“一个在工业上能自给自足的农业国家，一个国防上可以独立自主的农业国家，一个以农业特产品称雄世界的农业国家”[④]。“切合中国国情、切合中国需要、能解决中国农业问题、能促进中国农业生产的农业科学。有了农业科学技术、农业科学设备、农业科学人才，才能慢慢演成一个科学化的、合理化的、机械化的、工业化的现代中国农业制度。”[⑤]

“农村工业化”实际将农村现代化看作国家现代化的基础，在“工业重心论”看来，这是“在理论上近乎开倒车，在事实上也是行不通

---

① 梁漱溟：《乡村建设论文集》，邹平乡村书店 1936 年版，第 32 页；《乡村建设理论》，乡村书店 1939 年版，第 388 页。

② 晏阳初：《农村运动的使命及其实现的方法与步骤》，《大公报》1934 年 10 月 9 日。

③ 李放、黄南珊：《“现代化”、“工业化”的论争与现代中国的现代化经济取向》，《江汉论坛》1997 年第 4 期。

④ 周宪文：《新农本主义批判》，国民出版社 1945 年版。

⑤ 杨开道：《现代农业国家诠释》《中国以何立国》，周宪文：《新农本主义批判》，国民出版社 1945 年版。

的：退一步言，万一其本身是树立了，但也不能引发都市工业，从而不能蜕化出工业经济来。”① 但应该说，农业现代化主张是有积极意义的，农村工业化虽不能成为国民经济建设的主导因素，也不能主宰国家经济命脉，但一定程度的农村工业化是农村经济发展的重要途径。我国改革开放以来大量兴起的乡镇企业，目前推行的小城镇建设，走的无疑是农村工业化捷径。在抗战特殊时期，国家对重工业的发展和要求十分迫切，因此，农村工业化路径遭受严厉的批评也是情有可原的。

受西方现代农业的影响，漆琪生主张“将中国农业生产方式彻底的资本主义化，农村经济的生产关系极度的合理化与高度化”。他认为梁漱溟等人“走农村建设这条路”本身没有错，错在“绝对的主张农业是中国国民经济的根本……不独在现阶段中不主张工业化，就是将来亦不同意积极的工业化，他们认工业化只有在帮助农业发展的意义下始可遂行”，从而“放弃了最重要而最核心的新的合法则的农业生产关系之建立，不从新的农村经济体制之建设入手，而只从皮毛的或抽象的局部方面着眼，所以他们活动的结果，对于整个农村经济之改善，农村危机之解救，固属无望而失败，即是头痛医头，脚痛医脚的暂时的局部效果，亦难实现。”② 漆琪生对乡村建设运动的批评是有见地的。但是当时中国农村缺乏推行“农业资本主义”的条件，农村封建土地所有制窒息了农村资本主义的生机，而中国共产党领导的农村革命运动也拒绝实行“农业资本主义”。

工业重心论是论争中的主流观点，南京国民政府 1935 年发起的国民经济建设运动就是以工业为重心、以解决民生问题为目的的民族复兴运动③。“发达工业”是解决中国“穷”的问题、改良农业生产、提高农业生产效率、增加农民购买力的“唯一的出路”。只有发展都市工业，才能抵御外国商品倾销、“救济农村”、缓解危机，“只有从发展工业入手，

---

① 张培刚：《第三条路走得通吗?》，《独立评论》第 138 号，1935 年 2 月。

② 漆琪生：《由中国国民经济建设论目前农村之出路》，《文化建设月刊》第 1 卷第 9 期，1935 年 6 月。

③ 吴知：《中国国民经济建设的出路》，天津《大公报》1936 年 7 月 15 日。

帮助农业走上新式经营，才能加强农业的竞争能力”。应当优先发展交通、动力，以及煤、铁、石油、机器制造等关键工业（Key Industry）①。为缓解工业建设的资本困境，吴景超提出了四项措施：一是由现有利润中产生；二是政府取缔投机，引导游资于工业生产；三是鼓励华侨投资；四是利用外资②。这些措施是切实可行的，至今仍具有重要的参考价值。而批评者指出这些措施“没有看到资本主义经济到现在已经自身发生不能解决的矛盾，已经腐朽到不能继续存在的程度，已经走向死亡的道路了！”资本主义工业化道路“一则时代已经过去，二则在帝国主义经济侵略的环攻中，自由的、自生的、散漫的、无计划无组织的经济建设，决不能与帝国主义经济对抗，而迅速地发展起来。”③

农工业兼重论为国民党内一些制定经济政策的学者，如邓飞黄、翁文灏、刘大钧、张素民、董修甲、王子建、韩稼夫、万文宣等人所支持。他们将重工业作为国家复兴的基础，农业作为国家生存的根基，应自给自足。银行、交通、工业、农业四大实业应“互相辅行”，“农产国与工业国建国重心之异同，端在农与工所占位置重要性之比较，固非绝对地提倡此方，排斥彼方，谓工国无农，农国无工”，正确的思路应当是“农业与工业并重”④。翁文灏说：“立国虽不妨以农业，建国则必须以工业”，“一个农业大国，在抗战建国期中，最根本最重要的凭借天然便是农业生产。惟有足食足兵，然后方能巩固国基，独立自存。只有农产品增加了，人人衣食无忧，建设的工作方能顺利推进。在这个意义上，‘以

---

① 胡兰亭：《中国经济建设之产业配置》，《中国世界经济情报》第1卷第20期；吴知：《中国国民经济建设的出路》，天津《大公报》1936年7月15日；罗家伦：《罗家伦先生文存》第2册，台北国中馆：中国国民党中央委员会党史委员会1976年版，第335－338页。

② 吴景超：《再论发展都市以救济农村》，《独立评论》第136号，1935年1月。

③ 袁聘之：《论中国国民经济建设的重心问题》，《东方杂志》第32卷第16期，1935年8月。

④ 马寅初：《吾对于经济建设之意见》，《银行周刊》第19卷第32期；马寅初：《中国工业化与民主是不可分割的：在重庆星五聚餐会上的讲演》，《民主与科学》第1卷第1号，1944年；韩稼夫：《工业化与中国农业建设》，商务印书馆1945年版；王子建：《农业与工业》，天津《益世报》1934年12月8日。

农立国’这句话可以说是十分正确的”，“‘以农立国’，决不能解释为仅有农业而不顾工业，更不能解释为保守固有的生产方法和技术，使我国农业经济停滞于落后阶段；发展农业必须与工业化相配合，始有远大的前途可言”，“跻入现代国家之林”。[①] 万文宣也提出：“农业与工业是整个经济体制的两大支柱，农业属于初级产业，工业属于次级产业”。“若是没有初级产业，则次级产业无从产生”。“仅靠初级产业，其本身所发生的效用是很微小的而不十分显著的”。“平衡发展，是农业能够适应工业的需要，而工业能够满足农业的要求，二者互相满足，互相扶助，共同发展，构成整套的健全经济体制。我国战后经济建设，必须农业工业平衡发展，才能达到巩固国防，增进人民福利的目的。”[②]

中国共产党着眼于从政治层面讨论工业重心问题，认为工业化不是技术问题，而是整个政治经济的问题[③]，工业化的发展要与变革所有制相适应，中国工业化必须在独立、自由、民主和统一的基础上才能进行。毛泽东说：“新民主主义社会的基础是工厂（社会生产，公营的与私营的）与合作社（变工队在内），不是分散的个体经济。分散的个体经济——家庭农业与家庭手工业是封建社会的基础，不是民主社会（旧民主、新民主、社会主义，一概在内）的基础，这是马克思主义区别于民粹主义的地方。简单言之，新民主主义社会的基础是机器，不是手工。我们现在还没有获得机器，所以我们还没有胜利。如果我们永远不能获得机器，我们就永远不能胜利，我们就要灭亡。现在的农村是暂时的根据地，不是也不能是整个中国民主社会的主要基础。由农业基础到工业基础，正是我们革命的任务。”[④]

（二）工业化结构

工业化结构有两个问题：一是国防工业与民生工业的关系，二是重工业与轻工业的关系。国防工业主要集中于重工业部门，民生工业主要

① 翁文灏：《以农立国，以工建国》，《中央日报》1940 年 8 月。
② 万文宣：《工业与农业平衡发展论》，《新中华杂志》第 3 卷第 9 期，1945 年 9 月。
③ 许涤新：《关于中国以何立国的问题》，重庆《新华日报》1940 年 6 月 4 日。
④ 《毛泽东书信选集》，人民出版社 1983 年版，第 238－239 页。

集中于轻工业部门，因此，这两个问题实际上是就是重工业与轻工业何者优先的问题。在讨论的时空范围上，对国防工业的讨论集中在抗战期间，对民用工业的讨论集中在抗战胜利以后。

吴景超说："等到我们的国防基础稳固之后，我们自然可以全力而且也唯有制造大炮之后，手中的牛油，才不致为他人所掠夺。换句话说，有了国防之后，再来提高人民的生活程度，那种提高的生活程度，才能够维持下去。"① 顾毓线说："在各种工业之中，有若干工业供给其他工业制造所必需之材料机器及动力。更有若干工业供给上述三种工业之原料及材料。在整个工业看来，这些工业都可称基本工业，或重工业。现代工业若比作经纬交织的织品，那么重工业就是织物的经线。现代工业若比作一个复杂的连环体，那么重工业可以比作贯串各环的主环，亦可比做撑支全体的基本连环。有这些主环及基环。这连环体才能不断地增加新环，其连环关系才能愈臻复杂，而不致影响其稳定性。……重工业在整个工业的体系中既有如此关系，很明显的，要推进一个国家的工业化，应先从推进这些重工业着手。"②

九一八事变以后，舆论界倾向工业救国，支持国防工业优先发展，"中国工业幼稚之故，人民平日利用厚生之所需尚仰给外国，况军需工业，虽有实无"，国难当头，"亟务在工业化!"③ 许多民族资本家甚至提出"重工业国有，杂工业私营"④ 的口号。翁文灏提出国营工业与民营工业共同发展的方针："凡与国防及奠定民生有关的工矿企业，或技术较难，或投资大、收益慢的基本企业，应由国营；而轻纺工业，收益较快，人民乐办者，应归私营，由国家从旁辅导协助。如此国营、私营齐头并进，国民经济乃可健康地、迅速地发展起来；欲使（中国）工业化成功，必须有计划地进行，及以重工业为核心。"⑤

---

① 吴景超：《中国工业建设论文选辑》，训练委员会 1944 年版，第 143 页。

② 顾毓线：《中国工业化之型式》，《经济建设季刊》第 4 期，1943 年。

③ 《中国之工业问题》，《大公报》社评 1932 年 5 月 1 日。

④ 《经济建设的出路》，《大公报》社评 1935 年 6 月 28 日。

⑤ 翁文灏：《回忆国民党政府资源委员会》，北京中国文史出版社 1988 年版，第 143－144 页。

而另一些学者则主张优先发展轻工业，既反对仿效苏联优先发展重工业，也反对放任自由的方式。刘大钧提出："为偏重国防，或为急速促进工业化起见，吾人固可仿照苏联第一次五年计划，尽量发展重工业。然重工业之产品不能直接供人民之消费，在轻工业未能随同发展之时，人民日用品之供给不能增加，即人民之生活程度不能增高"，"反因而降低"。"工业后进国家如依赖他国供给以生产用品——机械与工业原料——而专事发展轻工业，则其事轻而易举"。"此次世界大战以后，各国皆倾向和平，裁减军备，则我国自无积极提倡国防工业之必要"。"国防与民生二者在原则上虽不免稍有矛盾，而在吾人眼光之中，则以充裕民生为主。"① 马寅初也说："要先提倡轻工业，因为各种重工业需要资本很大，并须有精良的专门技术，如果是每样都要举办，以中国的力量，实一时不易办到，所以我主张，除了关于国防需要的重工业必须举办外，要从轻工业先行办起。""轻工业既然崛起，就需要各种各样的机器以及工具，则制造机器，钢铁的重工业方有出路。轻重工业能立足，则国防工业方有基础。"②

马克思主义者重视苏联的经验，看重优先发展重工业的意义。许涤新说："在抗战成功以后的建设程途中，我们必须把中国由农业国变为能够以自身力量来生产必需设备品的工业国。要做到这一点，就必须注重重工业。苏联第一个五年计划之注重重工业，就是我们最好的参考。"③ 尽管理论认识上以重工业优先，但在新民主主义革命时期，中国共产党缺乏发展重工业的资金、技术、人力条件，实际采取工业化政策是优先发展轻工业。毛泽东提出的"发展经济，保障供给"财政经济工作总方针也是优先发展轻工业，并在根据地、边区、解放区着重发展了一些有利于国计民生的工业。毛泽东后来在《论十大关系》中表达的新思想，已经在理论上批评了苏联优先发展重工业的战略。

---

① 刘大钧：《工业化与中国工业建设》，重庆商务印书馆1944年版。

② 马寅初：《中国要早日实行工业化》，《马寅初经济论文选》，天津人民出版社1988年版，第113页；《中国工业化与民主是不可分割的——在重庆星五聚餐会上的讲演》，《民主与科学》第1卷第1号，1944年。

③ 许涤新：《关于中国以何立国的问题》，重庆《新华日报》1940年6月4日。

（三）经济运行体制

采取什么样的经济体制来配置资源，主要有三种观点。统制经济是南京国民政府的主导思想，这与其“党治”理念相一致，想学法西斯主义统制经济体制，强调政府对国民经济运行进行强有力的干预和控制。丁文江说：“‘左倾’的也好，右倾的也好，大家都承认放任经济的末日到了，统制经济是人类走向极乐世界的大路。”[①] 在国难之际中国商业道德极为堕落，经济侵略甚嚣尘上，国际环境不好，亟有经济统制的必要，如果实行自由经济，则会有损民族工业的发展，况且，实行统制经济体制还有助于国家的政治统一、主权独立和行政现代化。

而自由主义知识分子认为统制经济与集权政治相对应，集权政治正是造成政治腐败，引发内忧外患、民族危机的重要根源。中国工业发展应实行自由市场政策，减少政府对国家工业发展的干预，免除政府所属部门借计划之名牟取私利，“经济自由的哲学，及由此而来的私有财产，个人对于工业之统制，以及竞争等等推论，其重要的基础，即是让许多个人按其自己的利益自由去活动，结果可以得到最多的总生产，而且至少在此程度之内，整个社会的利益，也同时顾到了”。“经济自由制度，对于生产为有力的动力，而且可以鼓励个人努力其所事，此无可怀疑者；经济自由更为领袖之诱因，此亦无可怀疑者”。“以竞争的价格而自动地统制工业，大体上使得生产者只好生产人民所需要的货物，人民所需要的数量，并且以成本上下的价格卖与消费者（即使工业之方向，并不适于伦理或道德之标准）。然而，此种成就，实不可忽视。”[②]

计划经济体制也是20世纪三四十年代最受欢迎的经济体制，并一度形成“计划经济”思潮[③]。苏联工业化建设成就对中国社会产生了积极影响，蒋介石本人曾一度对计划经济体制感兴趣，认为“中国经济建设之政策，应为计划经济”[④]。罗家伦也说：“要改造中国工农生活的全面，

---

① 丁文江：《实行统制经济的条件》，《独立评论》第108号。

② 巫宝三、杜俊东：《经济学概论》，商务印书馆1939年版，第207－208页。

③ 黄岭峻：《30—40年代中国思想界的“计划经济”思潮》，《近代史研究》2000年第2期。

④ 周开庆：《经济问题资料汇编》，台北京华书局1967年版，第52页。

使其踏进现代化的阶段，自非实行计划经济不可。”① 翁文灏说：“人类文明进步到现代，一切事业都要先有一定计划。”② 章乃器批评统制经济体制是以资本主义的手段“克服资本主义危机”的办法，实质上是“以政府的投资方式，把可能的损失，转嫁给人民”，“资本主义各国的经济社会矛盾日益尖锐而呈崩溃的惨象”，而“社会主义苏俄的经济社会矛盾渐消而转有欣欣向荣的状态”，因此，“在民族资本极端幼稚的中国，我们要毫不客气的主张计划经济。”③ 中国共产党在根据地经济建设中没有完全仿效苏联模式采取计划经济体制，而是自创了新民主主义多元经济模式，但是这种模式在中华人民共和国成立后被计划经济所替代。

三、农村经济改造论争

上述各派都认为中国农村经济需要改造与建设，大致有三种不同理论与实践。

（一）中间派的乡村文化建设运动

梁漱溟、晏阳初遵循文化改良主义的政治路线，倡导文化救农、教育兴农、道德化农的改造路径。梁漱溟所构想的乡村建设运动归结起来就是：“团体组织，科学技术”。“团体组织”就是把分散的农民组织起来，成立融文化、教育、生产于一体的各类合作社，实行自治。这种合作形式没有上下级之分和领导和被领导的关系，结构松散，无强制性的法律制度，只有一些基本规定、章程和道德条款，其所具有的管理范围相当广泛，几乎涵盖了农村居民的生产、生活各个领域。鉴于中国农村旧有组织逐渐解体，他提出依靠教育机构进行乡村建设实验，把整个行政系统教育机关化，以教育力量代替行政力量，县以下设“政教合一”的乡学，乡学下设村学，以培养新的政治习惯，训练乡下人对团体生活及公共事务的注意力与活动力。他说：“我所主张之乡村建设，乃是想解

---

① 《罗家伦先生文存》第 2 册，台北国中馆：中国国民党中央委员会党史委员会 1976 年版，第 331 – 334 页。

② 翁文灏：《回头看与向前看》，《清华周刊》第 33 卷第 11 期。

③ 《章乃器文集》（上），华夏出版社 1997 年版，第 153、115、116、186 页。

决中国的整个问题，非是仅止于乡村问题而已。建设什么？乃是中国社会之新的组织结构（政治经济与其他一切均包括在内），因为中国社会的组织结构已完全崩溃解体，舍重新建立外，实无其他办法。”① “乡学村学的组织，如能发生作用，乡村真正活起来，则对于中国地方自治问题的解决，不啻发明了一把锁钥，找着了它的诀窍。”② 所谓“科学技术”就是推广农业科技，如技术、产品改良等。此外，实验区还设有金融流通处开展存款、贷款业务，贷款只给组织起来的合作社，奖励只限于组织起来的农民生产合作社。乡学、村学除了组织生产以外，还要帮助乡村农民改掉求神、拜佛、女孩缠足、男孩早婚等鄙风陋俗。乡村文化建设运动中的农村合作组织机构比较完整，与地方一级行政建制相仿，只是凸显了文化、教育、生产功能，行政管理依然在发挥作用。

作为学者，梁漱溟、晏阳初原本不主张、不愿意将乡村建设运动与政府发生直接联系，只是“从事实上去组织乡村，眼前不与政府的法令抵触末后冀得政府的承认”③。他们认为，“既说社会改造，那就不应当接近政权，依靠政权。”④ 甚至“乡村建设的事，不但不能靠它，并且以它作个引导都不行”⑤，否则，乡村建设将自毁前程。因此，梁漱溟坚持“守定社会运动的立场，绝对不自操政权”，“保持我们与它之间的一定比例平衡”，“只受政府津贴而不受政府干涉”，“与政府合作也不要紧，但不要因为与他合作而失掉了自己”⑥。晏阳秋强调，平教运动不接近政治或介入政权，以保持学术研究和实验运动的独立自由和人格的完善。如果你想有做实验的自由，就不要让政治介入⑦。因而，晏阳初本人在进行县政实验时，始终保持平教会在法律上的独立、精神上的完善、学

① 梁漱溟：《乡村建设论文集》，邹平乡村书店 1936 年版，第 32 页。
② 梁漱溟：《乡村建设论文集》，邹平乡村书店 1936 年版，第 207 页。
③ 《梁漱溟全集》第 2 卷，山东人民出版社 1990 年版，第 393 页。
④ 《梁漱溟全集》第 2 卷，山东人民出版社 1990 年版，第 573 页。
⑤ 梁漱溟：《乡村建设论文集》，济南华文书局 1934 年版，第 75 页。
⑥ 《梁漱溟全集》第 2 卷，山东人民出版社 1990 年版，第 573 – 584 页。
⑦ 《晏阳初全集》第 2 卷，湖南教育出版社 1992 年版，第 625 页。

术研究和实验运动的自由[①]。乡村建设运动力图与政治分割开来，只主张在农村进行非政治的、非经济的文化教育和改良运动，把农村中的文化、教育、卫生、道德、职业等作为改造的对象，杜绝农村中存在的愚、穷、弱、私等弊病，恢复已经“失调”的文化，在农民的职业教育、农业技能、文化教育、思想素质上下工夫，进行“村治”和“县政建设”试验。这些观点、做法更多的只是他们主观上的一种虚妄，客观上最终逃脱不了政治的干系。而且，乡村建设路线首先是就从政治入手，偏向政治问题，接受官僚政府系统的支持和保护[②]。如村治派有冯玉祥的支持，梁漱溟的山东邹平研究院有韩复榘的支持。

乡村建设运动以改良的办法解决中国农村发展的道路问题是不可能的。1938 年，毛泽东在延安与梁漱溟见面时说，乡村建设运动是改良主义运动，它依靠的是现政权，无法发起最广大的农民群众，在半殖民地半封建的中国是注定要失败的。而平教会没有追究中国社会病态的真实原因，晏阳初将定县实验作为中国农村复兴之路而不是看成单一的教育制度实验，这种定位也注定了失败的必然性[③]。吴景超也批评道：“农村运动力量所能达到的农民，在全体农民中，不过九牛之一毛，即使这些农民得救，对于大局还是无补。这一点还不算重要。最重要的，就是这个问题的性质，太过于复杂。牵涉的方面太多，不是几个私人团体所能解决的。”[④] 即乡村建设运动只是依托国民政府和地方实力派进行的，无力也无法解决农村的根本性问题——土地问题，连农民的赋税也无法减轻。梁漱溟曾反省说：“农民为苛捐杂税所苦，而我们不能马上替他减轻负担；农民没有土地，我们不能分给他土地。他所要求的有好多事，需要从政治上解决，而在我们开头下乡工作时，还没有解决政治问题的力量。那么，当然抓不住他的痛痒，就抓不住他的心”。[⑤] 梁漱溟道出了乡

---

① 《晏阳初全集》第 1 卷，湖南教育出版社 1989 年版，第 344 页。

② 孔雪雄：《中国今日之农村运动》，上海中山文化教育馆 1934 年版，第 69 页。

③ 卢汉龙、彭希哲：《二十世纪中国社会科学（社会学卷）》，上海人民出版社 2005 年版，第 116－117 页。

④ 吴景超：《第四种国家的出路》，商务印书馆 1937 年版，第 21－22 页。

⑤ 《梁漱溟全集》第 2 卷，山东人民出版社 1990 年版，第 581 页。

村建设运动失败的根源。梁漱溟自己后来又总结说："高谈社会改造而依附政权"，"号称乡村运动而乡村不动"，"与政府应分而不分"，"与农民应合而合不来"，成为一个"站在政府一边来改造农民，而不是站在农民一边来改造政府的道路"①。

（二）国民政府的农村复兴运动

农村复兴运动以1934年国民政府行政院设立农村复兴委员会所开展的活动为核心，又还包括1927—1937年之间的系列重要的农村发展计划。南京政府一直缺乏对农村基层政权的控制力，而农业又是主要税源，为解决财政危机、发展农村经济，推出了一系列振兴农村经济的计划、法令、规定，实施了些农村改革。如调整省级以下政权；承认由农民组织的农民协会的合法性地位，并颁布《农会法》和《农会法施行细则》进行管理②；推行乡村自治，颁布《县组织法》；推广农业新技术、新基础设施建设、新市场建设，改造农村劳动生产率低、农产品人均产量低、农产品商品率低的状况，"收益实非浅鲜"③；清查土地、限制田赋附加、改革田赋征收办法、颁布《土地法》等多项措施减轻农民税负，如国民政府1933年颁布的《租佃暂行条例》中规定农村土地租率的最高限额为37.5%④；支持乡村建设运动，成立农村复兴委员会，组织农村合作社，颁布《合作社法》；推行金融资本下乡活动，谋求农村经济社会的全面发展等。

南京政府的复兴农村并不解决农民土地问题，反而将已经分了的土地归还给原所有者，如《剿匪区内关于复兴农村之各种条规》规定："农村复兴委员会，处理被匪分散之田地，及其他不动产所引起之纠纷，一律以发还原主，确定其所有权为原则。"⑤ 通过农村复兴运动，南京国

---

① 梁漱溟：《乡村建设理论》（附录），中华书局1935年版，第1－5页。

② 蔡鸿源：《民国法规集成》第41册，安徽黄山书社1999年版，第55页。

③ 中国第二历史档案馆：《中华民国史档案资料汇编（第五辑）》第一编，江苏古籍出版社1994年版，第655页。

④ 郭飞平：《中国全史之中国国民经济史》，人民出版社1994年版，第87页。

⑤ 章有义：《中国近代农业史资料》第3辑，生活·读书·新知三联书店1957年版，第1056页。

民政府向乡村建设运动进行了政治和经济渗透。

农村复兴运动的一个重要内容是办农村合作。孙中山1919年《地方自治开始实行法》曾规划："此后之要事，为地方自治团体所应办者，则农业合作、工业合作、交易合作、银行合作、保险合作等事"[①]。此时蒋介石、陈果夫等人视合作社为解救农村危机的重要手段："农村合作制度，与农村土地处理，如辅车相依，缺一即不能推行……此以合作社为富有弹性之土地分配工具"[②]，"性质虽似温和，而手段仍趋积极，故利用合作社之组织，实避土地革命之惨祸"[③]。国民党规定，"合作社之使命在改革为商品而生产之现象造成为消费而生产之目的"。1931年公布了"农村合作社暂行规程"。1934年又通过了《中华民国合作社法》，对合作社的性质、设立、社员、股金、管理、组织、业务、分配等内容作了具体规定。国民党对合作社还提供了大量的金融支持，以及贷款等，促进了金融资本的下乡运动。

国民党的农村复兴运动主观意图是兴农又防共，一身二任，但是由于国民党对农村的控制力薄弱，又没有触动农村中的封建势力和落后的生产关系，农村复兴运动成为一场空转。

（三）中共的农村革命运动

中国共产党开展的农村革命运动，以土地革命为中心，通过暴力手段推翻农村封建势力，解放农民，改良农业，发展农村社会生产力。这种封建、半封建的生产关系是帝国主义统治中国的社会基础，变革农业生产关系成为推动中国社会发展的前提。为此，中国共产党采取政治革命手段来改造农村，边革命边建设，以革命创造建设的条件，以建设推动革命的发展，消灭封建经济，建立新民主主义的多种经济形式。土地革命是中国共产党在农村中开展革命运动的中心内容。从李大钊到瞿秋白，再到毛泽东，都主张"耕者有其田"的土地改革措施。为解决农民

---

① 《孙中山全集》第2卷，中华书局1982年版，第492页。

② 秦孝仪：《革命文献》第84辑，台北中央文物供应社1980年版，第237页。

③ 蒋介石：《关于剿匪区内农村合作社条例及四种合作社模范章程训令》，《农村合作》第4期，1936年。

的土地问题，中国共产党采取了武装斗争、根据地建设、土地革命三位一体的“割据方式”，走农村包围城市的革命道路。

与乡村建设运动、农村复兴运动一样，中国共产党也在根据地办农村合作社运动。最初是为解决战争环境中由于打仗导致农村缺乏劳动力而设，希望通过合作运动发展农业生产，解决经济困难。[①] 后来发展为根据地广泛推行的一种组织形式，如劳动互助社、耕田队、犁牛合作社、农具合作社、种粮合作社，合作商业有消费合作社、供销合作社，以及铸铁、造纸、石灰、钨砂、煤炭、造船等工业合作社。为保证合作社的顺利进行，苏维埃中央政府 1932 年颁布了《合作社暂行组织条例》。1933 年颁布了《劳动互助社组织纲要》。农村合作社中也设有贷款等金融机构，开展信贷服务，解决农村经济发展的资金困难等问题。成为中国共产党团结农民进行革命活动，摆脱在农村环境中生存危机的政治性组织。这种农村合作社组织在抗战时期进一步为毛泽东所关注，设有专门的管理机构，在政治、经济、文化等各个领域均有合作社性质的组织和团体。国民党的合作社运动、农村复兴运动并没有抓住农民，政府的权力没有深入到农村。而共产党的土地革命最大程度地动员起农民、组织起农民，使农民成为党的权力基础，这才可能进行根据地农村建设。

四、新民主主义工业化道路

“农国论”不免沦为殖民地经济理论，而“工国论”的一个基本预设，就是西方资本主义现代化模式就是中国现代化模式，中国的现代化道路在“法”与“意”均效法西方国家，这又不免沦为一个幻想。“农国论”和“工国论”都不能解决中国的难题，而新民主主义革命的胜利开辟了中国特色的现代化道路。

新民主主义革命为现代化创造条件，在新民主主义革命胜利之际，毛泽东明确提出了“使中国稳步地由农业国转变为工业国”的任务。在社会主义改造即将完成之际，又提出并探讨了“中国工业化的道路”问

① 中共中央党史研究室：《中共中央文件选集》第 4 册，中共中央党校出版社 1991 年版，第 353 页。

题。中国真正开始社会主义现代化建设，是在社会主义改造完成以后。但是，在新民主主义革命过程中，中国共产党采取了一系列有针对性的工业化政策，从理论与实践上为实现社会主义工业化奠定了基础。

依据历史经验，工业化有两条基本道路：一是以血腥的资本原始积累为起点的西欧道路；二是通过农副产品价格的剪刀差实现高积累的东欧（包括苏联）道路[①]。中国的工业化既不能走西欧道路，也不能走东欧道路，而应走一条既不同于西欧又不同于东欧的第三条道路。那么，这条适合中国现代化的工业化路线是什么呢？这就是“发展工业必须和发展农业同时并举”。因此，在提出国家工业化的同时，毛泽东提出了农业现代化问题。在 20 世纪二三十年代的“工国”与“农国”论战中，“第三条道路”曾提出了亦农亦工、农业现代化的工业化建设思路。这种观点在当时并无实施的条件和可能。社会主义改造完成以后实行的农业与工业并举方针的基本思路与“第三条道路”并无太大区别。在“农国”与“工国”论争中，各方并不排斥在中国实行工业化，而是如何实行工业化的问题。战争环境没有给由农业引发工业的积累型工业化方式提供多少空间和可能性。南京政府只在理论上承认“由农入工”的合理性，在具体政策上实行了集中力量兴办军事重工业的路子。

马克思主义者认识到“工厂”在新民主主义社会的基础地位，认识到资本主义“不但有利于资产阶级，同时也有利于无产阶级，或者说更有利于无产阶级”，中国“多了一个外国的帝国主义和一个本国的封建主义，而不是多了一个本国的资本主义，相反地，我们的资本主义是太少了”[②]。在如何处理新民主主义革命与资本主义工业化问题上，中国共产党采取的政策就是，在新民主主义国家制度下，有条件地“保护民族工商业”，让私人资本主义经济在不能操纵国计民生的范围内获得发展的便利，最终使其向社会主义发展。对操纵国计民生的外国资本主义和官僚资本主义采取没收的政策，使其变成社会主义公有制经济。消灭农村

---

① 杨耕：《东方的崛起：关于中国式现代化的哲学反思》，北京师范大学出版社 2009 年版，第 104 页。

② 《毛泽东选集》第 3 卷，人民出版社 1991 年版，第 1060 页。

封建土地所有制，发展农村工业。这就是中国共产党的新民主主义工业化政策和道路。

但无论是“农国论”“工国论”还是马克思主义者都缺乏对实现工业化机制的讨论，这一问题远比要不要工业化复杂得多，也并非简单地对工业和农业的比重和先后次序做出排列。论争者只在宏观上对中国工业化道路的必要性与可能性做出肯定或否定的答复，并没有深入到工业化内部机制方面。因此，论争本身并没有对中国工业化道路发生实质性的作用和影响。

第四章　中国社会性质论争与马克思社会发展理论中国化之初创

“应用马克思主义学说改造中国社会”是马克思主义中国化的鹄的。中国社会性质的确认是一个前提问题，关系到中国革命的性质和中国共产党所领导的土地革命的合法性。围绕“中国社会到底是什么社会?”①论辩各方②进行了详细考辨和激烈争鸣。论题由对鸦片战争以来中国社会

① 1928 年，邓初民在《双十》杂志上提出了“中国社会是一个什么社会”的问题。同年 10 月，陶希圣在《新生命》杂志上也提出“中国社会到底是什么社会”的问题。论辩各方均以此为主题展开讨论。

② 参与这场论战的学者阵容庞大、派别林立。国内学者有新思潮派、新生命派、改组派、读书杂志派、取消派、动力派、新月派、中国农村派、中国经济派、地政学派、农业经济学派、乡村建设派、农村复兴派等。新思潮派包括朱镜我、王学文、吴黎平、潘东周、向省吾、丘旭、张闻天、吕振羽、何干之、翦伯赞、邓拓等人，以朱镜我等创办的《新思潮》月刊而命名，本文将持此相同立场的马克思主义者均归入此派。新生命派代表为陶希圣，成员有周佛海、戴季陶、潘公展、陈邦国、朱伯康、梅思平、梁园东等，他们的文章主要发表在《新生命》杂志上，故称新生命派。国民党改组派以汪精卫为代表。成员有陈公博、顾孟余、陶希圣等。汪精卫于 1927 年武汉分共之后，声称“我们不共产化，更不腐化”，试图恢复 1924 年的国民党改组精神，实现民主政治。1928 年冬成立“中国国民党改组同志会”。读书杂志派以王礼锡为代表，成员有胡秋原等一批持中立立场的学者，以《读书杂志》为阵地，既阐释对中国社会性质的看法，也兼收并蓄，邀请论战各方在上面发表文章。取消派以陈独秀为代表，成员有彭述之、刘仁静、郑超麟等。陈独秀离开中共中央领导岗位后，观点趋向苏共党内的“托派”。中共中央在 1929 年 10 月 15 日的《关于反对党内机会主义者与托洛茨基主义反对派的决议》中认为陈独秀等“走到了极可耻的取消主义”。动力派以严灵峰和任曙为代表。1930 年 7 月 15 日，托派的一个小组织“无产者社”创办《动力》杂志，由神州国光社出版。动力派与取消派的观点和立场一致。新月派以胡适为代表，成员有徐志摩、闻一多、梁实秋等人。1927 年春，胡适等人创办新月书店，次年又创办《新月》月刊，胡适对中国社会性质发表了看法。中国农村派以陈翰笙为代表，成员有钱俊瑞、孙冶方、（转接下页）

性质问题的讨论，追溯到中国古代社会性质与历史分期，并延伸到中国农村社会的情状与性质。这次争鸣是共产国际内部中共“正统派”与“托陈取消派”思想矛盾的表现，是国共两党政治与军事斗争的反映，是国民革命失败后学术研究深入探索的结果。从 1928 年开始到 1930 年，主要进行中国近代社会性质论战。从 1930 年开始到 1934 年，主要进行中国社会史论战。从 1933 年开始到 1937 年，主要进行中国农村社会性质论战。到 1937 年何干之出版《中国社会性质问题论战》和《中国社会史问题论战》（上海生活书店）两本书，标志着持续十年的中国社会性质论战谢幕。这场论战由上海开始，延及平津等地，由中国革命的分歧引出对社会性质的思考，由中国现实问题的讨论转入社会史的梳理，由都市社会性质的研究延伸到农村社会性质的讨论，呈现学术与政治耦合、唯物与唯心交驳的复杂局面。

第一节　中国近代社会性质之争

国民革命失败以后，中国共产党开始反思和总结经验、教训，认识

（接上页②）薛暮桥、王寅生、冯和法等，以《中国农村》杂志为阵地。中国经济派以邓飞黄、王宜昌为代表，成员有张志澄、王景波、王毓铨、韩德章等，以《中国经济》杂志为阵地，与中国农村派观点相对。地政学派以肖铮、李庆麐、唐启宇等为代表，是国民党土地改革的正统派，主张“土地农有，国家监管，买去地主”。农业经济学派以卜凯为代表，主张兴办大农场，采用大机器生产。乡村建设派以梁漱溟、宴阳初为代表，主张通过乡村建设与实验、平民教育的改良途径“振兴农业”。农村复兴派为国民党官方组成人员，主张通过“银行资本下乡”和“农村合作运动”来复兴农村。对中国农村社会性质问题的讨论主要在中国农村派与中国经济派之间进行。这些派别大体分为五类：一是马克思主义者朱镜我、郭沫若、张闻天、吕振羽、中国农村派等；二是具有国民党官方性质的新生命派、改组派、中国经济派、农村复兴运动、地政学派等；三是观点偏于国民党的胡适新月派、乡村建设派等；四是站在马克思主义立场的非马克思主义者托陈取消派、动力派；五是持中立立场的王礼锡等读书杂志派、农业经济学派。国外学者有苏联的马扎亚尔、哥德斯和日本的玉木英夫、相川春喜、伊藤藏平等人。论战自 1928 年开始至 1937 年结束，历时近十年，发表文章 140 余篇，出版书籍 30 余种。无论是从论战规模还是社会影响，从政治立场还是学术初衷来看，这场论战都是中国现代思想史上一次关键而重要的论战。

到分析和研究中国国情对于正确开展中国革命的重大意义。中共六大通过决议，决定接受斯大林、布哈林多数派意见，认为“中国现在的地位是半殖民地”，“现在的中国经济政治制度的确应当规定为半封建制度”[①]。顾孟余首先发难，提出“中国没有封建制度”，陈独秀、陶希圣相继发表反对意见，任曙、严灵峰也参与其间，否认中国存在“半封建制度”。中共组织有关人员对此进行集中批判，论争主要在新思潮派、新生命派、动力派之间展开，讨论主要在两大领域中进行：一是中国都市社会性质，二是中国农村社会性质。

一、中国近代社会定性的分歧

中国近代社会是一个什么样的社会，论争中有三种不同观点：一是资本主义社会；二是半殖民地半封建社会；三是非资本主义非封建主义社会。[②]

新思潮派认为近代中国社会是一个“半殖民地半封建社会”，“资本主义经济，资本家的生产方式，除去沿海大都市或少数地方外，我们在广大的中国土地上，很难看见”[③]，“中国资本主义经济并没有占得大的区域，在中国经济中并没有压倒的优势，并不是代表中国经济的主要特征”[④]，“帝国主义在中国长期剥夺的结果，并没有在中国农村中扩大了新式的生产技术，扩大了资本主义的农庄。而只是增高中国的地租，增

---

① 中央档案馆：《中共中央文件选集》第4册，中共中央党校出版社1992年版，第196页。

② 有论者将论战的观点归纳为以下七种：一是半殖民地半封建社会；二是资本主义社会（商业资本主义或买办资本主义）；三是封建制度已不存在，封建势力尚存在着的封建社会，或前资本主义社会；四是封建思想所支配的初期资本主义社会；五是小资产阶级社会或农村商业社会；六是“亚细亚生产方式”的社会；七是“五鬼”的社会。（刘茂林：《三十年代关于中国国情的一场论争》，《史学集刊》，1984年第4期）。在笔者看来，其中的第二、三、四、五种观点可以归于一种，即资本主义社会。第六、七种可以归结为一种，即非资本主义非封建主义社会。因此，这七种意见可以归结为三种，即半殖民地半封建社会、资本主义社会、非资本主义非封建主义社会。

③ 高军：《中国社会性质问题论战》，人民出版社1984年版，第191、210页。

④ 高军：《中国社会性质问题论战》，人民出版社1984年版，第192页。

高了苛捐杂税，增高了地主阶级对整个农民的束缚。"[①] 因此，"中国是半殖民地的国家，帝国主义在中国经济中握有最高的统治权"，"现在中国农村租佃制度下的剥削关系，是封建式的剥削关系"，"中国经济实在是帝国主义侵略下一个半殖民地的封建经济"[②]。

在中共六大以前，陈独秀、毛泽东、瞿秋白等人的文章以及中共文件、决议中只有过分别表述的"半殖民地""半封建"概念，且未达成共识。尽管蔡和森1926年已有过"中国共产党的政治环境不是资产阶级德漠克拉西尚未成功，而是半殖民地半封建的中国"[③] 的说法，但此时的蔡和森尚未自觉将"半殖民地半封建"表述为近代中国社会性质。最先认为中国是"半殖民地""半封建"社会的是斯大林、布哈林等多数派，这对在莫斯科召开的中共六大产生了极大影响。1929年2月通过的《中央通告第二十八号——农民运动的策略》文件首次提到："六次大会根据中国半殖民地半封建社会经济关系和数年来农民宝贵经验"[④]。1933年5月，历史学家吕振羽在《中国社会形势发展的诸阶段》中说："中国社会的现阶段，便是半殖民地半封建社会。建筑于其上层的诸形态的东西和其下层的基础相适应。"尔后，吕振羽又明确提出"由鸦片战争到现在为半殖民地半封建社会时代"[⑤]。与此提法相近的还有李达的"半殖民的半封建的社会"、苏华的"带有半殖民地性的半封建社会"、张闻天的"半殖民地与半封建的经济"、沈志远的"半殖民地性半封建性经济"、王学文的"半殖民地的封建经济"等。此后，毛泽东在《中国革命战争的战略问题》《中国革命和中国共产党》《新民主主义论》等著作中较多地使用"半殖民地半封建"概念："帝国主义列强侵略中国，在一方面促使中国封建社会解体，促使中国发生了资本主义因素，把一个封建社会变成了一个半封建社会；但是在另一方面，它们又残酷地统治

---

① 潘东周：《中国经济的性质》，《新思潮》第5期，1930年。

② 高军：《中国社会性质问题论战》，人民出版社1984年版，第203、245、195页。

③ 《蔡和森的十二篇文章》，人民出版社1981年版，第10页。

④ 《中共中央文件选集》第5册，中共中央党校出版社1989年版，第13页。

⑤ 江明、桂遵义：《吕振羽史论选集》，上海人民出版社1981年版，第449、457页。

了中国，把一个独立的中国变成了一个半殖民地和殖民地的中国。”[①] 从此，“半殖民地半封建”成为表述近代中国社会性质的通用术语。

改组派、新生命派、取消派、动力派、读书杂志派、中国经济派、苏联党和共产国际少数派认为，中国近代社会以资本主义生产方式为主导，中国已经是一个资本主义社会。陈独秀、陶希圣、苏联党和共产国际少数派认为是“商业资本主义社会”[②]；刘仁静认为是“落后的资本主义社会”或“买办资本主义社会”[③]；孙倬章认为“经济上是资本主义占统治的地位，而政治上又是封建势力占统治的地位”的社会[④]；陈公博、顾孟余认为是“为封建思想所支配的初期资本主义”[⑤]；金如海认为是“次殖民地下落后的资本主义社会”[⑥]。严灵峰、任曙虽未置可否，但倾向于“商业资本主义社会”的观点。还有两种意见较模糊：李季认为是“前资本主义社会”[⑦]；胡秋原认为是“国际帝国主义殖民地化的先资本主义社会”[⑧]。

顾孟余的“为封建思想所支配的初期资本主义”论，认为“封建制度的基础（封建的土地制度），在中国早已消灭”，“中国土地问题的性

---

① 《毛泽东选集》第 2 卷，人民出版社 1991 年版，第 626、630 页。

② 陈独秀：《关于中国革命问题致中共中央信》（1929 年 8 月 5 日），《中共党史教学参考资料（三）》，人民出版社；陶希圣：《中国社会之史的分析》，上海新生命书局 1929 年版，第 30 页。

③ 刘仁静，即镜园，曾在《评两本论中国经济的著作》中批评了“严灵峰和任曙底中国资本主义理论”，“继承新思潮派的理论”（王宜昌：《中国社会史论史》，《读书杂志》第 2、3 期合刊，1932 年）。此后，刘仁静的观点有所变化。1932 年在《读书杂志》第 2、3 期合刊上发表《中国经济的分析及其前途之预测》，批评张闻天的观点，主张中国是资本主义社会。

④ 孙倬章：《中国经济的分析》，《读书杂志》第 1 卷第 4、5 期合刊，1931 年 8 月。

⑤ 公孙愈之：《中国农民问题》，《前进》第 4－6 期，1928 年 7、8 月。

⑥ 金如海：《中国经济问题研究方法略评》，《综合》创刊号，1934 年 5 月。

⑦ 李季：《对于中国社会史论战的贡献与批评》，《读书杂志》第 3 卷第 3、4 期合刊，1933 年 4 月。

⑧ 胡秋原：《略复孙倬章君并论中国社会之性质》，《读书杂志》第 2 卷第 2、3 期合刊，1932 年 3 月。

质，不是封建制度的，而是资本主义的”①。这与托陈取消派一样，认为先秦封建制为郡县制所取代，就等于封建经济关系消除了。刘仁静的“落后的资本主义社会”或“买办资本主义社会”论，只是商业资本主义社会观点的变相说法，其公式是“落后的资本主义就是买办资本主义，买办资本主义就是商业资本主义”②。孙倬章将社会性质做经济与政治的区分不合规范，社会学认为任何社会形态都是经济基础和上层建筑的统一。

第三种观点是“非资本主义非封建主义社会”，如苏联学者马扎亚尔、瓦尔加提出的亚细亚生产方式社会、胡适的“五鬼”社会。③ 马扎亚尔和瓦尔加深受普列汉诺夫地理环境决定论的影响，将亚细亚生产方式看作马克思五种社会形态之外的“特殊”社会形态，既非奴隶社会，也非封建社会，更非资本主义社会，以此附会中国社会性质。马扎亚尔认为中国近代社会是由亚细亚生产方法进入资本主义的过渡期。瓦尔加否认中国社会历史发展按照五种生产方式依次更替，否认中国存在“真正的封建制度”，认为中国尚处在“前资本主义社会”的亚细亚生产方式阶段。米丁批评说：“这一派独立的亚细亚社会形态底发明者底基本错误，在于他们不从基本的生产关系出发，不从阶级关系出发去下生产方式底定义……这等于承认亚细亚国家有特殊的发展道路，否认今日中国这一类国家中有封建关系——跟帝国主义的剥削密切交融这的封建关系——底存在”④。国内学者认为马克思的亚西亚生产方式“不能决定亚洲社会的特征”，“特殊亚细亚生产方法论者将亚洲社会看作一种与奴隶制，封建农奴制，前资本制本质不同的社会，是毫无根据的，反马克思主义的。”⑤ 马扎尔等人的观点在中共六大决议中被否认。

胡适的“五鬼”社会抛开了对社会经济形态的本质认识，只注重表

---

① 公孙愈之：《中国农民问题》，《前进》第4－6期，1928年7、8月。
② 何干之：《中国社会性质问题论战》，上海生活书店1937年版，第116页。
③ 胡适：《我们走哪条路?》，《新月》第2卷第10号，1929年11月。
④ 米丁：《历史唯物论》，沈志远译，生活·读书·新知三联书店1949年版。
⑤ 胡秋原：《亚细亚生产方式与专制主义》，《读书杂志》第2卷第7、8期合刊，1932年。

层的经济现象分析，将中国社会性质简单归于贫穷、疾病、愚昧、贪污、扰乱“五鬼”，并认为“五大仇敌之中，资本主义不在内，因为我们还没有资格谈资本主义。资产阶级也不在内，因为我们至多有几个小富人。哪有资产阶级！封建势力也不在内，因为封建制度早已在二千年前崩坏了。帝国主义也不在内，因为帝国主义不能侵害那五鬼不入之国。帝国主义为什么不能侵害美国和日本？为什么偏爱光顾我们国家?”[①] 胡适的“五鬼”社会论，是将一个一个的社会现象、社会问题综合并抽象为社会性质，与其实验主义的思维方式密切相关。

二、商业资本主义定性的分歧

论争各方对中国近代社会性质认识不同，原因在于对商业资本主义、民族资本主义、帝国主义、封建主义在中国经济社会发展中的地位和作用看法不一。

“商业资本主义社会”论者普遍地将商业资本主义看作是一个高于封建主义的独立社会形态，视为前工业化中国的一种特殊资本主义。中国自秦汉以来2000多年的时间里，商业资本在国家生活中占有重要地位。托洛茨基据此批评布哈林“借口‘封建残余’在中国经济中似乎起主要作用来为机会主义的妥协路线辩护”，“‘封建残余’仍旧不能替如此明显地促进了四月政变的政策作辩护。中国革命具有民族资产阶级的性质，其基本原因在于中国资本主义生产力的发展受阻于中国关税受帝国主义国家的控制。”[②] 陈独秀认为中国的封建势力在商业资本的长期侵蚀和国民革命的“最后打击”下，已“变成残余势力之残余”，中国已经是资本主义社会。陶希圣也认为春秋战国以后“商人资本（包括了商业资本和高利贷资本）的发达”，中国封建制度在公元前五世纪开始崩溃，战国之后的中国是后封建制度时期，是前资本主义社会。依据“商业资本主义社会”论的逻辑，蒋介石南京政府代表资产阶级的政治革命

① 胡适：《我们走哪条路?》，《新月》第2卷第10号，1929年11月。

② 托洛茨基：《中国革命和斯大林的提纲》，《斯大林全集》第9卷，人民出版社1954年版。

已经完成，中国已进入资本主义稳定发展时期，中国革命的原因是中国海关被各帝国主义所把持，取得关税自主权就是中国革命的目的和反帝性质。

新思潮派认为，将“商业”这一在封建社会和资本社会都存在的共同现象作为中国社会的特殊现象进行归纳，是否定物质资料生产方式的决定作用，“封建经济并不否认商业资本的发展”，“商业资本在封建经济形态中，并不能发生什么支配作用，反而是依存于封建的生产关系去发挥其剥削及破坏的机能。所谓‘商业资本独立支配的时代’的这种时代划分，是无意义的”[①]。以交换形式来划分社会经济形态，不属于马克思主义的社会形态理论，它不能代表一种经济制度，不能独立成为一个经济发展的范畴[②]。

三、对民族资本主义、华洋资本关系认识的差异

新生命派、动力派等夸大资本主义经济在中国经济领域中的主导地位和支配作用，认为资本主义经济在中国已“压倒封建经济，而支配全国生活”,[③]“资本主义的生产将要夺去生产的全部领域，封建手工业的生产将要完全消灭”[④]。帝国主义在中国是“绝对地要破坏封建制度的经济基础，要推动中国整个社会向着资本主义道路发展和扩大”[⑤]。严灵峰断言：“否认中国资本主义发展或发展可能性；并且以为帝国主义维护中国封建势力；这是一种马克思主义‘新修正派’的最反动思想的论据。”[⑥]

既然中国已经是一个资本主义社会，而华洋资本同为资本主义经济形式，应当一视同仁对待。严灵峰说：“中国整个国民经济不外就是整个

---

① 《李达文集》第1卷，人民出版社1980年版，第611页。

② 朱伯康：《现代中国经济的剖析》，《中国社会史的论战》第1辑，1931年11月。

③ 任曙：《中国经济研究绪论》，中国问题研究会，1931年1月15日。

④ 高军：《中国社会性质问题论战》，人民出版社1984年版，第452、454页。

⑤ 严灵峰：《中国经济问题研究》序言，上海新生命书局1931年版，第16页。

⑥ 严灵峰：《中国经济问题研究》序言，上海新生命书局1931年版，第9页。

世界资本主义一个单位"，"我们不能在中国经济生活中，把帝国主义在华工厂、企业、矿山、铁路等等推到国民经济系统以外"①。任曙也说："帝国主义和中国资产阶级是分不开的好弟兄"，"绝对不应当随时随地把整个资本主义给他划一个界限，认为这是国货资本主义，那是洋货资本主义"②。任曙和严灵峰看不到帝国主义的侵略本质，看不到帝国主义与封建主义耦合在一起，共同挤压民族资本主义。张闻天指出"帝国主义利用其巨额资本的力量，独占中国的富源，垄断中国的市场，操纵中国的金融，对于中国资本主义经济与以重大的压迫"，"交通的不便，国内关税的存在，苛捐杂税地重征，军阀混战的继起，国家的不统一和秩序的不安定，都是阻止资本主义的生产力进步，妨碍资本家的商品流通的条件"③。吕振羽认为官僚资本也"不能脱离其为外国资本主义的从属的地位，微弱的产业资本想脱离外国资本的支配，自己独立起来，不过是一个幻影罢了"，中国民族资本主义"对内不能积极的或单独的去反对不满意的政治与统治，反依附于其统治之下而受其支配；对外不能积极的抵抗外国资本主义的侵略，反依附于其势力之下而自为附庸"，其发展前途"无望"④。孙冶方指出国际财政资本"在殖民地半殖民地享受种种特权，有不平等条约、租界、治外法权等作为依靠，所以成为一种超然势力。许多落后的社会政治关系，可以成为民族资本工业发展底桎梏，但并不能拘束外资工业的行动。……所以，外资工业之发展非但不急于要求取消这些前资本主义关系底残余和封建割据的局面，而且很愿意维持这些关系以打击自己底竞争者——民族工业"⑤。

美国学者斯塔夫里亚诺斯也客观地指出："在 1920 年，外国人已经控制了 99% 的用现代方法生产的铁矿砂和生铁，76% 的煤，93% 的铁路，83% 的经山海关出港的轮船吨位。已有的现代工业都是属于消费一类的

① 严灵峰：《中国是资本主义的经济，还是封建制度的经济?》，
② 任曙：《中国经济研究绪论》，中国问题研究会，1931 年 1 月。
③ 高军：《中国社会性质问题论战》，人民出版社 1984 年版，第 194 页。
④ 江明，桂遵义：《吕振羽史论选集》，上海人民出版社 1981 年版。第 10、14 页。
⑤ 孙冶方：《财政资本底统治与前资本主义的生产关系》，《孙冶方全集》第 1 卷，山西经济出版社 1998 年版。

（纺织业、食品加工业、烟草工业等），而所有这些工业以及铁路差不多都靠近沿海地区。主要是满足西方的经济需要，而不是满足中国经济全面发展的需要。”①

四、对中国封建主义认识的差异

新生命派、托派、动力派、改组派认为：中国的封建主义已经成为“残余”或已经被“消灭”，农村没有封建地主阶级，农村生产方式已经资本主义化，农村中的地主和农民之间的关系已与城市中的工人与资本家之间的关系一样。陈独秀认为：“中国的封建残余，经过了商业资本长期的侵蚀，自国际资本主义侵入中国以后，资本主义的矛盾形态伸入了农村，整个的农民社会之经济构造，都为商品经济所支配，已显然不能够以农村经济支配城市，封建阶级和资产阶级经济利益之根本矛盾，如领主农奴制，实质上已久不存在”②。国民革命已经由资产阶级在政治、经济上取得了胜利，帝国主义已做出让步，中国革命的主要任务不是反帝国主义、封建主义，而是“为召集国民会议而奋斗”③。陶希圣认为中国的封建制度已不存在，但封建势力还存在，是士大夫阶级，“表现于政治则为官僚政治。对战斗团体的依赖性及对生产庶民的抑制性是官僚政治的特征。表现于社会上人与人的关系则为隶属关系。表现于思想则为等级思想。这种社会实具有封建社会的重要象征。工商业资本主义在这种势力桎梏之下，没有发达的可能。这种势力只有叫做封建势力”④。严灵峰认为农村地主已经变成“资本主义化的地主或地主化的资本家”，“占有大部分土地的只是城市和乡村的资产阶级”⑤，农民“在地租的形

---

① （美）斯塔夫里亚诺斯：《全球分裂：第三世界的历史进程》，商务印书馆1993年版，第333页。

② 陈独秀：《关于中国革命问题致中共中央信》（1929年8月5日），《中共党史教学参考资料（三）》，人民出版社。

③ 陈独秀：《告全党同志书》，中国人民解放军政治学院党史教研室：《中共党史教学参考资料（五）》，第378－386页。

④ 陶希圣：《中国社会之史的分析》，辽宁教育出版社1998年版，第25页。

⑤ 严灵峰：《再论中国经济问题》，《动力》第1卷第2期，1930年。

式之下交给地主以近代资本主义社会最流行而时髦的商品——生产物或货币"[①]。王宜昌说农村土地的租佃关系由"口头约定的契约"向"文书的契约"转变，表明农民从与地主的隶属关系中解放出来了，"佃农对地主大多数是自由独立的人了"[②]。以上观点错在仅以商品经济判定资本主义，唯以领主农奴制和君主制判定封建社会。

斯大林指出中国正在进行的土地革命是资产阶级民主革命的基础和内容，不仅反对封建残余，同时也反对帝国主义。新思潮派认为封建主义"残余论"和"消灭论"错在将商品经济等同资本主义，将自然经济等同封建主义，"离开剥削关系与阶级关系，就没有法子了解这一社会的经济性质"，雇佣劳动中农民所受的商业资本、高利贷剥削与高额封建地租具有同样的封建剥削性质，即使农民田租的一部分由自然品转为货币，"这对于剥削的本质，并没有任何改变"[③]。仅根据土地可以自由买卖和自由租佃是不能断定中国的土地关系是资本主义性质，中国社会的多数农民失业、地租苛重、工资微薄、游民兵匪普遍存在，表明农村资本主义的发展正遭遇着严重的阻碍[④]。

中国社会性质论战，归根结底是要不要对中国社会进行改造，以及如何改造的问题。定性中国是一个半殖民地半封建国家，则中国民族民主革命尚未完成，需要继续革命而不是取消革命。这场论战并非经济社会学的纯学术讨论，而是事关当前政局的政治论战，中国近代社会的性质直接关乎中国共产党领导农村土地革命的合法性。

第二节　中国古代社会性质与历史分期之争

对中国古代社会性质与分期的论争是中国社会性质论争的继续和深

① 高军：《中国社会性质问题论战》，人民出版社 1984 年版，第 482 页。

② 王宜昌：《从农业来看中国农村经济》，《中国经济》第 3 卷第 2 期，1935 年。

③ 刘梦云：《中国经济之性质问题的研究》，《读书杂志》第 1 卷第 4、5 期合刊，1931 年。

④ 薛暮桥：《中国农村社会底性质》，蔡尚思、朱维铮：《中国现代思想史资料简编》第 3 卷，浙江人民出版社 1982 年版，第 831－833 页。

化，关系到马克思的社会形态理论是否适用于中国社会，是否具有普遍性的问题。郭沫若的《中国古代社会研究》首开以马克思的唯物史观为指导研究中国历史的先河，他说："本书的性质可以说是恩格斯的《家庭、私有制和国家的起源》的续篇"，"研究的方法便是以他为向导，而于他所知道了的美洲的印第安人、欧洲的古代希腊、罗马之外，提供出来了他未曾提及一字的中国的古代。"由此掀起了中国社会史论战。论战各方围绕中国有无奴隶制、亚细亚生产方式、鸦片战争以前的社会性质等问题展开。在论战中，马克思主义史学家们更多地寻求中国历史与西欧历史的"同"，以肯定马克思主义理论的普遍意义，实现马克思主义与中国历史的对接。反对者则努力寻求中国历史与西欧历史的"异"，突出中国社会的特殊性，以此拒斥马克思的社会发展理论。

一、中国有无奴隶社会

中国历史上是否存在奴隶社会，奴隶社会存在于中国历史上的什么时期？郭沫若提出西周奴隶社会论，吕振羽主张殷周奴隶社会论，翦伯赞、邓拓、吴泽赞成殷代奴隶社会论。

新生命派、动力派的绝大多数学者否认奴隶社会是一个独立的社会形态和中国社会的必定经过。王伯平说："奴隶在社会上成为一个严重现象乃是封建社会中才有可能。奴隶制度不能列作一个社会进化的独立阶段，可是郭沫若就犯了这个错误"[①]。陶希圣提出"三阶段一过渡论"：夏、商为原始部落，周代为封建社会，秦汉至清为商业资本主义（过渡社会），鸦片战争后为资本主义社会。后来，陶希圣也肯定中国存在"奴隶经济"时期，"中国社会发达过程与欧洲大同小异。由氏族的生产到家长经济、奴隶经济、封建的生产、城市手工业即先资本主义。"[②] 李季提出"五阶段论"：夏以前为原始社会，夏商为（独特的）亚细亚社

---

① 王伯平：《中国古代社会研究之发轫》，《读书杂志》第 2 卷第 7、8 期合刊，1932 年。

② 陶希圣：《中国社会到底是什么社会?》，《新生命》第 1 卷第 10 号，1928 年；《中国社会形式发达过程的新估定》，《读书杂志》第 2 卷第 7、8 期合刊，1932 年。

会，周代为封建社会，秦至清为前资本主义社会，鸦片战争后为资本主义社会[①]。胡秋原也提出“五阶段论”：传说中的先史时代为原始共产主义社会，商代为氏族社会，周代为封建社会，春秋至清为先资本主义社会，鸦片战争后为资本主义社会[②]。

二、亚细亚生产方式

中国马克思主义者坚持苏联和共产国际多数派观点，否认中国存在过亚细亚生产方式阶段。中共六大通过的《土地问题决议案》指出：“如果因为现代中国社会经济制度，以及农村经济，完全是从亚洲式生产方法进于资本主义之过渡的制度，那是错误的。亚洲式的生产方法底最主要的特点是：（1）没有土地私有制度。（2）国家指导巨大的社会工程之建设（尤其是水利河道），这是形成集权的中央政府统治一般小生产者的组织（家族公产社或农村公产社）之物质的基础。（3）公社制度之巩固地存在（这种制度根据于工业与农业经过家庭而相结合的现象。这些条件，尤其是第一个条件，是和中国的实际情形相反的）。”[③]

但国内的论争并未因此而停止，相反形成高潮，有的认为亚西亚生产方式是与奴隶制一体的社会，如吕振羽、侯外庐；有的认为它是原始共产社会，如郭沫若；有的认为它不是东方国家的专利，如胡秋原、王礼锡；有的认为它是与奴隶制度平行的社会，如李季。这种争论到新中国也没有停止，到新时期研究更为深入，发展到对社会形态理论进行反思，然而并未达成公服的权威意见。

李达、郭沫若、吕振羽强调亚细亚生产方式在人类社会发展中的普遍意义。李达认为马克思的“亚细亚生产方式”是无阶级的原始社会时期。郭沫若将“亚细亚生产方式”看做是奴隶社会的一个发展阶段，认为马克思“所说的‘亚细亚的’，是指古代的原始共产社会”，中国“大

---

① 李季：《中国社会史论战批判》，神州国光社 1934 年版。

② 胡秋原：《略覆孙倬章并略论中国社会之性质》，《中国社会史的论战》第 2 辑，1932 年。

③ 《中共中央文件选集》第 4 册，中共中央党校出版社 1989 年版，第 337 页。

抵在西周以前，就是所谓‘亚细亚的’原始共产社会，西周是与希腊罗马的奴隶制时代相当”①。后来又解释说：“马克思所说的‘亚细亚生产方式’，或‘东方的社会’实等于家长制，或‘氏族财产形态’，而‘古代的生产方式’便明确地指示着希腊罗马的奴隶制。”② 吕振羽认为，“马克思所说的亚细亚生产方式，不外是东方国家的奴隶制度。所谓亚细亚生产方式，即希腊、罗马而外之其他国家的奴隶制阶段的社会”，商殷时代“是奴隶社会，同时又具有马克思所指示之亚细亚生产方式主要诸特征。”③

杜畏之、李季等强调亚细亚生产方式的特殊性。杜畏之以此否认人类历史发展具有普遍规律性。李季则以此否定中国存在奴隶社会。杜畏之批评郭沫若是“机械地固执了一种死的成见方式”，“氏族社会解体之后，不一定产生东方社会，也不一定产生古代社会，在他们社会上亦有建立封建社会的可能——这要看氏族社会之内部发展与氏族间的关系如何而定。氏族社会可以生育一个亚细亚社会，如在古代的近东；亦可生育一个封建社会，如在纪元前十二、十三世纪之中国；还可以生育一个特殊的社会组织，如南美洲印加帝国下的社会系统”。“中国没有划然的奴隶社会一阶段，更无东方社会一阶段。在氏族的丘墟产生了封建社会到资本主义之过渡，这里面有封建关系，有奴隶劳动，有资本主义关系。”④

李季认为亚细亚生产方式是我国原始氏族社会瓦解后产生的、与古希腊罗马奴隶社会并列、先于封建社会的一种独立的社会经济形态，时间大体在盘庚迁殷至殷末，后来又提前到夏代，并指出，“有了这个步骤（即亚细亚生产方式——引者注），西周的封建制度才不嫌突如其来。”⑤

---

① 郭沫若：《〈诗〉〈书〉时代的水变革与其思想上的反映》，《郭沫若全集·历史编一》，人民出版社 1982 年版。

② 郭沫若：《社会发展阶段之再认识》，《文物》第 1 卷第 2 期，1936 年 7 月。

③ 吕振羽：《中国社会史诸问题》，华东人民出版社 1954 年版，第 81、42 页。

④ 杜畏之：《古代中国研究批判》，《读书杂志》第 2 卷第 2、3 期合刊，1932 年。

⑤ 李季：《对于中国社会史论战的贡献与批评》，《中国社会史的论战》第 2 辑，1932 年。

胡秋原、王礼锡反对马扎尔、瓦尔加将亚细亚生产方式看做是中国古代社会中取代封建社会的一个特殊阶段，否认亚细亚生产方式是东方社会的特殊形态。“亚细亚生产方式”是与农村公社结合的小农业与家庭工业之统一的“专制主义的农奴制”[①]，马克思所说的东方专制政治是“当作以封建生产关系为基础的特殊政治形态来观察的”[②]。马扎尔学派将亚细亚生成方式附会为中国古代社会的特殊阶段，亚洲和欧洲没有两样，水利和土地国有只是两种上层建筑的形式，不能成为亚洲社会的专利品[③]。

三、鸦片战争前中国社会性质

对秦汉至鸦片战争之间社会性质的界定是中国社会史论战的焦点，它直接联系着中国近代社会。论战中有三种观点：一是商业资本主义社会；二是专制主义社会；三是封建社会。

苏联学者拉狄克、波格丹诺夫，以及国内学者陈独秀、陶希圣、梅思平等认为，鸦片战争以前的中国是商业资本主义社会。拉狄克说：“中国商业资本主义已有几千年的发展，历史上的封建主义完全没有了”，“中国无所谓封建势力，只有商业资本家。”[④] 陶希圣认为是“含有封建要素的前资本主义社会”，[⑤] 后来陶希圣修正了自己的观点，认为宋以后至鸦片战争是封建制度分解期，亦即“城市手工业及商业资本主义社会”。梅思平认为秦的统一，是“商业资本阶级的政治成绩”，秦汉以后的官僚政治都离不开商业资本，是一种“寄生于商业资本阶级的官僚阶

---

① 胡秋原：《亚细亚生产方式与专制主义》，《读书杂志》第2卷第7、8期合刊，1932年。

② 胡秋原：《略论孙倬君并略论中国社会之性质》，《中国社会史论战》第2辑，1932年。

③ 王礼锡：《中国社会形态发展中之谜的时代》，《读书杂志》第2卷第7、8期合刊，1932年。

④ 周子东等：《30年代中国社会性质论战》，上海知识出版社1987年版，第59－60页。

⑤ 陶希圣：《中国封建社会史》引言，上海南强书局1929年版。

级”而已①。

李麦麦、胡秋原等认为，鸦片战争以前的社会是“专制主义社会”。这种专制主义社会介于封建主义与资本主义之间，是以商业资本为基础的、起着由封建制到近代资产阶级民主制桥梁作用的君主专制社会。封建政权与商业资本融合，维持封建势力与商人势力均衡。② 马克思主义史家批评说：“‘专制主义’不是一个相续于封建制度的政治体制，而正是作为封建制度的柱石的地主阶层所要求的一种变态的封建的政治体制。”③

马克思主义史家认为鸦片战争以前的中国是完整的封建社会。郭沫若主张周室东迁、“由王而伯”开始“直到最近百年，中国尽管在改朝换代，但是生产的方法没有发生过变革，所以社会的组织依然是旧态依然，沉滞了差不多将近二千年的光景”，认为“中国封建社会在秦时就崩溃”的说法“简直是不可救药的错误。”④ 吕振羽、翦伯赞等主张西周封建论。西周是“封建制历史行程的发发轫”，周克殷后，周人一方面把原来的奴隶解放，一方面把原来的农村公社和氏族部落转化为封建庄园，把原来土地上的居民转化为农奴。周代为中国史的初期封建社会时代，由秦到鸦片战争前为专制主义的封建社会时代，由鸦片战争到现在为半殖民地半封建社会时代。⑤

在中国社会史论战中，对中国有无奴隶制、亚细亚生产方式的讨论是关于世界历史与中国历史的关系、马克思的社会形态理论的普遍性和中国社会历史特殊性的关系；对鸦片战争以前中国社会性质的讨论是关于中国历史发展的规律性问题。整个论战中，政治讨论重于学术研究，政治讨论中含有一定的学术高度，因而构成了中国整个政治斗争的一个

---

① 梅思平：《中国社会发展的概略》，《新生命》第1卷第11号，1928年。

② 李麦麦：《封建制度的崩溃与君主专制制度的完成》，《读书杂志》第1卷第11、12期合刊，1932年。胡秋原：《略覆孙倬章君并略论中国社会之性质》，《中国社会史的论战》第2辑，1932年。

③ 钟离蒙，杨凤麟：《中国现代哲学史资料汇编》第2辑第4册，第172页。

④ 郭沫若：《中国古代社会研究》导论，上海联合书店1930年版。

⑤ 江明，桂遵义：《吕振羽史论选集》，上海人民出版社1981年版，第457页。

重要组成部分，这次论战所提出的每一个重要观点，都反映着一定的阶级和政治集团对中国问题的看法。

第三节　中国社会性质论战对马克思主义中国化的影响

毛泽东指出："认清中国社会的性质，就是说，认清中国的国情，乃是认清一切革命问题的基本的根据。"① "半殖民地半封建社会"，是中国马克思主义者对近代中国社会性质的完整概括。从马克思主义中国化视角看，这场论战在深入传播马克思主义理论、确立马克思主义中国化的国情依据、建立中国马克思主义史学新学科、探索中国革命新道路、创立中国现代学术研究基本范式等方面产生了重要影响。

一、扩展马克思主义的学术及社会影响

中国社会性质论战期间是马克思主义理论在中国传播的第二个高峰。"中国向何处去"的客观情势、苏联社会主义经济建设成就与西方资本主义国家经济萧条与社会危机的正反对比、国民党内部的权力争夺、中国共产党领导的农村革命运动的兴起，以及五四运动以来的马克思主义理论介绍与宣传等诸多因素，为深入传播马克思主义提供了理论研究与实践运动的契机。

论争各方都试图运用马克思主义理论来阐解中国的历史和现实，因此，马克思的唯物史观、唯物辩证法、社会形态理论为论争各方所重视。唯物史观一时间成为时尚，它从初入中国时的一般理论研究，成为不同政治倾向的所有学者分析研究中国历史文化领域和社会实际问题的理论模式，是唯物史观基本原理在中国社会的一次广泛、切实的运用。论争各方都不同程度地将其作为自己的研究方法，纷纷宣称自己是用马克思主义理论方法作研究. 参加论战的王宜昌说："1927 年以来，人们都利用着历史的唯物论研究所得的结论作为根本的指导原理，而将中国史实嵌进去。……各种杂志如'新生命'、'思想'、'新思潮'等中，多是依

① 《毛泽东选集》第 2 卷，人民出版社 1991 年版，第 633 页。

据历史的唯物论这根本的指导原理来的。"[①] 王礼锡甚至将这场论战看作"以中国实际为对象，以唯物辩证法为武器的唯物论内部之争"。[②] 马克思的社会形态理论在中国社会史论战中被广为引用和争鸣，这缘于郭沫若首次将其用于中国古代史的研究，提出了中国社会历史发展"五阶段论"，为中国社会史论战树立了标杆。无论是赞成还是反对，是批判还是维护，绝大多数论战者均以郭沫若的观点为基础来阐述自己的观点。

二、确立马克思主义的国情分析模式

论战中各方以中国社会性质为主题，由现实返溯历史、由城市深入农村，由学术转入政治，探讨资本主义、帝国主义、封建主义在中国经济社会发展中的地位、作用及其相互关系时，均以马克思主义社会形态理论来支持或反对马克思主义在中国的适用性。

新生命派、动力派、改组派等夸大中国国情的特殊性，认为中国经济社会发展具有与西方国家不同的特点、状况和趋势，否认马克思主义适合中国国情。他们认为中国已经是一个资本主义社会，南京政府已经代表中国资产阶级取得了统治地位，马克思主义的社会革命理论在中国没有现实依据，中国共产党所主张的资产阶级民主革命不具有任何合法性。在中国国情问题上，陶希圣、胡秋原、金如海等人注意到中国近代社会的"殖民地""半殖民地"问题，陶希圣曾说："自 1840 年以后，中国的先资本主义社会走向半殖民地的路。……它受世界资本主义的支配，而封建关系不能肃清，反与资本主义的成分相结合。这样一个社会形式应叫什么名称？它以半殖民的地位向资本主义转变。"[③] 陶希圣以否定中国"半封建"来立论，胡秋原、金如海直接将"殖民地""次殖民地"做"资本主义"的修饰词使用。胡秋原后来承认，这场论战是"反对封建社会论""与第三国际和中共对立"，目的在于"非共和反共"。

---

① 王宜昌：《中国社会史短论》，《读书杂志》第 1 卷第 4、5 期合刊，1931 年 8 月。

② 王礼锡：《中国社会史论战序幕》，《读书杂志》第 1 卷第 4、5 期合刊，1931 年 8 月。

③ 陶希圣：《中国社会之史的分析》绪论，台北食货出版社 1977 年版。

新思潮派从最一般的意义上把握马克思主义的历史和社会形态理论，把握中西经济社会发展所具有的共同特点、状况、趋势，肯定马克思主义理论适用于分析中国历史和现实，确立了马克思主义中国化的国情依据。从中国近代社会的半殖民地半封建社会性质出发，马克思主义者充分肯定开展农村土地革命运动、建立中华苏维埃工农政权的合法性、必要性，为中国共产党制定正确的革命路线、政策、策略提供了理论依据。

三、建立中国马克思主义史学新学科

中国马克思主义史学的形成和发展是这场论战的最重要理论成果。早在五四时期，中国马克思主义史学已露端倪，李大钊提出变革思维方式，以唯物史观为指导来改作旧历史，“创造一种世界的平民的新历史”① 的希望和要求。真正意义上的中国马克思主义史学学科是在这场论战中初步建立起来的。

一是诞生了一批中国马克思主义史学家，如郭沫若、吕振羽、翦伯赞、邓拓、吴泽等，出版了一些标志性的马克思主义史学著作。这是中国马克思主义史学学科建立的主体条件。1930 年，郭沫若出版了《中国古代社会研究》，这是“最早尝试把马克思主义理论与中国的历史实际相结合、用唯物史观来指导历史研究的开山之作，在中国马克思主义史学发展过程中具有划时代的意义，标志着中国马克思主义史学的真正建立”②。一直对郭沫若持批评态度的李麦麦也称之为“近几年来中国出版界中最时髦、最出风头的一本著作”③。在史学上地位仅次于郭沫若的吕振羽撰写了《史前期中国社会研究》《殷周时代的中国社会》等著作，形成了独特的古史发展观。此外，翦伯赞撰写了《殷代奴隶社会研究之批判》《关于“亚细亚的生产方法”问题》《“商业资本主义社会问题”之清算》等文章；邓拓撰写了《中国社会经济长期停滞的考察》《论中

---

① 《李大钊文集》下卷，人民出版社 1984 年版，第 365 页。

② 陈其泰：《中国马克思主义史学的理论成就》，国家图书馆出版社 2008 年版，第 81 页。

③ 李麦麦：《评郭沫若〈中国古代社会研究〉》，《读书杂志》第 1 卷第 6 期，1931 年 9 月。

国经济发展史中的奴隶制问题》《中国封建制停滞的历史根源》等文章；吴泽撰写了《殷代经济研究》《奴隶制社会论战总批判》等文章，从不同角度对中国历史进行研究，打破了近代资产阶级学者在史学研究领域的垄断局面。

二是初步形成了中国马克思主义史学理论。这是建立中国马克思主义史学的“软件”。中国马克思主义史学理论体系主要是建立在郭沫若、吕振羽二人的中国社会史研究基础上。郭沫若在《中国古代史研究》中提出中国社会历史发展“五阶段论”，这是马克思主义与中国历史文化实际相结合的首创性理论。董作宾认为郭沫若“把《诗》、《书》、《易》里面的纸上史料，把甲骨卜辞、周金文里面的地下材料，熔冶于一炉，制造出来一个唯物史观的中国古代文化体系”①。吕振羽稍后也提出了“五阶段论”，在具体的阶段划分上比郭沫若更进一步，尤其是在史前期的历史研究问题上，“把文献记载的神话传说与新出土的考古文物结合起来，把历史学和民族学的理论方法结合起来，从而整理出一个体现了唯物史观的中国原始社会史的体系来”②。在研究对象上，这场论战除了开展中国古史分期研究、中国近代史研究外，还开辟许多新的研究领域，如侯外庐的中国思想史研究、范文澜的中国通史研究、吕振羽的中国政治思想史研究、翦伯赞的历史哲学研究，以及经济史研究等分支领域，使中国马克思主义史学研究领域呈现多层次、宽领域的研究局面。

三是初步确立了马克思主义史学研究方法。一门学科之所以成立，研究方法不可或缺。唯物史观在论战中被确立为中国历史研究的根本方法，形成了从生产力、经济基础、社会存在等客观物质条件出发去把握人类社会历史发展进程和中国历史发展基本脉络的研究思路。吕振羽深感离开生产力、经济基础范畴的历史研究，会“陷入迷途”和出现“十分无力的窘状”，“只有从社会自身之本质的最基础的东西方面去把握，则建筑于其上层的种种东西及一切现象，才能正确的被我们认识，因为

---

① 董作宾：《董作宾先生全集·乙编》（第三册），台湾艺文印书馆1977年版，第329页。

② 林甘泉：《吕振羽与中国社会经济形态研究》，《史学史研究》2000年第4期。

一切上层建筑，对于其本身都是不能说明的。”① 中国马克思主义史学被称为“唯物史观学派”，以与实证主义史学派、相对主义史学派相区别。其次是主观与客观、理论与材料、一般与特殊相统一的方法。这与考据学派以“纯客观”立场分析材料的做法有所不同，马克思主义史学家主张以理论指导对历史材料的研究。郭沫若说：“我们所要的是材料，不要别人已经穿旧了的衣裳”，占有详尽的材料，还要加以马克思主义的研究方法，才能跳出“‘国学’的范围，然后才能认清所谓国学的真相。”② 最后是运用世界眼光，将中国社会史研究放在整个人类历史研究的大背景下来把握，使史学研究具有宽广的世界历史视野。

四、论证中国革命新道路合法性

中国社会性质论战与中国共产党在农村探索革命新道路的实践相伴相随，从理论上论证了走农村包围城市、武装夺取政权革命新道路的合法性，推动了苏区土地革命的深入发展。一是明确了中国革命的重心是农村。在论战中，张闻天、钱俊瑞、薛暮桥等分析了农村生产力、生产关系及二者之间的相互关系，指出农村中大量存在的是封建土地占有关系和以其为基础的封建剥削关系，它们在中国经济社会发展中占主要地位和起支配作用。农村是帝国主义和封建主义依存的最坚固堡垒。陈翰笙在广东等地农村调查后指出：“凡是研究过中国情况的经济学家和历史学家，几乎都在那里发现了大量的封建残余，但是只有极少数学者没有忽视中国的政治经济中那种复杂的殖民地性质，这种殖民地性质实际上比其他任何因素更加有助于加强目前封建关系的韧性，甚至强度。——中国农民不但在受封建主义之害，而且也在受资本主义之害，不但正在受中国生产不足之害，也在受国外生产过剩之害。”③ 这场论战，从理论上回答了“城市中心论”者的诘难，批判了否定农村革命运动合法性的

---

① 江明，桂遵义：《吕振羽史论选集》，上海人民出版社 1981 年版，第 35 页。

② 郭沫若：《郭沫若全集（历史编一）》，人民出版社 1982 年版，第 8 页。

③ 陈翰笙：《解放前的地主与农民—华南农村危机的研究（引言）》，中国社会科学出版社 1984 年版。

观点。

二是佐证了土地问题是中国革命中心问题的结论。李培林说这场论战对中国农村出路的探讨实际上是从改良和革命两大视角，沿着四条路径提出来的。从改良的视角有生产要素路径和传统文化路径，从革命的视角有农业生产技术与农村商品经济发展路径和发展农村生产力和工业相结合的路径①。论战中，“中国农村派”既要批判“定县主义”和“村治派”的改良路线，也要反对“中国经济派”取消改造农村生产关系的主张，他们认为只有“资本分配问题才是重要的，土地分配问题在一九二七年大革命以后便过去了”②。“中国经济派”否认农村中存在封建剥削、存在地主与农民的阶级对立事实，认为经过1927年国民革命农村已经资本主义化。“中国农村派”通过大量的社会调查进行反驳，薛暮桥运用阶级分析方法、实证方法揭示了中国农村存在占有大量土地的少数地主与大量无地少地的“饥饿佃农”，资本主义的矛盾没有成为中国农村支配形态，榨取剩余生产物的基础还是地主土地所有制，多数农民仍然既不能成为像“飞鸟一样自由”的无产阶级，又无充分土地保障自己生活③。陈翰笙根据农村土地关系和雇佣关系，将农村居民划分为地主、富农、中农、贫农、雇农五类，与中国共产党对农村阶级关系的划分方式基本一致。“中国农村派”的农村调查和学术研究与中国共产党人毛泽东等的调查研究如出一辙，共同反映了农村中地主土地所有制及阶级分化严重的事实。因此解决土地问题是革命中心任务。

五、初创中国现代学术研究基本范式

中国现代学术研究基本范式是以马克思主义为指导的学术研究，其萌发于李大钊首倡以唯物史观改造旧史学，初创于中国社会性质论战当中，并在平行的哲学史论战，及接下来的新启蒙运动、“学术中国化”

---

① 李培林等：《20世纪的中国：学术与社会》（社会学卷），山东人民出版社2001年版，第183－184页。

② 何干之：《中国农村社会性质论战》，上海新知书店1936年版，第103页。

③ 薛暮桥：《中国农村生产关系的检讨》，《中国农村》第1卷第5期，1935年。

运动中得到强力推进，应用范围由史学拓展到哲学、经济学、文学、政治学、社会学等人文社会科学领域，乃至自然科学领域。

一是唯物史观被作为学术研究的元理论与元方法。从20世纪20年代末到30年代中期，唯物史观由五四前后的涓涓细流变为“像怒潮一样奔腾而入”①。无论是马克思主义者还是反对者，均“将生产方式看作是划分社会发展阶段的利刃”②，“以唯物史观的观点对于中国过去的文化加以清算。”③ 吕振羽强调“史的唯物辩证法”是解剖人类社会的唯一武器。陶希圣也说观察中国社会必须要坚持历史的观点、社会的观点、唯物的观点三个原则④。唯物史观之所以被看作“唯一”或“科学”的研究理论和方法，是因为它气势宏大，完全突破了以前中国和西方传统史学的视野，以经济基础、生产力与生产关系相互作用为分析社会形态与揭示历史发展规律的全新方法，具有自然科学理论范式一样强大的科学魅力。

二是重社会经济现象分析成为学术研究的基本思路。强调经济基础的决定性作用，各派学人无不从经济基础出发去判别社会发展的规律、特点、过程。有学者说论争者无不知要“解答中国社会问题，非先解决中国经济问题不可；要想明了中国社会史，非先得明了中国经济史不可。”⑤ 各方均注意对中国历史和社会中的经济史料进行收集、应用和解释。如：郭沫若、吕振羽、陶希圣等引用了《诗经》、《尚书》和二十四史等史学著作中的大量经济性史料文献，张闻天、任曙、严灵峰等多次使用海关册、轮船、钱庄、丝厂的经济性数据资料。在中国社会史论战进入尾声之际，陶希圣创办了《食货》杂志，专门进行中国经济史研究，毋宁说他也受到唯物史观经济决定论的极大影响。

三是阶级分析方法成为学术研究的重要方法，论战中的一个有趣的

---

① 吕思勉，童书业：《古史辨》第7册上，上海古籍出版社1981年版，第64页。

② 丘旭：《中国的社会到底是什么社会？——陶希圣错误意见之批评》，《新思潮》第4期，1930年。

③ 齐思和：《近百年来中国史学的发展》，《燕京社会科学》第10期，1949年。

④ 陶希圣：《中国社会与中国革命》，上海新生命书局1929年版，第1－4页。

⑤ 郭湛波：《近五十年中国思想史》，山东人民出版社1997年版，第180页。

现象是各方均运用阶级分析方法，即使是反对阶级斗争理论的国民党学者也不例外。史家认为这场论战其无情的批判音调，比起科玄论战中朋友间温情脉脉的讨论简直换了人间，变成一场你死我活的阶级搏斗。这场学术论争具有尖锐的政治性质和政治内容，显示着极其强烈的党性，学术讨论的现实目的性（政治）异常明确。这种收获不仅是学术的，而且同时是意识形态性的。[①] 王礼锡说："各各为要辩护自己阶级的前途，便对于中国社会加以不同的分析。所以，这一个战斗的后台指挥者，是存在于现在中国社会的各阶级。"[②]

中国社会性质论战既在世界视野和阶级话语下建构起宏大叙事，又在唯物史观路径下寻求一种"科学"的历史观和社会性质的判定。论战所取得的最具现实性的理论成果，就是确定近代中国社会性质为半殖民地半封建社会。何干之举证说："现在试任意执住一些肯和实际问题接近的青年，问他中国是一个什么社会，我想除了极少数头脑已经硬化的不算外，一定会回答道：帝国主义支配下的半殖民地化的半封建社会。"[③] 之后研究者对论战未果的微观问题各各深入研究（如侯外庐继续亚细亚生产方式研究，有学者否认中国存在奴隶制阶段[④]），而宏观定论一直成为铁案，至今未可动摇。[⑤] 改革开放以来许多学者对论战提出的问题重新梳理和评判，并引起新的论争，但只是丰富而未能撼动这一定论。如：有的学者重新考察了"半殖民地半封建"概念，认为中国近代社会性质

---

① 李泽厚：《中国现代思想史论》，天津社会科学院出版社 2004 年版，第 66 页。

② 王礼锡：《中国社会史论战序幕》，《读书杂志》第 1 卷第 4、5 期合刊，1931 年 8 月。

③ 何干之：《中国社会性质问题论战》序，上海生活书店 1937 年版。

④ 黄现璠教授认为，"我国历史上没有奴隶社会，汉族没有，少数民族绝大多数也没有"，"欧洲的希腊、罗马由氏族制社会变为奴隶社会，就不是人类社会发展规律、世界通例，而是历史特例。"（黄现璠：《我国民族历史没有奴隶社会的探讨》，《广西师院学报》，1979 年第 2、3 期）

⑤ 比如：范文澜的《中国近代史（上册）》（人民出版社 1962 年版）、王亚南的《中国半封建半殖民地经济研究》（人民出版社 1957 年版）、吕振羽的《史前期中国社会研究》（生活·读书·新知三联书店 1961 年版）等论著都坚持"半殖民地半封建社会"观点。在中国社会史问题研究方面尽管有"三论五说"，但无一违背这一既定结论。

应该称为“半封建半资本主义”[①]；有的学者认为原有的结论是合乎中国实际的正确结论，不宜有改变[②]；有的学者提出应区分社会性质和社会形态、社会经济性质的关系，近世中国社会形态属于“早初机器——工业——民主社会”，社会性质属于“早初现代社会”[③]；有的学者提出中国近代社会是一个从属于世界资本主义体系的、带有浓厚封建主义色彩和殖民主义色彩的、属于半殖民地半封建性质的、处于低级发展阶段的资本主义社会形态，有的学者将“半殖民地半封建社会”直接归于资本主义社会[④]。论者的研究视角、文本理解、材料取弃等方面的不同，对马克思主义“理论”与中国历史“材料”之间关系、马克思社会形态理论的普遍性与中国近代社会发展的特殊性之间关系的阐述有异，分歧依然存在。

---

① 1980 年 4 月，胡绳在《关于中国近代史研究的若干问题》一文中提出一个看似矛盾、在他看来却与“半殖民地半封建”差别不大的“半封建半资本主义”概念，“所谓半封建，也就是半资本主义”。（胡绳：《关于中国近代史研究的若干问题》，《光明日报》1980 年 4 月 20 日）一些学者据此引申出“半殖民地半独立”、“半封建半资本主义”等概念。（李时岳：《关于“半殖民地半封建”的几点思考》，《历史研究》，1988 年第 1 期；张庆海：《论对“半封建”“半殖民地”两个概念的理论界定》，《近代史研究》，1998 年第 6 期；易杰雄：《对近代中国社会性质公认提法的质疑》，《当代世界与社会主义》，2004 年第 3 期）

② 刘大年：《方法论问题》，《近代史研究》1997 年第 1 期。

③ 陈向阳：《近世中国社会形态与社会性质再讨论》，《安徽史学》2003 年第 2 期。

④ 陈胜粦：《关于近代中国社会形态的重新认识问题》，《学术研究》，1989 年第 2 期；左文华：《对近代中国社会性质已有的“定论”需要作出新的解释》，《云南民族大学学报（哲学社会科学版）》1988 年第 3 期。

第五章　“马克思主义中国化”政治话语之生成

“马克思主义中国化”话语从思想文化领域进入政治实践领域，其标志是毛泽东在中共六届六中全会上提出“马克思主义中国化”命题。20 世纪 30 年代中期的新启蒙运动①是为“马克思主义中国化”破题，其后的“学术中国化”运动②则是为其正名。正是在新启蒙运动和“学术

① 对于新启蒙运动，李新和胡绳认为，以“新启蒙运动”为口号的思想文化运动“实际上并没有形成为一个大规模的运动”，“不需要称之为新启蒙运动”。［李新等：《中国新民主主义革命时期通史》第 2 卷，人民出版社 1981 年重印本说明；《胡绳全书》第 3 卷（下），人民出版社 1998 年版，第 669 页］吴雁南认为，新启蒙运动是中国近代历史上一次具有民主主义性质的爱国的文化思潮。（吴雁南等：《中国近代社会思潮》第 3 卷，湖南教育出版社 1998 年版，第 483 页）李慎之认为，新启蒙运动既是以“新启蒙运动”为口号的思想文化运动和马克思主义宣传和研究运动，《新民主主义论》是新启蒙运动“标准的、权威的教科书”。（李慎之：《不能忘记的新启蒙》，《炎黄春秋》，2003 年第 3 期）陈亚杰认为，新启蒙运动包括“新启蒙运动”口号和思想、文化、组织和社会活动两个“关键点”。（陈亚杰：《当代中国意识形态的起源》，新星出版社 2009 年版，第 8 页）日本学者近藤邦康认为，新启蒙运动的提起是马克思主义者以当时在文化界占主流的自由主义者为主要对象，以抗日与思想自由的水准呼吁统一战线结成，难以测定它对当时文化界的影响和运动的客观效果。日本学者小林弘二认为，对新启蒙运动的评价存在着为强调中国共产党的指导而过高评价倾向的可能性。韩国学者金良守认为，新启蒙运动当时在思想、文化界里占了绝对位置的论调并不很客观。（金良守：《论“民族形式”论争的发端问题》，南京大学学报（哲学·人文·社会科学），1996 年第 2 期）中国的其他许多论著多数对新启蒙运动抱肯定性评价。

② “学术中国化”运动往往被看作新启蒙运动的余绪，一些研究新启蒙运动的论著都将“学术中国化”运动归入其中。本书从“马克思主义中国化”角度来分：新启蒙运动为“马克思主义中国化”破题，“学术中国化”运动为“马克思主义中国化”正名。因此以中共六届六中全会召开为界，此前归入新启蒙运动，此后归入“学术中国化”运动。

中国化”运动的推动下，“马克思主义中国化”顺利、合理地进入中国共产党的话语体系之中。“马克思主义中国化”由思想文化运动领域进入社会政治运动领域，并在理论上与学术上获得支持，促进了中国化马克思主义的生成。

第一节 新启蒙运动与“马克思主义中国化”话语的提出

“新启蒙运动”的“新”是对辛亥五四启蒙而言的，一是把夭折了的启蒙重新进行并更加扩展；二是由打倒传统文化到创新传统文化；三是由民主科学启蒙发展为马克思主义启蒙。首倡“新启蒙”之说的陈伯达，说新启蒙运动要比十八世纪的更进一步，“由经验论变到逻辑经验论，由唯物论进到辩证唯物论”①。“一方面要努力不倦地根据自己独立的根本立场，站在中国思想界的前头，进行各方面之思想的争斗，从事于中国现实之唯物辩证法的阐释；另一方面则应该打破关门主义的门户，在抗敌反礼教反独断反迷信的争斗中，以自己的正确理论为中心，而与哲学上的一切忠心祖国的分子，一切民主主义者，自由主义者，一切理性主义者，一切唯物主义的自然科学家，进行大联合阵线。”② 他所要造的新文化，不应该只是毁弃中国传统文化，而接受外来西洋文化，当然更不应该是固守中国文化，而拒斥西洋文化，应该是各种现有文化的一种辩证的或有机的综合。③ 这比五四时期的认识大大深化了。与新文化运动的“立人”主旨不一样，新启蒙运动重“立国”，冠以“文化救亡”的旗号。

李慎之曾回顾说：“‘新启蒙运动’造成了马列主义在中国的强有力的传播。”“我可以以过来人的身份证明……在抗战开始以后，‘新启蒙

---

① 张申府：《启蒙运动的过去与现在》，《战时文化》第1卷第5、6期，1938年9月10日。

② 陈伯达：《哲学的国防动员——新哲学者的自己批判和关于新启蒙运动的建议》，《读书生活》第4卷第9期，1936年9月10日。

③ 《何干之文集》第2卷，北京出版社1993年版，第140页。

运动’是大大扩大了而且加深了。由于言论自由空间的扩展，无数共产党员和左翼文化人参加到启蒙的行列中来，千千万万青年知识分子都自愿接受这样的‘新启蒙’。”① 这个运动的更重要的理论成果是——“马克思主义中国化”在中国共产党内正式破题。

一、新启蒙运动是两种启蒙的联合运动

新启蒙运动是由马克思主义者发起并倡导、自由主义知识分子以及一些持中间路线的文化人共同参加的思想文化联合运动。他们在“新启蒙”旗帜下，直面“抗日救国而共赴国难”② 的神圣义务，具有“态度的同一性”。与此同时，分歧却自始至终存在着，并未行形成一个立场一致、目标一致的新启蒙运动阵营③。

新启蒙者认为五四新文化运动的思想启蒙没有完成就告夭折，需要进行“第二次的新文化运动”，即新启蒙运动。五四时代提出的“打倒孔家店”和“德赛二先生”的口号仍可以为新启蒙运动所接受，只不过需要“以新酒装进旧瓶”。艾思奇说得更具体，“因为旧的启蒙运动没有把它所要做的事完成，五四文化运动所提出来的任务，反对迷信愚蒙，建立科学的民主思想等，都在极不彻底的状态下停滞着了。新的文化完全说不上建立，所有的只是片段零碎的成绩，并且也只是保存在极少数人手里，没有能够达到普遍化大众化的地步。传统文化屡次地死灰复燃，它的根仍然支配在民众的文化生活里，因此，同样的文化上的任务仍然遗留到现在，同样需要现在的文化运动来完成它”④。张申府说：“在思想上，如果把五四运动叫做启蒙运动，则今日确有一种新启蒙运动的必要，而这种新启蒙运动对于五四的启蒙运动，应该不仅仅是一种继承，更应该是一种扬弃。”⑤

新启蒙运动中自始至终存在着马克思主义与自由主义者的矛盾与分

① 李慎之：《不能忘记的“新启蒙”》，《炎黄春秋》2003 年第 3 期。
② 《中共中央文件选集》第 11 册，中共中央党校出版社 1991 年版，第 18 页。
③ 欧阳军喜：《论新启蒙运动》，《安徽史学》2007 年第 3 期。
④ 艾思奇：《什么是新启蒙运动》，《国民周刊》第 8 期，1937 年。
⑤ 《张申府文集》第 1 卷，河北人民出版社 2005 年版，第 190、191 页。

歧，相同处是抗日救亡、反对封建迷信与思想专制，在这几个共同目标之下则各说各的启蒙。艾思奇说它是“以爱国主义为直接的主要内容的文化运动”。[①] 何干之说它是“文化思想上的爱国主义运动”。[②] 张申府称它是“中华民族的反文化侵略运动……是文化上的反侵略运动”。[③] 还有人称它为“国难文化运动”[④]。正是在民族救亡的大背景下，这些不同“主义”者纷纷以“启蒙”为旗帜，“布置一个空前广大的全民族思想解放运动”。[⑤] 民族主义与抗敌救亡成为新启蒙运动的主题，既要弘扬民族文化，又要打击封建复古主义。复古主义是指借着救亡而将“潜伏的守旧势力都一一活动起来”，“做戏无法，出个菩萨”，[⑥] 提倡尊孔读经活动，将孔子“当着‘敲门砖’的差使”，[⑦] 将三民主义融入五四时期所批判的旧道德之中。

对思想自由，新启蒙中人有基本相同的解读，都认为用权力强迫思想统一，无非是要将自由主义、马克思主义统一到三民主义的立场上去，无论是马克思主义还是自由主义都反对此种态度和手段。张申府说：“新启蒙运动是民族主义的自由民主的思想文化运动，新启蒙运动要求思想的自由与自由的思想，新启蒙运动号召文化的民主或民主的文化。”[⑧] 沈于田说：“思想的各种各样并不是危机，倘若任何一派思想，要靠政治力量和武力来强迫地灌输到民众中去，使他们盲目地信仰，那方是危机！”[⑨] 马克思主义学者也认同此一立场说：“目前的新文化运动应该是

---

① 艾思奇：《中国目前的文化运动》，《生活星期刊》第1卷第19期，1936年10月。

② 《何干之文集》，中国人民大学出版社1989年版，第401页。

③ 《张申府文集》第1卷，河北人民出版社2005年版，第334页。

④ 《“新启蒙运动”座谈》，《中国现代哲学史资料汇编》第2集第6册，第22页。

⑤ 《何干之文集》，中国人民大学出版社1989年版，第406页。

⑥ 胡适：《新文化运动与国民党》，《新月》第2卷第9期，1929年9月；《写在孔子诞辰的纪念之后》，《独立评论》第117期，1934年。

⑦ 《鲁迅反对尊孔复古言论选辑》，文物出版社1974年版，第16－17页。

⑧ 张申府：《新启蒙运动的当前使命》，《实报》星期偶感，1937年5月23日。

⑨ 沈于田：《现阶段的中国思想问题》，《月报》第1卷第6期，1937年5、7月。

一个爱国的自由竞争场”,[①]“应该废止思想上外来的权威，思想应该从外来的权威中独立起来。一切关于思想的外来镣铐，（物质的镣铐），都不应存在”。国民是服从真理，并不是服从权威。谁的思想最接近真理，自然最有资格去领导群众。思想运动的领导权“应在竞赛中，出人头地，不必在等待中企图定于一尊。”[②]

新启蒙之所以是两种启蒙，就因为存在两种指导思想。马克思主义者所提倡的新启蒙运动，要以马克思主义启旧民主主义和封建专制主义之“蒙”，新启蒙运动立基于“新哲学”：这个“新哲学”即是以“动的逻辑”去取代五四时期的“形式逻辑”。

而张申府等学者则以西方现代性启蒙标准来衡量和看待新启蒙运动，“民族救亡”与文化上的大联合并不构成张申府倡导新启蒙运动的最初出发点。即连艾思奇开初也觉得“新启蒙运动”口号有欠妥当，因为他也与张申府有相似观点：“启蒙运动是资本主义势力主导的文化运动，而中国目前的文化运动却不是这一回事。”张申府循着启蒙与自由、法治等现代性关键词紧密连接在一起的西方启蒙路线，认为新启蒙运动要使“人类脱离自己所加之于自己的不成熟状态”，“敢于认识自己”，“有勇气运用你自己的理智！”[③]“便是要诉于理性”。张申府认为新启蒙运动应该是自由主义的思想文化与唯物辩证法结合起来，说“现代国际学术界两个最进步的潮流，一个是新唯物派，一个是新百科全书派，两派在形式上都是综合的，而新启蒙运动则正是中国土壤产生的，与抗战建国相适应的，这两个潮流的合流。”[④] 张申府的主张与马克思主义者的主张大相径庭，

分歧之二是对“理性”的歧见。张申府特别推崇理性，认为新启蒙运动就是理性运动，就是“打破欺蒙，扫除蒙蔽，廓清蒙昧”，凡是启

---

① 艾思奇：《中国目前的文化运动》，《生活》星期刊，第1卷第19期，1936年10月。

② 《何干之文集》，中国人民大学出版社1989年版，第421页。

③ （德）康德：《答复这个问题：“什么是启蒙运动?”》，《历史理性批判文集》，商务印书馆1990年版。

④ 《张申府文集》第1卷，河北人民出版社2005年版，第337页。

蒙运动，都具有“理性的主宰”“思想的解放”“新知识新思想的普及”① 三个特性。张申府将这个充满西方现代性的“启蒙方案”（Enlightenment Project）作为新启蒙运动的标语，理性的极致就是辩证与解析，② 反对一切思想专制、盲从、迷信、独断都必须以理性为准。尽管张申府将理性与唯物辩证法联系在一起，表明与马克思主义的关系，但他所讲的理性依然没有超出欧洲启蒙思想的范围。

而在马克思主义者认为新启蒙运动是“新理性运动”，而不要像18世纪启蒙运动以一种不合理来代替旧的不合理，“我们要由保卫祖国大抗战运动的合理，由民族解放和封建残余解除的合理，转变到新的社会的合理。”不是简单向旧启蒙理性复归，而要转变到社会主义“新社会”。

分歧之三是对个人主义与集体主义的看法。五四启蒙倡导个性解放就是源出于个人主义，自由主义知识分子继续坚持这一传统。而马克思主义者认为个人主义是“非反对不可的”，因为时代不同了，取代个人主义的是社会主义、集体主义，“社会主义就是为社会而努力奋斗的高尚主义，这不是比那自私自利的个人主义更纯洁得多吗?”“希望大家都能成为高尚纯洁的社会主义者。”③

二、从文化学术的大众化、民族化、中国化到马克思主义“中国化”的演进

在抗日救亡与马克思主义启蒙的交汇中首次出现了“马克思主义中国化”的提法，并初步论证了马克思主义“大众化”“中国化”“民族化”的合理性，为“马克思主义中国化”由思想文化领域进入政治实践领域奠定了基础。

在提出马克思主义哲学中国化之前，首先是在文化学术领域尤其是文艺领域提出了通俗化、大众化、民族化。“左联”文艺运动时期，瞿

---

① 张申府：《什么是新启蒙运动》，《实报·星期偶感》1937年5月。
② 张申府：《五四纪念与新启蒙运动》，《北平新报》1937年5月2日。
③ 陈唯实：《抗战与新启蒙运动》，扬子江出版社1938年版，第43页。

秋白曾提出“革命的大众文艺必须开始利用旧的形式”即民族形式。[1]新启蒙运动继续提出“民族形式”问题，在提出马克思主义“中国化”以前，曾有过马克思主义“大众化”“通俗化”“现实化”“民族化”等不同提法。“大众化”“通俗化”是指马克思主义哲学如何普及。“现实化”是指马克思主义哲学如何应用于现实、服务于抗战。“民族化”当时主要理解为将马克思主义转化为民族语言和形式。“中国化”在当时的理解则是对以上内涵的综合，远未达到后来毛泽东赋予这一命题的宏大内涵。

马克思主义“中国化”这一口号正是以新启蒙运动提出的文化学术大众化、民族化为铺垫的，然后陈唯实才可能率先提出将马克思主义哲学中国化的主张[2]。1936 年陈唯实在《通俗辩证法讲话》一书中首先提出“辩证法之实用化和中国化”，说要将唯物辩证法“具体化、实用化，多引例子或问题来证明它。同时语言要中国化、通俗化，使听者明白才有意义”。[3] 这种“中国化”还只是属于介绍性质，它的深层蕴涵还远未添加进去。

1938 年在毛泽东于中共六届六中全会上作政治报告之前，艾思奇发表《哲学的现状和任务》一文，最早提出马克思主义哲学中国化的问题。针对当时国内马克思主义哲学界热衷纯理论、忽视理论在实际生活中的应用以及滥用哲学公式的形式主义倾向，他提出：“现在需要来一个哲学研究的中国化、现实化的运动。过去的哲学只做了一个通俗化的运动，把高深的哲学用通俗的词句加以解释，这在打破从来哲学的神秘观点上，在使哲学和人们的日常生活接近，在使日常生活中的人们也知道注意哲学思想的修养上，是有极大意义的，而且这也就是中国化现实化的初步。……然而在基本上，整个是通俗化并不等于中国化现实化。因此它也没有适应这激变的抗战形势的力量。”如何使哲学中国化、现实

① 瞿秋白：《大众文艺的问题》，文振庭：《文艺大众化问题讨论资料》，上海文艺出版社 1987 年版，第 59、43 页。

② 陈亚杰：《当代中国意识形态的起源》，新星出版社 2009 年版，第 198 页。

③ 陈唯实：《通俗辩证法讲话》，上海新东方出版社 1936 年版，第 7 页。

化，当然“不是书斋课堂里的运动，不是滥用公式的运动，是要从各部门的抗战动员的经验中吸取哲学的养料，发展哲学的理论。然后才把这发展的哲学理论拿来应用，指示我们的思想行动，我们要根据每一时期的经验，不断地来丰富和发展我们的理论，而不是要把固定了的哲学理论，当作支配一切的死公式”。[①] 艾思奇已经有了在实践中发展马克思主义哲学之意，但还未明确马克思主义理论本身要加以民族化的改造和发展。艾思奇所理解的中国化与陈伯达是同样水平，主要讲马克思主义的实际运用，即普遍原理对特殊具体的适用问题，而很少讲普遍原理本身的创新发展问题。

稍后，柳湜结合中国文化的未来发展提出了中国化的思路与方法，要求在吸收世界新文化的同时，反对无原则的洋化和死硬的贩运洋货行为，提出对古今中外一切人类劳动经验结晶的世界文化“要融化它，要中国化它”，以适合今日的生活的新文化[②]。他已经说出了“中国化”的实质，但未特别点明“中国化”也要运用到马克思主义身上。

当时学者们对艾思奇哲学通俗化、大众化工作高度肯定为“划时代”的，但又遗憾说中国还没有自己真正伟大的著作。这种能够创新发展马克思主义而不仅仅只是通俗地普及它的伟大著作，在中国已经出现了，只是学者们在到延安之前还未认识到而已。

抗战爆发以后，新启蒙运动的倡导者纷纷奔赴延安中共中央驻地，其后果一方面是他们对马克思主义中国化的认识大大发展了。如艾思奇这才对“马克思主义中国化”基本内涵阐释到位，它“不仅是指马克思主义的理论研究，而同时是指要能在一定的具体环境之下实践马克思主义，在一定国家的特殊条件之下来进行创造马克思主义的事业”。[③]

另一方面是他们的马克思主义新启蒙思想、思路与方法影响到中共中央领导层并顺理成章地由思想文化领域进入政治领域。毛泽东在提出“马克思主义中国化”概念以前，他此前所倡导的“反对本本主义”并

---

① 《艾思奇文集》，第 1 卷，人民出版社 1981 年版，第 387、387 页。
② 柳湜：《抗战以来文化运动的发展》，《战时文化》创刊号，1938 年 5 月 25 日。
③ 《艾思奇文集》第 1 卷，人民出版社 1981 年版，第 481 页。

没有在全党引起重视，反而视为“狭隘经验主义”加以批判。在当时教条主义依然强势的情况下，毛泽东的“马克思主义中国化”命题既是其斗争经验的总结，也是为自己的正确意见做辩护。美国学者施拉姆（Stuart Scharm R.）指出：“中国化的概念是一种象征，面对共产国际那种盛气凌人、屈尊伏就的态度，它伸张了中国的民族尊严”①。新启蒙运动所倡导的马克思主义中国化口号，就这样被毛泽东赋予了巨大的政治意义和理论内涵，成为中国共产党独立自主驾驭中国革命的思想理论基础，成为一个时代性历史性的政治命题和理论命题。

第二节　学术中国化运动与“马克思主义中国化”话语的合法化

抗战爆发以后，在北平、上海等地展开的新启蒙运动作为一个运动已经结束，马克思主义与自由主义在启蒙运动中的分歧最终导致了启蒙内部的瓦解，代之而起的是“学术中国化”运动，直接的动因则是中共六届六中全会后宣传“马克思主义中国化”的需要。“学术中国化”运动的参加者主要在延安和重庆两个地方进行，包括延安的革命文化运动和重庆“才子集团”的宣传活动，它进一步确立了以马克思主义指导学术研究的基本范式，也进一步论证了马克思主义中国化的合法性。

一、“中国化”思潮溯源

“中国化”是中国思想界、知识界对五四新文化运动以来盲目引进西方思潮、追求“世界化”的深刻反省。“中国化”作为一种重要的思想文化现象，早在20世纪20年代就已“滥觞一时”。② 无政府主义、自由主义、马克思主义都表达过“中国化”的初步思想。一些冷静的学者

---

① （美）斯图尔特·R·施拉姆：《毛泽东的思想》，中央文献出版社1990年版，第89页。

② 张世飞：《二十世纪二十年代“中国化”和“马克思主义中国化”的思潮互动》，《中共党史研究》2010年第2期。

敏感到中国人这个“名目”有消失的危险时不禁反省：“吾族今后之能否立足于世界，不在白首中国之苟延残喘，而在青春中国之投胎复活。”① 他们理性地思考中华民族历史文化发展的特殊性，想出了“中国化”话语，这是在宗教界、教育界。他们提出了“使教会学校更有效率，更加基督化，更加中国化”“使中国的教育中国化”“使新教育中国化”的口号。教育活动家庄泽宣指出“现在中国的教育不是中国国有的，是从西洋日本贩来的，所以不免有不合于中国的国情与需要的地方”，“要把新教育中国化，至少要合于下列四个条件：一，合于中国的国民经济力；二，合于中国的社会状况；三，能发扬中国民族的特点；四，能改良中国人的恶根性。”② 教育“中国化”思想影响很大，到20世纪30年代已成为“数年来一般教育家时兴的口号，而且是国内一种很普遍的思想。”③

无政府主义者较早地提出了“中国式的无政府主义”概念，要求“参酌中国底社会情形人民性格而成的”，“不是贸贸然把西洋那个无政府学者底办法胡乱装上；因为地理历史既各不同，断不能囫囵吞枣的。”④ 郑太朴称自己是“中国式”无政府主义者，不是“克鲁泡特金主义者”“巴枯宁主义者”“蒲鲁东主义者”。⑤ 王光祈将他所主张的没有确定名字的“主义”称为“中国式……主义”。⑥ 他们将无政府主义与中国历史上的老庄思想类比，认为无政府主义是中国“固有”的文化传统，是适合中国社会需要的“主义”。陈独秀因此批评说：“近来青年中流行的无政府主义，并不完全是西洋的安那其，我始终认定是固有的老、庄主义复活，是中国式的无政府主义，所以他们还不满于无政府主义，更

① 《李大钊文集》上卷，人民出版社1984年版，第200页。

② 转引自张静如：《关于“中国化”》，《党史研究与教学》2006年第5期。

③ 陈序经：《教育的中国化和现代化》，《独立评论》第43号，1933年3月。

④ 郑太朴：《论中国式的安那其主义答光亮》，《民国日报》副刊《觉悟》1921年7月17日。

⑤ 郑太朴：《太仆答存统的信》，《民国日报》副刊《觉悟》1921年5月16日。

⑥ 《少年中国学会会务报》第4期，1919年6月1日。

进而虚无主义而出家而发狂而自杀。”①

李大钊也提出了马克思主义中国化的大致思路：“大凡一个主义，都有理想和实用两面。……我们只要把这个那个的主义，拿来作工具，用以为实际的运动，他会因时、因所、因事的性质情形生一种适应环境的变化。”“一个社会主义者，为使他的主义在世界上发生一些影响，必须要研究怎么可以把他的理想尽量应用于环绕着他的实境。所以现代的社会主义，包含着许多把他的精神变作实际的形式使合于现在需要的企图。”② 蔡和森也主张“要在自己的争斗中把列宁主义形成自己的理论武器。”③

但是五四时期“中国化”始终不敌“世界化”强势话语，“形式主义地看问题的方法”④ 依然主导着思想界、学术界，“世界化”是中国学术研究的基本价值取向。西方的各种学说、主义、新思潮蜂拥而入，许多在国际思想界中争辩不已的话题，也在中国重现，并被广泛粘贴、复制，“中国之近代社会思想几于完全为中西文化接触之产物”⑤。站在时代潮头的新文化人充满了文化“世界化”的激情。而至九·一八事变后中国思想界大变，日益深重的民族危机终引发中国思潮转向，“中国化”思潮得到强力推进，各种盲目模仿的“文化贩运主义”⑥ 开始广受批评。抗战的兴起更加强化了民族意识，唤起了传统文化的复兴，“中国化”思潮强势兴起并取得主流话语权，涌现大批诸如“中国魂”“中国味”“中国精神”“民族形式”“中国风格”“中国气派”等热词，成为当时一种普遍的精神趋向⑦。

---

① 《陈独秀著作选编》第2卷，上海人民出版社2009年版，第376－377页。

② 李大钊：《再论问题与主义》，《每周评论》第35号，1919年8月17日。

③ 《蔡和森的十二篇文章》，人民出版社1980年版，第21页。

④ 《毛泽东选集》第3卷，人民出版社1991年版，第832页。

⑤ 杨铨：《中国近三十年之社会改造思想》，《东方杂志》第21卷第17期，1924年9月10日。

⑥ 吕振羽：《创造民族新文化与文化遗产的继承问题》，钟离蒙、杨凤麟：《中国现代哲学史资料汇编》第3集第1册，辽宁大学哲学系1982年版，第43页。

⑦ 张立慧：《抗战时期的“中国化”思潮与马克思主义中国化》，《郑州大学学报（哲学社会科学版）》2006第6期。

最初中国化思潮是以学术通俗化、大众化形式出现。马克思主义哲学如何通俗化，长期以来“还没有人尝试过，甚至是没有人屑于这样尝试的”[①]。以艾思奇的《大众哲学》出版为标志，马克思主义哲学以其通俗性和大众性为哲学研究的“中国化”做出了开拓性贡献，使神秘的哲学贴近了大众的日常生活。一批哲学工作者也群起效法，形成了一个哲学通俗化、大众化运动。但是哲学通俗化离中国化还很远，艾思奇回顾他所走过的马克思主义哲学通俗化、大众化之路说：“过去的哲学只做了一个通俗化的运动，把高深的哲学用通俗的词句加以解释”，这些成绩在打破哲学的神秘、使哲学接近人们日常生活方面“有极大意义”。然而“通俗化并不等于中国化现实化”，通俗化并没有与中国革命的实践相结合，“也没有适应这激变的抗战形势的力量”[②]。

而兴起于中共六届六中全会前后的“学术中国化”运动，既是“中国化”思潮在学术研究领域发展的结果，也是对“马克思主义中国化”政治口号进一步论证与宣传。郭沫若概述这场运动说：“‘学术中国化’口号的指出，更引起文化各部门的热烈响应。文艺创作者热烈地讨论复兴文艺的民族形式问题；戏剧家研究各地地方戏作实验公演；音乐家也搜集各地民歌，研究改良，作实验演奏；社会科学家研究着中国的实际，中国的历史；自然科学家在研究着国防工业、交通运输、战时生产、医药卫生等中国具体问题，并提出了‘中国科学化运动’的门号；哲学家在研究着中国的古代哲学与思想在抗战建国上的各种问题。”[③] 社会学界主张建立“植根于中国土壤之上”“彻底地中国化”[④] 的社会学。经济学界主张建立以研究中国经济为主题的“中国经济学”，“站在中国人的立场来研究经济学”[⑤]。哲学界提出“来一个哲学研究的中国化、现实化运动”。还有提出心理学“中国化”“科学中国化”的主张，认为“还应使

---

① 《艾思奇文集》第 1 卷，人民出版社 1981 年版，第 285 页。

② 《艾思奇文集》第 1 卷，人民出版社 1981 年版，第 387 页。

③ 郭沫若：《四年来之文化抗战或抗战文化》，《抗战四年》，重庆，1941 年版，第 190 页。

④ 吴文藻：《吴文藻自传》，《晋阳学刊》1982 年第 6 期。

⑤ 肖效钦、钟兴锦：《抗日战争文化史》，中共党史出版社 1992 年版，第 27 页。

科学成为中国的。不但要中国科学化，同时也要科学中国化……使科学在中国有其特殊的特色”①。

二、“学术中国化”运动对马克思主义“中国化”的铺垫

中共六届六中全会后，1939年4月1日《读书月报》第1卷第3期率先开辟“学术中国化问题”专栏讨论，“学术中国化”运动在延安、重庆以及众多城市展开。提出“学术中国化”的理由有：一是“使学术容易了解”，“根据中国所有而为一般人所熟悉的实例，来叙述或说明各种学术”；二是“使学术不变成超然的东西”，“把各种学术知识和中国自己的实际社会生活的种种方面关联起来”；三是“使学术适合于中国的需要”；四是“使学术成为中国整个文化的有机部分”；五是“使中国的学术成为世界学术的积极的一部分”。归根到底就是为抗战建国服务、为建设新民主主义国家服务，因为“我们要建设新的前进的中国就必须有我们自己的学术以解决建设上的种种特殊的问题”②。“学术中国化”运动要在把“中国化”“贯通全学术领域”，如在哲学上要接受辩证唯物论并以其去研究中国哲学，政治上要创造新的中国政治学并配合当前的民主斗争，经济上要建设中国经济学来解决中国经济问题，历史学要接受新的历史唯物论去开拓新的研究领域而不是走“整理国故”的旧路，科学方面要根据中国现实去建立自己“战斗的科学”，文学上要根据抗战实践来创造新文学——中国民主革命的内容和中国民族形式的文学③，等等。

诸中国化思潮中最有影响的是三民主义儒学化、现代新儒学、马克思主义中国化，后者是“中国化”思潮的最重要代表。三民主义儒学化一直宣扬中华民族“固有的文化”“固有的德性”是“中国的国魂”。陈立夫、戴季陶、陶希圣、叶青等纷纷撰文提倡三民主义与中国旧文化相

---

① 张申府：《关于文化政策》，《全民周刊》第1卷第16号，1938年3月26日。

② 潘菽：《学术中国化问题的发端》，《读书月报》第1卷第3期，1939年4月1日。

③ 柳湜：《论中国化》，《读书月报》第1卷第3期，1939年4月1日。

结合，宣扬三民主义是中国历史文化发展的“正统”，形成了以“力行哲学”和“唯生论哲学”为代表的国民党官方理论体系。叶青说孙中山的三民主义已经完成了西方思想的中国化，“孙中山虽然没有讲中国化三个字，却在实际上是中国化底开始者、实行者和成功者”。① 三民主义儒学化号召国人反对外来“文化侵略”一个明显意图，是要将共产主义和自由主义思想拒之门外。

现代新儒学是“中国化”思潮中颇具特色的一支。它由东方文化派、玄学派发展而来。现代新儒家坚持文化决定论，将儒家文化的复兴看作民族复兴的根基，认定近代中华民族的危机，实质上是文化的危机，“中国文化能否复兴的问题，亦即华化、中国化西洋文化是否可能，以民族精神为体、以西洋文化为用是否可能的问题”，“欲求儒家思想的新开展，在于融会吸收西洋文化的精华与长处”②。现代新儒学理论的根本鹄的是“在中西文化剧烈冲撞的历史危局中，为民族文化寻找一个‘安心立命’之处。即以‘极高明而道中庸’的传统方式，完成终极关怀的玄学重建在此基地上建立一套价值体系，给民族生活提供一套精神准则；同时以‘内圣外王’之道，将道德践履扩充为政治操作，开出理想的政制与正义的社会结构，完成向现代民族的历史转变”③。采用“援西入儒”“采西补中”等方式，形成了新心学、新理学、新唯识论等理论体系。现代新儒家将儒家思想与中华民族的命运系于一身，具有浓厚的民族主义情怀，以积极的态度吸纳西方文化，将西方文化作为发扬儒家文化的重要工具和条件，认为“必须以西洋的哲学发挥儒家的理学”，“须吸收基督教的精华以充实儒家的礼教”，“须领略西洋的艺术以发扬儒家的诗教”，沿着这条思想路径，“使每个中国人都具有典型的中国人气味，都能代表一点纯粹的中国文化”④。然而“从检讨这旧的传统观念里，去发现最新的近代精神”⑤，这种文化“中国化”偏离中国社会迫切

---

① 叶青：《论学术中国化》，《时代精神》创刊号，1939 年 8 月 10 日。
② 贺麟：《儒家思想的新开展》，《思想与时代》1941 年第 1 期。
③ 许纪霖：《中国现代化史》第 1 卷，上海三联书店 1995 年版，第 557 页。
④ 贺麟：《儒家思想的新开展》，《思想与时代》1941 年第 1 期。
⑤ 贺麟：《五伦观念的新检讨》，《战国策》1940 年第 3 期。

需要解决的民族独立、民生幸福等现实问题，他们的主张停留于知识分子精英群体之间。

马克思主义中国化是“中国化”思潮中最重要的一支，成为“中国化”思潮的主潮。马克思主义主张求取中国问题的“根本解决”，契合了中华民族觉醒与救亡图存的时代要求，提倡对中国“灿烂的古代文化”要“剔除其封建性的糟粕，吸收民主性的精华”，比同是颂扬传统但醉心四维八德的三民主义以及流于上流社会而疏于人民大众的现代新儒学更具有活力，更具三民主义、现代新儒家所缺的革命性、实践性，在构筑中国人民的“精神的国防”，树立和增强民族自信心方面有更强的魅力。在思想与思想的比较与竞争中，马克思主义中国化在“中国化”思潮中取得了主导的地位与影响。

这场思想文化运动在哲学、历史学、文学艺术、经济学等研究领域取得了丰富的学术成果，形成马克思主义指导学术研究的新学术范式，产生了大批马克思主义学术研究领导者和学术研究骨干，丰富了马克思主义理论研究的内容，拓展了中国化马克思主义的理论视域，也使中国化马克思主义理论的形成和发展获得了学术支持。

张申府提出把马克思的唯物辩证法、罗素的解析法与中国传统的哲学三者相融合，构建“合孔子、罗素、列宁而一之的新体系”①。嵇文甫把传统文化分为四大类，依据不同的类型采取不同的态度：对于“带着一般性或共同性，根本就不是某一个特殊时代所独有，和现代生活根本就没有什么冲突”的传统文化则直接继承；对于“具体形态早已失掉”而留下“它的某些精神或远景”，“在现代生活中又能发生某种有益的作用或暗示”的旧文化也可以接受；对于“包含一种真理，或近代思想的某些因素”的旧文化要“从神秘的外衣中，剥取其合理的核心”；对于“在当时却是有进步意义”的传统文化要“从历史发展的观点上，阐扬其进步性”②。表明当时的马克思主义学者对传统文化分析已经超越了非此即彼、决然两分的“中体西用论”“全盘西化论”“本位文化论”。

---

① 《张申府文集》第3卷，河北人民出版社2005年版，第434页。
② 嵇文甫：《漫谈学术中国化问题》，《理论与现实》第2卷第4期，1940年。

这场学术运动也存在机械主义倾向，如中国社会性质论战，存在“一个最大的缺点，就是对于马克思主义的基本理论没有很好消化，融会贯通，往往是以公式对公式，以教条对教条”①。对“中国化”解释上的论争，也没有得到理论上的透彻解决。叶青认为所谓“化”，是带有改作和创造性质的，照此分析，理解、精通、继承、宣传、应用、发挥等都不是化，也就不是中国化。外来的思想、主义要“化”，“必需变更其形式，有如一个新的东西，中国的东西，与原来的东西不同，这才叫做中国化”。② 叶青设置了一个理论陷阱：要么是把马克思主义化成了非马克思主义，要么是没有将马克思主义中国化，解决的只是“马克思主义在中国的写作问题”和“马克思主义的通俗化和大众化”问题③。艾思奇批驳较为简单，中国化“是在中国的现实地盘上来把马克思主义加以具体化，加以发展”，而不是“取消”“丢掉”或“根本修改”马克思主义④。

“学术中国化”运动也受到联共（布）及共产国际的影响，强调学术研究的政治化、意识形态化，对马克思主义理论的阐释有一定学理缺陷，运用马克思主义理论进行学术研究时有教条主义偏误。如对历史人物的研究存在“无分析的一律抹煞”的“非历史主义的缺点”⑤；古代史研究和历史剧创作“借古说今”，从学术的科学性角度来看有欠严谨，因为“以古寓今的办法，不但不能帮助人们对现实政治的理解，而是相反地模糊了人们对现实政治的认识”⑥。

三、从马克思主义中国化到中国化马克思主义

在学理上对马克思主义展开中国化的解读的同时，中国共产党已在

---

① 侯外庐：《韧的追求》，生活·读书·新知三联书店1985年版，第224－225页。

② 《艾思奇文集》第1卷，人民出版社1981年版，第553页。

③ 叶青：《马克思主义中国化问题》，钟离蒙、杨凤麟：《中国现代哲学史资料汇编》第3集第1册，辽宁大学哲学系1982年版，第218页。

④ 《艾思奇文集》第1卷，人民出版社1991年版，第553页。

⑤ 《范文澜历史论文选集》序，中国社会科学院出版社1979年版，第5页。

⑥ 翦伯赞：《关于历史人物评论中的若干问题》，《新建设》，1952年9月。

将马克思主义应用于革命的实践中，自发地开始了马克思主义中国化的创制，其最富创造性的代表是毛泽东。毛泽东在“农村包围城市道路”的革命实践中，对“马克思主义中国化”有深刻体会，他早在写《反对本本主义》一文时就有了“马克思主义中国化”的自觉意识。1938年他在党的六届六中全会上提出“马克思主义中国化”的命题，标志着中国共产党已经达到全党的自觉。毛泽东说：“马克思主义必须通过民族形式才能实现。没有抽象的马克思主义，只有具体的马克思主义。所谓具体的马克思主义，就是通过民族形式的马克思主义，就是把马克思主义应用到中国具体环境的具体斗争中去，而不是抽象地应用它……离开中国特点来谈马克思主义，只是抽象的空洞的马克思主义。因此，马克思主义的中国化，使之在其每一表现中带着中国的特性……洋八股必须废止，空洞抽象的调头必须少唱，教条主义必须休息，而代替之以新鲜活泼的，为中国老百姓所喜闻乐见的中国作风与中国气派。”①

解读毛泽东这一段话，最重要的关键词就是“中国的特性”“中国作风”“中国气派”，这些词表明毛泽东认为不仅是理论的形式要“中国化”，理论的内容也要“中国化”。有论者认为：鉴于国际国内局势，“马克思主义中国化”曾以“使马克思主义在中国具体化”、“马克思主义与中国实际相结合”、“马克思主义普遍真理与中国革命具体实践相结合”等用语进行表述，但其基本含义没有发生改变，使用“中国化”提法“在语言上更加简洁通俗”，使用“相结合”提法“在学理上更加精确细致”，“两种表述的含义是完全一致的”②。虽然多种表述所隐含的“基本含义一致没变”，但是字面上只有“中国化”三字才点明了实质，那就是要在“具体化”中、“结合”中——创新发展马克思主义。“具体化”“结合”的字面意思只是普遍原理的应用，并不含普遍原理要发展创新的意思。这是“鉴于国际国内局势”，才使用了隐含“基本含义”的多种表述。“马克思主义中国化”就是要推出“中国化马克思主义”。

① 《毛泽东选集》，东北书店1948年版，第922页。

② 龚育之：《关于马克思主义中国化和当代化问题答记者》，《学习时报》2005年4月4日。

如果没有中国马克思主义的产生，马克思主义就等于没有“中国化”。

这一层意思较早为艾思奇悟到，他在《论中国的特殊性》一文中较早提出，中国“有了自己的马克思主义”“中国的马克思主义”。《论中国的特殊性》是艾思奇专门批判叶青误解和曲解“马克思主义中国化”的文章。艾思奇极有理论深度地论证了“中国马克思主义”不是宣传出来的，而是中国具备其产生的历史社会条件：由于中国早已发生了马克思主义的实际运动，又有了具有高度觉悟和组织性的无产阶级及其政党，“是在中国自己的社会经济发展中有它的基础，是在自己内部有着根源，……有在民族民主革命战争中的模范的战争成绩。因此，也就有着中国的马克思主义”，“中国的马克思主义并不把三民主义纲领的实现作为最后的理想，而是把它当作经过中国的道路达到共产主义社会的必经的阶段”①。艾思奇还进一步阐明了毛泽东尚未点明的意思，即“马克思主义中国化”转换为“中国化马克思主义”：“马克思主义中国化”要求既要精通马克思主义理论，又要结合中国的特殊国情来进行“创造”，将运用和发展马克思主义连为一体。在此基础上形成新的理论形态，就是中国马克思主义理论，它既是马克思主义的，又是中国的。

张如心率先用“毛泽东同志的思想”来命名“中国化马克思主义”，说“毛泽东同志的理论就是中国马克思列宁主义。”此外，还有诸如“毛泽东主义”、“毛泽东同志的学说”、“中国的共产主义”、“中国化的马列主义”、“中国的马克思主义”、“中国的共产主义”等许多说法。以毛泽东思想来表述马克思主义中国化的第一次理论飞跃成果，说明毛泽东在马克思主义中国化问题上所作出贡献得到中国共产党的集体认可。刘少奇在中共七大会议上所做的《关于修改党章的报告》是党的文献中使用“马克思主义中国化”概念最频繁的一篇，此后中国马克思主义、中国化马克思主义、中国的马克思主义在全党范围内被广泛接受和使用。

马克思主义自十九世纪末开始进入中国人民的视野，到 20 世纪 3、40 年代走完了“中国化”第一步，形成中国马克思主义的第一个理论形态——毛泽东思想。作为革命的理论，马克思主义无疑是适合近代以来

① 《艾思奇文集》第 1 卷，人民出版社 1981 年版，第 484、485 页。

中国文化革命和社会革命的双重需要。自新文化运动到新启蒙运动，马克思主义者基于对中国历史文化、社会实际的把握，创造性地推进了马克思主义中国化，马克思主义通过与各种非马克思主义、反马克思主义的论争，由涓涓细流变为激流涌进，在解决中国社会的意义危机和秩序危机中展现了其强大效力，中国马克思主义由此生成。论争成为推动马克思主义中国化的重要力量，构成了中国马克思主义生成的特殊“生态”语境（“Ecological” Context）。

第二篇

马克思主义中国化第一次飞跃的完成与新的探索

经历建党初期7年的革命实践和土地革命战争10年的探索，中国共产党在运用马克思主义来解决中国革命基本问题的过程中，形成了比较完整的新民主主义革命纲领、农民主力军理论、统一战线理论、中国革命道路理论。中共一大尚未弄明中国革命性质。中共二大明确了中国革命性质是反帝反封建的民主革命，开始了对中国新民主主义革命理论的建构。中共三大解决了统一战线的策略问题，决定联合国民党。中共四大提出无产阶级在民主革命中的领导权问题。中共五大讨论而未解决农民运动问题和民族资产阶级问题。毛泽东是党内探索中国新民主主义革命理论的代表人物。1925年12月，他在《中国社会各阶级的分析》一文指出中国革命最基本的动力是贫农。1926年9月发表《国民革命与农民运动》指出“农民问题乃国民革命的中心问题”①。1927年2月发表《湖南农民运动考察报告》肯定农民是革命先锋。土地革命战争时期，毛泽东开辟了一条不同于俄国的“农村包围城市”的中国革命道路。1928年10月的《中国的红色政权为什么能够存在?》、同年11月的《井冈山的斗争》，提出中国革命在农村生存和工农武装割据思想。1930年1月的《星星之火可以燎原》初步提出农村包围城市的革命道路思想。1935年5月的《中国革命战争的战略问题》和1938年5月的《抗日游击战争的战略问题》《论持久战》，完成了中国革命道路理论的建构。

在创造中国革命道路理论的过程中，马克思主义中国化面临教条主义的挑战。对于马克思主义要不要中国化的问题，开始并不能公开言说，1930年5月毛泽东以“反对本本主义”为题回击了教条主义。他说我们需要“本本”，但不要本本主义，调查研究是一个方法，在马克思主义“本本”同中国实际之间构成了一个不可缺少的中间环节和方法。《反对本本主义》初步表述了中国共产党的思想路线，标志着毛泽东对马克思主义中国化问题上达到了理论自觉。

党的六届六中全会第一次提出“马克思主义中国化”的命题，标志这一理论运动进入全党的自觉状态。1940年毛泽东发表的《新民主主义论》及其前后所发表的一系列论文，完善并系统化了新民主主义革命理

---

① 《毛泽东文集》第1卷，人民出版社1993年版，第37页。

论，并提出了完整的系统的新民主主义社会理论以及政治经济文化三大纲领。以新民主主义社会理论的完整化系统化及其成功的实践为标志，完成了马克思主义中国化的第一次历史性飞跃，也宣告中国马克思主义第一个理论形态的完成。此后党命名这一理论为毛泽东思想，并确立为中国共产党的指导思想。

党的七大后，这一理论继续发展和完善。这一时期对毛泽东思想的研究，侧重于研习宣传、阐发注疏、编辑完善，阐述其产生条件、功能价值、历史地位和世界影响。进入社会主义过渡时期和党的八大前后，中国共产党又对中国社会主义道路进行了新的探索。

第六章 中国马克思主义第一个理论形态的阐释与确立为党的指导思想

1938年10月中国共产党六届六中全会上，毛泽东正式提出马克思主义中国化命题，并为全党所接受。“马克思主义中国化”的思想在党内虽早已有之，但要形成全党的共识，则既要有实践的积累，又要有理论的准备。直至抗日战争前期，这两个条件才完全具备。反对本本主义是思想先导，而对中国革命历史经验进行系统总结的《实践论》《矛盾论》等著作，为马克思主义中国化奠定了坚实的哲学基础。同时中国革命道路理论也趋于成熟，在“农村包围城市”的理论基础上提出“三大法宝”策略理论，尤其是构建了作为中国化马克思主义的核心的新民主主义理论，系统地回答新民主主义革命的对象、任务、领导权、动力、前途、发展阶段、总路线，以及新民主主义的经济、政治、文化的基本纲领和政策等诸多重大问题。[①] 中国马克思主义已经形成，并正在完善。这一时段的任务是：对实际存在的中国马克思主义进行理论阐述，使之获得完整系统的理论形态，使之获得全党的认同，使之上升为党的指导思想。

第一节 马克思主义学术中国化与“中国化马克思主义”的提出及完善

上篇已经提及“马克思主义中国化”政治话语的提出，与学者们在新启蒙运动中倡导的“（西洋）学术中国化”有极大关联。其中马克思主义学者也顺势提出马克思主义学术中国化。从事马克思主义中国化学

---

① 石仲泉：《马克思主义中国化的历史发展》，《中共党史研究》2006年第4期。

术研究的有一大批学者，有的后来成为党的理论家。1934 年 11 月至 1935 年 10 月，艾思奇陆续发表于《读书生活》杂志的 24 篇讲稿，以“哲学讲话”为总题于 1936 年 1 月汇编成书。同年 4 月出第四版时易名为《大众哲学》。该书将马克思主义哲学大众化、通俗化从而中国化，得到广泛流传，取得了非常大的影响。1936 年张岱年发表《哲学上一个可能的综合》一文说：“今后哲学之一个新路，当是将唯物、理想、解析，综合于一”，“实际上乃是以唯物论为基础而吸收理想与解析，以建立一种广大深微的唯物论”。[①] 把马克思主义哲学、中国传统哲学和西方近代哲学的逻辑分析方法融为一体。实质是探讨马克思主义哲学的中国化体系。他 1937 年撰写的《中国哲学大纲》、1942—1948 年间撰写的《天人五论》是这一时期马克思主义哲学中国化的学术化路径上的探索。

中国社会性质的论战是中国人运用马克思主义深入分析中国社会与历史的学术运动。这是中国学界以马克思主义大规模研究中国社会和历史的学术马克思主义化运动，也是马克思主义史学理论中国化运动。侯外庐回忆：“亚细亚生产方式”问题，是在 30 年代中国社会史大论战之前，由苏联学者提出来的，当时在苏联多次进行过讨论，争论得很激烈。在中国、日本历史学界都跟着或多或少地讨论过，但是人们并没有认为它已经解决。我在翻译《资本论》时已经接触到这个问题，因此，当它被人们提出来讨论的时候，我就感到它是关系到中国古代社会的一个至关重要的问题。如果不懂得生产方式，不弄清亚细亚生产方式究竟是什么，就不可能科学地判明中国古代社会的性质。[②] 亚细亚生产方式的讨论一直延续到新中国之初，新时期又成为学者们继续探讨的热门课题。

新文化运动时期中国人热烈地向西方学习图强之道，“全盘西化论”被称为“世界化”，成为一种强势的时代潮流。但是日本侵华战争的爆发，中华民族危亡的紧迫感，伟大的抗日救亡运动，改变了中国文化发展的方向。所以就有了“新启蒙运动”，要对中国化、民族化问题进行

---

① 《张岱年全集》第 1 卷，河北人民出版社 1996 年版，第 62 页。
② 侯外庐：《韧的追求》，生活·读书·新知三联书店 1985 年版，第 230 页。

集中探讨。[①] 中国要自强，就要重新振奋伟大的民族精神，就要重新整合中华民族的政治、文化和心理优势，强化民族意识，这就需要对“五四”以来喊打喊杀的传统文化来一个理性的重新评价。于是“复兴民族传统文化”的新口号，代替了新文化运动“打孔家店”的口号。“民族化”“中国化”思潮成为一种重要的社会思潮，压倒流行一时的“全盘西化论”，颂扬民族文化传统成为文化运动的主流。正是抗日救亡的社会大潮中，提出了学术研究“中国化”的主张。学者们由介绍西方学术转为要建立中国自己的现代学术体系。“中国化”思潮是抗日战争这个特殊时期所涌现的、而具普遍意义的中华民族的时代精神。张申府认为五四运动前后曾有过一个新文化运动，而现在的新启蒙运动则是一个“真正新的文化运动”。“真正新文化”不是毁中为西，更不是守中拒西，而是各种现有文化的有机综合。

早在1930年吴文藻就提出要建立一个“植根于中国土壤之上”的社会学，使社会学“彻底地中国化”。[②] 1931年孙本文发表《中国社会学之过去现在及将来》的演讲，提出“建设一种中国化的社会学”是中国社会学今后的四大基本工作之一。但是，此时没得到多大的反响。直到抗日战争爆发后，“学术中国化”才成为全国学界热烈讨论的话题。心理学家潘菽发表《学术中国化问题的发端》，阐明什么是中国化、为什么要中国化、如何中国化和对于旧学术怎样办等问题。张申府在《论中国化》中提出学习西方的文化必须走“中国为主”的“中国化”道路。[③] 历史学家嵇文甫的《漫谈学术中国化问题》一文，把“中国化”看成是中国文化的“现代化”和中国学术的“通俗化”，认为几十年来古今中西之争，可以“中国化”作结论，“中国化”是中国现代文化论争的“深化”“醇化”“净化”，是最完美的综合和总结。[④]

抗战时期积极参与“中国化”讨论的，在历史学界有钱穆、郭沫

---

① 以下见张立慧：《抗战时期的“中国化”思潮与马克思主义中国化》，《郑州大学学报》2006年第6期。

② 吴文藻：《吴文藻自传》，《晋阳学刊》1982年第6期。

③ 张申府：《论中国化》，《战时文化》1939年第2期。

④ 嵇文甫：《漫谈学术中国化问题》，《理论与现实》1940年第4期。

若、吕振羽、翦伯赞、范文澜、吴泽、侯外庐、杨荣国、华岗、严中平、李平心等。文艺界、理论界有萧三、柯仲平、冼星海、老舍、胡绳、葛一虹、罗荪、戈茅、黄芝冈、光未然等。艾思奇的《旧形式运用的基本原则》和《旧形式新问题》、徐懋庸的《民间艺术形式的采用》、周扬的《对旧形式利用在文学上的一个看法》、陈伯达的《关于文艺的民族形式杂记》、何其芳的《论文学上的民族形式》、巴人的《中国气派与中国作风》、向林冰的《论"民族形式"的中心源泉》、胡风的《论民族形式问题》、郭沫若的《"民族形式"商兑》、茅盾的《关于民族形式的通信》和《文艺大众化问题》、沙汀的《民族形式问题》、潘梓年的《新文艺民族形式问题座谈会上的发言》和《民族形式与大众化》、唯明的《关于大众化的问题》、董纯才的《谈科学大众化》等，扩大了"中国化"的表述，使用了"中国魂""中国味""中国精神""民族形式""旧形式""大众化""中国风格"和"中国气派"等新词。

王亚南在20世纪40年代中期出版的《中国经济原论》，是新启蒙运动提倡民族化、中国化的后期成果。他主张马克思主义政治经济学中国化，提出要建立以研究中国经济为主题的"中国经济学"。[①] 艾思奇的《哲学的现状与任务》提出"现在需要来一个哲学研究的中国化、现实化运动"。心理学界、社会学界等尝试构建"中国化"的理论体系。文学艺术界长时间开展民族传统文化形式、"中国化""民族化""大众化"等问题的讨论，一直延续到延安整风运动以后。

抗战时期的"中国化"思潮具有压倒一切的威势，但内部分化为三个不同的发展路向：三民主义的儒学化、新儒学的儒学现代化、马克思主义的中国化。三民主义儒学化的代表作，有蒋介石的《三民主义体系及实行程序》《中国之命运》，主张"中华民族固有的文化""中华民族固有的德性"才是"中国的国魂"。这是以传统文化来打击外来的马克思主义和外来的自由主义民主主义。陈立夫写了《唯生论》（上卷）、《生之原理》（又名《唯生论》下卷），戴季陶写了《中华民国礼制之基本观念》《三民主义之哲学基础》（再版）、《东方民族与东方文化》《中

---

① 肖效钦、钟兴锦：《抗日战争文化史》，中共党史出版社1992年版，第27页。

国文化在世界之地位及其价值》《学礼录》，陶希圣撰写了《论道集》（两集）等，形成了以“力行哲学”和“唯生论哲学”为代表的官方理论体系，完成了三民主义的儒学化。

新儒学是“中国化”思潮发展的另一个路向，主张“儒化”“华化”“中国化”西洋文化，来复兴儒学。“中国文化能否复兴的问题，亦即华化、中国化西洋文化是否可能，以民族精神为体、以西洋文化为用是否可能的问题”，“欲求儒家思想的新开展，在于融会吸收西洋文化的精华与长处”①，以拯救儒家道统。贺麟融德国古典哲学和新黑格尔主义与陆王心学为一体，建构了“新心学”，努力以西方的哲学、宗教和艺术来“发挥”或“充实”中国的“理学”“礼教”和“诗教”。冯友兰出版了“贞元六书”，以西方的新实在论哲学和维也纳学派的逻辑实证主义为分析方法，以宋明理学为内容，建造了新理学。熊十力扬弃佛学，参证西方哲学，归宗儒家，建立了“新唯识论”。

而马克思主义中国化则成为“中国化”运动的思想主流。最早提出“马克思主义哲学中国化”的是艾思奇，他认为马克思主义哲学中国化就是“把辩证法唯物论应用于中国的实际”，“根据中国自己的现实材料，在中国自己的地盘上，来发展辩证法唯物论的世界观，使它更能够成为改造中国、争取中华民族独立解放的方法论武器”②。

三民主义儒学化、新儒学、马克思主义中国化都试图实现外来文化与中国传统文化的结合，但发生了十分不同的影响。有学者认为三民主义儒学化与新儒家的儒学现代化，使中国传统文化中本该抛弃的一些糟粕以新的形态得以复活，也使西方文化的移植发生很多曲解和变形。如有人为五伦观念辩护：“五伦观念是几千年来支配我们中国人的道德生活的最有力量的传统观念之一。它是我们礼教的核心，它是维系中华民族的群体的纲纪。我们要从检讨这旧的传统观念里，去发现最新的近代精神。”③ 新儒学认为民族复兴就是民族文化的复兴，民族文化的复兴就是

① 贺麟：《儒家思想的新开展》，《思想与时代》1941 年第 1 期。
② 《艾思奇文集》第 1 卷，人民出版社 1981 年版，第 553－563 页。
③ 贺麟：《五伦观念的新检讨》，《战国策》1940 年第 3 期。

儒家文化的复兴。① 这就偏离了中国社会迫切需要解决的民族独立、民生幸福等首要问题。近现代中国文化发展，有向西方“学什么、怎么学”两个基本问题：一是所学的西方文化要是先进的，二是引进的西方文化要与中国实际相结合。在“中国化”思潮的三个发展路向中，马克思主义中国化更具备这样的条件。

实际上新启蒙运动、中国化运动的主要代表人物，除张申府外，陈唯实、柳湜都是中共党员。他们提出西方哲学、文化、科学都要中国化。1936 年陈唯实在《通俗辩证法讲话》一书中首先提出“辩证法之实用化和中国化”，“能把它具体化、实用化，多引例子或问题来证明它。同时语言要中国化、通俗化”②。1937 年张申府甚至于提出偏激的“科学中国化”，说：“在推广科学上，更应特别注意科学法（算数的经验主义），科学精神，科学态度，科学脾气。还应使科学成为中国的。不但要中国科学化，同时也要科学中国化。使中国对科学有其极特殊的贡献，使科学在中国有其特殊的特色。”③ 1938 年柳湜的《延安以来文化运动的发展》说：“要求世界新的文化的吸收，但同时提出了反对无原则的洋化，反对死硬的贩运洋货，我们欢迎古今中外一切人类的劳动的经验的结晶的世界文化，但我们同时提出我们要融化它，要中国化它。”④ 国外学者认为新启蒙运动的主要发起者陈伯达的观点“实际上指向了后来‘马克思主义中国化’的概念”，⑤ 毛泽东组织写《中国革命与中国共产党》就是对这个运动的一个响应，毛泽东之提出马克思主义中国化概念，是在新启蒙运动之后，是有“新启蒙”氛围和潮流铺垫的。

马克思主义中国化命题的提出，还有国际政治的因素。最早是共产国际七大决议，提出“马克思列宁斯大林的原则必须使之具体化”，要求各

---

① 贺麟：《儒家思想的新开展》，《思想与时代》1941 年第 1 期。

② 陈唯实：《通俗辩证法讲话》，上海新东方出版社 1936 年版，第 7 页。

③ 张申府：《什么是新启蒙运动》，生活书店 1939 年版，第 89 页。

④ 柳湜：《延安以来文化运动的发展》，《战时文化（创刊号）》1938 年 5 月。

⑤ Raymond F. ylie：《The Emergence of Maoism：Mao Tse－tung，Ch’en Po－Ta & the Search for Chinese theory，1935—1945》，Stanford University Press，1980，第 35－36 页。

国党要“善于利用马克思列宁主义分析问题的武器”，应用到各国的“具体环境中去，应用到具体条件中去”。有着这样的背景，才有1936年3月张闻天在中央政治局作的政治报告，才可能在党的中央文献中首先为“民族化”破题，他提出要将共产国际七大的决议“民族化”，“使之适合于我们的具体环境”。1937年4月中共中央发出的告全党同志书强调“马克思列宁斯大林主义的原则必须使之具体化，成为具体行动的指导方针”。

此时提出的“民族化”，还只是解释为“具体化”，即一般原理在民族国家的具体应用而已。而没有“中国化”所具有的特定内涵：即一般原理必须先“中国化”，后才能在中国具体应用。[①] 不过，共产国际的提法“具体化”，经张闻天的“民族化”的中转，已为毛泽东尔后提出“中国化”作了话语上的铺垫。与“具体化”相似的“民族化”口号，含有另一层深意：它既包含了普遍性理论在民族的实践中“具体化”，也包含了普遍性理论与民族性形式、民族性内容的结合，从而导致普遍性理论本身的“本土化”，即民族化。

1938年6月11日共产国际执委会主席团做出《关于中共代表报告的决议案》，7月初王稼祥回国前夕季米特洛夫又同他和任弼时进行谈话，主题是：“国际认为，中共的政治路线是正确的，中共在复杂的环境及困难条件下真正运用了马列主义”，“在领导机关中要在毛泽东为首的领导下解决”[②]。遵义会议以来毛泽东在党内逐渐形成的领导地位，这才

---

① 郭德宏：《近十年马克思主义中国化研究述评》，《党史研究与教学》2004年4月，述学界就“马克思主义中国化”与“马克思主义具体化”争论：就字面当然有极大不同，但在毛泽东则只是用法的不同，所以龚育之认为只是文字不同而实质无不同。赵明义认为毛泽东改变提法是策略性质，是用灵活性来保护原则性，表述不同而实质相同。实际上毛泽东是用中国化来扩张解释具体化，而不是将中国化缩小为具体化。所以在斯大林看来，“两种提法”有根本区别：一是实践性的，一是民族主义的，已超出普遍与特殊的关系了。

② 《季米特洛夫在共产国际执行委员会讨论中国问题会议上的讲话（1937年8月10日）》，《共产国际有关中国革命的文献资料》，中国社会科学出版社1990年版，第17、19页。《季米特洛夫在共产国际执委会书记处会议上的发言》，金冲及主编：《毛泽东传（1893—1949）》，中央文献出版社1996年版，第505页。《王稼祥选集》，人民出版社1989年版，第138、141页。

最终得以合法化。

1938 年 10 月中国共产党六届六中全会上，毛泽东顺势提出“马克思主义中国化”命题，这是一个同教条主义作战的锐利思想武器，如同四十年后的“真理标准”命题是战胜“凡是”派的思想武器一样。明确提出这一命题，标志马克思主义中国化理论运动进入全党的自觉状态。“马克思主义中国化”的思想在党内虽早已有之，但要形成全党的共识，则既要有实践的积累，又要有理论的准备。直至抗日战争前期，这两个条件才完全具备。反对本本主义是思想先导，而对中国革命历史经验进行系统总结的《实践论》《矛盾论》等著作，为马克思主义中国化奠定了坚实的哲学基础。同时中国革命道路理论也趋于成熟，在“农村包围城市”的理论基础上提出“三大法宝”的革命理论，尤其是构建了作为马克思主义中国化的核心理论的新民主主义理论，系统地回答新民主主义革命的对象、任务、领导权、动力、前途、发展阶段、总路线，以及新民主主义的经济、政治、文化的基本纲领和政策等诸多重大问题。[①]这个命题携着国内高涨的民族情潮和共产国际的新精神，最终地统一了党内高层认识，取得政治上和理论上的合法性地位。

但一开始党内对中国化的理解仍然还是不同的，包括王明在内的少数人仍认为：民族化、中国化就是具体化。王明在六中全会 10 月 20 日发言中说：“马列主义理论中国化问题——马列主义理论民族化，即是将马列主义具体应用于中国，是完全对的。”王明的潜台词是：把中国化、民族化理解为具体化就是对的，如果要“化”理论本身为中国式、甚至要创新发展理论，就是错的。但是王明的观点已经是孤掌难鸣。“马克思主义中国化”顺利获得全党的认可之后，再提出“中国化马克思主义”就是顺理成章之事了。

当然中国化马克思主义的理论创造，主要源之于中国革命的实践，毛泽东主要是从事政治实践范式的研究，着重从经验概括出理论，但他也吸收了学术范式研究的成果，如中国社会性质的论战、如李达的哲学成果，来完善自己的理论。李达 1926 年撰写出版了《现代社会学》，

---

① 石仲泉：《马克思主义中国化的历史发展》，《中共党史研究》2006 年第 4 期。

1932—1937年间发表了《社会学大纲》《经济学大纲》《货币学概论》《社会进化史》等4部专著以及《中国现代经济史概观》等多篇学术论文。其中1937年出版的《社会学大纲》，是当时国内马克思主义理论研究的最高成果。毛泽东赞誉这是“中国人自己写的第一部马列主义哲学教科书”，认为它“找出法则、指示实践、变革社会——这是本书的根本论纲”。[①] 有学者认为：“在中国马克思主义哲学发展史上，李达的哲学思想，是马克思主义哲学与中国实际结合的中介，是列宁阶段走向毛泽东阶段的中介，为毛泽东思想的创造作了学理上的准备。”[②] 还有学者说这部著作标志着马克思主义哲学在中国传播的基本结束，马克思主义哲学在中国将进入创造发展的新时期。[③] 李达的独特之处是对马克思主义哲学作了不同于苏联教科书的阐释，提出马克思主义哲学是“实践的唯物论”，并认为“实践的唯物论”规定“唯物辩证法”，实践是科学的历史观与科学的自然观两者统一的基础。马克思把实践概念引入了认识论解决了旧的唯物主义认识论的困境。李达认为唯物辩证法最本质的东西就是强调和凸显了实践在哲学中的位置。他认为在马克思主义哲学中实践有两层意义：一是作为唯物史观的范畴，这是与劳动、与历史联系在一起的现实的人类活动；一是作为哲学认识论的范畴，这就是作为认识的出发点和源泉及作为认识的规准的实践。

《社会学大纲》强调了实践概念在马克思主义哲学中的重要地位，给予毛泽东重要启示，使毛泽东对马克思主义哲学的理解，由对物质本体论的追究，转向以人类实践为本体的认识论和方法论。正是在李达研究的基础上，毛泽东把马克思主义哲学由本体论推向作为认识论和方法论的“实践论”。苏联哲学界在批判德波林学派后形成了相对稳定的哲学教程，李达及时翻译了批判中所产生的一部有影响的著作，西洛可夫和爱森堡等撰写的教科书《辩证法唯物论教程》。毛泽东从1936年11月

---

① 《李达文集》第1卷，人民出版社1981年版，第17页。

② 丁晓强、李立志：《李达学术思想评传》，北京图书馆出版社1999年版，第229页。

③ 李其驹等：《马克思主义哲学在中国》，上海人民出版社1991年版，第290页。

至1937年4月在李达所译《辩证法唯物论教程》的第3版上，先后在书眉和空白的地方写下了近12000字的批注，并从头至尾作了圈点和勾画。李达所撰《社会学大纲》，毛泽东也读了10多遍，作了3500字左右的批注。批注有对原著的概述，有赞同评语，也有批评、引申，有联系中国实际所作的发挥。1938年2月1日起毛泽东开始写“读书日记”逐日记读书的进度。李译教科书上关于外的矛盾和内的矛盾，被毛泽东吸收在《矛盾论》中，表述为外因和内因关系的原理。毛泽东用以总结第二次国内革命战争的教训：五次反“围剿”失败，敌人的强大是外因，但主要是内的原因。[①] 毛泽东还向延安新哲学会和中国抗日军政大学推荐《社会学大纲》，说这是本好书，在10年内战时期能有这样一本书问世是非常难得的。并把“李译《辩证法唯物论教程》第六章‘唯物辩证法与形式论理学’”指定为六种必读材料之一。[②]

最重要的是毛泽东吸收李达的哲学著作和哲学译著的思想养料，总结中国革命的实践经验，撰写了《实践论》《矛盾论》，形成了具有独创性的毛泽东哲学思想，为新民主主义理论奠定了哲学基础。

第二节　“中国化马克思主义”的阐释与定位

毛泽东“马克思主义中国化”理论命题提出的整整一年中，在理论上并未得到太大的反响。直到延安整风运动前，一批党内理论工作者才开始积极研究和宣传毛泽东的中国化命题，其中延安新哲学会的笔杆子发挥了重要作用。尼克·奈特（Nick Knight）认为毛泽东让艾思奇组织新哲学会的目的，是论证毛泽东新哲学作为党的正统哲学思想的合法性。[③] 其实，新哲学会并不是如后来的正式的秘书室政研室，或非正式的“写作班子”那样的直接贯彻领导意图的工具。延安当时不仅是一个政治化的小城，还是一个学习化的小城，办了近十所大学，不仅培训军

---

① 《毛泽东哲学批注集》，中央文献出版社1988年版，第108页。

② 《毛泽东书信选集》，人民出版社1983年版，第189页。

③ Asian StudiesReview，Volume 26，Number 4，December 2002，P427.

政干部，也培养知识分子。除了正式的教育和研究机构，还组织各种非正式的学习和研究的临时团体。如1939年春组织成立了由王学文负责的有党校、马列学院、抗大等学校的教员共18人参加的第一次政治经济学研究会，主要目的是提高政治经济学现任教员的水准和统一延安这门课程的教材。1939年4月成立了由王明负责的马列主义研究会，有各校马列主义教员、马列学院研究室研究员和一部分在职干部共计23人参加。1939年春成立了张闻天任指导的中国问题研究会，参加者是各校教员和马列学院中国问题研究室的研究员。1939年成立了由张闻天和陈云领导的党建研究会，参加者绝大多数是各地方党组织派来的100多人，主要研究党的建设工作中的一些问题。

1940年5月成立了新哲学研究会，由张闻天、艾思奇领导，参加人员有中央直属机关、马列学院和中宣部的干部共80多人。这是一个松散的、不固定的团体，毛泽东只是与其中部分秀才有联系。新哲学会成员研究和写作都是比较自由和自负文责的。他们对毛泽东提出的“马克思主义中国化”的深层含义全凭自己领会，故所作论证有所不同，并非如后来的“舆论一律”。不过，他们的论证最终都能得出“毛泽东的思想就是中国的马克思主义”的结论，为毛泽东思想成为党的指导思想作了足够的理论铺垫。

新哲学会成立后艾思奇按照毛泽东的布置，主编和写作了一系列论文著作，其中包括批判叶青对“马克思主义中国化”颇具杀伤力的歪说。[①] 自1940年至1941年，新哲学会的几位重要成员发表了大量文章，对中国化命题进行了哲学论证和理论宣传。[②] 艾思奇延安时期撰写了《哲学的现状和任务》（1938年）、《论中国的特殊性》（1940年）、《怎样研究辩证法唯物论》（1940年）、《抗战以来几种重要哲学思想评述》（1941年）等文章，研究了马克思主义中国化几个基本理论问题。

---

① 李淮春主编：《马克思主义哲学全书》，中国人民大学出版社1996年版，第3页。

② 此节和上一节，未加出处者，见张远新吴素霞：《试论延安时期党的理论工作者对马克思主义中国化的探索与贡献》，《毛泽东邓小平理论研究》2007年第4期；谭群玉、周兵：《新哲学会与“马克思主义中国化”》，《哲学研究》2006年第6期。

一是马克思主义中国化的可能性问题：“马克思主义之所以能够中国化，是由于中国自身本身早产生了马克思主义的实际运动，中国的马克思主义是在中国自己的社会经济发展中有它的基础，是在自己内部有着根源”。强调了马克思主义“化”中国的实践的前提作用。

二是马克思主义中国化的必要性问题：马克思发现的社会发展规律有一般指导作用，但这些规律在不同的民族有各种特殊形式，因此实践马克思主义时必须注意中国的特殊性。而叶青夸大特殊性对一般规律的拒斥，这是公式主义和闭关自守主义者。[①] 叶青是以闭关自守主义解释中国化，而马克思主义中国化是强调中国的特殊性，二者要划清界限。[②]

三是马克思主义中国化原则：是坚持马克思主义基本观点、立场和方法基础上的中国化，而不是背离马克思主义另有所“化”。叶青《论中国学术化》中说“化是带有改作和创造的性质的，理解、精通、继承、宣传、应用、发挥……都不是化，当然也不是中国化了”“它必须变更其形式，有如一个新的东西，中国的东西，与原来的东西不同。这才叫做中国化”。艾思奇指出这就不是“化”马克思主义了，这是要篡改马克思主义。此外还要反对党内的两种错误倾向（后来毛泽东表述为教条主义与经验主义），即书呆子式的专门从名词公式上推敲的倾向，及事务主义或实际主义，这是“哲学无用论”，把经验看得太高。要用辩证法唯物论观点考察现实事物。这实际上表述了理论联系实际的基本精神了。

四是马克思主义中国化的内涵：“化”就是运用马克思主义研究中国现实，并以此决定革命的任务和战略策略，不仅指实践马克思主义，而且要创造马克思主义的事业。

五是马克思主义中国化的两种途径：“第一要能控制中国传统的哲学思想，熟悉其表现方式；第二要消化今天的抗战实践的经验与教训”[③]。

---

① 佟玉琨：《延安新哲学会史料介绍》（五），第 1 页；《关于马列主义中国化》，《毛泽东思想研究动态》1985 年第 3 期。

② 艾思奇：《论中国的特殊性》，《中国文化创刊号》1940 年 2 月 15 日。

③ 《艾思奇文集》第 1 卷，人民出版社 1981 年版，第 447、447、453－454、481、420 页。

1940年另一名新哲学会成员杨松，他把马克思主义中国化的内涵泛化到一个更加广泛的论域。可见他的写作是完全自由的，并未配合政治任务。他认为中国学者要把握马列主义的理论基础，又要“精通他们自己所专门研究的科学部门中世界文化中已有的成果，以达到中国各门学术的马列主义科学化，以发扬和光大中华民族的文化，以获得中国文化在全世界中之地位”，“去完成马列主义中国化，或说中国学术马列主义化，中国学术科学化的光荣伟大的历史任务”。马列主义中国化包括了各门学科理论的深入研究和马克思主义的宣传及通俗化、大众化工作，以及翻译出版、继承精通文学艺术方面的中外已有成果。他甚至把西欧启蒙运动者的著作和俄国古典文学、苏联和欧美无产阶级文学的翻译和介绍，也作为马克思主义中国化的成绩之一。杨松认为马克思主义中国化要防止两种倾向：一种是把中国社会、经济、历史和思想的发展，与全人类社会、经济、历史和思想的发展隔离起来，否认了中国社会和文化发展与全人类社会和文化发展的共同规律性。叶青等人鼓吹的“把握中国特殊论”和“国情论”采取的即是这种方法。第二种是照搬西欧和苏联的革命经验到中国，是机械唯物论方法，这种方法否认中国社会、经济和历史的具体特点。①

延安整风运动，是推动全党开展毛泽东思想研究和宣传的一个动力。② 1941年5月19日毛泽东在延安高级干部会议上作了《改造我们的学习》，批判“主观主义学风”。大规模整风正式拉开序幕。1941年，中央政治局召开扩大会议，讨论十年内战后期党的领导路线问题，实际是高层领导整风。9月10日毛泽东作了反对主观主义和宗派主义问题的报告，提出“要分清创造性的马克思主义和教条式的马克思主义”，“要使中国革命丰富的实际马克思主义化”。③ 这意味着要在领导层内区分“教

① 杨松：《关于马列主义中国化的问题》，《中国文化》第1卷第5期，1940年7月25日。

② 此节未加出处者，见鲁振祥：《“马克思主义中国化”解读史中若干问题考察》，《中国特色社会主义研究》2006年第1期；谭群玉、周兵：《新哲学会与“马克思主义中国化”》，《哲学研究》2006年第6期。

③ 《毛泽东文集》第2卷，人民出版社1993年版，第374页。

条式的马克思主义”者与“创造性的马克思主义”者，并且前者要给后者让位，还进一步宣布中国革命的实践者有发展创造马克思主义理论的合法性。之后整风运动向纵深和更广范围、更大规模发展，在整风运动的推动下，党的领导层先后陆续表态，承认马克思主义中国化已经结出了成果，这就是毛泽东同志的思想。至中共七大前，全党已就此达成了共识。七大刘少奇的报告是对马克思主义中国化第一次飞跃的总结，成为此后界定毛泽东思想的固定范式。

延安新哲学会的成员，在参与马克思主义中国化的理论研究活动的同时，积极参与了毛泽东思想的提出、定名、研究、宣传的重大政治活动。1940 年 2 月艾思奇撰文，他首先由“马克思主义中国化”的命题，悟出了中国“有了自己的马克思主义”。这是后来提出“中国化的马克思主义”和“毛泽东思想”概念的先导。但是要从“马克思主义中国化”的理论命题，飞跃到“中国化的马克思主义已经诞生”的政治命题，在理论上还需要一个过渡环节，这就是“创造性马克思主义”及“创造性马克思主义者”概念的引入。

这一理论环节的缺失，由新哲学会另一成员张仲实察觉并弥补了。1941 年 1 月他在延安《解放》杂志上发表署名“实甫”的文章，针对性地提出完全相反的两种马克思主义类型：“一种是口头上的、书本上的、教条式的；另一种则是革命的、实践的、创造性的”。他的贡献，是为毛泽东八个月后要在党内“分清创造性的马克思主义和教条式的马克思主义”提供了重要的理论依据。而且，他的论证方法在政治上非常高明，对“教条式”和“创造性马克思主义”的分法完全引经据典，他找到了斯大林的权威著作《论列宁》。他从斯大林的“创造性的马克思主义”概念，引出了“创造性马克思主义的代表者”的概念，他列举了列宁是创造性马克思主义的“伟大模范”，斯大林就是当今的列宁，而“马克思主义中国化”就是学习“创造性马克思主义”的榜样。但他政治上不够敏感，不仅未把王明隐射为中国“教条的马克思主义的代表者”，还将他与毛泽东、张闻天并列为“创造性马克思主义的代表者”，而且仍把毛泽东置于中国共产党领导集体中的一员。[①] 这只能够得上整风之前一般理论工作者和一般干部的普遍认识水平。

杨松也同样将关于中国社会性质的理论创造，归作共产国际和中国共产党集体的贡献。他只在论述红色政权建设和人民军队建设、军事战略战术学说方面的“马克思主义中国化”的成绩时谈到毛泽东的贡献，而将成绩作为中国共产党的集体创造。[②]

艾思奇认为“马克思主义中国化”的代表著作以毛泽东的为主，包括朱德、刘少奇、张闻天的作品，同样强调的是集体智慧的结晶。但是，他已经引人注目地将当时尚为大名鼎鼎的理论家王明排除在外。[③]

而张如心是新哲学会中最具政治敏锐性的人，他从 1941 年 3 月至 1942 年 2 月，写出一系列文章，在中共领导集体中只突出宣传毛泽东一人，并首创“毛泽东同志的思想”的概念，为后来党内高层领导者如王稼祥等作“毛泽东思想”的概括，做了舆论准备。1941 年 3 月张如心发表《论布尔塞维克的教育家》，说毛泽东的演讲与著作是“马列主义中国化的最好的体现”，并第一次提出要忠实于“毛泽东同志的思想”。[④] 这成为他以后大量论文的持久主题。1941 年 4 月张如心在《解放》周刊上发表了《在毛泽东同志的旗帜下前进》，颂扬毛泽东“是一个中国最好的创造性的马克思、列宁主义者……他是我们党政治领袖与军事战略家品质兼优最好的典型人物”。他是对毛泽东的理论创造和“毛泽东同志的思想”“毛泽东主义”的内涵进行理论归纳的第一人，他的归纳为后来的理论家和党的领导人的更频繁、更全面准确的归纳开了先河：毛泽东判定了中国社会性质是殖民地、半殖民地、半封建社会；毛泽东分

---

① 实甫：《掌握创造性的马克思主义——为纪念列宁逝世十七周年而作》，《解放》第 123 期，1941 年 1 月 16 日。

② 杨松：《关于马列主义中国化的问题》，《中国文化》第 1 卷第 5 期，1940 年 7 月 25 日。

③ 艾思奇：《抗战以来的几种重要哲学思想评述》，《中国文化》第 3 卷 2、3 期合刊，1941 年 8 月 20 日

④ 张如心：《论布尔塞维克的教育家》，《共产党人》第 16 期，1941 年 3 月 20 日。

析了中国社会各阶级的特点；毛泽东论证了中国革命是世界社会主义革命的一部分；论证无产阶级和资产阶级建立民族统一战线是中国民族民主革命的基本问题；论述中国革命的长期性及中国革命斗争形式主要是武装斗争；制定了抗日民族统一战线政策；建立了工农民主专政苏维埃政权；提出建立革命军队和革命根据地的方针，创造了一套完整的中国革命战争的战略战术。①

1941 年 7 月张如心的文章中又说毛泽东著作“创造了以马列主义理论与中国革命实践相结合的模范例证”，是“我党马列主义中国化最好的典型著作”。② 1942 年 2 月 18 日，张如心文章综合毛泽东的理论和策略体系为三个部分：思想路线或思想方法论、政治路线或政治科学、军事路线或军事科学，“这三个组成部分内在有机的统一便构成毛泽东的理论和策略底体系”，“毛泽东主义决不是什么农民主义、洪秀全主义，它是 20 世纪的中国无产阶级的理论和策略，是中国民族解放和社会解放的科学武器”。③

党的领导层对毛泽东进行大规模的颂扬始于此后的 1942 年。此前的 1940 年 5 月王明曾发表《学习毛泽东》一文，算是较早颂扬毛泽东，但心既不诚又说不到要领，并未得到被颂扬者的释怀。而对上层人事并不知底的学者张如心，其文因而更具客观色彩和学术价值，所以为毛泽东本人所接受。此后党内高层领导人朱德、张闻天、陈毅、彭真、周恩来等纷纷发表讲话或文章，肯定毛泽东思想是中国化的马克思主义。1943 年 7 月 8 日王稼祥在《解放日报》发表文章首先提出“毛泽东思想”的概念，并将毛泽东思想定义为“中国的马克思列宁主义，中国的布尔塞维主义，中国的共产主义”。④ 党的七大采用了这个概念，最终统一了中国化马克思主义的标准称名。刘少奇在七大所作《关于修改党章的报

---

① 张如心：《在毛泽东同志的旗帜下前进》，《解放》第 127 期，1941 年 4 月 30 日。

② 张如心：《论创造性的学习》，《解放》第 131、132 期合刊，1941 年 7 月 7 日。

③ 张如心：《学习和掌握毛泽东的理论与策略》，《解放日报》1942 年 2 月 18 日。

④ 王稼祥：《中国共产党与中国民族解放的道路——纪念共产党二十二周年与抗战六周年》，《解放日报》1943 年 7 月 8 日。

告》，从具体性、时代性和民族性三个方面定义毛泽东思想：一是马克思列宁主义的理论与中国革命的实践之统一的思想。二是马克思列宁主义在目前时代的发展。三是“完全是马克思主义的，又完全是中国的”“是发展着与完善着的中国化的马克思主义”。并从九个方面概括了毛泽东思想的基本内容，构建了毛泽东思想的理论体系。这些论述后来大部分为十一届六中全会通过的历史决议所采纳，一直沿用至今。

第三节 以中国化马克思主义教育全党——党的建设的中心环节

以思想教育为党的建设的中心环节，是毛泽东党建理论最有特色之处。思想教育最重视的环节就是学习，这与现代学习理论所提出的建设学习型组织、学习型社会、学习型政党是相通的。思想教育的目的，就是用中国马克思主义统一全党的思想。毛泽东“把全党变成一个大学校”的号召是首先在延安提出的，[①] 他要求全党及各根据地的各级各类机关都设立干部教育机关，建立干部教育制度。他还说过光有武装的军队不行，还要有文化的军队，要把党和军队都变成“大学校”，这种构想几十年不变，一直到晚年的五七指示仍坚持全社会都办成“大学校”。他把个人的、分散的、吸收知识的、工具性的学习，上升为组织化的、集体性的、塑造规范价值和信仰的、党的生存之道的学习。至此，学习型政党、学习型社会的构想都有了。

1941 年 5 月 19 日毛泽东郑重其事地提出：要“改造”全党学习方法和学习制度。这实即整风运动的启动，这也是有意识地自觉地建设学习型政党的起点。以前党员或因为处于地下或因为游击于山上，对马克思主义理论的学习多是出于个人的理论需要或知识兴趣，是自发的、分散的、零碎的、纯书本式的、纯理论研究式的。毛泽东把党员个人自学式的学习，转变为组织化的学习，变为党的行为，形成中国共产党的学习传统和学习制度，建立起劝学、导学、奖学、助学的激励机制和评学、

---

① 《毛泽东文集》第 2 卷，人民出版社 1993 年版，第 185 页。

督学、述学、考学的约束机制等一系列规范化制度化的学习机制，把中国共产党建设为学习型的政党。中国共产党的组织化的学习活动，可以从当初延安进行的各方面学习中体现出来。1945 年 4 月 21 日七大预备会议上毛泽东对整风学习运动进行了总结，他将联共（布）历史与中共历史相比，认为二者都实现了从“小组”到“建党”的提升，但中共还没能像《联共党史》所描述的那样，实现从“根据地”到“全国”的提升。“《联共党史》开卷第一页第一行说，苏联共产党是由马克思主义的小组发展成为领导苏维埃联邦的党”，而“我们也是由小组到建立党，经过根据地发展到全国，现在还是在根据地，还没有到全国。我们开始的时候，也是很小的小组”①。《联共党史》与中共历史的比照，给人以必胜的期待。毛泽东认为陈独秀开启蒙、创建党，与普列汉诺夫做了同样的工作，在“苏德战争以后，斯大林在一篇演说里把列宁、普列汉诺夫放在一起，《联共党史》也说到他”。② 中国既有陈独秀这样的普列汉诺夫，当然也就会有自己的列宁，中国人应该有这样的信心。

一、统一规范学习目的和内容：以中央精神为“共同愿景”

毛泽东此时引人注目地提出“改造”全党的学习，是认为党的学风和学习方法有问题，认为这些问题所反映的是学习目的问题。学习应该有明确目的，应该贯彻中央精神。毛泽东提出“有的放矢”的学习精神，即全党学习应以研究中国革命实际问题为中心（这是统一规范学习目的），研究马克思列宁主义“又应以《苏联共产党（布）历史简要读本》为中心材料”（这是统一规范学习内容）。因为它“是一百年来全世界共产主义运动的最高的综合和总结，是理论和实际结合的典型，在全世界还只有这一个完全的典型”③。学习型组织理论的倡导者们，都认为团队学习要有一个目标，即他们所谓“团队共同愿景”。而对于中国共产党这么一个巨型组织来说，“团队的共同愿景”就是中央精神。

---

① 《毛泽东文集》第 3 卷，人民出版社 1996 年版，第 290－291 页。

② 《毛泽东文集》第 3 卷，人民出版社 1996 年版，第 294 页。

③ 《毛泽东选集》第 3 卷，人民出版社 1991 年版，第 802－803 页。

1941 年 9 月 10 日，毛泽东中央政治局扩大会议上再次强调，反对党内主观主义、教条主义和经验主义，在思想方法论上要学习《联共党史》中关于联共（布）党内斗争的历史经验，学习列宁、斯大林与党内外各种“反对派”斗争的经验。[①] 毛泽东如此强调以《联共党史》为学习内容，是因为《联共党史》可以满足中共总结历史经验、规范党的建设、普及马克思主义基本知识、实施理论动员等多层次的需要。其组织学习的“愿景”也即中央的精神是什么呢？下节要说到的整风，是当时一个直接的“愿景”，更长远的“愿景”当然是为马克思主义中国化服务。毛泽东的读者身份、阅读方式和阅读旨趣，必然使马列著作的阅读，由“个人行为”向“政党组织行为”直至“国家集体行为”转变，深刻影响中共的马克思主义阅读，影响马克思主义中国化的历史进程。

从阅读旨趣即学习“愿景”来看，毛泽东丝毫也没有经典神圣化心态，而意恰在消解“教条主义”“本本主义”，恰在“借洋调翻中曲”即为马克思主义中国化求发展，当然也为了从政治上丰富中共的革命战略和策略。解释学将读者分为两类：一是“意指的读者”，即马列著作在编写之时作者所意欲影响的阅读对象，因为后者影响到前者的写作，所以阅读对象直接“参与”文本的写作。一是“现实的读者”，即原作者没顾及的、创作时不在场的读者，他们会有不同的阅读目的和价值选择，会不顾作者而对文本作自己的选择性理解。所以萨特说阅读是一种“被引导的创造”，是“创造”性的阅读，在阅读中“创造”。[②] 毛泽东选取的是马列著作中关于武装斗争、党内斗争、党的建设和俄国革命理论等几方面，为的是创造中国的经验，是要将中共军事斗争经验和党的建设经验予以马克思主义化并创新马克思主义。

毛泽东在规范全党的学习中，强调学习《联共党史》结语六条，并多次在党内宣读，这六条正是毛泽东所要宣示的中央精神也即“团队愿景”。这六条囊括了马克思主义政党的思想建设、政治建设、组织建设和作风建设及开展思想斗争和批评的方式方法，对中共党的建设影响很大。

---

① 《毛泽东文集》第 2 卷，人民出版社 1993 年版，第 373 页。
② 转引自【美】费什：《读者反应批判》，文化艺术出版社 1989 年版，第 17 页。

结语六条所表达的精神，就是整风学习的中央精神和“团队愿景”。关于《联共党史》结束语的学习如何与整风运动结合，作了非常细致具体的统一规范：一是在整顿学风反主观主义阶段，学习联共党史结束语第二条，第二条强调掌握马克思主义理论；[①] 二是整顿党风反宗派主义阶段，学习联共党史“结束语”第三、四、五条，这几条讲同党内外机会主义进行斗争以及开展批评与自我批评；[②] 三是综合研究阶段，学习联共党史结束语全部。[③]

毛泽东还到各种学习场合中亲自宣讲六条。1941 年他在反驳第三次“左”倾路线时，引证《联共党史》结束语第四条、第五条，提出要学习苏联党内斗争经验，既要同“党内机会主义集团”做坚决斗争，又要作批评与自我批评，纠正“乱斗法”。[④] 同年 9 月 10 日的中共中央政治局扩大会议上，毛泽东指出主观主义的来源之一是“外国的传统，过去共产国际如布哈林、季诺维也夫等人的影响”，要“研究马、恩、列、斯的思想方法论，以《联共党史》为学习的中心，多反对主观主义的言论”[⑤]。1942 年 2 月 8 日，毛泽东再次引证《联共党史》结束语第四、第五条，说“残酷斗争”和“无情打击”两个词，是“装腔作势，借以吓人”的党八股，用来对付偶犯错误同志是错误的，“对于这类同志，就须使用批评和自我批评的方法，这就是《联共党史》结束语第五条所说的方法。”[⑥] 同年 11 月 21 和 23 日在中共中央西北局高干会议上，毛泽东结合《联共党史》结束语的第四、五条内容，讲授斯大林《论布尔什维

---

① 参见《中共中央文件选集》第 13 册，中共中央党校出版社 1991 年版，第 393 页。具体要求是：会同毛主席二月一号整顿三风报告、关于改造学习报告、论布尔塞维克化第二条等文件，研究时间为三星期。

② 参见《联共（布）党史简明教程》，人民出版社 1975 年版，第 394 – 397 页。

③ 参见《中共中央文件选集》第 13 册，中共中央党校出版社 1991 年版，第 394 页。具体要求是：会同毛主席改造学习报告、二月一号与二月八号报告、论布尔塞维克化十二条全部、中宣部“四三”决定、斯大林论领导与检查等文件，研究时间为三星期。

④ 《毛泽东文集》第 2 卷，人民出版社 1993 年版，第 346 – 347 页。

⑤ 《毛泽东文集》第 2 卷，人民出版社 1993 年版，第 373 – 374 页。

⑥ 《毛泽东选集》第 3 卷，人民出版社 1991 年版，第 835 页。

克化十二条》，说“十二条”是我们全党的“圣经”，但不是教条。[①] 这是以学习六条来规范整风，又以整风来运用六条。这就奠定了党的一个传统——党的每一个新任务、新运动、新斗争，都要结合统一规范的学习来进行。

新中国成立后又一次掀起学习《联共党史》的高潮。这次学习《联共党史》的“愿景”，是要发动社会主义改造运动。中央的精神，是要使“全党主要干部都能有系统地了解苏联实现国家工业化、农业合作化和完成社会主义建设的基本规律，以便在我国经济建设过程中根据我国具体条件正确地利用苏联的经验”[②]。1954 年 4 月中央宣传部再次发出通知要求学习《联共党史》第十章以“进一步从理论上和实践上弄清在总路线学习中为解决的这些问题，特别是有关工业化时期所遇到的各种困难问题，如工农业产品不足现象，计划收购和计划供应服从国家计划的必要性”等。[③] 整个 1953 年 5 月的《人民日报》第三版关于研习《联共党史》的理论文章至少 9 篇，全年几乎周均一篇。《联共党史》的学习，成为中央推动过渡时期总路线宣传和社会主义改造发动的有力武器。

二、统一规范学习活动和过程：以学习为党员义务

毛泽东 1941 年 5 月《改造我们学习》的报告中提出“全党的学习方法和学习制度改造”[④]，学习方法的改造是反对教条主义和经验主义的学习方法，代之以理论联系实际的学习方法。学习制度的改造，则经过一系列指示的规范，如规定学习主持机构、学习任务、学习材料、人员范围、时间、方法，规定从普通党员到高级干部的学习任务。规定学习不仅是党员一种权利，也是党员对于组织的义务和一项工作任务，逐渐形成了组织管理下的统一学习制度。即党委领导下的由各种学习机构辅助

① 参见逄先知主编：《毛泽东年谱》（中卷），中央文献出版社 1994 年版，第 465－467 页。

② 《建国以来重要文献选编》第 4 册，中央文献出版社 1993 年版，第 141 页。

③ 《中国共产党宣传工作文献选编》（1949—1956），学习出版社 1996 年版，第 761－762 页。

④ 《毛泽东选集》第 3 卷，人民出版社 1991 年版，第 785 页。

的一系列学员构成方法、学习课程设置方法、学习小组制度、学习指导制度、学习过程管理制度、学习汇报总结制度、学习奖惩制度的总汇。这些学习方法和学习制度从当前意义说，为经典著作和中央文件的学习的系统化、组织化，创设一系列规范；而从党的建设来说，则是对学习型政党的初步构建。

（一）学习机构及学习领导机构的设置

延安时期开始设置各种领导及辅助学习的机构，这些学习机构不是常设的，而是随学习任务不同而不断变动其名称、职能、权限、人员构成。1938 年 10 月成立中共中央干部教育部，张闻天、李维汉任正副部长，这是业务性的领导机构。各机关成立学习小组，由主要负责同志兼组长或指导员，由王明担任总的指导。①

1942 年中央又发出《延安在职干部学习的规定》，成立以毛泽东为首的中央总学委，领导整风学习，这是与党务最高领导同构的学习领导机构，具有最大权威。总学委之下，又按行政系统分设分学委，领导全党各级干部的学习。总学委这一领导学习的行政机构，与党中央领导机关具有平行的权威，可见将学习的重要性，强调得无以复加。

（二）学习活动的组织化制度化

整风中党员领导干部的学习，不再是个人行为，而是由中央、各级党委或学习领导机构统一布置的学习任务和统一组织的学习活动。1939 年 5 月 20 日在陕北公学大礼堂召开延安在职干部学习动员大会。李维汉指出“研究联共党史，是解决精通马列主义任务的最重要的道路”②。毛泽东亲自到会，强调要“长期地学下去”，搞好其中的学问。③ 此前后干部的学习活动，即由中央干部教育部统一规范。如 1939 年春 2 月中央干部教育部制定的《延安在职干部教育暂行计划》，将党员按职务和文化程度划分为甲类和乙类，甲类干部（担任负责工作的老干部，共计 837

---

① 《陕甘宁边区教育资料（在职干部教育部分）》，教育科学出版社 1981 年版，第 13 页。

② 《陕甘宁边区教育资料（在职干部教育部分）》，教育科学出版社 1981 年版，第 5 – 6 页。

③ 《毛泽东文集》第 2 卷，人民出版社 1993 年版，第 184 页。

人）为在职学习形式，每天学习两小时。[①] 规定“第一次甲类干部的联共历史学习”从1939年9月开始，在延安女子大学大礼堂讲授。“第二次乙类干部的联共历史学习从6月5日起”开始讲授。[②]

后来成立级别更高、权力更大的中央学习领导机构，总学委和书记处不断就学习发出直接指示，对学习的重视突显。1940年1月3日，中央书记处发布《中央关于干部学习的指示》，学习三类课程，要求在职干部平均每日学习两小时，并使之持久化与经常化。[③] 1940年2月15日，中央书记处发布《中央关于办理党校的指示》，“为了巩固与发展党，各地党的领导机关均应办理党校以加强对党的干部的马列主义教育”。指示要求参考《关于干部学习的指示》中的课程设置相关决定，在中央各分局举办的党校中训练中级干部（县级及区书）。

在学习时间上，强调简化组织形式、减少会议及课外活动，以保证学生每日有8个小时的学习时间。1940年3月20日，中央书记处发布《中央关于在职干部教育的指示》，意在补充《关于干部学习的指示》，规范干部理论学习。在职干部分为为甲乙丙类，每日保证两小时学习，“非因作战或其他紧急事故”不可耽误；学习的方式可依环境和类别变成学习小组，每月开会讨论两次，可用座谈会方式。[④] 12月1日，中共中央发布延安在职干部学习的决定，将延安在职干部分为四类。[⑤] 12月17日，中央发布关于延安干部学校的决定，党地委以上、军队团级以上的干部以“联共党史”为学习马列主义的基本教材，以此分清、领会和

---

① 华东师范大学教育系编：《中国现代教育文选》（修订版），人民教育出版社1998年版，第487页。

② 《陕甘宁边区教育资料（在职干部教育部分）》，教育科学出版社1981年版，第94页。

③ 《中共中央文件选集》第12册，中共中央党校出版社1991年版，第227－228页。

④ 《中共中央文件选集》第12册，中共中央党校出版社1991年版，第333－335页。

⑤ 《中共中央文件选集》第13册，中共中央党校出版社1991年版，第242－246页。

运用马列主义的实质。[1]

中共学习行为模式的养成或者说学习型政党的形成，主要是发生在延安整风时期，是在“以学习形式整风—以整风形式学习”的过程中实现的。整风是毛泽东的一大创新，为党内斗争创造了整风这样一种处理内部矛盾的温和形式（相对以前肃反、清队形式）。就组织化的学习而言，整风是一种新发明的体验性学习形式；就整风运动而言，学习又可以作为柔性的整风形式。学习式的整风是温和的，整风式的学习是强效的，组织化的整风学习也即中共对学习型政党的初步建设，取得了“弄清思想、团结同志”的良好效果。这为七大的召开打下思想的、政治的、组织的基础。

1942 年 6 月 8 日，中共中央指示：“各地各级党委各级宣传部及原有的高级学习组均应按照中央指定的二十二个文件，有计划的领导这一学习运动。”并且规定“暂行停止一切其他课目（军事学校则暂行减少军事课目），专门学习二十二个文件”，“延安规定每日上午为学习时间……在学习二十二个文件时期中，应把其他一切学习暂行停止等”。[2]该指示还以附件的形式，刊发《中央直属系统四个月研究二十二个文件的计划》和《延安学习组织的概略》。计划规定从四月二十日起为粗读阶段；从五月二十日起到九月二十日止为精读阶段。以上是对学习内容和学习活动的规范。

从 1943 年 3 月至 10 月，是延安整风的总结时期。3 月 20 日中央总学委发出《关于整风学习总结计划》，要求进行学习总结时，要重新学习文件，以巩固前一阶段整风效果。1944 年 3 月 5 日，中央又指定阅读“五本理论书”,[3] 以期“惩前毖后，治病救人”。由此可知，整风与学习

① 《中共中央文件选集》第 13 册，中共中央党校出版社 1991 年版，第 257－258 页。

② 《中共中央文件选集》第 13 册，中共中央党校出版社 1991 年版，第 391 页。

③ 主要包括：马克思、恩格斯的《共产党宣言》，恩格斯的《社会主义从空想到科学的发展》，列宁的《在民主革命中社会民主党的两个策略》（今译《社会民主党在民主革命中的两个策略》）、《共产主义运动中的“左”派幼稚病》，联共（布）中央特设委员会编的《联共（布）党史简明教程》。

是结合为一体的，个人的学习行为已经发展为全党的、团队集体的学习行为。

中华人民共和国成立后延续了由中央发布学习规定的传统。1951 年 3 月 20 日中央发布了《中共中央关于加强理论教育的决定的通知》。[①] 1951 年 8 月 17 日，中央转发西南局关于在职干部学习实施办法的规定，要求“实施有系统的理论教育工作问题作出同样的计划并于九月底以前报告中央”[②]。1952 年 11 月 7 日，中央又发布关于学习斯大林的《苏联社会主义经济问题》的指示，“对于我国即将开始的大规模的经济建设有巨大指导意义。全党干部即应组织学习。”[③] 随着过渡时期总路线的酝酿和发布，《联共党史》的学习掀起比延安时期更大的高潮。1953 年 4 月 23 日中央发布《中国共产党中央委员会关于 1953—1954 年干部理论学习的指示》，规定全党干部理论学习的高级组和中级组的学习内容，学习时间从 1953 年 7 月到 1954 年 12 月，为期一年半。规定每周四小时至六小时。采用定期考试方式，取测验、答问、写论文等形式。[④]

中央指示发布后，各级党委也制订相应细则来规范下属党员的学习。如中共中央直属机关委员会和中共中央人民政府直属机关委员会就曾规定：第一，必须从学习苏联共产党的历史来研究社会主义经济建设的理论和经验，不能“超历史”“超现实”；第二，学习要有重点地进行；第三，理论应联系实际。每天必须以八个小时的时间，以小组为单位集中阅读和研究，训练班强调读书自修，听讲和讨论只是为了辅助自修，训练班结业时，规定每组必须写一篇毕业论文，作为考试等。[⑤]

由此可知，每一次学习活动都由中央统一规范目的、内容、方法、

---

① 《建国以来重要文献选编》第 2 册，中央文献出版社 1992 年版，第 123 页。

② 《中国共产党宣传工作文献选编（1949—1956）》，学习出版社 1996 年版，第 275 页。

③ 《中国共产党宣传工作文献选编（1949—1956）》，学习出版社 1996 年版，第 459 – 460 页。

④ 《建国以来重要文献选编》第 4 册，中央文献出版社 1993 年版，第 143 – 146 页。

⑤ 《为中级组学习“联共（布）党史”作好准备　中央一级机关举办理论教员辅导员训练班》，《人民日报》1953 年 5 月 21 日。

时间。

三、统一规范学习之功能：以政党学习行为取代个人学习行为

如前所述，毛泽东的读者身份、阅读方式和阅读旨趣，必然使马克思主义经典著作的阅读，由“个人行为”向“政党团队行为”直至“国家集体行为”转变。从读者身份来说，毛泽东是以领袖兼读者身份，他从1939年至1964年在著作中至少21次论及一部经典著作，而其阅读和诠释的场域，几乎全是中共各级重要会议，解读的基本文本大都是会议讲话、报告、演讲以及党的政治报告等权威形式。毛泽东的阅读动机和理解必定深刻影响到全党，把党员个人的阅读理解统一到全党的认识上来，把分散的个人学习行为，转变为政党的团体学习行为。正是经常性和长时期的统一学习活动，促进中共形成一系列的学习规范和学习制度，促进了中共学习型政党的建设。

从阅读方式来说，阅读主体以党的高中级干部为主；阅读的目的意在政治斗争，是一种典型的政治性阅读；阅读路径是自上而下的政党组织的行政力量。这种学习活动是典型的“政党行为”，以干部教育运动、整风运动为载体，形成系统化、组织化学习。中华人民共和国成立后的政治学习，如直接配合过渡时期总路线宣传和社会主义改造运动的政治学习，是由政党行为扩及国家行为和社会行为，由学习型政党扩及学习型国家和学习型社会。这符合列宁的灌输观点，这种学习模式体现权力和知识的结合，原分属于政治和文化两个不同领域的要素结合起来了。经典著作的历史知识是经过解释和规范的，“不容许有任何随意的解释”。[①] 统一规范的学习内容、学习方法、学习组织和学习制度，是决定经典著作解读的关键，这种统一规范保证了和决定了阅读的结果，保证学习者获得一种与中央精神完全一致的马克思主义理解，从而达到改善团队成员“心智模式”和“自我超越”的目的。

比如，毛泽东把列宁的党建理论创造性地运用于中国共产党，由此

---

① 《联共（布）关于报刊书籍的决议》，人民出版社1954年版，第271页。

改塑中国共产党的组织建设和思想建设。1948 年毛泽东纪念十月革命三十一周年的文章中还回顾说：中共“就是依照苏联共产党的榜样建立起来和发展起来的一个党”①。《联共党史》第二章第四节援引列宁的《进一步退两步》，说列宁在马克思主义历史上第一次制定了关于党的学说，“成了布尔什维克党组织基础的基本组织原理”，“它反对小组习气而捍卫了党性，反对捣乱派而捍卫了党，粉碎了孟什维克在组织问题上的机会主义，奠定了布尔什维克党的组织基础”。② 列宁把党的外部关系和内部关系概括为六条：一是党是工人阶级的先进部队；二是党是有组织有纪律的部队；三是党是工人阶级一切组织中的“最高组织形式”，领导其他一切组织；四是党是先进部队与群众联系的体现；五是党按集中制原则组织才能领导群众；六党要实行统一的无产阶级纪律。③ 列宁所概括的六条成为毛泽东建党学说的核心，深刻塑造了中国共产党的组织形态。

又如，毛泽东最重要的理论创造——新民主主义理论，得到列宁革命策略理论的支持而最终统一了全党思想，成为中共政治建党的理论基础。《联共党史》第三章第三节援引列宁的《在民主革命中社会民主党的两个策略》一文，提出布尔什维克策略三大要点：一无产阶级应当成为资产阶级革命的领导者，二人民武装起义是争得民主共和国的重要手段，三资产阶级革命过渡到社会主义革命。④ 列宁的三个策略构成毛泽东新民主主义理论的核心观点，即资产阶级革命由旧民主主义向新民主主义转变的两个基本点：一是无产阶级领导权，二是社会主义前途。

再如，教育全党认识农民问题，肃清党内农民意识和民粹主义的影响。通过学习《联共党史》所汇总的俄国马克思主义经典文献对民粹主义的批判、关于俄国阶级与经济关系与革命主体等问题的论述，对于中共党员警惕民粹主义对无产阶级政党的思想侵蚀、批判农民意识、批判

① 《毛泽东选集》第 4 卷，人民出版社 1991 年版，第 1357－1359 页。
② 《联共（布）党史简明教程》，人民出版社 1975 年版，第 56 页。
③ 参见《联共（布）党史简明教程》，人民出版社 1975 年版，第 50－54 页。
④ 参见《联共（布）党史简明教程》，人民出版社 1975 年版，第 71－81 页。

空想社会主义有重要理论参考价值。毛泽东充分吸收了这一理论营养，对新民主主义理论作了进一步完善。近年理论界反复地援引过的毛泽东在七大期间的一次谈话，大意说没有千千万万农民的个性解放，没有新民主主义工业化的完成，社会主义是不可能的。[①] 毛泽东1945年党的七大报告又说：党内存在民粹派思想，“所谓民粹主义，就是要直接由封建经济发展到社会主义经济，中间不经过发展资本主义的阶段。俄国的民粹派就是这样”[②]。1948年4月毛泽东在晋绥干部会议上的讲话又运用这个理论：“我们赞成农民平分土地的要求，是为了便于发动广大的农民群众迅速地消灭封建地主阶级的土地所有制度，并非提倡绝对的平均主义。谁要是提倡绝对的平均主义，那就是错误的。现在农村中流行的一种破坏工商业，在分配土地问题上主张绝对平均主义的思想，它的性质是反动的、落后的、倒退的。我们必须批判这种思想。”[③] 这些理论认识，表明中国共产党通过“组织化学习”，改善了心智认知模式，达到新的“自我超越”的高度。

中国共产党全党如此统一领导、统一部署、大规模、长时间地学习一批马克思主义文献，这在世界共产主义运动史上是少见的，向两代中国共产党人普及了马克思主义基础知识和中国马克思主义精神实质。这一次跨越几个历史时期的学习，其成效也是显著的，满足了中国共产党对于无产阶级革命、工人阶级政党建设和社会主义改造、社会主义建设的理论需要、知识渴求和经验参照，也对解决马克思主义中国化问题作出了启示。中国共产党在这一学习活动的实践中，大大加速了学习型政党的建设。到中国共产党第七次全国代表大会召开，全党已完全用中国马克思主义即毛泽东思想统一和武装起来。

---

① 《毛泽东文集》第3卷，人民出版社1996年版，第275页。
② 《毛泽东文集》第3卷，人民出版社1999年版，第323页。
③ 《毛泽东选集》第2卷，人民出版社1991年版，第1314页。

第四节　中华人民共和国成立初中国马克思主义大众化的努力

到20世纪50年代，中国马克思主义由理论创新到统一、武装全党的任务大体完成，现在的任务是要普及到全国大众，实现中国马克思主义的大众化。马克思主义大众化与马克思主义中国化句式结构相同，而功能结构却不同。两个命题的主体是相同的，都是中国共产党。但是客体不同，马克思主义中国化的客体是一个、即马克思主义，而马克思主义大众化的客体是两个即大众和马克思主义。从主体目的来说，就是用马克思主义来统一和武装大众的思想；从主体的手段来说，就是用马克思主义来教育和灌输给大众；从客体来说，则是大众“被马克思主义化”，其次是马克思主义由书斋文本形式和政治实践形式（党的纲领方针政策行动）“化”为大众的一般政治常识和生活文化观念。文本马克思主义、政治实践形式的马克思主义、大众生活文化观念形式的马克思主义，这三者是有差异的，差异就是矛盾。文本马克思主义与政治实践形式的马克思主义之间的矛盾，由主体、即党的组织和政治领袖为中介来解决；而这两种形式的马克思主义与大众生活文化观念之间的矛盾，则由进步知识分子为中介来解决。

进步知识分子是中介而未必是主体，但有时也是主体之一，如艾思奇的《大众哲学》就是当时知识分子作为主体推进马克思主义大众化的代表作。中华人民共和国成立后这个主体主要是党和国家，知识分子更多的是作为中介的角色，主要从事中国马克思主义文本的编辑和宣传。从1951年到1953年，先后选编出版毛泽东选集一、二、三卷，每出一卷都在全国掀起大规模的学习运动。1951年1月29日和2月6日，《人民日报》两次发表社论，号召全党全国学习《实践论》，高度评价这一著作“充实和发展了马克思主义的认识论”，“开辟了我们学术革命的思想道路”，指出学术革命的方向“就是要把辩证唯物论和历史唯物论的观点和方法具体地应用于各种的学术部门”。

马克思主义理论工作者的任务从过去的马克思主义学术中国化的独

立理论研究，转变为对毛泽东思想的解说和注疏。胡乔木、李达、胡绳、华岗、李淇等理论家纷纷撰文宣传毛泽东思想，这一时期发表的比较重要的论文有一百多篇，著作有30多篇。[①] 其中有学理阐发和意义阐发的大作，如胡乔木的《中国共产党的三十年》、张如心的《毛泽东同志对马克思主义唯物论的贡献》。也有联系社会实际和思想实际问题的心得式笔记，如王学文的《由实践论谈到经济工作》、丁浩川的《明确我们在土地改革运动中的立场》等。还有普及性的通俗解说文章，如知名理论家李达、艾思奇、何敬思、王学文、张汝心、沈志远等撰写的解读“两论”的文章。中国新哲学研究会在北京就学习《实践论》连续举行座谈会，著名哲学家冯友兰和郑昕分别代表中国最高学府清华大学和北京大学哲学系在会上作了报告，与会学者也纷纷发言，认为《实践论》提出了一种新哲学，是对旧哲学的革命。

其中李达的《矛盾论解说》《实践论解说》的写作，是得到毛泽东亲自关注的。李达每写完一部分就寄给毛泽东审阅修改。他没有拘泥于毛泽东把太平天国革命列入排外主义的判断，而只把义和团运动算作排外主义，毛泽东在修改李达的《解说》时注明：“实践论中将太平天国放在排外主义一起说不妥，出选集时拟加修改，此处暂仍照原。”并致信李达说：“《解说》极好，对于用通俗的言语宣传唯物论有很大的作用……关于辩证唯物论的通俗宣传，过去做得太少，而这是广大工作干部和青年学生的迫切需要，希望你多写些文章。”[②] 他对“两论”采用逐段解说的方法，综合运用历史学，哲学史，科学史，自然科学知识。比如《实践论》开头提到新旧唯物论的界限问题：“马克思以前的唯物论，离开了人的社会性，离开人的历史发展，去观察认识问题，因此不能了解认识对社会实践的依赖关系，即认识对生产和阶级斗争的依赖关系。”[③] 涉及马克思以前的唯物论、人的社会性、社会实践、认识依赖实

---

① 参见中国社科院马列所毛泽东思想研究室编：《毛泽东生平、著作研究索引》下册，国防大学出版社1986年版。廖盖隆主编：《毛泽东百科全书》，光明日报出版社2003年版。

② 《毛泽东书信选集》，人民出版社1983年版，第407页、408页。

③ 《毛泽东选集》第1卷，人民出版社1991年版，第282页。

践等一系列问题，李达用了1800字的篇幅进行详细解说，对这些问题逐一进行说明。李达的解说还有所发挥，甚至于论到了社会主义社会的矛盾："社会生活中的对抗性矛盾，是阶级矛盾的表现，这类矛盾只有用不妥协的阶级斗争的方法才能解决。至于非对抗性的矛盾，则只有用社会主义改造的方法去解决。所以无产阶级革命的目的，是在于消灭社会中对抗性的矛盾，建立无对抗的社会主义社会……非对抗性的矛盾，它是在完全的新的社会规律的基础上，在社会主义社会各方面成员的利益的根本的共同线上发生作用的。生产力和生产关系的矛盾，在社会主义下，不会发展为对抗，社会有可能做到使生产关系适合于生产力的性质，使生产力不断地向上发展。"① 这一论述对毛泽东后来提出社会主义基本矛盾问题，有启发性意义。

但像李达这样能在注释经典中有自己独立见解并能有所创新的理论文章，这一时期极少一见。1956年李达谈"百家争鸣"，曾就社会科学研究中的通病——重复经典作家和伟大人物的论点以编成一篇在逻辑上语法上没有毛病的东西，提出了批评："这种缺乏探索精神的、缺乏独立见解的、足以窒息生机的教条主义态度，是与生气勃勃的马克思主义的精神根本抵触的。"② 李达甚至有所针对地说："在学术上，我们同样可以跟毛主席争论。"③ 可是在中国马克思主义第一个理论形态得到最大普及之时，李达所批评的没有争论、缺乏独立精神、与生气勃勃的马克思主义精神相抵触的教条主义，却开始滋长起来。《人民日报》社论说："在近代中国资产阶级和小资产阶级的思想里面，流行过各种形式的神秘主义和经验主义的思潮，企图建筑一些空中楼阁的反动哲学。这类反动思潮和反动哲学都已在人民革命的实践面前，一一宣告破产了"④。这种全盘否定过去的一切文化思想的说法流行起来，新哲学研究会的座谈会上，就形成一致的观点："一切非马克思主义哲学的认识论，都是不同程

① 《李达文集》第4卷，人民出版社1983年版，第369、370页。
② 《李达文集》第4卷，人民出版社1983年版，第519页。
③ 《纪念李达诞辰一百周年》，湖南出版社1991年版，第137页。
④ 《人民日报》1951年1月29日社论：《学习毛泽东同志的〈实践论〉》。

度上错误的认识论”。

后来艾思奇出来批评这些说法：第一，没有区别过去哲学史上唯物论和唯心论的不同，而把“一切非马克思主义的哲学”笼统看作同一个东西；第二，没有注意到在马克思主义以前的许多哲学学说里特别是唯物论哲学的某些合理因素，而把一切过去哲学的认识论看做仅仅是不同程度的错误学说。这样单纯消极的提法，无疑是片面的，是违背历史观点的。[①] 在普及中国马克思主义的通俗读物中，也出现一些似是而非的左的观点，如艾思奇本人亦对知识分子从事脑力劳动创造精神财富的意义严重低估，说：“知识分子是脱离了体力劳动的，他们要靠劳动者生活，被劳动者所养活，没有劳动者来养活知识分子，知识分子便不可能存在。……社会发展史是知识分子写的，可是历史本身是谁写的呢？首先是劳动者用自己的血汗写的。……知识分子写的社会发展史，不过是把劳动者用血汗写的真实历史翻译成文字的历史而已。”[②] 这是“劳动人民养活知识分子”说、“知识分子寄生”说的滥觞。还有来自苏联的消极影响，如苏共领导人日丹诺夫给哲学史下的定义：“科学的哲学史是科学的唯物主义世界观及其规律底胚胎、发生、发展的历史。唯物主义既然是在与唯心主义派别斗争中生长和发展起来的，那么哲学史也就是唯物主义与唯心主义斗争的历史。”这种以“两军对垒”为主线的哲学史定义，成为中国哲学界长期尊奉的圭臬。

毛泽东思想的提出和宣传过程中始终受苏共因素的影响，这是研究中国马克思主义思想史必须考虑的背景。在反法西斯战争期间，苏共困于对付德国，共产国际的解散为毛泽东思想的提出和宣传提供了契机；而在1948年苏南冲突后，为避嫌，毛泽东思想的提法和宣传曾一度暂时停止；从中华人民共和国成立到中共八大，为尊重苏共在马克思主义意识形态方面的解释权，对毛泽东思想的提法和宣传持谨慎态度；而苏共二十大和中苏全面论战后，为批判苏共修正主义以及维护中国社会主义

---

① 《新建设》第4卷第6期。

② 《艾思奇文集》第2卷，人民出版社1983年版，第67－68页。

的正统，毛泽东思想提法和宣传又逐渐强化起来。①

延安时代的马克思主义宣传教育运动，主要是在党内灌输，灌输对象是已经思想倾向马克思主义并已经参加革命的人，此时所说“改造思想”主要是提高认知水平，只要引导就能点通。中华人民共和国成立后灌输对象是全体人民，这就是马克思主义大众化阶段。建国初期的思想文化状况是多样化的，唯物主义与唯心主义、辩证法与形而上学杂处，价值观念的多样性与学术思想的多样性互为呼应。统一社会思潮的对策，一是批判各种影响大的非马克思主义思潮，二是经常性的发动学习宣传马克思主义的全国性运动。中共中央发出《关于健全各级宣传机构和加强党的宣传教育工作的指示》，规定各级党委宣传部在理论教育方面的职能：一是领导或推广马克思列宁主义、毛泽东思想的宣传包括爱国主义的宣传，二是领导或推广对于非马克思主义思想的批判，领导各级在职干部的政治和理论的学习，组织党内外的理论工作人员的活动等。

① 李良明、吴继平：《论毛泽东思想提出和宣传演变过程中的苏共因》，《江汉论坛》2005 年第 11 期。

第七章　过早放弃新民主主义社会理论与过急的社会主义改造

新民主主义革命理论是毛泽东解决马克思主义如何与半资本主义国家的民主革命相结合而提出的，论证了马克思主义政党领导民主革命的可能性和必要性。而作为新民主主义革命理论相配套的新民主主义社会理论，更是马克思主义中国化的最重要成果。利用私人资本主义经济关系是新民主主义经济纲领一大亮点，王占阳较早地提出这个问题。① 后又有学者对毛泽东在七大提出的“新民主主义的资本主义”这一概念的含义、来源和历史意义作了系统的考察，它特指新民主主义国家政权下的民族资本主义经济，对它的长期存在只能限制，不能消灭，这是毛泽东参考列宁新经济政策和批判吸收三民主义等基础上而成。其意义是对马克思关于跨越资本主义“卡夫丁峡谷”思想的继承和发展。②

不仅毛泽东全面论述过新民主主义社会的政治经济文化三大纲领，党的领导集体层都有过精彩的论述。如张闻天早在苏维埃时代就明确说过：“要发展苏维埃的经济，在目前不尽量利用私人资本是不可能的。私人资本主义的部分的发展，对于我们并不是可怕的。这种发展，可以增加我们苏区内的生产，流通我们的商品，而这对于苏维埃政权现在是极端重要的”。说资本主义在苏维埃政权下的发展“是不可避免的”，“当苏维埃政权没有力量经营国有的大企业，那末利用私人资本来发展苏维埃经济，不能不是目前主要出路之一。这种资本主义的发展，目前不但对于苏维

---

① 王占阳：《毛泽东关于中国资产阶级两个部分理论的历史演变》，《长白学刊》1996 年第 6 期。

② 郑德荣、柳国庆：《毛泽东：“新民主主义的资本主义”思想述略》，《党的文献》2000 年第 1 期。

埃政权不是可怕的，而且对于苏维埃政权是有利的”。[①] 再如刘少奇中华人民共和国成立前后的几次重要谈话如天津谈话，对新民主主义政策作了全面阐述。

但这么一个为全党认同并在实践中取得良好效果的新民主主义社会理论、纲领和方针政策，为何被过早放弃，以致未能获得在实践中充分发育的机会？其原因是什么？学界有过长期的探讨，众说纷纭。有论者认为新民主主义社会理论只是“麻痹和孤立资产阶级，以实现无产阶级领导权的策略原则”，而不是一定要实行的政纲，否决和取决于“我们的力量”和“力量对比”是否“对我们有利”。并从后来放弃新民主主义社会理论和中止新民主主义社会实践，来反证“策略”论，因为它不是政治目标而只是政治策略，所以党总是根据政治力量的对比来决定其取弃和命运。[②] 这对于解释毛泽东为什么放弃新民主主义社会理论从而过早结束新民主主义社会阶段是有一定的说服力的。

建立新民主主义社会的目标，究竟是新民主主义革命的一个策略性的提法，还是真要长期实行的建设目标？新民主主义社会是过渡性社会，还是一个独立的社会形态？其性质，毛泽东本人以前说过是“新式资本主义”，所以对其进行社会主义改造，是行之有理。但是根据我们现行划定中国特色社会主义初级阶段的理论逻辑，新民主主义社会同样可以称之为“中国特色的社会主义”。当时毛泽东的社会主义观受苏联模式的影响，不可能认识到新民主主义社会与社会主义初级阶段的相容性。所以放弃新民主主义社会理论及中止新民主主义社会的主、客观原因远为复杂得多，仅从革命策略上解释是远为不够的，还有必要作出更多样化的解释。其中一个重要的认识论原因，就是对马克思主义在中国建设中的应用的理解。急于向社会主义过渡，急于移植苏联社会主义模式，也是放弃新民主主义社会理论的一个表面原因。但是与其说二者互为因果，不如说二者实际是同一个结果的两面，两面同一结果的后面，可能隐藏

---

① 《张闻天文集》第1卷，中共党史出版社1995年版，第341、343、346页。

② 王也扬：《历史地看待毛泽东的新民主主义论及其变化》，《中共党史研究》2001年第3期。

更深的原因。

第一节　为何放弃新民主主义社会理论

中华人民共和国成立头3年全面实施《共同纲领》所规定的新民主主义建国纲领。在优先发展国营经济的基础上实行公私兼顾、劳资两利、城乡互助、内外交流的政策。多种经济成分并存、计划与市场并存、多种分配形式和积累形式并存。与此同时，实行新民主主义的政治、文化纲领，毛泽东曾制止批判资产阶级思想和“四面出击”，使生产力与生产关系、上层建筑与经济基础处于基本适应的状态。实施新民主主义建国纲领只有短短3年，但这一实践大大丰富了落后国家通过特殊道路过渡到社会主义的理论。[①] 但这一良好开局却匆忙被叫停了，“巩固新民主主义秩序”甫一提出即遭批评，这是为什么呢？新民主主义社会理论为何过早被放弃？多年来学者一直在追踪其原因，说法很多。归纳起来主要是两点：一是这个理论在理论逻辑上蕴含内在矛盾，二是在实践操作上新民主主义工业化方案无法解决工业化所需要的巨大资金积累。

一、新民主主义社会理论所蕴含的内在矛盾

（一）“主要任务”论与“主要矛盾”论的矛盾

新民主主义社会理论对“主要任务”的规定是：中华人民共和国成立后的“主要任务”是发展经济，逐步推进工业化。七届二中全会、七届三中全会都贯穿发展经济的主线。既然“主要任务”是发展经济，当然最好的政策是与民族资本主义经济“共同发展”。这与毛泽东以前多年的观点是一致的。如他说过“只有经过民主主义，才能到达社会主义，这是马克思主义的天经地义。这就将我们同民粹主义区别开来……资本主义的广大发展在新民主主义政权下是无害有益的”[②]。但新民主主义社

---

① 郑谦：《延伸与准备：1949年至1978年马克思主义中国化的曲折进程与原因》，《中共党史研究》2007年第4期。

② 《毛泽东文集》第3卷，人民出版社1996年版，第275页。

会理论对“主要矛盾”的规定与“主要任务”却不是一致的，但当时并未大作宣传。由于新民主主义经济的“共同发展”，与发展同民族资产阶级的政治同盟以打垮“三大敌人”之间，经济的需要与政治的需要高度一致。1952 年以前与三大敌人的“主要矛盾”仍未最后解决，所以毛泽东在七届三中全会上坚决反对“四面出击”。这是“策略论”可以解释的。

但是不久毛泽东 1952 年 6 月在中央统战部的内部文件上批示：“在打倒地主阶级和官僚资产阶级以后，中国内部的主要矛盾即是工人阶级与民族资产阶级的矛盾，不应再将民族资产阶级称为中间阶级。”这就发出了变的信号——公开了“主要矛盾”论，许多学者已指出这与“共同发展”经济的“主要任务”相矛盾。而这并非只是一种策略的转变，这早就是公开的政治纲领，所以全党并未对此转变感到突然。因为新民主主义社会“主要矛盾”的提法早就是新民主主义社会理论的组成部分，早已深入人心，它与新民主主义社会“主要任务”是发展经济、各种经济“共同发展”的理论，平行地放在新民主主义社会理论中。如 1948 年 9 月政治局会议上毛泽东就说：“资产阶级民主革命完成之后，中国内部的主要矛盾就是无产阶级和资产阶级之间的矛盾”①。七届二中全会则正式以党的决议形式论断新民主主义社会的“主要矛盾”是无产阶级与资产阶级的矛盾。

“主要矛盾”论当然就导出过急过早的社会主义改造，因而“利用资本主义”“共同发展新民主主义经济”的设想便不能不放弃，以前党领导人关于通过新民主主义经济发展而改造半殖民地半封建中国落后境况、以建立社会主义工业基础的理论，也只能废弃了。

（二）两种“过渡”论的矛盾

由“主要矛盾”论与“主要任务”论的内在冲突，派生出两种关于“过渡”的提法。一是从新民主主义社会“过渡”到社会主义，新民主主义社会存在很长一段时间，这是“长过渡”论。二是从半殖民地半封建社会“过渡”到社会主义，经一个短暂的新民主主义社会，这是“短

① 《毛泽东文集》第 5 卷，人民出版社 1996 年版，第 145 页。

过渡”论。“长过渡”论承认新民主主义与社会主义的相近属性，正好可用“社会主义过渡”来概括，“过渡”暗含“量变过渡”的意蕴（亦含阶段的部分的质变）。而“短过渡”论暗含“质变革命”的意蕴，这只能以“社会主义革命”来相概括了，称“过渡”就不准确了。对社会主义改造这一历史事件，至今都是两种提法并用：“社会主义过渡”与“社会主义革命”，这是一对矛盾的提法，这正好暗含一直没挑明的两种定性：“过渡”提法暗含新民主主义与社会主义的同质性，而“革命”提法暗含二者的异质性。

“长过渡”论分为三段：两个“过渡”阶段和一个发展阶段。即先从半殖民地半封建社会过渡到新民主主义社会，中间经一个新民主主义社会的自我发展阶段，造就社会主义的生产力基础、文化基础，然后再由新民主主义社会向社会主义过渡。“长过渡”论承认新民主主义社会是一个比较长期的、比较独立的发展阶段，因为新民主主义应负担工业化和为社会主义准备经济基础的任务。毛泽东在中华人民共和国成立前所论新民主主义社会诸文，一直含有此意。他给博古的信中认为新民主主义要解决工业化任务，说民主革命中心目的是“解放农民，建立近代工业社会”，“新民主主义社会的基础是机器，不是手工”，“整个中国民主社会的主要基础”是“工业基础”而不是“农业基础”。[①] 在七大会议上毛泽东进一步明确了新民主主义的历史任务：“在新民主主义的政治条件获得之后，中国人民及其政府必须采取切实的步骤，在若干年内逐步建立重工业和轻工业，使中国由农业国变为工业国”[②]。他说“要想在半殖民地半封建的废墟上建立起社会主义社会来，那只是完全的空想”[③]。

刘少奇在中华人民共和国成立前后也认为新民主主义社会是相当长期的阶段，“这种过渡所需要的时间，将比东欧、中欧各人民民主国家长得多”“只有在经过长期积累资金、建设国家工业的过程之后，在各方面有了准备之后才能向城市资产阶级举行第一个社会主义的进攻”，“采

---

① 《毛泽东书信选集》，人民出版社 1983 年版，第 237 – 239 页。
② 《毛泽东选集》第 3 卷，第 1080 页。
③ 《毛泽东选集》第 3 卷，第 1060 页。

取相当严重的社会主义的步骤，还是相当长久的将来的事情”，社会主义只是“中国工业化的结果”。[①] 1950 年刘少奇在土地改革会议上说明保存富农经济“是一种长期的政策”，贯于“整个新民主主义的阶段中”，只有到了“在农村中，可以大量地采用机器耕种”时才实行集体化。[②]

新民主主义社会既然要担负工业化的任务，那就理应是一个比较长期、比较独立的社会发展阶段。这个阶段有多久呢？毛泽东、刘少奇、周恩来都说过大致的时间，即 10 年、15 年、20 年。这个时限是如何确定的呢？是以苏联用两个五年计划完成低标准的工业化为参数的，即以工业化所需时间来界定新民主主义社会的寿命。用工业化的时间来规定新民主主义社会的生存期是符合马克思主义社会发展原理的。

前述“短过渡”论，即“从半殖民地半封建社会过渡到社会主义”，实际把整个新民主主义社会视为一个短暂的、无独立性的过渡阶段，不具备称其为“社会阶段”的时限长度和独立内涵。“长过渡”论被放弃而转向“短过渡”论，最初是毛泽东以“过渡时期”来替代“新民主主义社会”，他说“‘确立新民主主义社会秩序’，这种提法是有害的。过渡时期每天都在变动，……怎样确立……‘由新民主主义走向社会主义’。这种提法不明确。走向而已，年年走向，直到十五年还叫走向？”[③]“从中华人民共和国成立，到社会主义改造完成，这是一个过渡时期。”[④]在原先的理论中承担中国工业化任务的新民主主义社会，在实践中变成与“社会主义革命”、与“社会主义改造”、与“社会主义过渡时期”完全重合、完全等同的一个用语，其实前者更足以概括这个社会阶段的本质与特征。

两种“过渡”论，一种是论证了新民主主义社会的存在，一种实际上是取消了新民主主义社会。

（三）对新民主主义社会的定性与对社会主义改造的定性之矛盾

“主要矛盾”论与“主要任务”论的冲突，还导致新民主主义社会

---

① 《刘少奇选集》上卷，人民出版社 1981 年版，第 429、430、435 页。
② 《刘少奇选集》下卷，人民出版社 1985 年版，第 40 页。
③ 毛泽东：《批判离开总路线的右倾观点》1953 年 6 月 15 日。
④ 《毛泽东著作选读》，人民出版社 1986 年版，第 704 页。

定性的模糊，如说它是“过渡性的、不具独立形态的社会”。在整个国共合作抗日期间、在苏美英法合作抗击法西斯期间，毛泽东也曾将之定性为“新式资本主义社会”。随着国际上两大阵营“冷战”、国内国共内战硝烟燃起，1948 年 9 月中共中央工作会议上毛泽东认为“新资本主义”一词不妥，因为国营经济和无产阶级领导都是“社会主义性质的”。[①] 此时毛泽东尚不想放弃新民主主义社会构想，所以他试图重新定性。但随着“主要矛盾”论的提出，新民主主义的社会主义属性不便再提及了。在“文化大革命”中，“巩固新民主主义秩序”的口号竟被作为“复辟资本主义”的罪证，又一次明确新民主主义社会等于资本主义。可见，对新民主主义社会的定性是时而模糊，时而明确。

这又影响到对社会主义改造的提法，至今都是“社会主义过渡”与“社会主义革命”并存，而对“革命对象”的民族资产阶级，则又宣布为“人民内部矛盾”。人们从未思考过：讲“过渡”、讲“人民内部矛盾”是意味着新民主主义与社会主义的同质性（至少就政权的性质而言），讲“革命”、讲“革命对象”则意味着异质性。

尔后党的八大和毛泽东对马克思主义社会基本矛盾理论作了卓越的发挥：社会主义社会仍存在基本矛盾，这一基本矛盾表现为当前中国社会的主要矛盾就是发展生产力的要求。这是对新民主主义“共同发展”经济论的进一步发展，尤其是对马克思主义中国化、时代化的新突破。这一理论突破的实践意义和巨大价值历时愈久而愈见其珍贵，可以作为中国人民百年不渝的坚持。

然而这一理论突破刚提出不久，贯彻在实践当中却发生了动摇：在先是惑于“三反五反”而不能将新民主主义社会的“共同发展”经济作为主要矛盾，在后困于右派事件而改变了对社会主义主要矛盾的认定。可见一个正确的理论创新及将其坚持下来的难度，亦可见马克思主义中国化并不是直线发展的。即使后来站在新时期的历史高度，经历过马克思主义中国化征程中反复挫折与胜利而得出的经济建设中心论，也不是没有人怀疑的，邓小平就此谆谆告诫全党：不要因为国际国内风波而动

---

① 《毛泽东文集》第 5 卷，人民出版社 1996 年版，第 139 页。

摇了经济建设中心这一主要矛盾的把握。

二、刘少奇新民主主义工业化方案是马克思主义社会发展理论中国化的可贵尝试

关于中止新民主主义社会的原因，学界进行过种种探：（1）屈服于苏联的意识形态压力。这是一种起不了大作用的主观原因。（2）人民急迫的社会主义热情。这也是主观原因，与前述“主要矛盾”论是一致的，党内外都高涨着这种情绪。（3）认定农村两极分化与“三反”“五反”运动，集中表现无产阶级与资产阶级之间“限制”与“反限制”的斗争，必须以消灭资本主义为总解决方法。这仍是主观原因，也源于“主要矛盾”论。是对农村两极分化和资产阶级“反限制”估计得过于严重，认为“两极分化”已威胁到工农联盟（失地者不满，买地者也不满），资产阶级“反限制”斗争将“日趋激烈”，与资产阶级的反帝反封建同盟不能转变为工业化的同盟。1952 年前后的农村两极分化和城市资本主义发展，虽发展了矛盾，但是否已威胁到人民民主政权和新民主主义基本社会制度？是否已构成为当时社会主要矛盾？以改革开放 30 年历史实践来观照，这些矛盾都可以在新民主主义社会框架内、以人民民主专政的法令和政策予以解决和调协。而实际上毛泽东在七大时也曾预测过新民主主义社会的劳资矛盾不是主要矛盾，“在整个新民主主义的阶段上，不会也不应该使之发展到超过共同要求之上，”在政府调节下，“这些阶级可以共同完成新民主主义国家的政治、经济和文化的各项建设。”① （4）原先认为农业机械化在先，其结果是集体化。这是先生产力后生产关系的思路。后来认识改变了，认为集体化是农业机械化的前提条件，毛泽东进而认为“协作可以形成新的生产力”，即“1 +1 >2”。这是先生产关系后生产力的思路，这种思路自后主宰中国建设 20 多年。这也是一种主观原因。仍然从“主要矛盾”论转化而来。

上述种种主观原因，全统摄于当时对资本主义与社会主义矛盾的认识，对中止新民主主义社会起了重要作用。但是，最终起决定作用的是

① 《解放日报》1945 年 5 月 2 日。

更为客观的原因：即对中国工业化模式的选择受制于其时中国的主、客观条件。中共的新民主主义工业化“原初方案”源于马克思理论模式，即先工业化后社会主义改造。党的领导人1952年以前一直是这么提的。新民主主义工业化“变通方案”是工业化与社会主义改造并举。1952年底到1953年提出过渡时期总路线，就意味着放弃了“原初方案”而采用“变通方案”，“变通方案”仍基本不违新民主主义社会理论。但是，在后来的社会主义改造的实践中，实际上放弃了“并举”方案，也即放弃新民主主义工业化方案，变为先改造后工业化，即搬了苏联工业化模式。

其实在中共党内思考过不采用苏联工业化模式而探索中国特色的新民主主义工业化战略是有其人的，这要首推刘少奇。1950年他在一份没发表过的手稿中提出一些比较系统的意见：[①]（1）先发展农业和轻工业。以取得工业化的原料、粮食和积累资金。（2）工业化过程中存在提高人民生活水平和积累资金的矛盾，解决这矛盾一靠人民理解（做思想政治工作），二靠逐步提高人民生活水平。（3）资金积累只能来自于人民自愿的节约，反对强制剥夺。（4）工业化不能脱离社会发展单独进行，工业现代化要与社会现代化、尤其是政治现代化即“民主化”协同发展。“没有我们国家的民主化，没有新民主主义政权的发展，就不能保障新民主主义经济的发展和国家的工业化”。“我们的基本口号是：民主化与工业化！”“民主化与工业化是不能分离的”。[②]

据此，可以认为刘少奇提出一个既要避免资本原始积累的痛苦，又不同于苏联工业化战略（以剥夺农民、超前发展重工业为特征）的方案。刘少奇的新民主主义工业化战略是对新民主主义社会理论的重大发展，是马克思主义中国化的一个重要理论成果，含有正确见解和合理主张，是有重大理论价值和实践价值的

经了学习苏联和以苏为鉴的反思，毛泽东在1956年对刘少奇1950年的思考作出全面回应，尖锐地揭示了苏联工业化模式的缺陷，更系统地阐述了工业化建设中的十大关系，八大及其后更提出了利用资本主义

---

① 《刘少奇选集》下卷，人民出版社1985年版，第4－8页。

② 《刘少奇选集》下卷，人民出版社1985年版，第60－61页。

和市场调节的思想。可以认为这是对刘少奇新民主主义工业化战略在某种程度上的回归，也是突破苏联模式、将马克思主义工业化理论中国化的尝试。但是，为什么比苏联工业化模式更为合理的中国特色的新民主主义工业化方案被放弃了呢？为什么1957年后马克思主义中国化的理论探索没有能健康发展？主因是当时中国现实的主、客观条件包含有太多的困难，这使得我们至今难以对当时的工业化战略选择作出众所公允的历史评判。

三、当时中国的主、客观条件难于采用新民主主义工业化战略

一是用节约和思想工作来解决一个几亿人口的大国工业化所缺的巨额资金有很大的难度。积累的速度太慢势必影响工业化的速度，而速度不光是快慢问题，它甚或是成败大计。二是对工业化过程中，新民主主义市场调节所带来的粮食问题和人民生活问题估计不足。没有料及工业化及其必然带动的城市化，对廉价商品粮的需求猛增，而新民主主义市场调节机制太“不听话”，以至“一五”计划刚启动就发生“粮荒”。这就是当时理论概括为“国家工业化与小农经济的矛盾”的命题。中国近代工业发展所需商品粮，一直由传统小农经济的商品化支持。从1840年到1936年抗战之前的近百年间，粮食的商品率由10%上升到30%，年递增仅为百分之零点几。这种速度应付战乱频仍之中举步艰难的旧中国工业尚可，而对于新中国雄心勃勃的工业化计划，一开始就闹了个大“粮荒”。全党上上下下忙于对付连续几年的“收购危机”。三是按农、轻、重序次发展，符合工业化和经济发展的一般规律，与老牌工业化国家的自然发展进程相符。但是我国反帝反封建的胜利，仅仅是准备了工业化的政治前提，而工业所需要的巨额资金无论是从苏联还是从西方都无法取得。多年战乱之后，国内的富有阶层其资产总存量仍只是胡适所称的“小贫”，而且其中的一大部分经土改转移到赤贫、“大贫”的农民手中，化为他们的生活资料和恢复农业的生产资料。能投资到工业化的只有民族资本的200多亿元和夺取到国家手中的官僚资本。缺口很大，而新民主主义市场积累机制很弱很慢，远不能满足工业化的资本饥渴。

后起继发型工业化国家，由于其发展受到先发资本主义的钳制，原料、资金、市场各种条件都受制于人，失去自然发展的条件，都走上政府主导发展经济的道路，一般都打破常规、有所侧重、实施赶超战略，苏联尤其如此。这意味着人民要付出更多代价，忍受更大牺牲，而这又是难以避免甚至是不可避免的“现代化阵痛”。对此，也是估计不足的。四是刘少奇的“工业化加民主化”是一个极好的命题，但又是一个“理想化”的命题。以苏联工业化经验看，以不少后起工业化资本主义国家经验看（不是所有的），民主化甚至不是工业化的必要条件，民主多半是工业化的结果。民主并不必然带来繁荣，也不能化解内外环境压力。民主往往是发展中国家负担不起、享受不了的奢侈品。苏联工业化战略以计划指令优化路径和强制积累，其方向不是放权民主，而是收权集权——这是苏联工业化奇迹的政治保证。在落后国家，工业化的目标先于、高于民主化的目标，二者兼得（指同时），不能不是一种“理想状态”。民主之苗十分娇嫩，而当时中国的外部环境是冷战对抗，内部环境是民主资源的匮乏稀缺。刘少奇把“工业化加民主化”作为新民主主义社会的基本口号，是非常可贵的，但也是超越现实的。

四、利于采用苏联工业化模式的条件

采用苏联工业化模式的主观条件在本文的第一、二节已论及。同时中国当时进行社会主义改造的内外部客观条件极佳。人民民主专政的政权日趋稳定，国民经济迅速恢复。朝鲜战场的胜利，使新中国赢得了有利的国际环境。顺利接收官僚资本奠定了强大的国营经济基础，“三反”“五反”打击了民族资本主义政治、经济地位，土改分到土地的亿万农民由感恩心理进而政治服从，特别是占了人口多数的贫农有“极高的社会主义积极性”，以及苏联实施斯大林工业化战略的强大示范效应。

更为重要的因素是——政府主导的重工业超前发展战略的选择，是导致提前改造民族资本主义的主因。“先求强后求富”的工业化战略成为落后国的上佳之选，从德国、日本到苏联都是优先发展军事重工业。而全世界以苏联重工业优先战略发挥得最好。落后国家工业资本积累阶段，政府有目的配置资源，优于市场的自发配置，政府的效率代替了资本的不足。而政府主导经济的优势，以“计划体制加国有化”为最成功。本来，与民族资产阶级的新民主主义革命同盟可以延续下来，转而为在新民主主义社会的同盟，实质是由反帝反封建的同盟转为工业化的同盟。新民主主义工业化方案是包含这一同盟的，见之于“限制、利用、团结”的政策。而中国的民族资本主义恰恰不听命于国家工业化的计划，而听命于利润，唯利是图。它偏爱投资少，来利快的轻工业，偏爱投机业而游离于生产。在新民主主义经济最初几年的发展中，民族资本主义的发展远逊于国营经济的发展。这样，在工业化资金奇缺，亟需政府规划一切必要的人力、物力、财力办大事，亟需全国一盘棋奠定工业基础体系、发展重工业的时候，把民族资本主义工业纳入国家计划体制之中，就成为十分迫切的了。社会主义改造就也基于这种经济上的动因而提上议事日程。新民主主义工业化方案，由于不适应重工业优先战略的选择，而必然让位于斯大林工业化模式。

资金积累是工业化成败的关键，“剥夺农民”是导致提前改造个体小农经济的主因。要不要向农民提取工业化资金，是社会主义工业化史上的一大争论公案。第一场争论爆发在布哈林、斯大林与托洛茨基之间。1924 年托派经济学家普列奥布拉任斯基发表《社会主义积累的基本规律》，认为“社会主义原始积累”既不能向外掠夺殖民地，就只有把国内农业小生产作为“殖民地”。社会主义国家在这里的任务不是从小资产阶级生产者（指农民——笔者注）那里拿得比资本主义从他们那里拿得更少，而是……拿得更多。[1] 拿的方法是行政手段、超经济强制、提高工业品价格与压低农业品价格。当时斯大林反驳说“把农民经济当做应受无产阶级‘剥削’的‘殖民地’的看法”，是“走上了使工业和农业间的内部矛盾尖锐化的道路”“在工业利益和农业利益之间造成一种剥削关系，这样就是破坏任何社会主义工业化的基础”[2] 但斯大林没有拿出更好的办法解决资金问题。布哈林承认一个阶级创造的剩余价值转

① 普列奥布拉任斯基：《新经济学》，生活·读书·新知三联书店 1984 年版，第 46－47 页。

② 《斯大林全集》第 8 卷，人民出版社 1954 年版，第 256 页。

移到另一个阶级即统治阶级的客观事实，但反对称之为“剥削”。他也反对“剥夺”过多，“杀掉会生金蛋的母鸡”既损害工农联盟又缩减农村市场。向农民提取积累的办法只能通过市场商品交换。[①] 这一场争论很快演变为权力斗争，没能澄清理论是非。1928 年，当工业化的第一个五年计划正式启动之时，工业化资金问题又引爆第二场争论，发生于布哈林与斯大林之间。斯大林在 7 月中央全会上提出用工农产品剪刀差向农民征收“额外税”，称此为农民向工业化上缴的“贡税”。[②] 布哈林再次作为农民代言人，批驳这是对农民的“军事的封建剥削”，是托派理论的翻版。布哈林的主张合理一些，然而，是斯大林而不是布哈林解决了工业化资金积累问题。

当中共发布了总路线决定用同样方法筹集工业化资金时，就发生了“国家工业化与（个体）小农经济的矛盾”，矛盾首先表现为“粮食收购危机”。1952 年是大丰收之年，粮食总产达 3278 亿斤，比上年增 10.6%，比 1949 年增 44.8%，比战前最高水平的 1936 年增 9.3%。但 1953 年粮食年度收购量占粮食总产量的比重由 28.2% 下降为 25.7%。粮食收支赤字 40 亿斤，几大工业城市居民口粮库存量将近下降一半，粮食供应告全面紧张。主要原因是大规模工业建设展开，1953 年城镇人口比 1949 年净增 2061 万，达 7826 万，而农村也由于发展工业需要，大面积改种经济作物，使农村吃商品粮人口增加到 1 亿。[③] 粮食增长高于人口增长，粮食本不紧张，紧张的只是商品粮，由于总人口中吃商品粮人口大增，而农民把商品粮卖给私商，不卖给国家，因为市价高出牌价 20% 到 30%。粮食是当时中国最大宗的商品，也是国家力求控制的工业化所需的最重要资源，粮食交易又是向农民提取工业化积累的最主要途径。

1953 年 10 月 16 日中共中共中央政治局会议通过《关于粮食统购统销的决议》，这是建立社会主义计划体制、废弃市场经济最重要、最关键

① 《布哈林文选》（上），人民出版社 1981 年版，第 223 页。

② 《斯大林全集》第 11 卷，人民出版社 1955 年版，第 140 页。

③ 薄一波：《若干重大决策与事件的回顾（上）》，中央党校出版社 1991 年版，第 256－257 页。

的步骤。国家垄断了城乡经济交流最基本最主要的商品——粮食，后来又加上油、棉、猪等农副产品，从而切断了中国市场经济的主脉，从而把个体小农经济纳入国家计划之中（个体小农经济不能再为市场自发性而生产，只能为国家指令而生产），同时也才可能通过计划强制积累。统购统销政策到1985年中共中央1号文件废止，执行达32年之久。农产品统购统销政策解决了“国家工业化与小农经济的矛盾”（实际就是积累粮钱），而这又是加快合作化的重要原因。因为每年征粮，大批干部下乡，与一家一户农民直接冲突，效果很不好。而“合作化后，国家不再跟农户发生直接的粮食关系。国家在农村统购统销的户头，就由原来的一亿几千万农户简化成了几十万个合作社。这对加快粮食收购进度、简化购销手续、推行合同预购等都带来了便利。”① 在中国也发生了类似苏联的工业化争论，但不是在党内，而是在政协会议上，没好好学习过《联共党史》的梁漱溟先生为农民请命，被毛泽东叽为鼠目寸光的“小仁政”，而“工业化是大仁政”。

据此，我们也可以理顺：为什么样会从“先化后改”的工业化战略转变为“化、改并举”的总路线，再变而为实际操作中的“先改后化”。社会主义改造本是“工业化的结果和目标”，现在竟不知不觉变成“工业化的手段和积累机制”了。而总路线的表述原本就含有此意，它说工业化是“主体”，三大改造只是带动“主体”起飞的“两翼”。农业所有制变了，小农经济并未由此而变，只是由“个体小农经济”转变为“集体小农经济”。“个体小农经济”本是中共与农民的地权同盟。而“集体小农经济”才成为工业化基础上的工农联盟形式。农村社会主义改造，大大改变了工农联盟的形式和内涵。

五、社会主义初级阶段论是马克思主义社会发展理论的进一步中国化

从工业化进程的经济动因作历史分析，说明新民主主义工业化方案

① 薄一波：《若干重大决策与事件的回顾（上）》，中央党校出版社1991年版，第277页。

被放弃的主客观原因。从新民主主义社会政策到80年代社会主义初级阶段的政策，有着历史继承关系，但却没有历史直通车，中间经历了一个艰难的工业化积累阶段。当工业已经有了较强的自我积累能力，工业化就由农业积累阶段发展到工业自我积累阶段，对苏联模式进行改革也就应时而开始了。正是这个历史转折时刻，人们发现新民主主义社会理论和“新经济政策”的巨大现实价值。先是1979年的《江西大学学报》发表坚松文章，批评1953年、1958年、1967年把新民主主义社会与社会主义社会对立。1980年初有人提出“新民主主义社会阶段”的命题。自后学界讨论热闹起来，到1988年刘少奇学术讨论会上，正式提出毛泽东的新民主主义理论应分为革命论与社会论两部分。

正是在理论界本着解放思想、与时俱进精神的热烈讨论的基础上，1987年党的“十三大”提出社会主义初级阶段论，它一方面继承了新民主主义社会理论的所有合理的政治、经济、文化建构与政策，一方面发展、完善了它的不足。社会主义初级阶段理论解决了、澄清了在中国这样一个落后国家进行社会主义革命和建设的理论困惑和实践难题，也解决了新民主主义社会理论内含的一些矛盾：“主要任务”论与“主要矛盾”论一致了，过渡阶段的模糊性澄清了，定性的模糊性明确了，也最后解决了如何看待和利用社会主义条件下的资本主义。解决中国处于社会主义初级阶段的定位问题，解决社会主义初级阶段的定性问题，是马克思主义中国化在新时期的一个最具实践意义的理论成果。

第二节　中国社会主义改造与苏联模式的移植

一、社会主义改造问题上的哲学争论

是确立新民主主义秩序还是立即进行社会主义改造？这是关乎国计的大事，而且有两种政见存在，但是这关乎国计的两种政见未曾争论就统一了。而被称为“新中国第一次哲学大论战”的学术论争，在政治的外围打了一次小小的遭遇战，这是公开文字上可见的间接涉及关于巩固新民主主义还是社会主义改造问题的争论。显然是执著于新民主主义理

论的影响，杨献珍等提出“综合经济基础论”，认为迄今为止的社会形态都有几种生产关系并存，由此构成了以占统治地位的生产关系为主的统一的经济基础。我国过渡时期存在国营的社会主义所有制、合作社的半社会主义所有制、私人资本主义所有制、小生产的个体所有制（包括个体农民和个体手工业所有制）以及国家和私人合作的国家资本主义所有制五种经济成分，这五种经济成分综合构成了整个社会的经济结构和经济基础。与此相适应，过渡时期的上层建筑也表现出多种成分综合的特点，即我国的上层建筑虽然已经属于社会主义类型，但还不能说就是完成形式的社会主义上层建筑了，因为“在思想领域内，工人阶级思想已经成为社会生活唯一合法的思想，是社会生活中唯一的指导思想；但是，资产阶级思想和小资产阶级思想还在社会生活中比较广泛地传布着。……在政治上，工人阶级已经居于领导地位，独掌着政治领导权；但是资产阶级还社会生活中合法地存在着，资产阶级的代表人物还参加管理国家大事。……所有这一切，都充分地说明了我国过渡时期上层建筑领域内和经济基础领域内的情形是同样复杂的，矛盾与统一、联合与斗争、是与非、好与坏、生长与死亡、静止与运动是互相交错着的；就是由它们共同构组成了我国过渡时期上层建筑领域内的一幅生动的图画——不断的‘破’与不断的‘立’的图画”①。

艾思奇等人则主张“单一经济基础论”，认为经济基础固然是生产关系的总和，但这个总和是指占统治地位的生产关系，不包括那些不占统治地位的生产关系。而上层建筑则是指占统治地位的意识形态和制度，不包括不占统治地位的意识形态和制度。过渡时期是社会主义经济基础与上层建筑的形成时期，过渡时期总路线的实质，就是要使生产资料的社会主义所有制成为我国国家和社会的单一的经济基础。批评“综合经济基础论”不是研究在过渡时期中什么旧的经济基础及其上层建筑在破坏着，什么新的经济基础及其上层建筑在成长着，从而寻找它们变化发展的客观规律，而是形而上学地、抽象地从“每一个社会都自己的基础

---

① 肖范模：《我国过渡时期社会的基础和上层建筑问题》，《哲学研究》1956年第3期。

和上层建筑”，“没有自己经济基础的社会制度是不可能的”的原理出发，硬给新民主主义社会规定了一个“综合性、过渡性”的经济基础和上层建筑，误把现实中所有经济成分统统看成是一定上层建筑的经济基础，“硬要把正在进行着生死斗争的资本主义经济与社会主义经济纳入一个基础之内，忽略了在过渡时期内社会主义制度和资本主义制度之间的尖锐的矛盾和残酷的斗争，没有注意到新民主主义社会并非一个稳定的社会，其中各种经济成分的比重有极迅速的变动。这是一种忽视矛盾、静止看问题的形而上学的方法。在政治上，将会导致巩固新民主主义秩序论或‘平滑地没有斗争地过渡到社会主义’的错误理论”①。针对“过渡时期既然还有非社会主义经济的存在，因而就不能不承认上层建筑中应该有非无产阶级的思想”之论，“单一经济基础论”者反驳说：这是把现存的思想观点和制度，一概看作该社会的上层建筑，我们决不能把资产阶级思想归入社会主义社会的上层建筑之内。这场学术性的论争，实质上是政治领域的两种政见在哲学上的反映。是提前结束还是继续发展新民主主义社会？是向社会主义急进过渡还是稳健过渡？两种政见并未发生争论就统一了，而作为政治感应器的意识形态化了的学术，却分出了输赢。

二、中国社会主义改造是移植苏联模式而方法策略更为高明

由于对中国所处新民主主义社会发展阶段的长期性估计不足，对像中国这样的落后国家进入社会主义应该有一个较长时期的“初级阶段”缺乏认识，虽然中国吸取了苏联“全盘社会主义化”的教训，对资产阶级采取了稳妥的赎买政策，对农民更多地运用了思想教育的改造方式，但这只是策略层面的正确，在全局上仍然发生了社会主义改造过早、过急、过于简单粗糙的错误。邓子恢在实践中对急于合作化的抵制还只是务实性的，缺乏理性的深度。苏联新经济政策实施了8年之久，而我们的新民主主义政策只维持了3年；苏联的社会主义改造用了8年时间，

---

① 徐琳、肖前：《关于我国从新民主主义社会到社会主义社会的过渡时期中基础和上层建筑问题》，《教学与研究》1955年第5期。

而我们只用了3年。

如果说对苏联革命“中心城市暴动”方式，中国共产党已经成功地以“农村包围城市”予以扬弃，而对于苏联社会主义计划体制则从来没有怀疑过。1949年6月30日毛泽东在开国文告中宣布：“走俄国人的路——这是结论。”① “欲达到胜利和巩固胜利，必须一边倒”向苏联。② 1950年2月17日，毛泽东在莫斯科车站发表访苏临别演说：“中国共产党人历来的信念，即：苏联经济文化及其他各项重要的建设经验，将成为新中国建设的榜样。”③ 他后来解释说：我们没有管理全国经济的经验，所以只能照搬苏联的经验办法。④ 毛泽东在全国政协一届四次会议闭幕会上说：“要学习苏联的先进经验。”“广泛地学习他们各个部门的先进经验，请他们的顾问来，派我们的留学生去，应该采取什么态度呢？应该采取真心真意的态度，把他们所有的长处都学来，不但学习马克思列宁主义的理论，而且学习他们先进的科学技术，一切我们用得着的，统统应该虚心地学习。对于那些在这个问题上因不了解而产生抵触情绪的人，应该说服他们。就是说，应该在全国掀起一个学习苏联的高潮，来建设我们的国家。”⑤ 刘少奇也说：“我们所走的道路就是苏联走过的道路，这在我们是一点疑问也没有的。苏联的道路是按照历史发展规律为人类社会必然要走的道路。要想避开这条路不走，是不可能的。”⑥

领导人从《联共党史》所得到的苏联社会主义最直观的印象，就是“两化”：社会主义工业化和农业全盘集体化。《联共党史》将1925年12月召开的联共（布）第十四次代表大会，称为“工业化的代表大会”。将1927年12月召开的联共（布）第十五次代表大会，称为“农业集体化的代表大会”。中国过渡时期总路线虽不叫“两化”，而叫“一化三改”，但“三改”实即全盘集体化或国有化。

---

① 《毛泽东选集》第4卷，人民出版社1991年版，第1470、1471页。
② 《毛泽东选集》第4卷，人民出版社1991年版，第1472－1473页。
③ 《建国以来毛泽东文稿》第1册，中央文献出版社1987年版，第266页。
④ 《毛泽东文集》第8卷，人民出版社1999年版，第117页。
⑤ 《毛泽东文集》第6卷，人民出版社1999年版，第263－264页。
⑥ 《刘少奇选集》下卷，人民出版社1985年版，第155页。

在马克思、恩格斯的学说中资本主义已经解决工业化，社会主义国家是不存在工业化问题的。因此如何以社会主义来解决工业化的问题，这是苏联马克思主义的独创。苏联共产党认为工业化对于社会主义具有极大的政治意义：第一，工业化是社会主义合法性证明。社会主义的合法性建立在能比资本主义更快更好实现工业化的承诺上。强大的工业可以建立“社会主义的经济基础”①，是消灭资本主义残余的合法方式，要最后战胜资本主义，就“应当从国家工业化开始”②。第二，工业化保卫社会主义。孤立的苏联社会主义处于资本主义世界的包围之中，斯大林在党的第十四次代表大会报告说：“国家的工业化能保证我国的经济独立，加强我国的国防力量，创造社会主义在苏联胜利所必需的条件。”③“落后就要挨打”，斯大林这一思想，得到中国共产党人最大共鸣。

《联共党史》一是说集体化就是社会主义，二是说集体化就是生产力。④ 毛泽东接受了这两个信念，他强调：“没有农业社会化，就没有全部的巩固的社会主义。”⑤ 他在修改《共同纲领》时解释说：公有化“才利于社会生产力的迅速向前发展，才利于在技术上起一个革命。”⑥ 此可视为毛泽东“否定了多元经济成分并存的新民主主义经济模式。这是毛泽东的自我否定，从那时起他不仅认同了‘苏联模式’，而且还把这种模式推进到极点。”⑦ 1953 年 6 月毛泽东在中央政治局会议再次强调：集体化是社会主义道路，又可以提高农业生产力。四个月以后，毛泽东在同陈伯达和廖鲁言的两次谈话中仍说集体化等于社会主义、等于生产力。⑧

在联共（布）第十五次代表大会即“农业集体化大会”上，斯大林

---

① 《联共（布）党史简明教程》，人民出版社 1975 年版，第 283 页。
② 《联共（布）党史简明教程》，人民出版社 1975 年版，第 301 - 302 页。
③ 《联共（布）党史简明教程》，人民出版社 1975 年版，第 305 页。
④ 《联共（布）党史简明教程》，人民出版社 1975 年版，第 318 页。
⑤ 《毛泽东选集》第 4 卷，人民出版社 1991 年版，第 1477 页。
⑥ 《毛泽东文集》第 6 卷，人民出版社 1999 年版，第 316 页。
⑦ 胡鞍钢：《中国经济政治史论》，清华大学出版社 2007 年版，第 138 页。
⑧ 《毛泽东文集》第 6 卷，人民出版社 1999 年版，第 299 页。

规定集体化的原则是："逐步地然而一往直前地不用强迫手段而用示范和说服的方法把小的以至最小的农户联合为以公共的互助的集体的耕种制为基础、利用农业机器和拖拉机、采用集约耕作的科学方法的大农庄。"① "决不能用强力去建立集体农庄"，否则就是"愚蠢的和反动的"②。但实际上从1929年11月至1930年3月苏联全盘集体化高潮时期，发生了严重违反自愿原则的过火行为，而纠正过火又导致更过火的反右倾运动和消灭富农运动。《联共党史》一方面高谈自愿、互利、说服、示范原则，一方面却肯定强制力的作用："并不是基本农民群众简单地和平地加入集体农庄。而是一场农民反对富农的群众性斗争。实行全盘集体化就是把全村所有的土地转交集体农庄，但其中相当一部分土地是在富农手里，因此农民就把富农从土地上赶走，剥守富农的财产。夺取耕畜和机器，并要求苏维埃政权逮捕和驱逐富农。"③ "全盘集体化就是消灭富农。"④ 强制手段所造成的生产力破坏，全盘集体化所致严重后果，《联共党史》一字不提。⑤

中国的集体化遇到和苏联同样的问题，但对于农民的"不理解"采取了比苏联更高明的策略，创造了分步过渡的几种形式：单干联合劳动的互助组、半社会主义性质的初级合作社、社会主义性质的高级合作社。1951年12月毛泽东主持起草关于农业生产互助合作的决议草案，1953年2月正式通过并交《人民日报》发表，强调有步骤、自愿。⑥ 但是后来却掀起了一个"中国农村的社会主义高潮"，不可避免地重复了苏联共产党的强迫命令集体化。

① 《联共（布）党史简明教程》，人民出版社1975年版，第318页。
② 《斯大林选集》下卷，人民出版社1979年版，第239页。
③ 《联共（布）党史简明教程》，人民出版社1975年版，第334－335页。
④ 《联共（布）党史简明教程》，人民出版社1975年版，第335页。
⑤ 《联共（布）党史简明教程》，人民出版社1975年版，第338－339页。
⑥ 《毛泽东文集》第6卷，人民出版社1999年版，第280页。

第八章 中国社会主义道路探索

中华人民共和国成立之初毛泽东在《论人民民主专政》中提及，苏联"已经建设起来了一个伟大的光辉灿烂的社会主义国家，苏联共产党就是我们的最好的先生，我们必须向他们学习"[①]。仿照苏联模式，建立高度集中统一的社会主义经济体制，是当时中国人的主动选择。这种经济发展战略和体制在中华人民共和国成立初期发挥重要作用，集中全国人力、物力、财力，恢复国民经济，保证国家重点建设项目；统一全国财经，保证市场物价稳定和人民生活基本。但是随着经济建设规模的扩大，这种经济体制和发展战略的弊端逐步暴露出来。1956 年 2 月，苏共二十大第一次揭露了苏联社会主义社会中存在的阴暗面和弊端，使中国共产党重新审视苏联模式和结合中国实际作出反思。1956 年 4 月，在中央政治局扩大会议上，毛泽东发表了《论十大关系》。1956 年 9 月，中共召开第八次全国代表大会。这两次会议开启了对中国社会主义经济体制与经济发展战略的探索。

一是对重工业优先战略及其积累机制的反思。发展重工业需要集中大量的资金，而重工业资金周转速度慢，短时间内无法形成较高的资金积累。加之通过工农业产品比价之间的"剪刀差"来提供重工业积累，势必引发矛盾。1956 年出现的少数人闹事问题，其"直接的原因，是有一些物质上的要求没有得到满足"。[②] 国家重积累轻分配的发展战略，导致生产者积极性不足。"据劳动部统计，1955 年同 1952 年比较，工业劳动生产率提高 41.8%，职工平均货币工资提高 14.7%，生活费指数提高 7.3%，实际工资水平提高 6.9%，远远落后于劳动生产率增长的幅度。

① 《毛泽东选集》第 4 卷，人民出版社 1991 年版，第 1481 页。
② 《毛泽东文集》第 7 卷，人民出版社 1999 年版，第 236 页。

轻工、纺织这两个为国家提供积累较多的部门，职工实际工资反而下降。”[①] 从河南省八个社夏季分配的结果看，“各社公粮比例很不平衡，最低的占夏季农业总收入的百分之八，最高的占百分之二十四；在其他税收政策和工业产品与农业产品的比价方面，也存在着不少的问题。”[②] 鉴于苏联的教训，毛泽东在《论十大关系》中提出“要适当地调整重工业和农业、轻工业的投资比例，更多地发展农业、轻工业”。后来《关于正确处理人民内部矛盾的问题》中又提出“发展工业必须和发展农业同时并举”[③]。60 年代提出“农业为基础，工业为主导”的国民经济方针，成为长期指导我国经济布局的基本政策。

二是对高度集中的计划经济体制的反思。高度集中的经济体制在中华人民共和国成立初期促进了经济的快速恢复和发展，但是以国家政权力量对经济进行调节的低效率和低效益也很快表现出来，计划经济体制在信息机制和激励机制上的缺陷也暴露出来。信息机制关涉的是经济体制运行成本；激励机制关涉的是人的积极性。[④] “一五”期间预算内基本建设拨款属于中央项目的占 79%，属于地方项目的仅占 21%。[⑤] 国家对企业实行统收统支办法，企业收入全部上交财政，支出全部由财政拨款。企业收入多少，能否完成，同自己本身的支出没有关系。[⑥] 从 1953 年至 1956 年，国家计委统一管理并下达的产品品种从 110 种增加至 300 多种，其产品产值在工业总产值中占 60% 左右。[⑦] 在商品价格的制定上，采取

① 薄一波：《若干重大决策与事件的回顾》上卷，人民出版社 1997 年版，第 495－496 页。

② 中共中央办公厅：《中国共产党第八次全国代表大会文献》，人民出版社 1957 年版，第 800 页。

③ 《毛泽东文集》第 7 卷，人民出版社 1999 年版，第 241 页。

④ 陈征平：《我国社会主义经济体制的形成、演化及发展》，《社会主义研究》2000 年第 3 期。

⑤ 陈少晖：《弊端　探索　夭折——八大前后中国共产党人对社会主义经济体制改革的探索》，《甘肃社会科学》1997 年第 1 期。

⑥ 薄一波：《若干重大决策与事件的回顾》上卷，人民出版社 1997 年版，第 494 页。

⑦ 陈少晖：《弊端　探索　夭折——八大前后中国共产党人对社会主义经济体制改革的探索》，《甘肃社会科学》1997 年第 1 期。

国家计划定价，实行物价补贴政策。违背价值规律。[1] 毛泽东针对性说"我们不能像苏联那样，把什么都集中到中央，"应当"给地方更多的独立性，让地方办更多的事情"。"有中央和地方两个积极性，比只有一个积极性好得多"。[2] 刘少奇提出"社会主义经济的特点是有计划性，是计划经济，但是实际社会经济活动包括各行各业、各个方面，有几千种，几万种，几十万种，国家计划不可能计划那么多，结果就把社会经济生活搞得简单了，呆板了。因此，如何使社会主义经济既有计划性，又有多样性和灵活性，这就要利用自由市场。"[3] 八大通过了"统一领导，分级管理，因地制宜，因事制宜"的处理中央与地方关系的原则，划分企业、事业、计划和财政的管理范围，把一部分经济权力下放给地方政府和厂矿企业单位。这是试图突破高度集中、统得过死的传统模式的最初的努力。

三是对社会主义单一公有制经济形态的反思。由于三大改造急于过渡，急于求纯，留下不少后遗症，如商品流通不畅，市场供应紧张。"全国各地，大大小小，大约有一万多工人罢工，一万多学生罢课。从一九五六年十月起，广东、河南、安徽、浙江、江西、山西、河北、辽宁等省，还发生了部分农民要求退社的情况。对政府的批评意见，对现实不满的言论，也多起来了。"[4] 当时出现了全行业公私合营后又出现多种经济成分的现象，出现了自发的手工工场和手工业户，如上海 1956 年底的手农业自发户有 4236 户，出现了地下工厂、地下商店、夫妻店等。毛泽东对待这种"旧态复萌"现象表示了宽容，他 1956 年底约见统战部、工商联、民建会的负责人说，自由市场、地下工厂是因为社会需要发展起来的，"要使它成为地上，合法化，可以雇工。现在做衣服要三个月，合作工厂做的衣服一长一短，扣子没有眼，质量差。最好开私营工厂，同地上的作对，还可以开夫妻店，请工也可以。这叫新经济政策。我怀疑

---

① 中共中央办公厅：《中国共产党第八次全国代表大会文献》，人民出版社 1957 年版，第 390 页。

② 《毛泽东文集》第 7 卷，人民出版社 1999 年版，第 31 页。

③ 《刘少奇论合作社经济》，中国财政经济出版社 1987 年版，第 192 页。

④ 逄先知、金冲及：《毛泽东传》，中央文献出版社 2011 年版，第 1575－1576 页。

俄国新经济政策结束的早了，只搞两年退却就转为进攻，到现在社会物资还不足。我们……还可以考虑，只要社会需要，地下工厂还可以增加。可以开私营大厂，订个协议，十年、二十年不没收。华侨投资的二十年、一百年不要没收。可以开投资公司，还本付息。可以搞国营，也可以搞私营。可以消灭了资本主义，又搞资本主义”①。1956 年 12 月第一届全国人大常委会第 52 次会议上，刘少奇说，有一些资本家，他们每年分的定息很多，一家子用不了，“如果他们要盖工厂，是否可以允许他们盖呢？可以的。”“我们国家有百分之九十几的社会主义，有百分之几的资本主义，我看也不怕。”“有这么一点资本主义，一条是它可以作为社会主义经济的补充，另一条是它可以同社会主义经济作比较。”② 1957 年 4 月，周恩来在国务院全体会议上也说：“我看工、农、商、学、兵除了兵以外，每一行都可以来一点自由，搞一点私营的。”“在社会主义建设中，搞一点私营的，活一点有好处。”“主流是社会主义，小的给些自由，这样可以帮助社会主义的发展。”③ 对这些“又搞资本主义”的思想火花，陈云在理论政策上概括为“三个主体，三个补充”，他早在 1956 年 9 月 20 日在八大全体会议上提出：国家经营和集体经营是主体，个体经营是补充；计划生产是主体，自由生产是补充；国家市场是主体，自由市场补充。④ 毛泽东“认为讲得很好”⑤，并正式写进了大会决议。说明中国共产党开始试图突破高度集中的苏联体制模式，重构中国式社会主义经济体制的框架。

1956 年八大前后对社会主义经济体制与经济发展战略的探索，是极富开放性和创新性的。但为何如此充满思想闪光点的探索不久就停止下来？这源于苏共二十大所带来的一系列连锁反应，这是中共始料未及的，波匈事件爆发，西方势力借此反苏反共，国际国内政情骤然紧张。毛泽东开始重新审视苏共二十大及赫鲁晓夫秘密报告的性质和后果，从原先

---

① 《毛泽东文集》第 7 卷，人民出版社 1999 年版，第 170 页。
② 《刘少奇年谱》下卷，中央文献出版社 1996 年版，第 383 页。
③ 《周恩来经济文选》，中央文献出版社 1993 年版，第 350－351 页。
④ 《陈云文选》第 3 卷，人民出版社 1995 年版，第 13 页。
⑤ 邓力群：《向陈云同志学习做经济工作》，中央文献出版社 1981 年版，第 91 页。

的“解除紧箍咒、思想得解放”的轻松感觉转向对其负面效应的严肃批评。[①] 1956年12月29日，中共中央在《人民日报》上发表《再论无产阶级专政的历史经验》，围绕半年多来国际上发生的许多重要事件，尤其是波匈事件和以铁托演说为集中代表的国际共运内部出现的对斯大林的异见叠出的评价，由批判斯大林的错误转为维护斯大林的威信。1957年春夏之交的右派事件，更增进了中共中央对局势发展严重性的认识。从“以苏为鉴”探索社会主义经济体制和经济发展战略，转向阶级斗争和在政治、思想战线上开展社会主义革命，改革的思路中断了。

第一节 关于社会主义基本矛盾的哲学思考

毛泽东认为，对抗性矛盾如无产阶级和资产阶级的矛盾，在社会主义和共产主义条件下将会消失。而非对抗性矛盾，则无论在哪个社会以及社会的哪个发展阶段都将永远存在，永远不会消失。“社会基本矛盾”是他分析社会的基本方法论概念，社会基本矛盾中的“非对抗性矛盾”则是他借以说明社会主义和共产主义这一特殊类型的社会发展阶段的逻辑点。正是这个关键性的概念，使毛泽东对社会历史的看法既不同于佛教哲学中那种泯灭了一切差别和矛盾的“涅槃”境界，也不同于斯大林等一些马克思主义者只承认社会主义以前的社会存在矛盾，否认社会主义和共产主义社会也存在矛盾的二元矛盾观。莱文评论说：这种贯穿一切历史的矛盾观使“毛泽东从来不当乌托邦主义的牺牲品。非对抗的矛盾永远存在的思想，使他不致相信救世主和千年幸福国度的未来。非对抗的矛盾永远不能从任何社会形态中消除的思想，使得毛泽东倾向于接受一定程度的政治多元论。由于从本体论上说，不可能消灭非对抗的矛盾，就有必要创立多种政治形式，以便这些矛盾、异议能够得以表现出来。”[②] 莱文道出了毛泽东之所以提出“双百方针”、开展整风运动、鼓

---

① 陈少晖：《弊端、探索、夭折——八大前后中国共产党人对社会主义经济体制改革的探索》，《甘肃社会科学》1997年第1期。

② 诺曼·莱文：《辩证法内部对话》，云南人民出版社1997年版，第478页。

励“四大”等思想和行动的哲学根源。

由于毛泽东认为社会基本矛盾决定人类社会的发展，所以他反对那种认为人类历史终有一天会停止发展，共产主义是人的发展的最终状态的观点。他从不把共产主义看成是太平盛世，那里人类一切的忧虑和摩擦都将会消失，而是把它看成是比资本主义社会有极大的改进，并且是人类迈向更大进步的新的起点。这与毛泽东永不满足、永远求新的理想主义信念是一致的。他的这一信念通过“矛盾”“社会基本矛盾”这些哲学方法论得到了充分的支持和体现。

莱文认为矛盾以及社会基本矛盾的概念也决定了毛泽东关于社会主义条件下国家性质的思想。他的政治理论贯穿着哲学矛盾概念，《关于正确处理人民内部矛盾的问题》是毛泽东的矛盾学说在政治生活和国家问题上的具体运用，是马克思主义政治理论中国化的典范。关于新中国的国家政体，毛泽东在中华人民共和国成立前夕发表的《论人民民主专政》一文中规定为“人民民主专政”。他发明的“人民民主专政”，就没有模仿和移植苏联马克思主义的经典称谓“无产阶级专政”，因为后者只有专政没有民主从而没有体现“矛盾”。“无产阶级专政”所可能隐含的那种消灭一切矛盾的观点也不符合他的矛盾学说和他对人类历史的基本看法。从矛盾学说的角度看，“人民民主专政”的概念体现了对立统一规律，而这又是以承认人民内部的利益和观点的差异为前提的。中国特色的“人民民主专政”是以中国特色的社会基本矛盾学说为哲学依据的。矛盾这一概念不仅在毛泽东的辩证法中是一个基本概念，在他的历史唯物主义思想中也是如此，这是他分析人类历史和中国社会现实的一把钥匙。正是通过贯穿人类历史始终的“社会基本矛盾”这一概念，毛泽东的辩证法和历史唯物主义思想获得了统一。

毛泽东在《矛盾论》中说：“诚然，生产力、实践、经济基础，一般地表现为主要的决定作用，谁不承认这一点，谁也就不是唯物论者。然而，生产关系、理论、上层建筑这些方面，在一定条件下，又转过来表现为主要的决定作用，这也是必须承认的。我们这样说，是否违反了唯物论呢？没有……这不是违反唯物论，正是避免了机械唯物论，坚持了辩证唯物论。”① 毛泽东突出反作用，并把它进一步“提升”为“在一定条件下的决定作用”。在“一定条件下”矛盾次要方面变为主要方面，生产关系、上层建筑成为矛盾的主要方面，这就决定了矛盾的走向。恩格斯晚年关于历史唯物主义的通信中对一些自称为马克思主义者的人把历史唯物主义简单归结为经济决定论从而把马克思主义庸俗化的做法深表不满，认为历史唯物主义并不是认为经济因素是历史发展的唯一决定因素。他指出：“对历史斗争的进程发生影响并且在许多情况下像主要是决定着这一斗争的形式的，还有上层建筑的各种因素。”②

在马克思主义哲学发展史上，毛泽东第一次提出社会主义社会存在着两类不同性质的矛盾即敌我矛盾和人民内部矛盾，这两类不同性质的矛盾应当分别采取不同的办法即专政的办法和民主的办法去加以解决。这是毛泽东社会主义社会矛盾学说的重要组成部分，这一学说的提出，既有深厚的哲学理论基础，又有深刻的社会时代背景。早在他 1937 年写的《矛盾论》的第三节“对抗在矛盾中的地位”中，已经显示了这一学说的雏形。在这里，毛泽东写道：“对抗是矛盾斗争的一种形式，而不是矛盾斗争的一切形式。”③ 在人类历史上，矛盾和斗争是普遍的、绝对的，但是解决矛盾的方法，即斗争的形式，则因矛盾的性质不同而不同。有些矛盾具有公开的对抗性，有些矛盾则是非对抗性的，对抗性与非对抗性之间是互相发展的。这些论述中两类不同性质矛盾的思想已呼之欲出了。不过，《矛盾论》从形式上看是一篇系统论述矛盾问题的哲学论著，其内容属于辩证法理论方面的，而不是历史唯物主义和社会实践方面的，加之当时特定的历史条件，毛泽东还不可能预见到社会主义条件下矛盾问题的状况和特点。

在国际共产主义运动中，长期流行着一种社会主义前进的动力是政治上、道义上的一致的观点。这使相当多的人误以为社会主义社会已是太平盛世，不仅没有阶级斗争，连其他矛盾也不存在了。关于社会主义

---

① 《毛泽东选集》第 1 卷，人民出版社 1991 年版，第 325 页。
② 《马克思恩格斯选集》第 4 卷，人民出版社 1995 年版，第 696 页。
③ 《毛泽东选集》第 1 卷，人民出版社 1991 年版，第 334 页。

社会存在人民内部矛盾的问题，马克思、恩格斯、列宁和斯大林都不同程度地涉及过。马克思在《哥达纲领批判》一书中，曾分析过社会主义阶段，由于“按劳分配”原则的实行，人们之间存在着实际上的不平等，工农之间、城乡之间、体力劳动和脑力劳动之间存在着差别，也就是说存在着矛盾。这些矛盾到共产主义社会才能真正解决，而共产主义社会有无矛盾则没有说。列宁在《伟大的创举》《苏维埃政权当前的任务》等文章中指出，在社会主义制度下还存在着新旧事物之间的矛盾，还存在着官僚主义，存在着工农之间、工人阶级与小资产阶级自发势力之间以及民族之间的矛盾。斯大林则在1936年以前的著作中分析过社会主义制度下体力劳动和脑力劳动、城市与乡村的矛盾等问题。不过，从1936年苏联基本建成社会主义之后，斯大林就在实际上否定了人民内部矛盾的存在，而一旦出现矛盾，只好归结为敌我矛盾。这样斯大林由于在理论上否认人民内部矛盾而导致在实践上混淆了两类不同性质的矛盾，从而犯了肃反严重扩大化的错误。

第二节　关于社会主义社会两类矛盾的政治理论

毛泽东在《关于正确处理人民内部矛盾的问题》中说认为在社会主义社会里“没有矛盾的想法是不符合客观实际的天真的想法”，他认为社会主义社会存在两种不同性质的矛盾，这成为中国共产党处理政治和社会事务方针大计的理论基础。解决事物矛盾的方法是由事物矛盾的性质决定的，由于敌我矛盾和人民内部矛盾的性质不同，因而解决这两类矛盾的方法也不一样。敌我矛盾是对抗性的矛盾，用专政、压迫的办法才能解决。人民内部矛盾是非对抗性的矛盾，只能用民主的办法去解决，只能用讨论的办法、批评的办法，说服教育的办法去解决，用“团结——批评——团结”的原则，把团结和批评结合起来，才能正确解决人民内部的矛盾。根据两类不同性质的矛盾的理论，文学艺术和科学文化中的是非问题，一般也属于人民内部矛盾，因此也必须用民主的、说服的办法去解决。因而解决这些领域中的矛盾和是非，必须贯彻“百花齐放、百家争鸣”的方针。这一方针就是在承认社会主义社会仍然存在着各种矛盾的基础上提出来的。在科学和艺术的发展过程中，不可避免地会出现不同的观点，不同的学派，不同的风格，甚至会出现完全错误的、有害的东西。但这基本上都属于认识问题、思想问题，属于人民内部矛盾。如果利用行政的力量，强制推行一种风格、一种观点和一种学派，压制和禁止另一种风格、另一种观点和另一种学派，这是极端不利于科学艺术事业的发展的。所以，毛泽东认为，对于科学上、艺术上的是非，应当保持慎重的态度，提倡自由讨论，不要轻率地作结论，以使科学和艺术得到比较顺利的发展。

正确处理人民内部矛盾的理论相当合理，又有转化为政策参与政治实践的条件，但为什么在之后的二十余年的实践中没有得到实行或者说是实行起来就出错？总是混淆了矛盾的性质、把打击和专政扩大到人民内部？这一学说一提出来，其理论与实践就是背反的，一个理论老是引导实践出错，或者说宣传力度如此之大却不执行，是什么原因？有学者甚至认为反右扩大化的原因及历次运动中的错误，不在于人民内部矛盾理论没有得到执行，而在于理论本身存在的问题和缺陷。涉猎此问题的论著不少，如郭建宁的《艰辛探索的哲学轨迹——1956 至 1966 年毛泽东的哲学思想研究》（北京大学出版社 1993 年版），许全兴的《毛泽东晚年的理论与实践》，蹇涛的《人民内部矛盾学说的历史反思》（湖北人民出版社 2000 年版），但问题并未说清。

综合说来，学者们认为人民内部矛盾理论存在如下几个的问题。第一，内部矛盾与敌我矛盾的界限划定，极其模糊，人民与敌人的概念属于政治范畴，其内涵的不确定性，无法与法律概念的“公民”与“罪犯”相比。法学界不少人认为“人民”这个概念就是变动不居的，政治上不易把握，要引入法制，使用公民的概念。

第二，“正确处理人民内部矛盾”理论的一个重要内容是“对敌人专政”，这与“阶级斗争”理论是一致的，二者可以结合起来，这样“阶级斗争”就可以引入“人民内部”了。后来就出现“人民内部的阶级斗争”命题，因为阶级斗争理论主要是“分清敌我”与“敌我斗争”，所以阶级斗争就可以在人民内部找出敌人。一个与“阶级斗争”理论相通的理论，是无法正确处理内部矛盾的。

第三，所提出的“正确处理人民内部矛盾”方法过于简单和单一，毛泽东只笼统提出用“民主的方法”来解决人民内部矛盾，只提民主的方法而未提及法制的方法，而法律是调节民事矛盾的重要方法。而毛泽东的民主观又把民主界定得极为宽泛，认为凡是非专政的领域都是民主领域。在他看来，民主既是一种多方协商、多数决定和选举授权的政治体制，也可以是单方向的思想工作机制和听取群众意见的工作作风，这样民主的方法就又缩小为思想教育、团结说服。胡乔木就曾坦承过“正确处理人民内部矛盾”所提出的许多矛盾，并非思想工作性质的“团结——批评——团结”或“双百方针”所能完全解决的。

第四，1957 年反右运动以后，一个以正确处理人民内部矛盾、以研究民主方法为主旨的理论，就逐渐演变为以“打击阶级敌人”、以运用专政方法为纲的理论。

第三节　关于发展社会主义文化的“鸣放”方针

中国的社会主义改造由于有利时机的把握和策略运用的高明，在很短时间顺利完成，并且没有发生苏联那样的社会动荡。毛泽东乐观认为，经过改造“国家内部的阶级矛盾已经基本上解决了，所以人民应当团结起来”①。把资产阶级放在人民内部“慢慢化掉”的做法是用和平手段代替阶级斗争手段处理阶级矛盾的范例。这是毛泽东赞成“百花齐放百家争鸣”方针的一个历史背景和社会条件，他认为在中国当时的政治环境下，完全可以营造一个宽松的环境，允许各种意见在报纸上、刊物上发表，开座谈会评论，不会把我们的天下搞乱。②

一、以苏为鉴，纠思想文化政策之左

苏共二十大揭露斯大林的错误，是社会主义发展史上的重大事件，起了破除迷信、解放思想的作用。毛泽东与参加中共八大的南斯拉夫共

---

① 《毛泽东书信选集》，人民出版社 1983 年版，第 514 – 515 页。

② 《毛泽东选集》第 5 卷，人民出版社 1977 年版，第 158 页。

产主义者联盟代表团谈话时，批评苏联“思想控制很严，胜过封建统治。一句批评的话都不能听”，说对斯大林的批评“是一种解放，是一场‘解放战争’，大家都敢讲话了，使人能想问题了”。[①] 后来又说在列宁死了以后的一个时期，苏联的内部生活，还是比较生动活泼的，跟我们现在差不多，也有各党各派，社会上也可以说各种话，可以批评政府。后来不行了，后来就搞得很专制了，就是批评不得，谁要批评，百花齐放，那是很怕的。只能放一朵花，百家争鸣也怕的，风吹草动，就都说是反革命，就抓人，就杀人。我们希望造成这样一个活泼的国家，使人敢于批评，敢于说话，有意见敢于说，不要使人不敢说。相信采取这样的方针，我们的文化、科学、经济、政治，我们的整个国家，就一定可以比较多、快地繁荣发展起来。[②]

于是就有了对中华人民共和国成立初期密集的思想文化批判的反思，开始反思和纠正文化领域的“左”倾错误。当初一系列文化批判运动导致文化界出现沉闷局面，这与新民主主义文化纲领显然是有抵牾的。全民族团结抗战时期，以毛泽东《新民主主义论》以及张闻天等人的《抗战以来中华民族的新文化运动与今后任务》等文为理论依据，规范了新民主主义文化纲领和政策，尤其张闻天的“文化四原则”说较之毛泽东的“文化三原则”说，更完整和准确地揭示出新民主主义文化的本质特征。[③] 毛泽东“民族的、科学的大众的文化”论断，综合了抗战前后出现的新儒家学派、西化自由派和中国马克思主义三大文化思潮，包含着东方文化派以“民族为本”的民族精神，西化自由派以“科学为体、自由为用”的时代精神，共产党以“人民为体”的民本思想和政治倾向，是一种综合性的文化整合和创造。[④] 张闻天在毛泽东的“民族的、科学的大众的文化”的方向之外，还提出了“民主的方向”，强调民族的、

---

① 《毛泽东文集》第7卷，人民出版社1999年版，第127页。

② 毛泽东：《在南京、上海党员干部会议上的讲话》1957年3月20日。

③ 刘辉：《新民主主义文化体系形成标志新论》，《中国人民大学学报》2001年第2期。

④ 皇甫晓涛：《抗战前后文化思潮与东方文化复兴的历史主题及其发展》，《吉林大学学报》1997年第6期。

大众的核心是民主制度、民主精神和民主自由，这在当时得到邓小平的认同和肯定。[①] 随着新民主主义社会理论的放弃，新民主主义文化纲领也悄然隐退，"用无产阶级意识形态占领思想文化阵地"，"不破不立"的文化方针，替代了新民主主义文化纲领。思想文化界先后发动了密集的批判运动，暴风骤雨般地轰击"资产阶级唯心主义""资产阶级学术思想"，五四新文化运动以来在中国学术界和思想界最有影响力的一些人物、思想和学术成果一下子黯然失色。思想文化批判的"五大战役"，计有涉及全国五百万知识分子的思想改造运动；批判电影《武训传》的改良主义并涉及陶行知等一批教育家的"资产阶级教育思想"；批判俞平伯的《红楼梦》研究中的唯心主义、并批判胡适学术的实验主义思想及其研究方法，涉及一批学术家的"资产阶级学术思想"；批判胡风的文艺思想并涉及一批革命阵营中的知识分子。

后来胡乔木曾对开国之初的文化批判开局有过总结说："解放初期，也就是1951年，曾经发生过对电影《武训传》的批判。这个批判涉及的范围相当广泛。我们现在不对武训本人和这个电影进行全面评价，但我可以负责任地说明，当时这种批判是非常片面、极端和粗暴的。因此，这个批判不但不能认为完全正确，甚至也不能说它基本正确。"[②] 这是党执政以后的第一次学术批判与思想批判，"粗暴"这个词指的就是"武器的批判"与"国家权力的批判"所具的威力。而党从前在思想文化战线的批判是"思想武器的批判"，是不具有杀伤力的，如五四新文化运动中的极端用语、如鲁迅所斥过的三十年代左派们的"漫骂与恫吓"式的战斗，这些语言再粗暴也伤不了批判对象的林琴南、辜鸿鸣及梁实秋、胡秋原之流。

1954年10月开始了对俞平伯、胡适的批判，这被视为是"对五四运动以后最有影响的一派资产阶级学术思想，进行一番清理和批评。"[③]

---

① 曾彦修：《文化发展方向要不要民主——延安时期毛泽东、张闻天在这个问题上的歧见》，《炎黄春秋》1998年第7期。

② 《胡乔木谈话》，《人民日报》1985年9月6日。

③ 胡绳：《中国共产党的七十年》，《中共党史出版社》，1991年版，第312页。

胡适学术思想在中国除马克思主义之外最具影响力，批判胡适的运动就是要清除胡适的学术思想和学术观点。郭沫若曾说："胡适的资产阶级唯心论学术观点在中国学术界是根深蒂固的，在不少的一部分高等知识分子当中还有很大的潜势力。我们在政治上已经宣布胡适为战犯，但在某些人的心目中胡适还是学术界的'孔子'。这个'孔子'我们还没有把他打倒，甚至可以说我们还很少去碰过他。"① 批判胡适的运动涉及哲学、政治思想、史学、文学、教育学等领域，共发表和出版了上千万字的文章和专著，作者几乎囊括了相关领域的所有名家，如《胡适实用主义批判》、李达的《胡适反动思想批判》、张如心的《批判胡适的实用主义哲学》、孙定国的《胡适哲学思想反动实质的批判》等。

胡适的学术思想与五四新文化运动有过不解之缘，也是众多知识分子所共享的，同时也是新民主主义文化纲领所容许的。但随着新民主主义社会理论的放弃，认为在学术上就不能与"资产阶级学术思想"和平共处了。而具有这种"资产阶级学术思想"的知识分子是一个多数，他们在政治上选择了共产党，批判他们是不符合统一战线政策的。但与他们有同样"资产阶级学术思想"的胡适，没有听从劝告投向光明而站到了"反动政治立场"，这次批判"资产阶级学术思想"选胡适作为靶子是讲政策的表现。有意思的是，批判主体除周扬、郭沫若、潘梓年、李达、艾思奇、胡绳、何思敬、侯外庐、范文澜、翦伯赞等马克思主义学者外，像冯友兰、金岳霖、罗尔纲、李长之、贺麟等众多著名的"旧社会过来的知识分子"也参与战斗了。对胡适的隔海批判于批判对象毫发无损，实际上批判主体中的那些"从旧社会过来的知识分子"倒成为批判对象的替身，受震动不小。因为批判的目的就是要"打破学术界以往与资产阶级唯心主义和平共处的气氛，破除对胡适学术思想和治学方法的崇拜"。与胡适有学术渊源的学者批判胡适时，都知趣地同时自批，对自己的思想、家庭、师承、经历反复鞭挞、检讨，以示与胡适划清界限。贺麟给"自己照一下镜子"，寻找自己与胡适在"反动"上的共同点，

① 《文化学术界应开展批判资产阶级思想的斗争——中国科学院郭沫若院长对本报记者的谈话》，《光明日报》1954 年 11 月 8 日。

说胡适贩运杜威的实验主义，自己则贩运新黑格尔主义，“反人民革命、反共产主义的目的，我和他却始终一致”。冯友兰检讨自己的“新理学”是一套“反动哲学思想”“为国民党反动派底复古运动服务，以反抗辩证唯物主义与历史唯物主义。胡适与我都在其中扮演重要的角色”。李长之在《胡适的思想面貌和国故整理》一文中说“我痛恨我自己，也痛恨我自己身上的胡适的影子。”① 阶级分析方法演成乱贴政治标签，说胡适是“反动的一生”“美国帝国主义一手造成的买办洋奴”“是彻头彻尾为帝国主义服务的”“胡适四十年如一日，一贯拼命的反动”。学术问题政治化、阶级化，自此愈演愈烈，成为一直解决不了的文化政策难题。

事后中共中央宣传部向中共中央提交《关于胡适思想批判运动的情况和今后工作的报告》，即指出批判存在的问题：“许多作者不善于从根本上抓住胡适思想的实质，不善于揭露胡适思想内部的自相矛盾混乱，不善于揭露胡适骗人的手法，常常摘引胡适的几句话就大做文章，用驳斥胡适每一句话的方法来进行战斗，甚至还不符原意地加以引申，连同胡适用来伪装自己的、本意正确的话也加以否定。有的文章论证不多，说理不够，结论武断”。② 对胡适的这场批判“政治的声讨和阶级感情的义愤多于理智的说理和辨析”。③ 这仅看批判著作的书名就知，如《实用主义——帝国主义的御用哲学》《实用主义——最陈腐、最反动的主观唯心论》《实用主义——客观真理的死敌》《彻底肃清反动哲学实用主义的影响》《胡适实用主义哲学的反革命性和反科学性》《清除胡适的反动哲学毒害》。艾思奇在《胡适实用主义批判》中说：实用主义和辩证唯物主义是根本不相容的；实用主义是主观唯心主义的一派；实用主义是主观唯心主义—不可知论的认识论；实用主义是庸俗进化论；实用主义是反科学的主观唯心主义的方法论。他认为科学方法要从客观存在的实

① 三人的检讨转引自李方祥：《现代学术批判对马克思主义中国化的双重影响—以 20 世纪 50 年代胡适思想批判为个案》，《当代中国史研究》2007 年第 6 期。

② 中国人民解放军国防大学党史党建政工教研室编：《中共党史教学参考资料》第 20 册，第 564 页。

③ 秦英君：《当代中国哲学思想史》，河南大学出版社 1999 年版，第 203 页。

际事物出发而不是胡适的“实验室方法”和空谈“尊重事实”；科学的假设要以“谨严”为原则而不能以“大胆”为原则；要在实践中检验认识的真理性而不是片面的“事实”和“证据”。这里所说的第一个和第三个“要”与“不要”实际上并无区别，第二个“要”与“不要”也不必然矛盾（对科学研究来说，“谨严”和“大胆”都是需要的）。

毛泽东本人也认为批判运动存在不足：“我们开始批判胡适的时候很好，但后来就有点片面性了，把胡适的一切全部抹煞了，以后要写一两篇文章补救一下。”① 也有回忆说毛泽东谈到胡适批判说，“说实在话，新文化运动他是有功劳的，不能一笔抹煞，应当实事求是”“到了二十一世纪，那时候，替他恢复名誉吧”。② 政治的考虑总是优先于学术的考虑。这是在推行马克思主义大众化过程中的一个教训，如何把握“一”与“多”的关系，如何把握“化”与“容”的关系，正是在反思这个“片面性”的过程中提出了“百花齐放、百家争鸣”的文化方针。这是一个发展文化学术、也包括发展马克思主义和推行中国马克思主义大众化的正确方针。

二、“双百”方针的本意：用学术的而非政治的行政的方式解决文化问题

1956 年 4 月 25 日中共中央政治局扩大会议讨论毛泽东《论十大关系》的讲话时，确认“百花齐放，百家争鸣”的文化方针。1956 年 5 月 2 日毛泽东在最高国务会议第七次会议上正式宣布：“双百”方针将是我们发展科学文化事业的根本方针。百家争鸣是诸子百家，春秋战国时代，两千年以前那个时候，有许多学派，大家自由争论。现在我们也需要这个。在中华人民共和国宪法范围之内，各种学术思想，正确的，错误的，让他们去说，不去干涉他们。李森科、非李森科，我们也搞不清。有那

① 《毛泽东传（1949 — 1976）》（上），中央文献出版社 2003 年版，第 298 - 299 页。

② 转引自李方祥：《现代学术批判对马克思主义中国化的双重影响—以 20 世纪 50 年代胡适思想批判为个案》，《当代中国史研究》2007 年第 6 卷。

么多的学说，那么多的自然科学。就是社会科学，这一派，那一派，让他们去说，在刊物上、报纸上可以说各种意见。

双百方针的提出是有思想基础的。早在1950年戏曲界围绕京剧问题发生一场争论，一派主张全部继承，包括糟粕也要继承下来；另一派则说京剧是封建主义的，应全部取消。1951年，毛泽东为中国戏曲研究院成立题词“百花齐放，推陈出新”，解决了这场争论，用学术的而非政治的行政的方式解决文化问题的思路已经初见端倪。一位在华讲学的苏联学者向中方陪同人员谈及他对《新民主主义论》的看法时，对毛泽东关于孙中山世界观的观点表示了异议。中山大学党委认为这有损我党负责同志的威信，询问是否有必要向苏联驻华大使尤金反映。毛泽东于1956年2月19日批示：“我认为这种自由谈论，不应当去禁止。这是对学术思想的不同意见，什么人都可以谈论，无所谓损害威信。因此，不要向尤金谈此事。如果国内对此类学术问题和任何领导人有不同意见，也不应加以禁止。如果企图禁止，那是完全错误的。”① 1956年2月，郭沫若和范文澜在中国历史分期上提出不同看法，陆定一向中共中央报告了“有些同志要中央宣传部决定谁对谁错”，他本人意见是：“这是学术问题”，“由历史学家自己去讨论决定”。②

为什么不能用政治的行政的方式解决学术和艺术问题？

1. 政治行政干预不能解决学术问题

毛泽东在答复陆定一报告时说，让马克思来当你中宣部的部长，让恩格斯来当你中宣部的副部长，再加上一个列宁当副部长，也解决不了那么多的学术问题。学术问题就是百家争鸣。③

2. “双百”方针符合科学和文化发展的客观规律

科学文化形成不同的学派、不同的见解、不同的风格，是正常现象。用行政手段强制推行一种学派，一种风格，禁止另一种学派，另一种风

---

① 《建国以来毛泽东文稿》第6册，中央文献出版社1992年版，第40页。

② 陆定一：《“百花齐放，百家争鸣”的历史回顾》，《光明日报》1986年5月7日。

③ 陆定一发言，毛泽东等人的插话，引自《中共中央政治局扩大会议记录》，1956年4月27日。

格，不利于科学和艺术的健康发展。毛泽东说司马迁的《史记》，哥白尼的天文学，意大利的伽利略，达尔文的进化论，在开始都得不到承认。社会主义社会虽有不同，但也会有新东西受压抑的，碰上官僚主义者，碰到顽固派。陆定一说双百方针就是在中华人民共和国宪法范围内，允许各种学术思想、流派自由争鸣，各种文艺题材、形式、手法或风格自由竞赛，“提倡在文学艺术和科学研究工作中有独立思考的自由，有辩论的自由，有创作和批评的自由，有发表自己的意见、坚持自己的意见和保留自己的意见的自由”①。

3. 争鸣的目的是发展马克思主义

1957年1月7日，陈其通、陈亚丁、马寒冰和鲁勒四人在《人民日报》上发表题为《我们对目前文艺工作的几点意见》一文。毛泽东认为陈其通四人的思想方法是教条主义、形而上学、片面性的，是“粗暴不讲理”的。针对“只能放香花，不能放毒草”之说，毛泽东强调“美是同丑作比较作斗争发展起来的。善事善人是同恶事恶人作比较作斗争发展起来的。香花是同毒草作比较作斗争发展起来的。唯物主义是同唯心主义作比较作斗争发展起来的。”“禁止人们同丑恶、同谬误、同唯心主义、同形而上学见面，是很危险的政策，这将引起人们思想衰退。思想僵化，单打一，见不得世面，唱不得对台戏。”② 马克思主义如果没有同对立面的争论，就可能走向僵化，就难以发展起来。

三、“双百”方针本意的消解：把文化方针移作政治方针与把政治是非标准移作文化是非标准

1. 把文化方针移作政治方针，把双百方针移用于政治领域

毛泽东在1957年春的全国宣传工作会议上，把“双百”方针的适用范围扩大到政治领域，他说：“领导我们的国家可以采取两种不同的办法，或者说两种不同的方针，这就是放和收。”“放，就是放手让大家讲意见，使人们敢于说话，敢于批评，敢于争论……收，就是不许人家说

---

① 《陆定一文集》，人民出版社1992年版，第501－502页。

② 《毛泽东选集》第5卷，人民出版社1977年版，第346页。

不同的意见，不许人家发表错误的意见，发表了就‘一棍子打死’。这不是解决矛盾的办法，而是扩大矛盾的办法。”“百花齐放、百家争鸣这个方针不但是使科学和艺术发展的好方法，而且推而广之，也是我们进行一切工作的好方法。”① 此后，毛泽东又南下宣讲“双百”方针四天，把“放”的范围从纯学术艺术扩大到政治是非上，只要不属于反革命一类，都让他们自由讲话。从提倡文化领域的争鸣争放，到鼓励政治领域的大鸣大放，从文化春天到政治整风，振奋了国内外人民的思想情绪。

在毛泽东大力推进“放”的方针之下，各地形成对党政工作缺点错误的批评空气。1957 年 4 月 27 日，中央发出整风的指示，4 月 30 日第十二次最高国务会议，毛泽东号召民主党派及无党派人士积极参加“鸣放”。5 月 4 日，毛泽东为中共中央起草《关于继续组织党外人士对党政所犯错误缺点展开批评的指示》，充分肯定一个时期以来党外人士提出的各种批评意见，以正式文件动员党外人士参与“鸣放”。

2. **把政治是非标准移用于文化领域，把政治是非标准移作文化是非标准**

经历了从整风到反右的逆转后，修改过的《关于正确处理人民内部矛盾的问题》认为“百花齐放，百家争鸣”这两个口号，就字面看是没有阶级性的，无产阶级可以利用它们，资产阶级也可以利用它们，其他的人们也可以利用它们。② 因此，双百方针必须添加前提，即六条政治标准：“有利于团结人民，有利于社会主义事业，有利于巩固人民民主专政，有利于巩固共产党的领导，有利于巩固民主集中制，有利于国际共产主义力量的团结和国际和平力量的团结”。这六个政治标准本来是对政治言论的规范，但是由于“鸣放”方针已经是兼跨政治与学术文化两个领域的方针，并不再单纯是文化方针，所以政治标准自然就适用于文化艺术领域。

---

① 《建国以来重要文献选编》第 10 册，中央文献出版社 1994 年版，第 122－123 页。

② 《建国以来重要文献选编》第 10 册，中央文献出版社 1994 年版，第 285－286 页。

之后学术艺术的活动与政治的活动一样，也是有限制的："在我们无产阶级专政的国家里，当然不能让毒草到处泛滥，无论在党内，还是在思想界、文艺界，主要的和占统治地位的，必须力争是香花，是马克思主义。毒草，非马克思主义和反马克思主义的东西，只能处在被统治的地位。"① 从此文化领域与政治领域就打通了。作为双百方针提出的当事人之一的陆定一，30 年后反思政治问题与文化问题必须分开时说："'百花齐放，百家争鸣'是党领导科学和艺术的方针，不是政治斗争的方针。"②

"双百"方针的理论基础是正确处理人民内部矛盾学说，而社会主义阶级斗争理论在反右斗争以后则对两类矛盾学说作了修正，因而两类矛盾理论和"双百"方针从突破阶级斗争观点颇具创新意义，到经过"重新解释"而为阶级斗争服务了。③ 这样，一种不同以往阶级斗争的新政的"双百"方针，很快就转化为解决意识形态领域内的阶级斗争的方法。用阶级斗争观分析纷繁多样的文化学术，就看不见百家了，就只能看见政治上利我或不利我的两家："在各个学术部门可以有许多派、许多家，可是就世界观来说，在现代，基本上只有'两家'，就是无产阶级一家，资产阶级一家。"④ 用阶级斗争观分析文艺百花，百花也没有了，只有无产阶级和资产阶级在意识形态和思想文化领域内的较量，"双百"方针也就名存实亡了。双百方针本来是停止阶级斗争的新思维，而最终是阶级斗争观消解了"双百"方针。

---

① 《毛泽东选集》第 5 卷，人民出版社 1977 年版，第 350 页。

② 陆定一：《"百花齐放，百家争鸣"的历史回顾》，《光明日报》1986 年 5 月 7 日。

③ 王也扬：《毛泽东关于"双百"的思想及其变化》，《中共党史研究》2000 年第 3 期。

④ 《建国以来重要文献选编》第 10 册，中央文献出版社 1994 年版，第 116 页。

第三篇

马克思主义中国化探索中的迷误与曲折

自1956年至1978年三中全会之前，中国马克思主义的探索发生迷误与曲折。20年中对马克思主义做了哪些误读？这一时期中国改变了新民主主义社会形态和一系列方针政策，通过社会主义改造而进入社会主义社会初级阶段，但是并未认识到自己所处这一社会阶段的历史定位，因而一再发生超阶段过渡的“左”的错误。“左”的错误造成困难时进行局部纠“左”，困难一过又回“左”。纵观1956年至1978年中国政治、经济发展，可以看出一种“左”、纠“左”、再“左”、再纠“左”的周期性变化。这种“左”与纠“左”的循环，实际上是社会主义模式选择困境的外在表现，反映了社会主义模式由传统到当代的转变的艰难，也反映了马克思主义与中国实际第二次结合的艰难。①

“反右”、大跃进、人民公社和社会主义教育，中苏论战、国内批判运动直至“文化大革命”，“马克思主义中国化”自身在探索中发生了偏差，终致产生了“无产阶级专政下继续革命”的错误理论和错误实践。对“马克思主义中国化”运动出现的偏差，产生了抵制性的研究活动，科学的研究转入低迷停滞状态。

---

① 郑谦：《延伸与准备：1949年至1978年马克思主义中国化的曲折进程与原因》，《中共党史研究》2007年第4期。

第九章　从“思想政治上的社会主义革命没有完成”到“直接向共产主义过渡”

1957 年 11 月 6 日苏共领导在庆祝十月革命 40 周年的报告中提出 15 年内赶超美国的口号，同时还宣称：我们有一切根据宣布共产主义已经不是遥远的将来的事情了。正在苏联进行国事访问的毛泽东两次会见英国共产党领导人调查英国的钢产量和发展之后，也在 11 月 18 日各国共产党和工人党代表会议上宣布：中国 15 年后可能赶上或者超过英国。同时，保加利亚开始扩大或合并集体农庄，增加黑色冶金工业投资欲大炼钢铁之际（1958 年 9 月保加利亚议会代表团参观了中国的亩产“千斤”棉田、“5 万斤”稻田和土法炼钢的场面之后），即被苏联叫停。社会主义各国都存在主观主义和集权体制这些共同问题，而中国将赶超激情落实为非理性的行动则另有自己的特殊原因。

第一节　1957 年“反右”运动的理论概括：思想政治上社会主义革命没有完成

反右派斗争之所以会严重扩大化，其原因是多方面的。薄一波作为当事人之一认为：一是对右派进攻的形势作了过分严重的估计；二是明确具体划分右派分子的标准下达晚了；三是把整风和“肃反”弄在一起。[①] 第一点第三点是同一逻辑，对事态反应过激，而第二点只是技术问题，不决定大局。从进认为：一是对社会主义社会各种矛盾缺乏思想准备和科学认识；二是毛泽东深受 1956 年国际大风波的影响，对波匈事

① 薄一波：《若干重大决策与事件的回顾》，中共党史出版社 2008 年版，第 436－438 页。

件的乱子记忆犹新，直接影响到他对局势作出严重估计；三是与领导人长期革命战争和激烈阶级斗争经历有关。[1] 革命思维方式和国际共产主义运动形势，使毛泽东作出过激反应，使他在《关于正确处理人民内部矛盾问题》中所达到的认识又退了回去。

有论者就国史问题关于社会主义时期阶级与阶级斗争的讲话中认为，毛泽东的政治战线、思想战线的社会主义革命理论和政策，不属于反右派斗争扩大化、而属于反右派斗争必要的范围，与马克思的“不断革命”论是一致的。而实际上马克思的“不断革命”概念只是专用于把民主革命转变为社会主义革命，是无产阶级政治斗争的一种策略，是以实现无产阶级专政为目的。而马克思所说的无产阶级专政要实现的四个消灭（消灭一切阶级差别、消灭这些差别所由产生的一切生产关系、消灭和这些生产关系相适应的一切社会关系、改变由这些社会关系产生出来的一切观念）和两个彻底决裂（同私有制、同私有观念实行彻底的决裂），已明说属于专政和观念更新的范畴，不属于革命范畴，更非马克思所说的“不断革命”范畴。后来列宁补充说，无产阶级专政的任务不但要消灭资产阶级本身，而且要消灭产生资产阶级的一切条件。这也明说是专政而非革命的范畴，即无产阶级不再是用群众暴力的革命手段而是用国家权力的专政手段来改造社会。

而毛泽东提出夺取全国政权和改造所有制以后还要进行政治战线、思想战线的社会主义革命，说革命是长期的，有时是很激烈的。至于毛泽东后来反复宣传的反复辟斗争，也不能算无产阶级革命范畴而属于无产阶级专政的范畴。总之，无产阶级革命的目的，是无产阶级专政；而无产阶级专政的目的，是“四个消灭”和“两个决裂”。

扩大化的“反右”斗争，在理论上的概括就是提出“思想文化上的阶级”，这是毛泽东认识上的重要转折点。这一直都是中共党史研究和共和国史研究的热点，有论者说党与知识分子的关系可以追溯到革命年代。

① 丛进：《曲折发展的岁月》，河南人民出版社1996年版，第62－65页；薛汉伟、潘国华：《论革命的改良主义》，《新华文摘》1982年第2期。辛仲勤、薛汉伟：《论马克思的不断革命思想》，《北京大学学报》1983年第1期。

毛泽东在延安对鲁迅有过政治化的高度评价，这大大提高了鲁迅的政治文化地位，但也使鲁迅精神“正统化”。左翼知识分子可以分成两类：一类追求个体独立自由；一类投身进步政治组织，为进步政治组织的需要而进行左翼活动。两类知识分子在当时同处弱势地位，都有“斗争精神”和“牺牲精神”，但他们追求的目标却不相同。毛泽东对鲁迅精神的阐发源于阶级斗争的政治需要[①]。知识分子的政治立场是比较容易改变的，特别是那些不为政治利益所决定而为思想认识所影响的政治立场，“立场论”给予知识分子政治选择的自由。可是一旦固化为一个“阶级”，知识分子就被“政治身份化”了，就在理论上被错误地置于社会主义的对立面。

苏共二十大反斯大林事件、波匈事件、反右扩大化事件，导致毛泽东1958年武昌会议上说，在社会主义改造消灭阶级之后，仍然还“存在政治思想上的阶级”。据此又推论出：要进行“政治战线和思想战线上的社会主义革命”命题。再次推论是：“社会主义革命”尚未完成。直到1963年毛泽东在文艺批示中还强调“文化部门的社会主义改造收效甚微”，“文化上的社会主义改造”这一新命题，是再次重申“文化战线上的社会主义革命”尚未完成。这就成为党在执掌全国政权而进行建设的同时，又须“不断进行革命”的理论。

“思想文化上的阶级”这一新阶级概念，对马克思阶级斗争理论作了误读。马克思认为等级是政治的，而阶级是经济的。一个人的思想文化观念并不等同于这个人的思想文化地位，而一个人的政治观点更不等同于这个人的政治等级和经济社会地位。政治观点是十分易于变动的，而一个人的经济地位和文化身份是不易变动的，以经济地位划阶级则阶级是稳定的社会集团，若以政治观点划阶级则“阶级”成为乱麻一团。“思想文化上的阶级”这一概念，实际引射了党与知识分子处于一种紧张的政治和文化关系之中。

那么，对这个“思想文化上的阶级”进行“社会主义革命”，意味

---

① 周维东：《“统一战线”战略与延安时期的鲁迅文化以毛泽东对鲁迅的评价为中心》，《社会科学研究》2011年第1期。

着什么呢？如果在革命时期，“革命”就意味着革命暴力的打击；如果是在党执政时期，“革命”那就意味着进行“无产阶级专政”了。在理论逻辑上就是如此，后来在“文革”中就发展为“无产阶级在思想文化领域的专政”的理论。

第二节　1958 年直接向共产主义过渡及其理论预设

一、直接向共产主义过渡

1958 年 8 月，北戴河会议通过《关于在农村建立人民公社问题的决议》，提出：“人民公社将是建成社会主义和逐步向共产主义过渡的最好的组织形式，它将发展成为未来共产主义社会的基层单位。”“看来，共产主义在我国的实现，已经不是什么遥远将来的事情了，我们应该积极地运用人民公社的形式，摸索出一条过渡到共产主义的具体途径。”① 随之报刊热烈讨论利用人民公社这一组织形式向共产主义过渡的前景，蒋复在《文史哲》1958 年第 11 期上发表《人民公社——我国从社会主义逐步过渡到产主义的组织形式》，陈泽之在《理论战线》1958 年第 9 期上发表《过渡到共产主义的条件与道路问题》，马俊芝在《学术月刊》1959 年第 3 期上发表《略谈主观能动性——对德麟同志“发挥上层建筑的力量为过渡到共产主义创造条件”一文的意见》，李安民在《吉林大学人文科学学报》1959 年第 3 期上发表《关于我国从社会主义向共产主义过渡的问题》等文章，认为人民公社组织能加快实现农村集体所有制过渡到全民所有制、加快实现社会主义社会过渡到共产主义社会，能高速度地发展社会生产力，为在物质条件方面和精神条件方面为社会主义过渡到共产主义奠定基础。

当时中国人对共产主义的理解，即是只急于以权力意志在生产关系和分配关系上搞过渡，而忽略生产力水平与共产主义的差距，甚至以为

① 中共中央文献研究室编：《建国以来重要文献选编》第 11 册，中央文献出版社 1994 年版，第 447、450 页。

可以以共产主义的生产关系来促——生产力跃进到共产主义的水平。全国上下洋溢着一种盲目的乐观主义和亢奋的激情。

可是，人们忘了刚刚过去的 1957 年，那时在反右运动中对形势的判断是：社会主义革命只在所有制领域取得胜利，而在思想政治文化领域尚未完成，而更加远远没有完成的是社会主义工业化和生产力的高度发达。然而，仅仅过了一年，形势变化之快之逼人喜人，简直叫人目瞪口呆，中国竟然就可以超越苏联老大哥而“直接向共产主义过渡”了。直接向共产主义过渡的理论依据是，相信主观能动性能决定生产关系又决定生产力，生产力和生产关系的双重大跃进就是，向共产主义过渡的条件。直接向共产主义过渡的现实依据是，主观能动性所体现的“政治挂帅”和“革命干劲”改变了中国的生产关系，人民公社已经实现了共产主义性质的生产和分配关系，公共食堂吃饭不要钱，按需分配，全民皆喜。“政治挂帅”和“革命干劲”也改变了中国的生产力，钢产量一年翻一番，粮食最高亩产竟达 20 万斤，各条战线是奇迹日出、喜报频传，叫人目不暇接。可是领导人没有想到的是，生产关系改变所带来的喜庆新气象，是汇报虚构的，是报纸想象的。而生产力的“一日千里”，也是高指标、强迫命令所逼出来的浮夸虚报，生产力的跃进实际只是主观数字的跃进。

20 多年后《关于建国以来党的若干历史问题的决议》认为，在生产力和生产关系上的大跃进错误，是“由于社会主义建设经验不足，对经济发展规律和中国经济基本情况认识不足，更由于毛泽东同志、中央和地方不少领导同志在胜利面前滋长了骄傲自满情绪，急于求成，夸大了主观意志和主观努力的作用，没有经过认真的调查研究和试点”。此后对“1958 年大跃进”的众多研究，皆重复《决议》的定性，判为经验不足、不懂经济规律和国情、骄傲自满、夸大主观意志、没调查研究等思想作风问题。还没有人将此与十月革命初苏联军事共产主义错误性质相比较，没有追问为什么熟读《联共党史》论新经济政策一章的领导人，会犯同样性质的错误？为什么理性认识未能避免悲剧的发生？为什么会夸大上层建筑（精神、政治意志）的反作用、夸大生产关系的反作用？

这同所有这些国家的社会主义革命有直接关系。落后国家的社会主义革命，并不是依据马克思恩格斯的“革命发生于生产关系不能容纳生产力的发展”原理而发生的，是依据列宁的“政治革命造成社会主义生产关系，在社会主义条件下实现工业化”原理。政治革命的胜利，证明了主观能动性对上层建筑的决定作用；经济改造的胜利，证明了主观能动性对生产关系的决定作用；苏联计划经济初期的巨大成功，证明了主观能动性对生产力的决定作用。但是，军事共产主义的失败被忘记了——它已经警示过：主观能动性不能任意选择生产关系。社会主义计划经济后期的停滞，或被忽视、或因引起政治危机才发人深省，它警示主观能动性所选择的生产关系未必适合生产力的发展——这一点教训用了几十年时间才教会了人们，改革才被提上议事日程。列宁很快回头搞新经济政策八年。

二、大跃进的哲学根据

发动大跃进在哲学上有一个理论上的预设——精神能动性，它向内发力，可无限改造灵魂，它向外发力，可无限改造环境。毛泽东在此实现了马克思主义与日常生活实践的结合，把政治信念变成为日常生活信仰。大跃进和人民公社运动的动力，即来之于这个理论预设。人的主观世界可以无限改造，而这又是对客观世界无限改造的前提。当时通俗地表述为“人听毛主席的话，机器就听人的话”。这是对人的主观能动性作用的无限夸大，是对规律和理性的蔑视。大跃进中最常用的一个口号是：“解放思想，破除一切迷信”。这里说的“一切迷信”，包括“一切条条框框”、其中也有合理的规章制度；包括“一切老观念”、其中也有被经验证明过的常识；包括“一切书本教条”、其中也有科学原理。实际“破除一切迷信”者，不自觉又树起一个新迷信：主观意志。这个主观意志当时名为“突出政治”，相信只要有了先进政治思想，即使“没有客观条件也可以创造条件”，由此可以“创造一切人间奇迹”。1958 年夏，提出了最能抒发大跃进激情和反映大跃进思想理论的口号——“人有多大胆，地有多高产”。

1958 年 9 月李达指着宾馆窗外的标语，对毛泽东质疑这一口号的科学性。毛泽东说：“这个口号同一切事物一样也有两重性。一重性不好理解，‘人有多大胆，地有多高产’，是讲人有主观能动性。”人要敢想，才能做到，人不敢想飞，怎么会有飞机？毛泽东的思路和话锋向来敏锐善辩，气势磅礴。但李达没有让步，反追问：“主观能动性是不是无限大？”毛泽东抬杠说：“在一定条件下无限大！”这是把经济建设中的具体问题上升到哲学层次的面争，李达把它概括为主观与客观、理论与实践的关系问题。在如此重大的问题上出现分歧，却并没有影响到双方的私人关系，因为是私谊性质的交谈，双方都没有将之政治化。在大跃进已经显现失败的1961年夏，毛泽东在庐山又一次约见李达，还对李达的身体情况和研究工作一一询问，无微不至。李达也给了毛泽东一个轻松的学术话题，向他请教形式逻辑的推理问题。毛泽东十分正确地回答，形式逻辑只管形式，从错误的前提推出错误的结论，在形式上也可以是正确的。毛泽东还特意提到李达在10年内战时期写的《社会学大纲》，说那本书是中国人自己写的第一本马列主义哲学教科书，当时起了很大的作用，现在也还有意义，应该修改一下重新出版，并建议在武大哲学系找几个得力助手，在李达的指导下工作。① 这对李达是一个非常大的鼓励，他回去给自己压了一个至死也没有完成的、写一部大书的任务。李达在“文革”中冤死后，毛泽东在九届一中全会（1969年4月28日）上讲述党的历史时，还特别回忆起李达，说他是党的创始人之一、著名哲学家。

但是挑起公开哲学争论的理论工作者就没有这么幸运了。

哲学总是与生活保持距离，但总是迂回曲折地反映现实。关于思维与存在的同一性的论争，表面与大跃进和人民公社运动没有关系，但是与这两个运动的动力——主观能动性，却有着不解之缘。争论是从一个纯粹书斋问题开始，“思维与存在的同一性”能否概括哲学基本问题的第二方面？这一命题的性质究竟是唯心主义的还是唯物主义的？思维与存在是否存在对立统一的关系？等等。杨献珍等人否定思维与存在具有同一性，认为“思维与存在的同一性”是唯心主义的哲学命题。从哲学上看，杨献珍的观点近乎机械唯物论，但其现实的动机则是提倡实事求

---

① 陶德麟：《李达与唯物辩证法大纲》，《书林》1979年第2期。

是，反对实际工作特别是当时发动的“大跃进”运动中的主观唯意志论倾向。而艾思奇等人则肯定思维与存在具有同一性，认为这一命题既可作唯心主义的解释（如黑格尔），又可作唯物主义的解释（如恩格斯）。尽管其哲学史以及哲学原理上的依据，比前一种观点更为充分（目前已被学界普遍接受），但其真正的目的亦不在哲学，而是为政治上反对“右倾机会主义”提供理论依据。

争论源于对恩格斯《路德维希·费尔巴哈和德国古典哲学的终结》一书所谈哲学基本问题的第二个方面，即“我们的思维能不能认识现实世界？我们能不能在我们关于现实世界的表象和概念中正确地反映现实？”恩格斯说：“用哲学的语言来说，这个问题叫做思维与存在的同一性问题”。争论发生于对这句话的不同理解。从1958年开始，《哲学研究》《光明日报》《红旗》《学术月刊》等刊物陆续刊登了正反两方面观点的许多文章。主张思维与存在具有同一性（或统一性、一致性）的人认为，本来这一观点是黑格尔的唯心主义命题，恩格斯对之进行了唯物主义的改造，用它来概括哲学基本问题的第二方面。从恩格斯的表述来看，他是完全赞成这一命题的（尽管是在唯物主义的意义上）。该派还把对立统一规律应用于思维与存在的关系，认为思维与存在的同一性正是矛盾同一性的一种表现。针对反对者的观点，主张这种论点的人明确声明，他们所说的思维与存在的同一，决不打算像唯心主义者所做的那样，企图把思维和存在说成是同一个东西，而是说思维能够正确地反映存在，与存在达到符合，即主观达到与客观的一致或统一。如果不承认这一点，那就是反对唯物主义反映论，主张不可知论。[①]

而否定思维与存在具有同一性者则认为，该命题是唯心主义性质的命题，因为它说的其实就是“思维即存在、存在即思维”。因此，既不能把它等同于辩证法关于矛盾的同一性的观点，也不能将其说成是唯物主义的认识论即反映论，若用它来划分唯物主义、唯心主义与不可知论

---

① 郭月争：《思维和存在的同一性问题是哲学基本问题的第二个方面》，《哲学研究》1958年第1期。

的界限，不仅不可能，反而模糊了这个界限。①

双方在唯物主义基本原理上并没有什么分歧，分歧源于对“同一性”这一术语的不同释解：赞成者对“同一性”作了比较灵活和宽泛的解释，不是把它理解为抽象的等同，而是理解为辩证的统一，这样思维与存在的关系就可以被视为具有同一性。而反对者则对同一性作了过分绝对化和狭隘的理解——只有完全一致，才能被视为具有同一性。该观点确实有其理论上的弱点：不仅概念上显得僵化②，对哲学史的理解和把握也过于绝对——似乎一旦唯心主义者首先主张“思维与存在的同一性”，那这一命题就成了唯心主义的专利，唯物主义就应该抛弃它，哪怕像恩格斯那样对其进行了唯物主义的改造后也不行。而且最致命的是，无法对恩格斯关于这个问题的明确论述作出相反的合理解释，像一些人把主张恩格斯赞同思维和存在的同一性命题的观点，说成是对恩格斯的“歪曲”，这是难以服众的。

在初期，争论至少在形式上还属于学术范围内的正常争鸣，毛泽东曾经谈过自己的意见。他认为不把思维和存在等同起来是对的，但因此就说思维和存在没有同一性则是错误的，如果主张这种观点，势必要走到反对恩格斯的观点上去。

1959 年庐山会议反右倾机会主义斗争开始之后，政治气氛陡变。1960 年第 3 期《哲学研究》发表撒仁兴《关于“思维与存在的同一性”问题的争论的实质》，一场似乎纯哲学的学术讨论突然转为政治斗争的一部分，对杨献珍一派发起了严厉的政治批判。文章说这是“彻底的唯物主义一元论和二元论倾向之争、唯物辩证法和形而上学之争、马克思主义的认识论和旧的即形而上学唯物论认识论之争”，认为否定思维与存在

---

① 于世诚：《“思维和存在的同一性”是唯物主义的原理吗？——评郭月争的“思维和存在的同一性问题是哲学基本问题的第二个方面”一文》，《光明日报》1959 年 10 月 11 日。

② 为了反驳思维与存在的同一性命题，杨献珍写了《略论两种范畴的“同一性”——唯心主义范畴的“同一性”和辩证法范畴的“同一性”》一文，强调“思维与存在的同一性”中的“同一性”是一种唯心主义的同一性，这和辩证法的同一性即“矛盾的同一性”根本不同。

的同一性的观点是右倾保守主义的思想基础。这就把哲学论争与政治挂钩，学术问题政治化，政治问题阶级斗争化，不同学术观点的论争变身为敌我斗争。此后，问题不断升级，否定思维与存在的同一性的人被认为是否定革命的辩证法，是为资产阶级和修正主义效劳。他们的答辩文章也不再被允许发表。后来在中央党校内部开展了对持这种观点的代表人物之一的杨献珍的政治批判，他被扣上“反对三面红旗”“反对毛泽东思想”的帽子。

今天看来，即使学术涉及政治，也仍然是学术领域的事，仍然应以学术方式解决；而政治问题也应允许党内有发表不同意见的民主权利。虽然主张“同一性”者在理论上更周全些，而实际上是为大跃进的主观唯意志论作哲学辩护的。但是根据上述逻辑，艾思奇所应负的也仅是学术责任而不是政治责任。

第十章　从“社会主义社会存在阶级斗争”到“无产阶级专政下继续革命”

第一节　国民经济调整中产生改革趋向的思路与方法

大跃进与人民公社运动是联为一体的，其理论错误在于企图以上层建筑的革命（思想政治的能动性）促经济基础的革命（生产关系），以生产关系的革命（高公有）促生产力的革命（大发展），重犯了俄国1918年军事共产主义的错误。党内以彭德怀、刘少奇为代表的务实干部虽提出过不同意见，但都限于工作中的具体意见，并未上升到理论层面，都没有超出毛泽东本人的认识高度。毛泽东认为是工作中的具体问题，是基层干部的“五风”问题。其中“共产风”的概括，本来是接近错误的实质的，但毛泽东并未作为思想路线来认识，而是定性为工作作风问题。

大跃进和人民公社运动带来的影响，如同列宁时期的战时共产主义碰壁而带来新经济政策的转机一样，一个趋向于新经济政策的调整阶段不可避免地到来了。对人民公社所有制的调整，退到“三级所有，队为基础”，实际上恢复到1956年高级合作社的小集体所有制，而且进一步探索生产承包责任制，有的地方已经包产到户，农业生产出现复苏的气象。开放农村集市贸易，发展商品经济。思想文化方面恢复双百方针，落实知识分子政策，文艺、教育领域出现欣欣向荣的景象。在社会主义理论上，孙冶方、张闻天等产生思想上的突破，意识到社会主义经济是“计划商品经济”（孙冶方1963年9月写了一篇《社会主义计划经济管理体制中的利润指标》的内部研究报告，建议提高利润指标在计划经济管理体制中的地位，以利润评估企业的生产状况，后被批为资本主义的

“利润挂帅”)。三年经济政治文化教育等各方面的调整，使中国从经济崩溃的边缘复苏过来。调整虽还是侧重于对传统体制、秩序的修复和回归，但一些有关“什么是社会主义”的深层问题浮出水面，马克思主义中国化又面临着重大选择：有可能在推进调整的过程中深入到社会主义改革的层次，与此同时如果又能进行重大理论创新，则马克思主义中国化第二次飞跃可能将提前出现；或是囿于传统社会主义模式，否定调整中出现的改革萌芽，从而固守教条，使马克思主义脱离不断发展的实际和时代而被僵化。遗憾的是，十字路口的中国终于走了后一条弯路。调整中这种指向改革的趋向，还未来得及形成理论上的表达（像“猫论”这样的朴素常识，还只是经验层面的东西，而不是理论)，却被毛泽东作了相反的政治判断，并终止了调整。

这当然不是毛泽东个人的力挽狂澜，他得到了党内的支持，也有深厚的社会基础和思想基础。因为当时国际国内的形势十分严峻，改革的条件还不成熟，同时“几个根深蒂固的传统观念”难以突破而束缚着人们的思想，1962 年秋后调整的思路戛然中断。八届十中全会提出社会主义时期阶级斗争的理论，随后开展三年多的社会主义教育运动，这是在“阶级斗争为纲”错误理论指导下的错误实践运动，它又反过来“证明”了“社会主义时期阶级斗争理论”的正确性。社会主义教育运动和中苏论战时的反修正主义运动，都是要维护传统社会主义体制，都是要打击调整中的改革因素。把在一定范围内允许私人生产和经营，当成发展资本主义；把重视利润、价格、市场调节、物质利益等经济手段、缩小计划调节范围，当作资本主义和修正主义；把阶级斗争当成社会主义的主要矛盾和发展的动力，文革前夕毛泽东曾说全世界一百多个党都变修了，不信马列了。这一判断的依据正是传统模式。①

① 郑谦：《延伸与准备：1949 年至 1978 年马克思主义中国化的曲折进程与原因》，《中共党史研究》2007 年第 4 期。

第二节　社会主义教育运动证明“社会主义社会存在阶级斗争”

社会主义教育运动之前，毛泽东在理论上已经达成这样的认识：一是“思想文化上的剥削阶级”继续存在，这是指知识分子；二是不占有生产资料的“经济上的剥削阶级”继续存在，这是根据同样以思想定阶级的逻辑，认为被剥夺财产的地主资本家“人还在心不死”，这个“心”具有“思想文化上剥削阶级”特征，只不过是怀念其经济地位之心。但这二者仍属于“（尚未完成的）社会主义革命”的范畴。而在社会主义教育运动中发现党内当权派能集体占有公有生产资料，索取公有企业的剩余价值，从而形成一个“党内资产阶级”，这就完全是一个“新阶级”，属于另一个革命范畴，是“社会主义革命之后的革命”范畴，后来归纳为“无产阶级专政下继续革命”。

社会主义教育运动最初起于误判国民经济调整中所产生的改革趋向的性质，把经济文化各方面调整中的改革趋向作为“社会主义条件下的阶级斗争的新动向”甚至是“复辟资本主义的活动”，将务实的改革与干部的贪污腐化捆绑在一起打击。而这又源于农村自身的特殊情况：大饥荒和集权体制引发干部多吃多占化公为私，又引发干部和农民突破人民公社体制的弊端另寻活路的探索（如包干到户、开放自由市场等）。毛泽东对农村这一新情况新矛盾所所作反应，是认为阶级敌人的破坏和民主革命的不彻底，是资本主义在复辟。

其实，改革趋向和干部贪腐的原因并非源于资本主义而是源于体制的问题：是人民公社集体经济制度的低效，逼出了包干到户；而又是人民公社权力和资源的高度集中，导致了公共权力异化和干群关系紧张。[①]人民公社政企合一体制之下农民个体利益被弱化，以各种消极方式摆脱这种体制的束缚，这一诉求被认为是“资本主义倾向”；而干部的贪问题也被认为是“资本主义腐蚀”，为此以“四清”运动的形式来解决农

---

① 王玉强：《四清运动动员模式的政治社会学分析》，《史学月刊》2006 年第 6 期。

民“反”公社、干部“吃”公社的矛盾。[①] 郑谦总结说：人民公社的产权安排和体制结构弱化了农民的自主权和参与权，强化了干部的行政权，这就表现为农民的“资本主义自发倾向”和基层干部的腐败，“四清”运动缘于人民公社体制的缺陷。[②] 但“四清”运动又不是去解决这体制的缺陷，而是维护这有缺陷的体制，所以这是一个治标却不治本而相反要固本的运动。由于找错了病本，所以效果就与目的南辕北辙了。王玉强认为“四清”运动虽是目的和方法都错了，但却是暂时巩固政治秩序所必要的，是大跃进失败后党重建其执政基础的大规模社会治理行为，以“土改”模式自上而下调整社会权力秩序及构成，是重建基层权力、型塑其阶级属性，实现中央政权意志向基层社会的完全渗透。[③]

按照金春明的理论，社会主义教育运动是在“左”的阶级斗争扩大化理论指导下，进行的“左”的政治实践，而“左”的实践反过来又促进“左”的理论的发展。这就形成了“左”的理论与“左”的实践的恶性循环，最后导致“文化大革命”。当时中共中央对阶级斗争形势的严重估计，是上（政策理论指导）下（政治运动实践）互相推动的结果。毛泽东、刘少奇均认为“三分之一的政权不在我们手里”[④]。当时有一部广为宣传的影片《夺印》，虚构了阶级敌人腐蚀基层干部而篡夺了共产党政权的故事，社教中各种反夺权典型经验以各种形式在各地推广。

社会主义教育运动大大强化了“以阶级斗争为纲”的理论和路线，同时将各种不同“问题”的干部——有的贪污腐化鱼肉乡民、有的专横跋扈强迫命令、有的扩大特权养尊处优、有的官僚主义脱离群众、有的生活作风不好、有的革命意志衰退小病大养、有的多吃多占自私自利……而有的却是探索多种经营抵触了体制弊端、有的是人道地对待“敌人”、有的是有知识分子趣味并善待知识分子，对这么一些极不相同

---

① 翁笑冰：《“四清”：“文革”的前奏与预演》，《浙江学刊》1989 年第 4 期。

② 郑谦：《社会主义教育运动的过程与体制性分析》，《中共党史研究》2006 年第 2 期。

③ 王玉强：《四清运动动员模式的政治社会学分析》，《史学月刊》2006 年第 6 期。

④ 郭德宏：《“四清”运动中中共中央对阶级斗争形势估计越来越严重的原因》，《党史研究与教学》2002 年第 6 期。

类型的干部，都统统给予一个定名："走资本主义道路的当权派"。

这么长的一个定名，却十分不确切：什么是"走资本主义道路"？从人民内部矛盾性质的多养几只鸡、说错了话，到"敌我矛盾"性质的"反党反社会主义"，都可以判为"走资本主义道路"。而正因为这个罪名的模糊性，才可以将干部的所有"问题"一网打尽，统统视为"阶级斗争"。刘少奇当时不同意把这些不同性质的问题统统看作阶级矛盾的表现，而根据矛盾论原理，煞费苦心地构思了"四清与四不清的矛盾""党内矛盾与党外矛盾的交叉"的提法。这在稍后公开发表的中央文件"二十三条"中被斥为"非马克思主义"的提法，后来在"文革"中，刘少奇的意见又从认识问题上升为"修正主义企图掩盖阶级矛盾斗争"的立场问题。

这样，一个"新阶级"就在理论上产生了，后来也简称为"党内资产阶级"。也就是在这个运动中，提出"运动的重点是整党内走资本主义道路的当权派"。"新阶级"产生了，而社会主义教育运动的老运动方式无法解决对这个"新阶级"的阶级斗争（因为"社教"与中华人民共和国成立后的一切政治运动一样，用的是无产阶级专政权力的老办法，而"新阶级"已经篡夺不少专政权力，可以抵制运动），这就成为毛泽东后来发动"文化大革命"的重要原因。"文革"抛弃工作队的老方式，发动自下而上的群众性"革命"。"文革"作为政治运动与中华人民共和国成立后一切政治运动不同的地方，就在于后者是以国家权力方式来动员群众的"被动性政治参与"，而前者是以"群众革命"方式来发动群众的"自发性政治参与"。

第三节　反对苏联"修正主义"的论战证明"共产党内存在资产阶级代表人物"

许多研究分析中苏分裂的原因时，都正确指出过苏联存在控制和干涉中国的大国主义和"老子党"作风，也指出过中苏两党在意识形态上的分歧和马列主义正统之争。但是，苏共对中国"三面红旗"运动的批评却多被忽视了，而这才是中苏交恶的直接原因。前苏共中央联络部中国处副处长库立克回忆，当时为苏共中央主席团起草建议的一个小组，研究提出了两种选择：或者为了苏中关系而赞扬中国“大跃进”和人民公社，或者实事求是把“大跃进”和人民公社评价为一种“左”倾政策。而为了维护苏中关系的稳定，应当暂时（直到1958年12月底）保持沉默态度。后来赫鲁晓夫决定不保持沉默，他担忧中国的影响，他的回忆录说：“中国开始向其他社会主义国家大肆宣扬，说每个国家都应该以中国为榜样，组织公社，照搬‘大跃进’。这种宣传在中国的报刊上比比皆是，过了一段时间，在居住靠近中国边境地区的我们自己的人所出版的报纸上也出现了。说实在的，我必须承认，我们当时很害怕中国人的这套做法，他们企图让我们采纳他们的口号和政策。由于情况变得越来越糟糕，我们不能再继续保持沉默了。我们不得不站出来讲话——不是反对中国和‘大跃进’本身（这是他们自己的内部问题，和我们无关），而是反对把他们的座右铭照搬到我们苏联自己的条件中来。”①

赫鲁晓夫的第一次公开评论中国内政，是1958年12月4日同美国参议员汉弗莱谈话时作出的：“公社制度今天对俄国是不适宜的。无论如何这个词是用错了，不知道为什么中国人选用了这个词，因为‘公社’一词起源于法国大革命时代，它是一种城市的而不是农村的管理形式。无论如何，中国的制度是倒退的。苏联很久以前就尝试过公社制度，但是行不通。苏联现在采取的是物质刺激的方法”。1959年1月27日，赫鲁晓夫又在苏共二十一大报告中继续影射中国：是否会有某个社会主义国家走到共产主义，而其余国家还远远落在后面呢？“这种前景是很少有可能的。理论上比较正确的推断是，社会主义国家有效地利用社会主义制度所具有的可能性，将大致同时过渡到社会主义社会的高级阶段。”“由社会主义发展阶段向高级阶段的过渡，是不能任意破坏或越过合乎规律的历史过程。”“当然，有些同志会说，应当快些实行共产主义原则。但是，当还没有为此创造好经济条件，没有达到物质财富的丰裕以及人们还没有养成按共产主义精神生活和工作的习惯的时候，过早地过渡到

① 《揭秘：赫鲁晓夫公开指出中国的“大跃进”的危险性》，人民网2013年11月20日。

按需分配，就会损害共产主义建设事业。”这些公开讲话是干涉中国内政的。后来他在回忆录中解释批评中国内政的理由是：“我们感到有必要向我们自己党内解释一下这个问题，应该指出大跃进的危险性和自相矛盾的地方。尤其当西伯利亚有些地区的党委会也接受了中国人的这些做法时，我们更感到有这么做的必要。我们决定在二十一大上提出这个问题，目的是为了稳定我们七年计划的基础。在向大会作的主要报告中，我努力想加强我们党的领导人的抵制能力，不使他们受到盲目模仿中国人所采取的经济措施的诱惑。”

1959 年 7 月 18 日赫鲁晓夫在波兰访问时对中国人民公社化运动再次公开批评，7 月 21 日苏联《真理报》对此作了公开报道。赫鲁晓夫说：“可以理解，把个体经济改造为集体经济，这是个复杂的过程。我们在这条道路上曾碰到过不少困难。在国内战争一结束之后，我们当时开始建立的不是农业劳动组合，而是公社。”“当时许多人还不太明白什么是共产主义和如何建设共产主义。”“公社是组织了，虽然当时既不具备物质条件，也不具备政治条件——我是指农民群众的觉悟。结果是大家都想生活过得好，而在公共事业上又想少花些劳动。”“许多这样的公社都没有什么成绩。于是党走了列宁所指出的道路。它开始把农民组织在合作社中，组织到农业劳动组合中，在那里人们集体地工作，但是按劳取酬。我们集体农庄逐渐巩固起来了，现在是蓬勃发展的社会主义农业的基础，是改善农民物质生活和文化生活的基础。”美国的《纽约时报》次日就作出评论说：“赫鲁晓夫这番话是迄今为止一位苏联领袖对公社的想法所作的最直率的公开批评。……可以认为是暗指中国共产党人去年秋天的一些说法而言的。中国共产党人曾说，建立公社是真正的通向共产主义的道路。这种看法似乎使俄国人感到烦恼，因为苏联报纸有三个月左右对于公社几乎只字未提。”1959 年 12 月赫鲁晓夫在匈牙利党的七大讲话中又提出：“我们应该始终如一地创造性地运用列宁关于建设社会主义和共产主义的学说，成为列宁主义的能手，不落后也不抢先，形象地说，就是互相地对对表。如果这个或那个国家领导人开始骄傲自大起来，这就会有利于敌人。”“社会不能够不经过社会主义发展阶段就从资本主义跳到共产主义。”赫鲁晓夫的这两次公开批评中国内政的讲话正是在庐山会议的一前一后，国内也出现彭德怀的批评意见，尤其是发生严重的经济困难，毛泽东的压力之大是可想而知的。

当时中苏两国对社会主义的探索正好走了方向相反的两条路径：赫鲁晓夫是对斯大林体制向市场方向作有限改良，而毛泽东是想向军事共产主义方向突破斯大林体制。中国很快停止大跃进并把人民公社调整到合作社的水平，回到斯大林体制，而苏联却继续在搞“非斯大林化”。赫鲁晓夫批判中国突破斯大林体制为“左倾冒险主义”，毛泽东则批判苏联改良斯大林体制为“修正主义”。双方都公开指责对方的国内政策，后来苏联把这种社会主义阵营内部国与国之间的内政批评与干涉，概括为社会主义国与国之间的“主权有限”论。“主权有限”论利于大国压小国、强国压弱国，中国承受的压力大得多，因此受到中国的坚决反对，中国指出“和平共处五项原则”也适用于社会主义国家之间。

因为中国承受了更多更大的压力，所以中国在国际国内同时举行的反对苏联“修正主义”的政治运动也更为声势浩大。反对“修正主义”不仅批判苏联的改良，也批判国内经济调整中出现的改革趋向，目的是维护传统“社会主义”即斯大林体制的。近年不少研究将反“修正主义”运动作正面评价，但他们忽略重要当事人邓小平 1989 年 5 月 16 日反思中苏关系时所说：一个党评论外国党的是非，往往根据已有公式。各国党的国内方针、路线是对还是错，只能由那里的党、那里的人民，由他们的实践作出回答。“多年来，存在一个对马克思主义、社会主义的理解问题。从一九五七年第一次莫斯科会谈，到六十年代前半期，中苏两党展开了激烈的争论。我算是那场争论的当事人之一，扮演了不是无足轻重的角色。经过二十多年的实践，回过头来看，双方都讲了许多空话。马克思去世以后一百多年，究竟发生了什么变化，在变化的条件下，如何认识和发展马克思主义，没有搞清楚。”①

中苏论战和“反修”，这是马克思主义解释史上的一件大事，我们不讨论隐藏其后的国家利益民族尊严等原因（这是史学家的事），只探讨马克思主义解释史上的这一场正统之争，即何谓正统？何谓“修正主

---

① 《邓小平文选》第 3 卷，人民出版社 1993 年版，第 291 页。

义”？论战的实质，表面是争谁是马克思列宁主义的正统，实际来之于两国的国际国内政策分歧，即如何看待苏联对斯大林体制的改革。从当时权威文献《九评》和“文革”中的批判文章来看，“修正主义”指“对外缓和，对内搞活”，这些改革只是部分修改了斯大林体制，但并未改变苏联社会的社会主义性质。而《九评》中的文章，先则认为被斯大林革出教门的南斯拉夫共产主义者联盟中出现了一个以铁托为代表的包括官僚、经理在内的“官僚买办资产阶级”，继之则认为世界上第一个社会主义国家的苏联自从赫鲁晓夫上台以来，也形成了一个新生资产阶级的“特权阶层”。说这个特权阶层，是目前苏联资产阶级的主要组成部分，是赫鲁晓夫修正主义集团主要的社会基础。赫鲁晓夫修正主义集团，就是苏联资产阶级特别是这个阶级中的特权阶层的政治代表。

为什么对苏联这些改良性的新政作如此严重的判断和估计？这与国内形势——从调整性的改革趋向转变为急剧左化，有内在关联。当时在国际共产主义运动中，大多数欧美亚国家的共产党站在苏共路线一边，毛泽东在 1976 年 7 月 8 日给江青的信中判断说全世界一百多个党都不信马列了。毛泽东不怕孤立，以“反潮流”的大无畏精神迎接挑战，决心捍卫斯大林所继承的列宁主义原则，而且有更大的手笔，试图通过“文化大革命”向马克思主义的原典——巴黎公社原则回归。这是向左的方向突破苏联模式，以抵制向“右”的方向改革苏联模式。

通过以《九评》的宣传学习运动为形式的“反修”论战，苏联被定性为“资本主义复辟国家”，论证了共产党高层变质为“资产阶级”的可能性，后果是与苏联同盟关系彻底破裂，中国在“光荣孤立”中彻底独立了。

第四节　无产阶级专政下继续革命理论的逻辑和形成的脉络

马列主义所论社会主义革命包括两个革命：一是推翻资产阶级统治、建立无产阶级专政；二是消灭资本主义生产关系，建立社会主义公有制。前者为政治革命，后者为社会革命，从前者的胜利到后者的完成，中间还有一个“过渡时期”。而在中国，建立无产阶级专政不是由无产阶级政治革命，而是由新民主主义革命来完成的。因此中国的过渡时期，包括由人民民主专政向无产阶级专政的过渡，由政治革命向社会革命的过渡。然而中国的社会革命是在远低于资本主义工业化水平的小农生产力条件下进行的，所以这个过渡时期应该是十分漫长的，可以将整个社会主义初级阶段都包括进去。但是毛泽东初期的社会主义革命理论并没有考虑到过渡期如此漫长，而是沿袭苏联社会主义改造理论，这是从列宁的“小过渡”理论而来，认为“三大改造”就是社会主义革命和社会主义过渡的完成。

而1957年整风“反右”之后，毛泽东的社会主义革命理论有了对苏联马克思主义的新突破、新发展，概括出社会主义革命包括经济、政治（含政治思想）、文化三大领域，所有制改造只是社会主义革命第一步。这样毛泽东的社会主义革命观就发生一大转变：从1956年社会主义制度建立即为社会主义革命或社会主义过渡的完成，到认为中国“政治与思想领域的社会主义革命尚未完成”，还要继续进行社会主义革命。

毛泽东原是理会列宁的“社会主义过渡时期”理论的，列宁的“过渡”指通过十月革命和社会改造在俄国确立社会主义制度。这个“过渡时期”的特点就是列宁详细描述过的被推翻阶级的激烈反抗与无产阶级专政的无情镇压，是最残酷的阶级斗争时期。之后苏维埃国家很快巩固，这一“过渡时期”即告结束所以较短，新时期我国理论界命其名为列宁的“小过渡”论。

而毛泽东在大跃进失败的困难时期开始有了“大过渡论”的想法。当时中国农村社会因“三面红旗”运动所导致的饥荒和乱象，被毛泽东误判为社会主义社会的阶级斗争现象。他由1958年“跑步进入共产主义”的盲目乐观，转向认为社会主义向共产主义过渡时期至少要几百年。这样，他就把列宁的从资本主义到社会主义的较短时间的“小过渡”，与从资本主义到共产主义的整个历史时期的“大过渡”，这样两个完全不同的历史阶段合并为一，统称为“社会主义过渡时期”。即把社会主义革命和改造时期（过去也称为“社会主义过渡时期”，现应改叫做“小过渡”），再加上整个社会主义建设时期，合称为“社会主义过渡时期”，这就是“大过渡”论。于是他把列宁所描述的十月革命初期的剥削阶级的激烈反抗和党坚决进行的阶级斗争，移用到在共产主义建成之前的整个漫长历史时期，强调“大过渡”时期阶级斗争的激烈性、长期性，起伏性，把“小过渡”的理论和政策套用于“大过渡”，为在整个社会主义时期开展阶级斗争取得理论支撑。在“过渡期很长”这一点上，毛泽东与后来的社会主义初级阶段论是看法一致的，但是二者的路线纲领不同：后者是以发展生产力为纲推进社会主义，而前者是以阶级斗争为纲推进社会主义；后者是要利用资本主义来发展社会生产力，而前者是要用当初革命时期推翻旧国家和镇压旧阶级反抗所采取的激烈阶级斗争手段，来消灭任何资本主义残余。

社会主义社会阶级斗争理论导致对社会生活现象泛“阶级斗争”化认识，导致不断强化对被推翻阶级个体成员及其家属的专政，导致不断寻找“阶级斗争”新对象和“新动向”，不断扩大“阶级敌人”和发现新的“斗争对象”。甚至认为三分之一政权已丧失，两条路线、两个阶级进入“你死我活的斗争”。这些人为的“阶级斗争”，又反过来强化阶级斗争理论的正确性。

毛泽东晚年社会主义革命理论总体上分两个层次。第一层次，“什么是社会主义”，这由带有若干空想色彩的社会主义革命目标所确定。第二层次，“怎样进行社会主义革命”（“怎样建设社会主义”被包括于其中，诸如“政治统帅业务”“抓革命促生产”“阶级斗争一抓就灵”就是典范的表述），这实际就是以列宁过渡理论为依据的社会主义条件下阶级斗争方法。社会主义革命与社会主义条件下的阶级斗争被毛泽东视为同一物，毛泽东阶级斗争观在理论形态上有一个提出、发展到完备的演变过程；而在理论实质上从 1957 年反右到“文化大革命”都是一种扩大化了的阶级斗争观。依毛泽东对社会主义革命认识和阶段性战役发动的时间顺序，他先后在四个时间阶段开辟了四条革命战线，并一直交织着进行。

其一是，对“思想上的资产阶级”的阶级斗争，即“政治战线思想文化战线的社会主义革命”。这一革命的逻辑是扩大资产阶级范畴，这就可以把百分之九十的知识分子划为“资产阶级知识分子”。其二是，对被推翻的旧剥削阶级的阶级斗争（运用专政手段），即“反复辟”斗争。

这一革命的逻辑是扩大剥削阶级存在条件，可以把丧失了生产资料的地主资产阶级仍然定为剥削阶级。其三是，对“新资产阶级”的阶级斗争(运用专政与夺权革命相结合的手段)，即“反修防修”斗争。这一革命的逻辑是扩大资产阶级发生条件，不占有生产资料而占有权力的党内官僚主义者，可以成为新的剥削阶级。其四是，前三条战线革命斗争的总汇，再加上所有人的“斗私”改造，合成无产阶级专政下继续革命。其革命理论包含如下五个要素。

一是革命目标：毛泽东的社会主义革命目标，体现于1958年大跃进的实践中和“文革”前夕发表的《五七指示》文字中。在绝对平等的自然经济基础上，取消商品经济实行供给制，取消三大差别实现人人亦工亦农亦学、亦脑亦体亦武，取消一切社会机构的区别，实现政军学社一体化的大同社会理想。

二是革命对象：这是一个不断扩大的“资产阶级”范畴，包括经社会主义改造过的工商业者、被推翻的反动阶级、没改造好的知识分子、坚持资本主义自发势力的农民、历次运动划出的敌人、党内特权阶层即“新资产阶级”等。

三是革命动力：毛泽东对下层人民情有独钟，他认为推动革命发展的，是普通工人农民、苦出身（工人贫下中农出身）、大老粗、穷人、小人物、卑贱者、学生小知识分子、积极分子、受压者、造反派。

四是革命方式：不少学者认为毛泽东早年“通过群众行动建立群众政治权力”的思想，是他群众运动的基本思想，群众运动正是建构权力与既有权力的斗争，正是实现工农大众要求的阶级斗争方式。社会主义条件下的阶级斗争形式，是继续沿用革命年代的群众运动和政治批判，但是增加了可控性。中华人民共和国成立以来历次运动都采取自上而下的群众运动，派出工作组领导运动，自上而下整顿权力。而“文革”创造了阶级斗争的新形式，尝试自下而上的群众运动，并且自下而上部分夺权，故称为“无产阶级专政下的继续革命”，并特别说明这个“继续革命”实质上是一场“政治革命”。

五是革命领域：毛泽东不仅扩大资产阶级范畴从而扩大革命对象、阶级斗争对象范围，还扩大革命范畴和阶级斗争范畴，把专属政治领域的阶级斗争，扩展到经济行为、思想意识、教育学术、文化娱乐、日常生活等社会活动的所有方面，连吃喝穿戴都有“隐蔽的阶级斗争”，都要“千万不能忘记阶级斗争”。这种扩展已经突破了经典马克思主义的“阶级斗争”概念，党的第二个《历史决议》所指的“阶级斗争扩大化”，就是指斗争对象和斗争领域都扩大化，而这种扩大化的阶级斗争大多不属于马克思所说的阶级斗争。

《关于正确处理人民内部矛盾的问题》本来是要区别阶级矛盾与内部矛盾的，把“工人阶级和改造中的民族资产阶级的矛盾作为人民内部矛盾处理”，这本来是化解阶级斗争的开明思想。但是后来往左的方向解释，说这是阶级斗争的策略，是一种“特殊形式的阶级斗争”。再后来就出现“阶级斗争无处不在”的极左理论：既有敌我矛盾的阶级斗争，也有“人民内部的阶级斗争”，人民内部矛盾都要从阶级斗争高度来分析，都是阶级斗争的反映和表现。任何集团之间或人与人之间，都有利益冲突，都可能发生矛盾斗争，都可以看做是阶级矛盾和阶级斗争的反映，只不过人民内部的阶级斗争不具有敌我矛盾的性质，但在一定条件下仍可能转化。而这个“人民内部阶级斗争”的对象已不再限于接受和平改造的民族资产阶级，而可以是所有沾染“资产阶级思想”的人民成员。阶级是经济范畴，而阶级斗争是社会范畴，渗透到社会生活各个领域、各方面，尤其经济领域和意识形态领域的阶级斗争长期存在。例如“追求资产阶级生活作风”是日常生活中的阶级斗争，“资产阶级思想趣味”是意识形态领域里的阶级斗争，从私心杂念到违纪犯罪都是阶级斗争的反映。

马克思主义认为阶级斗争是敌对阶级之间的相互对抗，而人民内部的利益冲突、矛盾和斗争，不具阶级斗争性质。而根据“人民内部存在阶级斗争”的理论，人为制造阶级敌人，这已经不是“阶级斗争扩大化”而是错误理论政策所导致的人性恶释放。而日常生活领域“两个阶级争夺阵地的阶级斗争”和思想文化领域的“意识形态阶级斗争”，最后导致对社会生活和思想文化领域的“全面专政”。

如前所述，第一条战线是对“思想上的资产阶级”即“资产阶级知识分子”的阶级斗争，这一“政治战线思想文化战线的社会主义革命”，经1957年反右斗争、1958年开启的批判白专道路、批判资产阶级学术权威的“拔白旗”运动，始终没有完成。所以“文革”的任务之一，就是要继续“实现无产阶级在上层建筑各领域包括思想文化领域的专政”。

第二条战线是对被推翻的旧剥削阶级的阶级斗争，丧失生产资料所有权的剥削阶级作为“思想上的阶级”仍继续存在，“人还在，心不死”企图复辟，社教运动没能解决这一问题。所以“文革”任务之二，就是要彻底挖掉“复辟总根”，“文革实质上是国共两党斗争的继续”。

第三条战线是对“新资产阶级”的阶级斗争，这个“政治上的阶级”与前两个“思想上的阶级”不同，一是打马克思主义旗，二是当权，是最危险的敌人，“文革”动员令“五·一六通知”明确说“混进党里、政府里、军队里和各种文化界的资产阶级代表人物，是一批反革命的修正主义分子，一旦时机成熟，他们就会夺取政权，由无产阶级专政变为资产阶级专政”。“文革”以前的各种斗争包括“国际反修国内防修”都没能触动他们。所以“文革”任务之三，就是把反修斗争进行到底，揪出“走资本主义道路的当权派”，防止修正主义分子“篡党篡政”，改变国家颜色。

这先后发动的三条战线的“社会主义革命”，汇合到一起就是“文革”。这三条战线分别和交织进行的“社会主义革命”，已经事先把“文革”的理论锻造成型，也已经在实践上排练试演过“文革”。而到“文革”全面发动时，又新增加一条战线，即对所有人的私心杂念开战，明确说“文革”总纲就是“斗私批修”“灵魂深处闹革命”。

“文革”并没有在理论上增添新的革命对象，只是把在“反复辟”和“反修”斗争中都提到过的“党内资产阶级”真正作为运动重点和主要革命对象。“文革”之所以让所有人都感到新奇，被看做是与前三条战线“社会主义革命”相当不同的新的第四条战线的“社会主义革命”，是因为它不再是说说而已而是真枪实弹干，第一次将“革命”矛头和斗争打击锋芒指向少数几人之外的全体当权派；它的“革命斗争”形式与中华人民共和国成立后的所有运动均不同，各级党组织都被排除在领导运动之外，采取了自下而上的群众运动形式，并且使用了革命年代斗反动派那样的除武装暴动之外的所有斗争形式；更特别的是进行了夺权斗争，所以“文革”被命名为“无产阶级专政下继续革命”，它的新在于它是重新夺取政权的“政治革命”。可是“文革”花费极高代价也没能彻底解决毛泽东意识中的“社会主义革命”的全部问题，所以他最后无奈地说“文革”还要搞多次。

第四篇

马克思主义中国化第二次飞跃与中国马克思主义学术研究的深化

这一阶段的马克思主义中国化理论工作，是对中国特色社会主义理论的建构式研究。真理标准的讨论，十一届三中全会的召开，解放思想，打破禁区，全面否定“文革”的理论，思想理论上的拨乱反正，最终完成于1981年的《历史决议》。接着继续对中华人民共和国成立以来“左”倾思想和苏联模式作进一步反思，对被弃置已久的新民主主义社会理论作再认识、再评价。党继八大前后的反思，再次反思，溯源原典，发现苏联模式的问题，在此基础上邓小平在中共十二大提出“建设有中国特色社会主义”理论，标示着已经开始了的第二次“马克思主义中国化”的理论运动亮出了自己的旗帜。中共十五大概括了邓小平理论的内涵和历史意义，继之“三个代表”重要思想、科学发展观相继发展着这个理论体系。学者们对之进行着“共时性即时性研究”，这些学术性研究可谓是参与了第二次“马克思主义中国化”的理论运动，即参与建构中国特色社会主义理论的工作，所以可谓之为“建构式的研究”。

第十一章　邓小平思想政治路线与中国特色社会主义理论的建构

中国特色社会主义思想体系的历史起点是十一届三中全会，逻辑起点则是“什么是社会主义，怎样建设社会主义”主题的提出和解决。时代主题的转换是邓小平理论形成的时代背景。1978 年邓小平倡导和支持了“真理标准问题的大讨论”，为冲破“两个凡是”的严重束缚、为中国特色社会主义思想的形成做了思想准备。十一届三中全会确定的思想政治路线，矫正了国家发展战略和政治主导价值的走向，体现了邓小平的政治思想和政治价值观，并将之贯穿于各条战线工作和治国方略之中，贯穿于中国特色社会主义理论的建构之中。生产力标准论恢复了唯物史观正统理念；实事求是思想和真理标准论具有破虚务实的价值取向；社会主义本质论以生产力为首要标准来界定社会主义；而社会主义初级阶段论以生产力来界定社会性质和根本任务。邓小平扬弃了传统社会主义观，确立了社会主义市场为目标的改革大方向，矫正了中国现代化发展的航向，冲击传统思想陈腐观念，促进思想解放和社会观念转变，推动我国生产发展和社会全面进步。生产力论、实事求是论和实践标准论是邓小平哲学理论的基点，而经济中心论、社会主义本质论和社会主义初级阶段论是邓小平政治理论的基点。

时代和改革迫切需要与它相适应的思想理论，这个理论就在邓小平对改革实践的不断概括中渐渐成形，这就是中国特色社会主义理论。党的十二大首次提出“建设有中国特色的社会主义”。党的十三大报告第一次系统论述社会主义初级阶段理论，多种经济成分并存的所有制结构理论，以按劳分配为主体多种分配方式并存的分配理论，概括“一个中心、两个基本点”的基本路线，明确提出“建设有中国特色社会主义理论”，并归纳为十二个要点，描出邓小平理论创造的基本轮廓。1992 年党的十四大以“邓小平南方谈话”为基础，系统概括了“邓小平同志建设有中国特色社会主义理论”的九个方面内容。至此，邓小平理论达到了系统化。党的十五大正式命名邓小平理论，并在党章中规定为党的指导思想，高度评价邓小平理论第一次比较系统地出回答了中国社会主义的发展道路、发展阶段、根本任务、发展动力、外部条件、政治保证、战略步骤、领导力量、依靠力量和祖国统一等一系列基本问题。它是贯通哲学、政治经济学、科学社会主义等领域，涵盖经济、政治、文化、党的建设等方面比较完备的理论体系。

20 世纪 80 年代以来世情、国情、党情的变化是“三个代表”重要思想形成的时代背景和历史条件。提高党的领导水平和执政水平、提高拒腐防变和抵御风险的能力，是党必须解决好的两大历史性课题，“建设什么样的党、怎样建设党”成为关系到党和国家的前途和命运的重大问题。2001 年 7 月，在中国共产党成立 80 周年大会上，江泽民系统总结和阐述了“三个代表”基本内容。以这次讲话为标志，“三个代表”开始由一个重要论断发展成为思想体系。2002 年江泽民在党的十六大进一步阐述了“三个代表”重要思想的时代背景、历史地位、精神实质和指导意义，提出要把“三个代表”重要思想贯彻到社会主义现代化建设的各个领域，体现在党的建设的各个方面。

科学发展观是立足社会主义初级阶段基本国情，深入分析我国发展的阶段性特征，应对贫富差距大、社会阶层固化、社会矛盾激化、生态环境恶化、资源环境承载力下降等等问题而提出。胡锦涛在十六届三中全会第二次全会上指出践行科学发展观对于发展战略具有重大意义。2004 年 9 月，十六届四中全会提出建设社会主义和谐社会、加强党的执政能力建设和树立科学发展观。2005 年 10 月，党的十六届五中全会通过的《中共中央关于制定国民经济和社会发展第“十一五”规划的建议》强调，要坚定不移的以科学发展观统领经济社会全面发展，形成了“五位一体”的社会主义发展目标的要求。2007 年 10 月党的十七大报告中进一步阐述了科学发展观的第一要义是发展，核心是以人为本，基本要求是全面协调可持续，根本方法是统筹兼顾。2012 年党的十八大将科学发展观上升为党的指导思想。

第一节　两种不同的思想政治路线

政治路线是政治理论、政治价值观在政治集团政治行为总倾向上的体现，包括政治纲领、方针政策的选择，即公共决策所体现的政治价值取向。政治理论的核心是政治价值观，是指对诸政治价值的观点和信念，包括对政治价值内部关系如政治功利、意识形态功利与经济功利等之间的关系及党的利益、国家利益与人民利益之间关系的看法和观点，还包括对政治价值外部关系如对政治价值与非政治价值如物质价值、精神价值之间关系的看法和观点。所谓政治价值观，表现于主体在处理政治问题时所体现的政治价值取向。

邓小平政治价值观矫正了片面强调政治思想和道德精神、意识形态价值的思想，在政治路线上以“经济建设为中心”取代了“阶级斗争为纲”，在思想意识形态上以“发展是硬道理”“三个有利于”取代了“政治挂帅”“灵魂革命”，在经济建设上以“发展生产力”取代了“生产关系革命”，这是治国政治方略的大转变，是政治价值取向的大调整。

邓小平所主导的十一届三中全会路线，把经济发展置于政治价值的中心地位，把经济发展作为党和国家工作的中心，作为最大的政治，这是对“阶级斗争为纲”路线的矫正。“阶级斗争为纲”路线另一种表述是“突出政治”，所谓“突出政治”就是突出阶级斗争政治，而这种“阶级斗争”又“主要是意识形态领域”的，因此党和国家的工作中心是抓“意识形态斗争”。这样，意识形态就居于国家政治价值的中心位置，并且要统帅一切工作，以“突出政治”“两种思想的斗争”和“灵魂革命”来领导经济建设、生产发展、文化工作，以对政治的服务来代替对经济规律、生产规律、文化规律的服从。

新时期在政治价值观上的一个革命性的变化，就是在国家政治价值选择上以“经济中心”取代“意识形态中心”。当然，国家抓“经济中心”如同国家抓“意识形态中心”一样，同属政治行为，都是党和国家层面的“最大政治”。邓小平说：“社会主义现代化建设是我们当前最大的政治，因为它代表着人民的最大的利益、最根本的利益。”[①] 但“以意识形态为中心”的政治，是要一切工作为政治服务；而“以经济为中心”的政治，是要求政治服从经济发展、服从经济规律的，是服务于经济建设的。所以两条政治路线，两种政治行为，收获不同的经济效果。

在毛泽东的政治价值观中，意识形态占有核心地位。而邓小平的政治价值观则突出和强调了发展生产力的核心地位，充分肯定了人们的物质利益，许多学者认为这才是对马克思主义发展生产力观点的复归。邓小平的政治价值观是在中国政治动乱、经济停滞、发展几乎濒于绝境的特定历史条件下形成的，它强调物质利益和经济效率，承认个人利益的合理性，调动了劳动者的致富积极性，满足了人们的利益欲求，适应了中国发展的需要，是历史实践的产物和时代的产物。

邓小平说：“不重视物质利益，对少数先进分子可以，对广大群众不行，一段时间可以，长期不行。革命精神是非常宝贵的，没有革命精神就没有革命行动。但是，革命是在物质利益的基础上产生的，如果只讲牺牲精神，不讲物质利益，那就是唯心论。”[②] “听说深圳治安比过去好了，跑到香港去的人开始回来，原因之一是就业多，收入增加了，物质条件也好多了，可见精神文明说到底是从物质文明来的嘛！”[③] “物质是基础，人民的物质生活好起来，文化水平提高了，精神面貌会有大变化。我们对刑事犯罪活动的打击是必要的，今后还要继续打击下去，但是只靠打击并不能解决根本的问题，翻两番、把经济搞上去才是真正治本的途径。”[④] 物质利益是基础，符合马克思主义经典作家的原意。所以，邓小平所设计的经济体制改革、政治体制改革和文化体制改革，都以是否提高社会生产力水平、是否满足人民物质利益需求作为评判标准。邓小平还主张物质利益与道德精神的统一：“在社会主义国家，一个真正的马克思主义政党在执政以后，一定要致力于发展生产力，并在这个基础上

① 《邓小平文选》第2卷，人民出版社1994年版，第163页。
② 《邓小平文选》第2卷，人民出版社1994年版，第146页。
③ 《邓小平文选》第3卷，人民出版社1993年版，第52页。
④ 《邓小平文选》第3卷，人民出版社1993年版，第89页。

逐步提高人民的生活水平。这就是建设物质文明。过去很长一段时间，我们忽视了发展生产力，所以现在我们要特别注意建设物质文明。与此同时，还要建设社会主义的精神文明，最根本的是要使广大人民有共产主义的理想，有道德，有文化，守纪律。国际主义、爱国主义都属于精神文明的范畴。”① “刘伯承同志经常讲一句四川话：‘黄猫、黑猫，只要捉住老鼠就是好猫。’这是说的打仗。……现在要恢复农业生产，也要看情况，就是在生产关系上不能完全采取一种固定不变的形式，看用哪种形式能够调动群众的积极性就采用哪种形式。”② “猫论”是“反对政治决策上的教条主义。用马克思主义哲学来说明它，它是形象化了的用效益判断价值、从实践寻求真理的哲学。”③ 社会主义优于资本主义“首先要表现在经济发展的速度和效果方面。没有这一条，再吹牛也没有用。”④

第二节　邓小平理论与中国特色社会主义的哲学基础

邓小平重视物质利益和发展生产力，与他的社会主义观是一致的，他的社会主义本质论认为社会主义就是解放生产力、发展生产力，无论社会主义的生产关系还是上层建筑以及思想观念，都要利于生产力的解放、发展。这样邓小平就将生产力标准作为政治评价的首要价值尺度，成为他政治价值观的元价值，也成为邓小平整个价值观的重要价值，与社会主义精神文明价值，二者共同构成邓小平的整个价值观体系。

一、实事求是与“实践标准”论的反教条主义价值取向

生产力是邓小平政治价值观的元价值，而实事求是论和实践标准论所建构的真理论，则是邓小平政治价值观的哲学基础。实事求是的真理

① 《邓小平文选》第3卷，人民出版社1993年版，第28页。
② 《邓小平文选》第1卷，人民出版社1994年版，第323页。
③ 龚育之：《思想解放的新起点》，湖南人民出版社1988年版，第78页。
④ 《邓小平文选》第2卷，人民出版社1994年版，第251页。

观不承认一切先定的真理，反对一切教条主义和权威真理观、权力真理观，不仅在认识论领域如此，在价值论领域也是如此。“是”是从主体与客观世界互动的实践活动中所认知的客观性真理，“是”也是主体在实践活动中所认同的共识性价值。实事求是论认为人在纯认知活动中是无法发现真理和检验真理，人只能在实践活动中发现真理，也只能在实践活动中检验真理。同理，人也只能在实践活动中认同共同价值和检验共同价值。

以什么为标准来检验真理？有人认为是理论，或逻辑证明，或客观事物本身及其规律，或是人民利益，而实践只是检验真理的途径而不是标准。通过哲学大讨论，在思想上澄清了：第一，理论是观念形态的东西，没有直接的现实性，不能把主观和客观联系起来，因此不能证明主观和客观是否相符合。[①] 第二，认识的方法不能证明认识的结果，逻辑证明是推导真理的方法，而不是检验真理的标准，在确定认识与对象是否符合，实际的“判决”者并不是逻辑。[②] 第三，把客观事物本身作为检验真理的标准，实际是以感性直观为标准，恩格斯指出：“单凭观察所得的经验，是决不能充分证明必然性的。……非常正确，以致不能从太阳总是在早晨升起便推断它明天会再升起”。[③] 真理的正确与否如果直接诉之于客观世界及其规律，则是无法验证的，只能诉诸实践，如列宁所说“人从主观的观念，经过‘实践’（和技术），走向客观真理。”[④] 第四，“把实践的目的和人民的利益作为检验真理的标准，必然导致以主观标准取代客观标准，导致否定真理的客观性，从而混淆了马克思主义与唯心主义、实用主义的界限。”[⑤]

马克思说：“人的思维是否具有客观的真理性，这不是一个理论的问题，而是一个实践的问题。人应该在实践中证明自己思维的真理性，即

---

① 冉昌光：《理论不能作为检验真理的标准》，《四川大学学报（哲学社会科学版）》1978 年第 3 期。

② 陶德麟：《逻辑证明与真理标准》，《哲学研究》1981 年第 1 期。

③ 《马克思恩格斯选集》第 4 卷，人民出版社 1995 年版，第 330 页。

④ 《列宁全集》第 55 卷，人民出版社 1990 年版，第 170 页。

⑤ 马鸣：《目的和利益都不是检验真理的标准》，《哲学研究》1980 年第 8 期。

自己思维的现实性和力量，自己思维的此岸性。关于思维——离开实践的思维——现实性或非现实性的争论，是一个纯粹经院哲学的问题。”[①] 毛泽东说：“真理只有一个，而究竟谁发现了真理，不依靠主观的夸张，而依靠客观的实践。只有千百万人民的革命实践，才是检验真理的尺度。”[②]

有学者认为实践标准论暗含着把效用原则引入认识论中，实践标准实际落实到实践结果，如恩格斯说：“我们的行动的结果证明我们的知觉是和知觉到的事物的客观本性相符合的。”[③] 列宁说：“行动的结果是对主观认识的检验和真实存在着的客观性的标准。”[④] 毛泽东也认为：“判定认识或理论之是否真理，不是依主观上觉得如何而定，而是依客观上社会实践的结果如何而定。”“只有在社会实践过程中（物质生产过程中，阶级斗争过程中，科学实验过程中），人们达到了思想中所预想的结果时，人们的认识才被证实了。”[⑤] 实践的结果就成了检验认识真假的标准，那么是否价值尺度渗入了科学尺度？“真理即有用”可以倒置为“有用即真理”？

实际上实践可以完成两重检验：第一重检验在认识论领域，检验预期的结果与所实现的结果是否相符，这是着重检验科学手段与达到的结果是否相符，是检验认识的真理性科学性；第二重检验是在价值论领域，检验预期目的与所产生社会效果是否相符，这不仅要检验价值目的与价值效果是否相符，还要对价值效果进行评价，还要评价价值目的的合理性。不能把实践活动中的认识与实际相符，等同于实践效果与主体需要预期相符。所以实事求既是认识论范畴，求是就是求真求规律，要求主观与客观相符合；又属于价值哲学范畴，求是也是求善求合理，要求价值客体与价值主体的需要相符合。求真只是手段，求善才是目的，离开

---

① 《马克思恩格斯选集》第 1 卷，人民出版社 1995 年版，第 55 页。
② 《毛泽东选集》第 2 卷，人民出版社 1991 年版，第 663 页。
③ 《马克思恩格斯全集》第 22 卷，人民出版社 1965 年版，第 344 页。
④ 《列宁全集》第 38 卷，人民出版社 1959 年版，第 235 页。
⑤ 《毛泽东选集》第 1 卷，人民出版社 1991 年版，第 284 页。

了人的合理价值追求就没有实践，实事求是的重心在实践功效。[①] 主体的功利、价值追求是实事求是活动的发动力。[②]

二、“生产力标准”论恢复唯物史观正统理念

邓小平提出将生产力标准看成是评价改革开放成败、社会进步与否和一切工作好坏的根本标准。我国经济体制改革、政治体制改革和文化体制改革都必须以是否提高生产力水平作为衡量标准，生产力标准论是他的政治价值观的立论基础。“三个有利于”的政治标准其实是生产力标准的进一步展开，即是否有利于社会生产力水平的提高，是否有利于综合国力的增强和是否有利于人民生活水平的提高，其实质和核心仍是生产力标准。“生产力对历史起决定作用”，唯物史观认为这是对历史规律的揭示，而又要求顺应历史规律的进步人类把解放和发展生产力作为自己的价值追求。

有的学者认为生产力标准只是客体尺度或物的尺度，主张把生产力标准与伦理标准结合起来评价社会的发展与进步，一方面克服伦理社会主义的倾向，即“离开生产力标准，去追求抽象的伦理原则”。另一方面，“也不能离开伦理标准去抽象地理解和把握生产力标准”，“生成对象世界本身不是目的，而借助对象世界使人成为人，并通过对象世界的发展而使人自身不断得到发展，最后成为自由的人，这才是人类对象化活动的最终目的，也才能体现对象化世界的最高价值”[③]。生产力只是满足人民需要和实现人的自由全面发展的手段，而不是目的本身。“把是否有利于生产力的发展作为我们考虑一切问题的出发点和评价一切工作的根本标准，实际上是把手段当作了目的，这样很容易导致为生产力而生产力的非理性经济冲动，导致生产力这一手段的异化。”[④]

---

① 陈华兴：《邓小平实事求是理论的价值内涵》，《马克思主义研究》1999 年第 3 期。

② 尚仲生：《实事求是的系统结构和运作过程》，《江汉论坛》1994 年第 10 期。

③ 崔俊杰：《坚持生产力标准必须克服伦理社会主义倾向》，《马克思主义与现实》1992 年第 3 期。

④ 刘建柱：《对生产力标准的几点思考》，《文史哲》1989 年第 4 期。

此论失在于将生产力标准误作为邓小平整个价值观的元价值标准，其实这只是邓小平的政治价值观的元价值，邓小平早就说过政治包括共产党也只是一种手段，要服务于更高的人民利益。生产力标准的提出，是对“宁要社会主义的草，不要资本主义的苗”的意识形态霸权的颠覆，说它是思想革命和思想解放，指的就是政治价值取向的革命，是对当时偏执的政治标准、制度标准和道德标准的否定。物质利益是生产力标准的实质与核心。“生产力标准否定任何社会制度的永恒性的神话，同时也否定任何企图仅仅依靠革命的愿望和革命的口号来创造所谓革命形势的主观幻想。”[①] 评价社会进步首先要借助物质尺度，因为毕竟物质利益作为物的尺度更为客观和具体，生产力发展是社会进步和人的全面发展的物质基础。“社会的发展，人民需要的满足，人民生活水平和质量的提高，固然要从多方面来体现，归根到底，还是取决于生产力的发展。离开生产力发展来谈文化发展和社会发展，是离开了根本，会陷入空想之中，而不可能达到目的。这是历史唯物主义对这个问题的科学说明。”[②]

“三个有利于”标准和“生产力标准”究竟是真理标准，还是价值标准？有学者认为“实践标准”是检验“知”（认识）的标准，以实践“客体”检验“主观”认知；而“生产力标准”是评价“行”（实践）的标准，是以“主体”需要检验“客体”效用。“生产力标准”不属于认识论领域，不是真理标准。[③] 实践标准才是真理标准，而生产力标准只是价值标准。[④]

另一种观点则认为生产力标准的提出，意味着“党已经正式把效用原则引入了认识论，引入了真理观。”“运用生产力这个效用标准，既可以解决实践是否具有合理性这个行为善恶的问题，又可以证明认识是否具有真理性这个认识的真假问题。”[⑤] 发展生产力既合历史规律又合价值

① 汪建、刘陆鹏：《试论生产力标准》，《文史哲》1988年第2期。
② 龚育之：《思想解放的新起点》，湖南人民出版社1988年版，第42－43页。
③ 何柞榕：《实践标准与生产力标准》，《人文杂志》1993年第5期。
④ 董以山：《论“三个有利于”标准不是真理标准》，《文史哲》2001年第1期。
⑤ 周宝玺：《生产力标准与马克思主义哲学真理观》，《文史哲》2000年第2期。

目的，而且要求人们在价值实践活动中尊重科学真理和客观规律，生产力标准强调效用价值与实践标准强调真理价值，有内在的一致性。它主张不宜用“姓社姓资”的意识形态标准对改革开放作判定，而要用“三个有利于”标准对改革开放及其方式、手段的效果作出价值判断。①

第三节 邓小平理论与中国特色社会主义的政治理论基础

中国特色社会主义政治理论基础有两大支柱，一是社会主义本质论，二是社会主义初级阶段论。这两大社会主义理论深深烙上了邓小平政治价值观的印记，使马克思主义进一步中国化。

一、社会主义本质论以生产力来界定什么是社会主义

邓小平认为以前没有弄清楚社会主义的本质是什么，只是把马克思主义创始人所提到的公有制、按劳分配和无产阶级专政等当作社会主义本质而加以固守，想在落后的生产力基础上建设意识形态上的社会主义。邓小平主张解放和发展生产力，建构以现代化为基础的现实社会主义。

但也有人认为解放和发展生产力是所有社会形态初生时的共性，不能以此作为区分社会主义社会与资本主义社会的根据。社会形态的划分应以生产力和生产关系的统一作为依据。

邓小平之所以突出“解放生产力，发展生产力”作为社会主义本质要素，是针对生产力落后而又走上社会主义道路的国家长期困于一大二公生产关系的观念束缚，回归到唯物史观的第一原理——任何生产关系包括公有制在内都没有道义上的优先性，它们统统都是生产力发展的手段，都必须接受生产力发展的检验和审判。评判“科学社会主义”的标准，首先不是无剥削、无两极分化、绝对平等的道义和道德标准，而是生产力标准。生产力标准，是科学社会主义与一切空想社会主义、农业或小生产者社会主义、绝对平均主义、民粹主义的本质区别。而生产关

① 韩庆祥：《正确理解和运用“三个有利于”》，《瞭望新闻周刊》2004年第32期。

系标准和道义标准，则是社会主义与发达资本主义的区别。吃尽苦头的中国首先是要划清与空想社会主义的界限，而不要拒绝包括市场在内的发展生产力的手段。邓小平强烈务实的功利观也反映在他对社会主义本质的规定上，这就是生产力和物质利益的规定优先于生产关系和意识形态规定，这符合中国发展的时代需要和中国人民的真实需求。

邓小平继承和恢复马克思主义唯物史观关于生产力是人类“全部历史的基础”、是社会发展的最终决定力量的观点，批判“宁要贫穷的社会主义，不要富裕的资本主义”的伦理社会主义。邓小平指出：“社会主义阶段的最根本任务就是发展生产力，社会主义的优越性归根到底要体现在它的生产力比资本主义发展得更快一些、更高一些，并且在发展生产力的基础上不断改善人民的物质文化生活。”① 揭示社会主义主体自觉地解放和发展生产力，而前社会主义的生产关系其解放和发展生产力是自发的、盲目的。②

邓小平没有把公有制和按劳分配列入社会主义本质中，公有制的合理性首先应该体现为发展生产力的手段而后才是实现正义的手段，它是为解放和发展生产力服务的，公有制的实现形式要随着生产力的发展而不断发生变化。③ 二是公有制和按劳分配作为手段而蕴含在消灭剥削、消除两极分化之中。④ 三是实践中的两种公有制形式效果均不理想，因此注重效果论的邓小平避开过去那种把社会主义公有制和按劳分配结构形式凝固化、单一化的错误倾向。⑤ 四是公有制只是社会主义的结构本质，而“解放生产力、发展生产力”是社会主义的功能本质，结构本质

---

① 《邓小平文选》第 3 卷，人民出版社 1993 年版，第 63 页。

② 陈福雄：《邓小平关于社会主义本质的理论及其创新意义》，《中山大学学报（社会科学版）》1996 年第 5 期。

③ 王锐生：《社会主义本质论》，《中国社会科学》1996 第 4 期。

④ 徐崇温：《邓小平社会主义本质论的时代特色》，《中国社会科学》1995 年第 2 期。

⑤ 肖松柏：《从公有制看社会主义本质的内涵——公有制非社会主义本质驳论》，《理论探讨》2000 年第 6 期。

是功能本质的基础，而功能本质才起决定性的作用。[①]

空想社会主义者和现代教条主义者都是从制度的道德性来立论，认为公有制才是社会主义本质属性，而解放生产力和发展生产力只是公有制本身的客观要求。[②] 这实际颠倒了唯物史观关于生产力发展的客观要求决定包括公有制在内的一切生产关系的观点，疏忽了马克思主义创始人关于社会主义是合乎生产力规律的产物的大量论述。恩格斯指出："一切社会变迁和政治变革的终极原因，不应当在人们的头脑中，在人们对永恒的真理和正义的日益增进的认识中去寻找，而应当在生产方式和交换方式的变更中去寻找。"[③] 而生产方式和交换方式的更替，最终取决于生产力的发展水平。列宁说："资本主义社会必然要转变为社会主义社会这个结论，马克思完全是从现代社会的经济的运动规律得出的。"[④] "建立社会主义社会的真正和唯一的基础只有一个，这就是大工业。"[⑤] 为了生产力目标和效果，公有制作为手段是可变的。如果为公有制而公有制，为道义而公有制，势必导致置生产力不顾而追求一种最道德的纯而又纯的公有制。

还有一些学者从价值层面上来理解社会主义"本质"，认为社会主义以人的自由全面发展这一终极价值作为它的"本质"。"社会主义实践中曾经存在着把社会主义实证化、制度化，社会主义价值被悬搁乃至湮没的倾向。"社会主义在现象上可以是一种思想体系、一种运动、一种制度和价值观，但"本质"上是一种新价值观，它是"社会主义思想体系的内核，社会主义运动的核心，社会主义制度的灵魂，因此，它是社会主义的精神自我，构成社会主义的本质维度。社会主义通过价值观对自身进行自我认同，即自我确认和肯定，回答'我是谁'，即社会主义是

---

① 黄生鹏：《邓小平社会主义本质论：一种基于经济制度的功能分析》，《求实》2004 年第 4 期。

② 陈学法：《邓小平的社会主义本质思想新探》，《江苏社会科学》2004 年第 6 期。

③ 《马克思恩格斯选集》第 3 卷，人民出版社 1995 年版，第 617－618 页。

④ 《列宁选集》第 2 卷，人民出版社 1995 年版，第 439 页。

⑤ 《列宁全集》第 41 卷，人民出版社 1986 年版，第 301 页。

什么，并在与他者的关系中，显现自身的特殊性、差异性和自身的同一性”①。经济平等的价值理想是空想社会主义与科学社会主义的相同点，而区别就在于后者以特定的生产力发展水平作为社会主义（一种未来存在）的“历史本质”。事物本质是事物固有的而非人规定的，而价值目标是人规定的而非事物的本质。空想社会主义只是一种社会思潮和价值观念体系而永远不会成为历史存在，因而它只有价值目标，而价值体系是只有“价值规定”而没有“价值本质”的。

东欧剧变后国外左翼学者在批判和否定传统社会主义模式基础上，重新定义社会主义，基本是倒退到空想社会主义。一是社会民主主义，如法国《宇宙》杂志主编让·埃伦斯坦认为社会主义不是生产方式，而是代表了一种赋予我们的技术文明以良知和道德的新企图。一是更为激进的新马克思主义观点，主张把社会主义定义为“经济民主”。这两种观点都认为社会主义与公正有关而与效率无关。美国新马克思主义者迈斯纳明确宣称社会主义的历史作用不是解放生产力而是解放生产者。②以上这些观点都是从伦理和价值层面来“规定”社会主义“本质”的，实际人只能规定社会主义价值目标而不能规定社会主义本质。他们是向古典空想社会主义、伦理社会主义复归，社会主义丧失物质和生产力基础就与科学社会主义分道扬镳。他们都忽视社会主义的历史本质，而把社会主义本质价值化了。邓小平的新社会主义观则把历史本质即解放生产力和发展生产力看成是社会主义本质和社会主义社会发展前提，从而区分了社会主义历史本质（它是被马克思发现的）和社会主义“价值本质”（应称为“价值规定”，它是被许多空想社会主义者规定的）的不同性质，并确定了历史本质的优先地位以及社会主义的历史本质与价值规定之间的互动关系。③

邓小平的社会主义本质论符合历史唯物主义原义，再一次划清科学

---

① 吴向东：《价值观：社会主义本质之维》，《马克思主义研究》2007 年第 12 期。

② 罗燕明：《邓小平社会主义本质论研究》，《当代世界社会主义问题》1995 年第 2 期。

③ 王少明、李晓燕：《社会主义二重本质论》，《中共福建省委党校学报》2001 年第 9 期。

社会主义与空想社会主义的界限，对发展生产力起到不可估量的促进作用。

二、社会主义初级阶段论以生产力界定中国社会性质及任务

初级阶段社会主义并未达到共产主义社会的第一阶段，而是其预备阶段，是与资本主义社会处于同一阶段并与之并存的社会阶段，必须完成资本主义社会已经完成的市场化、工业化和现代化的任务。现实社会主义不是发达资本主义自我否定的产物，当代资本主义和当代社会主义是人类社会总体上处于资本主义发展阶段的两种不同的发展道路。当代资本主义的发展道路代表人类社会发展的一般进程，而当代社会主义的发展道路代表一部分后发展国家的另一种选择。如果以社会生产力和经济形式发展所处的阶段来看，当代社会主义又处于资本主义发展的前期阶段。①

对当前中国社会的性质有几种长期存在的观点：第一，中国跨越了资本主义阶段，所以应补资本主义的课，社会主义初级阶段实质就是羞答答的资本主义或“中国特色资本主义”。第二，由于中国在经济发展中学习和利用了西方先进技术、经验和管理方法，引入了许多资本主义因素，所以社会主义初级阶段其实质就是社会主义与资本主义日益融合和趋同的过程和阶段。第三，社会主义初级阶段只是一个坚持社会主义的方向但还没能力消灭资本主义的历史阶段，在社会基本属性上明显地表现为对毛泽东在40年代倡导的新民主主义经济形态的复归。其理由是：一是家庭联产承包责任制是1953年以前农民以家庭为单位从事农业生产活动的复归，是对那时普遍存在的从事独立商品生产和商品经营的农户的重塑或复归；二是“允许一部分人先富起来”的经济发展战略是对个人致富欲望的肯定和满足，是对1953年以前市场竞争中两极分化现象的肯定或复归；三是公有制为主体、多种经济成分共同发展的所有制形式，是对社会主义改造前四个阶级和以国营经济为主体、五种经济成分并存的新民主主义发展模式的复归；四是市场体制改革是对1953年统

① 陈文通：《试论社会主义制度与市场经济形式的兼容》，《学术交流》1996年第5期。

购统销前的市场经济体制的复归。[①] 俄罗斯季塔连柯也认为："建设有中国特色社会主义构想本身，实质上在很多方面意味着回到新民主主义思想上。这两种构想的共同点是力求考虑到中国的现实条件，实行建立多种经济成分、社会主义与资本主义因素长期共存、保持和加强国家在经济建设中的调节作用的方针。"[②]

关于社会主义初级阶段的社会性质的论争，其实质是一种意识形态之争。马克思和恩格斯所讲的从资本主义社会到社会主义社会的过渡时期是建立在发达生产力水平之上的，而我国尚未达到马克思意义上的过渡阶段的生产力水平。所以仍需利用资本主义方式和手段来发展生产力，但仍坚持以公有制为主体、以马克思主义为指导思想，这表明了中国共产党坚持对社会主义性质的守护，其目的就是要抵御"趋同论"和"中国特色资本主义论"。

关于社会主义初级阶段与新民主主义社会的关系，"复归论"看到了社会主义初级阶段与新民主主义社会的内在联系，其实质就是主张新民主主义革命胜利后，应该建立和巩固新民主主义制度，充分发挥新民主主义制度的作用，不应该过早过急地进行社会主义改造，消灭城乡私有制，实行社会主义。新民主主义社会还没有充分完成它的历史使命和历史任务，以致在社会主义初级阶段不得不去完成其遗留的历史任务，不得不补上市场化和现代化这一课。[③] 复归论可能导致否定社会主义改造，在意识形态上是不可取的。

所以有学者主张不用"复归"解说，而用新民主主义社会的"延续和发展"说。即新民主主义社会是介于半殖民地半封建社会与发达社会主义阶段之间的一个独立的社会形态，可能是一个较长的经济发展阶段。但后来却与马克思主义的短暂的政治过渡阶段相混淆，从而过早放弃新

---

① 杨家志：《社会主义初级阶段与新民主主义发展模式的复归》，《中南财经大学学报》1994 年第 5 期。

② （俄）季塔连柯：《对毛泽东、邓小平社会主义理论的比较研究》，《中共党史研究》2001 年第 6 期。

③ 刘宝三：《从"巩固新民主主义制度"的争论看"复归说"的讨论》，《中南财经大学学报》1998 年第 5 期。

民主主义制度，过早“穷过渡”到“一大二公”的生产关系，然而新民主主义社会发展生产力的任务并未完成。所以社会主义初级阶段不是对新民主主义社会的否定，而是它的延续和发展，新民主主义社会从属于中国特色社会主义的初级阶段。二者都具有中国特色社会主义的属性，而都是对苏联模式社会主义的扬弃。①

对社会主义初级阶段的社会性质评判，其依据是什么？一是生产关系决定论认为生产力水平只是一定社会形态的物质前提和基础，而不是划分社会发展阶段的直接依据，只有生产关系才是划分历史阶段的根本标志。因为不仅同样的生产力水平会产生不同的社会形态，而且落后的生产力水平却也可以出现先进的社会制度。② 二是两因素决定论认为，“划分和考察社会经济形态及其细小阶段，必须以生产力尺度为基础，以生产关系尺度为辅佐，以两个尺度的统一为准绳。”③ 划分不同社会经济形态、划分同一社会经济形态中不同发展阶段，要从生产力和生产关系两方面考察。生产力是“指示器”和终极依据，而生产关系是直接依据，生产关系的作用比生产力更具明确性和实质性。因为生产力的变化最终要通过生产关系的变化，才能显示整个社会经济形态的变化。尤其是生产关系中的生产资料所有制形式，对判断社会经济形态最具有直接性。④ 以上说法不能说全无道理，但是没有抓住主要矛盾和主因，仍是重伦理、重上层建筑、重生产关系的传统社会主义的理念，没有突出生产力和物质力量的历史作用。

邓小平是以我国生产力发展水平为依据来给我国社会发展阶段定位的，他的社会主义初级阶段论就昭示了我国生产力水平低下的现状，也

---

① 陈文通：《科学认识我国社会主义初级阶段的基本经济制度》，《中共中央党校学报》2001 年第 1 期。

② 苏东斌：《邓小平“摆脱贫困的社会主义”思想的方法论意义——再论社会主义初级阶段的经济特征》，《学习与探索》1987 年第 6 期。

③ 薛永应、李晓帆等：《从生产力视角探索社会主义初级阶段的客观逻辑和演化规律》，《经济研究》1988 年第 1 期。

④ 程恩富、周环：《关于划分社会经济形态和社会发展阶段的基本标志——兼论我国社会主义社会初级阶段的经济特征》，《复旦学报（社会科学版）》1988 年第 1 期。

表明我国亟需大力发展生产力。邓小平曾多次强调："贫穷不是社会主义，更不是共产主义。"[①] 马克思主义经典作家都主张以生产力发展水平作为划分社会形态的依据。马克思说："各种经济时代的区别，不在于生产什么，而在于怎样生产，用什么劳动资料生产。劳动资料不仅是人类劳动力发展的测量器，而且是劳动借以进行的社会关系的指示器。"[②] 列宁也说过："蒸汽时代是资产阶级的时代，电气时代是社会主义的时代。"[③] 生产力水平也是区分同一社会经济形态中不同的发展阶段的重要标志。在《资本论》中，马克思依据生产力演进的特点把整个资本主义社会划分为简单协作、工场手工业和大机器工业三个阶段。列宁也依据生产力水平将资本主义社会划分为自由竞争阶段、垄断阶段和帝国主义阶段。邓小平划分社会主义发展阶段以生产力发展水平为标志和依据，改变过去片面夸大生产关系在历史发展阶段划分中的作用的思维模式，他从生产力发展水平来界定我国所处历史阶段和社会主义初级阶段的性质和根本任务，不仅恢复了马克思主义正统理念，而且也符合我国历史发展规律和时代的要求。社会主义革命在生产力极其落后的国家发生，这就注定其生产力和生产关系本身的不成熟性或不完备性，而这种不成熟性或不完备性就成了社会主义初级阶段存在的历史依据，也从客观上规定了社会主义初级阶段的历史任务——发展生产力。反过来说，如果社会主义是建立在生产力高度发达的资本主义社会基础上，就不必存在社会主义初级阶段，生产力水平或物质技术基础始终是判定社会性质和社会发展阶段的历史依据，是特定生产关系的基础。马克思说："手推磨产生的是封建主为首的社会，蒸汽磨产生的是工业资本家为首的社会。人们按照自己的物质生产的发展建立相应的社会关系，正是这些人又按照自己的社会关系创造了相应的原理、观念和范畴。"[④] 恩格斯说："社会制度中的任何变化，所有制关系中的每一次变革，都是同旧的所有制

---

① 《邓小平文选》第3卷，人民出版社1993年版，第64页。

② 《马克思恩格斯全集》第23卷，人民出版社1972年版，第204页。

③ 《列宁全集》第30卷，人民出版社1957年版，第303页。

④ 《马克思恩格斯选集》第1卷，人民出版社1995年版，第141－142页。

关系不再适应的新的生产力发展的必然结果"[①] 列宁说："只有把社会关系归结于生产关系，把生产关系归结于生产力的水平，才能有可靠的根据把社会形态的发展看做自然历史过程。"[②]

中国以革命手段跨越资本主义而直接进入社会主义社会，然而可以跨越的只能是资本主义的某些弊病，而生产力水平却是不能跨越的，不仅不可能超越以物的依赖性为基础的历史阶段，甚至难以摆脱以人的依赖性为基础的历史阶段。通过市场经济来发展生产力，实现市场化和现代化是中国人民的历史任务，这就决定我们仍不能摆脱资本逻辑的统治，依然需要利用资本的力量来发展自身。资本在社会主义初级阶段仍然发挥着举足轻重的作用，"它以雇佣劳动为基础，使人摆脱了政治的、地域的、宗教的人身束缚，极大地提升了人的自由度；它通过交换而非强制的手段，瓦解了传统的农业文明生存方式，并把包括一切人力、财力在内的生产要素组合为社会化机器大生产，同时激励教育、科学为直接的生产过程服务，从而在追求相对剩余价值的竞争过程中，有力地促进了生产力发展；它激起人们通过市场竞争而致富的普遍欲望，使人们在争富的实践中发展出交通、通讯、信贷等现代化交流工具，并据此有效地把工业文明的成果推向全世界，实现了人类由地域性的'民族历史'向'世界历史'转型"[③]。所以在社会主义初级阶段仍然要利用市场和资本来发展生产力，这是社会主义初级阶段的根本任务。

---

① 《马克思恩格斯选集》第1卷，人民出版社1995年版，第236页。

② 《列宁选集》第1卷，人民出版社1995年版，第8－9页。

③ 胡建：《立足于资本逻辑的社会主义—对中国初级阶段的社会主义之再认识》，《浙江社会科学》2010年第7期。

第十二章　中国特色社会主义理论与中国改革

邓小平理论贯穿于社会主义市场经济体制改革、所有制改革、分配制度改革和“效率优先，兼顾公平”的发展战略中，所有这些改革，都突出了对经济效率、物质利益和个人利益的重视。物质利益价值是激发人们的生产积极性的动力源泉，是个人和社会生存发展的基础，是正义产生的基础。

第一节　选择市场体制的价值取向：效率

在计划经济时代国家权力高度集中，是集体利益的唯一合法主体，国家单位垄断了一切生产性资源、生活资源、公共管理资源和一切生存发展机会，社会人统统转变为单位人，单位人的身份就是他所在单位的政治社会地位和他自身在单位里的政治身份地位。[①] 政治统合一切，“使集体变成一个统一组织生产、统一分配产品、统一人们思想的行政单位，它使个人成了一个没有权利只有义务的虚构主体。‘主人翁精神’不是个体的自主性，而是集体的统一意志”[②]。

而“市场经济社会是一个利益高度分化的社会，也是特殊性诉求获得充分表达的社会”[③]。市场经济体制是迄今为止最具效率价值的经济体

① 周全华：《中国政治现代转型的轨迹》，人民出版社 2010 年版，第 266 页。

② 晏辉：《市场经济的伦理基础》，山西教育出版社 1999 年版，第 309 页，转引自吴育林：《社会主义道德与市场经济统一性研究》，中山大学出版社 2007 年版，第 278 页－279 页。

③ 吴育林：《社会主义道德与市场经济统一性研究》，中山大学出版社 2007 年版，第 8 页。

制，是最佳资源配置方式。我国社会主义初级阶段的社会主要矛盾决定了我们必须利用市场这一手段来发展生产力。从计划经济体制到市场经济体制的历史性的伟大转变，被邓小平称之为中国的“第二次革命”。

市场与社会主义是相容的吗？无论是马克思主义创始人还是西方学者，都认为社会主义与市场经济是不相容的。马克思在《哥达纲领批判》中说社会主义社会“生产资料的全国性集中将成为由自由平等的生产者的各联合体所构成的社会的全国性的基础，这些生产者将按照共同的合理的计划进行社会劳动”①。恩格斯也指出：“社会的生产无政府状态就让位于按照社会总体和每个成员的需要对生产进行的社会的有计划的调节。”②“一旦社会占有了生产资料，商品生产就将被消除，而产品对生产者的统治也将随之消除。社会生产内部的无政府状态将为有计划的自觉的组织所代替。”③ 列宁也在1906年说过：“只要还存在着市场经济，只要还保持着货币权力和资本力量，世界上任何法律也无力消灭不平等和剥削。只有实行巨大的社会化的计划经济制度，同时把所有的土地、工厂、工具的所有权转交给工人阶级，才能消灭一切剥削。”④

东欧的一些经济学家也质疑社会主义市场经济这一概念，认为中央计划型的社会主义经济没有“可改革性”，唯一的出路是走向资本主义。匈牙利经济学家诺什·科尔耐认为“市场社会主义”是不切实际的幻想，这样的体制无法运行，其内在逻辑不一致。因为，没有恰当的所有制形式（私有制）支持，就不能产生理想的协调机制（即市场）。国有制不能产生市场协调而只能导致行政协调。⑤

邓小平打破理论禁区，打破“计划等于社会主义，市场等于资本主义”的金科玉律，他说：“为什么一谈市场就说是资本主义，只有计划才是社会主义呢？计划和市场都是方法嘛。只要对发展生产力有好处，

---

① 《马克思恩格斯选集》第3卷，人民出版社1995年版，第130页。

② 《马克思恩格斯选集》第3卷，人民出版社1995年版，第630页。

③ 《马克思恩格斯选集》第3卷，人民出版社1995年版，第633页。

④ 《列宁全集》第10卷，人民出版社1958年版，第407页。

⑤ （匈）诺什·科尔耐：《所有制形式和调节机制之间的亲和：社会主义改革的共同经验》，《经济社会体制比较》1992年第5期。

就可以利用。它为社会主义服务，就是社会主义的；为资本主义服务，就是资本主义的”。[①] 龚育之做过解释：“就未经改革以前的公有制而言，说公有制同市场经济不能兼容，还有一定道理。公有制实现形式经过改革，还说它同市场经济不能兼容，那就没有道理，全属偏见了。”[②]

新市场社会主义者也从两个不同的角度论证了社会主义与市场经济的兼容性。其一，新市场社会主义者认为，公正、民主和自由等价值目标才是社会主义本身的终极目的，而公有制、计划经济或市场经济只是实现社会主义价值目标的手段。英国的市场社会主义者索尔·埃斯特林和尤里安·勒·格兰德说社会主义者疏于区分目的与手段，社会主义有一整套对目的界定的理论，如防止强者对弱者的剥削，实现收入、福利、地位和权力的平等。然而，很多社会主义者却将上述目的与特定手段相混淆，把公有制或资源配置中央计划之类的手段当成目的本身。以致社会主义被定性为以计划实现平等、以国有化消灭剥削。[③] 美国市场社会主义者约翰·罗默认为社会主义其实质是“平等主义”，社会主义的终极价值目标是自我实现和福利、政治影响、社会地位这三种机会平等。然而社会主义者已经形成对公有制的崇拜，作为手段的公有制被看作社会主义本身，而未考虑其他类型的财产权实现三种平等的价值目的可能性。[④]“公司和其他资源的财产权的选择完全是一个手段问题；建立这些权利的可能性应该由社会主义者根据这些权利产生社会主义者所关心的三种平等的可能性去评价。”[⑤]

其二，新市场社会主义者认为，市场是一种中性机制，不具有制度属性，与资本主义无必然联系，市场作为一种手段，既可以为资本主义

---

① 《邓小平文选》第3卷，人民出版社1993年版，第203页。

② 日山：《著名学者论社会主义市场经济》，人民出版社1993年版，第47页。

③ （英）索尔·埃斯特林、尤里安·勒·格兰德：《市场社会主义》，邓正来等译，经济日报出版社1993年版，第2页。

④ （美）约翰·罗默：《社会主义的未来》，余文烈等译，重庆出版社1997年版，第18页。

⑤ （美）约翰·罗默：《社会主义的未来》，余文烈等译，重庆出版社1997年版，第21页。

服务，也可以为社会主义服务。英国的市场社会主义者戴维·米勒说资本主义依赖市场，但资本主义本质是产权集中在少数人之手，而大多数人是被雇佣者。既利用市场又反对资本主义本质是完全可能的。[①] 索尔·埃斯特林和尤里安·勒·格兰德认为，市场与资本主义制度无关，而与工业体制是共同体。无论是资本主义制度、社会主义制度、还是混合型制度，只要采用工业体制就脱不开市场机制。资本主义和市场的联姻可以分解。资本主义不可能脱离市场，而市场完全可能脱离资本主义。[②] 美国市场社会主义者戴维·施威卡特也认为，生产资料私有制和雇佣劳动才是资本主义的本质，而市场只是中性机制，“把资本主义等同于市场是保守的自由放任主义的辩护者和大多数市场改革的左翼反对者的致命错误。”[③] 戴维·施威卡特区分了资本主义市场经济与市场社会主义，市场社会主义取消或限制了生产资料私有制，而以多种不同形式的国家所有制或工人的所有制替代之。它仍然保留市场，但对市场施予更多的限制。市场社会主义以工厂民主取代或不取代雇佣劳动，把工人所得契约工资变性为企业纯收入中的特定份额。这就是工人自我管理的市场社会主义。[④] 约翰·罗默说：“任何复杂的社会都必须利用市场，以便生产和分配人们为自我实现和福利所需要的物品。”[⑤] 施威卡特指出，虽然计划经济曾在苏联、东欧、中国等国存在过几十年，在特定的历史时期也曾发挥过积极的作用，但计划经济始终不是最理想的经济体制，不能为国家经济发展带来巨大的效率，因为当生产数量简单又少时，数量更重于质量，生产信息还是计划可控的，而当要求生产更多、更复杂的商品时，

---

① （英）索尔·埃斯特林、尤里安·勒·格兰德：《市场社会主义》，邓正来等译，经济日报出版社 1993 年版，第 27－28 页。

② （英）索尔·埃斯特林、尤里安·勒·格兰德：《市场社会主义》，邓正来等译，经济日报出版社 1993 年版，第 1 页。

③ （美）伯特尔·奥尔曼：《市场社会主义——社会主义者中的论争》，段忠桥译，新华出版社 2000 年版，第 7 页。

④ （美）伯特尔·奥尔曼：《市场社会主义——社会主义者中的论争》，段忠桥译，新华出版社 2000 年版，第 6－7 页。

⑤ （美）约翰·罗默：《社会主义的未来》，余文烈等译，重庆出版社 1997 年版，第 24 页。

信息就是计划所无法控制的。所有的中央计划经济一旦达到更高发展水平，就被迫走向市场。[①] 美国学者罗尔斯认为，自由市场与生产资料私有之间没有本质的联系，竞争的价格才是正当或公平的价格。自由市场与资本主义的联系是一种历史的偶然，因为一个社会主义政权也能利用自由市场的优点。这些优点之一就是效率。[②]

市场社会主义论与邓小平的社会主义市场经济论的区别，在于市场社会主义是从伦理价值层面来定义社会主义的，而邓小平主要是从经济层面上来阐述社会主义本质的，但是市场社会主义论与邓小平的社会主义市场经济论又存在共性，他们都把市场看成是手段和中性机制，都认为市场经济具有效率价值。邓小平之所以选择市场经济，正是因为市场经济的效率价值，把市场经济当作发展社会主义生产力的工具。在意识形态价值和经济效率价值的两难选择上，在这两个政治价值中邓小平选择了后者。

市场的可能与必要，一是源于“物质利益差别”。初级阶段社会主义人们物质利益差别的存在，是市场经济存在的根本原因。此时劳动还不是生活的第一需要而仅仅是谋生的手段，人们劳动能力和贡献的差异决定人们物质利益上的差别存在。这种差别存在于个人与个人之间、全民所有制内部不同企业之间，这正是社会主义条件下商品和市场关系存在的直接原因，反映这种关系的有关的经济范畴，绝不是可用可不用的工具，也不是徒具形式的外壳，而是一种客观存在的、有实际内容的经济机制。劳动者与劳动者之间、企业与企业之间必须实行等量劳动相交换即等价交换的原则，这不能不通过市场机制来实现。[③]

二是源于“生产力水平低”。中国生产力水平较低并具有多层次性和不平衡性，不可能根绝个体经济，“只要存在私有形式的经济成分(包括个人私营和公私合营)，不论在任何社会形态下均须以商品货币关

① （美）伯特尔·奥尔曼：《市场社会主义——社会主义者中的论争》，段忠桥译，新华出版社2000年版，第10页。

② （美）约翰·罗尔斯：《正义论》，何怀宏、何包钢、廖申白译，中国社会科学出版社1988年版，第272页。

③ 《刘国光集》，中国社会科学出版社2005年版，第67－68页。

系之存在为先决条件。”[①] 这是市场经济存在和发展的根本原因。

三是源于“社会主义联合劳动内部结构的双层次”。不管是全民所有制，还是集体所有制，都不是马克思和恩格斯所说的“全社会占有生产资料”的所有制形式，这就是市场经济的存在和发展的基础。因为：(1) 这两个层次的存在，就决定了社会主义劳动中存在着社会劳动和特殊劳动（局部劳动）之间的矛盾，这个矛盾需要通过商品关系去实现；(2) 这两个层次的存在，使企业成为国有生产资料的占有者和经营者，也必然使它成为一个自主经营、独立核算、自负盈亏的商品生产者和经营者；(3) 这两个层次的存在，决定了企业生产的产品的劳动具有具体劳动和抽象劳动的二重性；决定了企业的商品具有使用价值和价值的二因素。因此，全民所有制企业生产的产品就具备了商品的性质，这就成为必然。[②] 在有计划的社会主义下存在着商品生产与交换的原因是：分工的精细化，公有形式的非单一性，确定联合劳动计量标准之必要性，资源禀赋与生产区位的差异，计划调节的微观局限性等等。[③]

四是源于“商品经济的不可逾越”。“从自然经济向商品经济转变是人类社会经济发展的必经阶段。我们在特定历史条件下可以超越资本主义发展阶段，但在任何条件下，都不可能超越商品经济充分发展的阶段。”[④] 由现代工业形成的专业化分工，将早已存在的商品货币关系发展成为一切经济活动中的普遍的经济关系，使市场成为人类活动的中心，使市场在社会经济生活中的占据支配地位。社会关系在工业社会中就表现为物的关系或货币关系。在物的依赖关系中，个人获得了“以物的依赖性为基础的人的独立性”和个人能力相对自由的发展。[⑤] 市场经济在

---

① 赵峰：《中国经济学名家——商品经济与市场经济学说》，中国经济出版社2005年版，第358页。

② 赵峰：《中国经济学名家——商品经济与市场经济学说》，中国经济出版社2005年版，第224页。

③ 赵峰：《中国经济学名家——商品经济与市场经济学说》，中国经济出版社2005年版，第359页。

④ 宋醒民：《论社会主义市场经济》，经济管理出版社2001年版，第178－179页。

⑤ 《马克思恩格斯全集》第46卷（上），人民出版社1979年版，第104页。

产生出个人同自己和同别人的普遍异化的同时，也产生出个人关系和个人能力的普遍性和全面性。人为地割断与资本主义生产所统治的世界市场的联系，在高度集中的计划经济体制下搞非市场化的工业化，就不能借助于市场的物的依赖关系来瓦解前市场的人的依赖关系，市场经济才能使个人关系和个人能力具有普遍性和全面性，市场经济是实现社会主义最终目标不可逾越的途径。①

五是源于“社会分工”。“商品生产存在的根本原因，是因为社会的再生产不能靠自由的、直接的社会分工来实现，而只能通过产品交换这种方式，间接地形成社会分工来实现。而只要生产者（不论是个体还是集体）的生产还不能实现直接的社会性，彼此之间还只能是独立生产，相互之间只能通过产品的交换间接地实现社会分工联系，他们的生产在本质上就是商品生产。中国社会主义建设的实践已经证明，即使是国有企业的生产，也不能实现直接的社会性，他们只能面向市场，才能加入社会分工，进行社会性生产，成为现实的社会生产者。用人为的自上而下的实物计划指标安排生产，不仅不能适应由社会再生产客观规律所决定的社会分工要求，相反只会窒息社会生产潜力的发挥，压抑公有制生产者的生产积极性，陷入低效率困境。”②

选择市场经济来发展社会主义生产力，是由我国目前的主要矛盾决定的，它决定了社会主义初级阶段还得继续去完成新民主主义社会尚未完成的历史任务——市场化和工业化。历史实践证明，市场经济是迄今为止最有效的资源配置方式，市场主体获得了生产和消费的主动性、主体性和原动力，从而产生了计划经济无法比拟的效率和优越性，“用‘市场经济’取代‘计划经济’的社会实质，在于让社会化取代行政化，而不是让个体化取代社会化。”③

当然，市场经济也存在负面作用：效率与公平的悖论，竞争与道德

① 方兴起：《评形而上学的市场经济观》，《中国社会科学》1996 年第 6 期。

② 吴育林：《社会主义道德与市场经济统一性研究》，中山大学出版社 2007 年版，第 15 页。

③ 阮纪正：《坚持十一届三中全会确立的正确方向——关于改革的若干思考》，《哲学研究》1999 年第 5 期。

的冲突，物化与人文的对抗。

效率与公平的悖论。市场经济作为资源配置的方式和手段，具有工具价值，能产生高效率。“市场的经济理性在根本上说是一种工具意义上的价值合理性。它通过市场对自由劳动的组织化、市场秩序化和规范化（借助于现代法律系统的强制力量）和科学技术理性而体现出来。但无论是自由劳动的组织化，还是市场的秩序和规范，抑或是科学技术理性，市场（经济）所表现的理性精神在根本上仍然是一种工具理性，实用理性或工具主义的价值理性，它们都应服膺于人类目的理性，服从于人类生活的内在目的。”① 然而，市场经济在实现其效率价值的同时，却难以确保公平正义的实现。市场经济难以保证起点公平和过程公平，由于“人的天赋才能的高低、集团和‘民族国家’既定的贫富强弱现状，乃至地缘条件和自然资源的天然差异等等，都会不同程度地限制个人、集团和‘民族国家’参与市场竞争的原初能力和潜能，因而从一开始就或多或少地预定了竞争起点与结果的不公平”②。机会平等掩盖了事实上的不平等。詹姆斯·M·布坎南说：“起点平等，即使作为一种理想，也不真正意味着第一个人在进入每个亚竞争时在所有四个因素方面（指出身、运气、努力和选择）与其他人都平等。”③ 正是被机会平等所掩盖的不平等因素，造成收入不平等，市场化分配机制造成财富的分配悬殊。而这种贫富悬殊又作为初始条件进入下一轮市场竞争，市场经济所要求的形式平等必然走向反面：实质不平等。④

其次，由于社会政治经济结构和文化心理条件的制约，竞争过程的公平（即罗尔斯的所谓“程序公正”）也难以得到绝对保障，单纯靠市场调节机制所实现的社会分配，即厉以宁所说的“第一次分配”或“基

---

① 万俊人：《道德之维——现代经济伦理导论》，广东人民出版社 2000 年版，第 76 页。

② 万俊人：《道德之维——现代经济伦理导论》，广东人民出版社 2000 年版，第 19 页。

③ 詹姆斯·M·布坎南：《自由、市场和国家》，上海三联书店 1989 年版，第 190 页。

④ 张传平：《市场逻辑与平等观念》，《哲学研究》1996 年第 11 期。

础性分配”[①] 是合理而不公平的，或者是表面公平而实质不公平。[②] 市场经济中的平等被分裂为两类不同的价值，即作为起点意义上的市场平等即机会平等、交易平等、竞争平等和作为终点意义上的经济平等、社会平等。而市场经济的运作逻辑更倾向于前一种平等而疏远后一种平等。[③] 总之，效率与贫富差距都是市场经济的伴生物，这是一种“现代性的辩证法”（哈贝马斯），塞缪尔·亨廷顿称之为“冲突结构”。在生产效率和 GDP 获得巨大增长的同时，收入分配不公和贫富差距又增强了人们的挫折感和被剥夺感。所以，要想实现社会和谐，既要利用市场经济提高效率，又要采取措施确保公平正义。

竞争与道德的冲突。市场经济始终遵循优胜劣汰的丛林法则，把竞争置于首要位置。竞争是市场经济富有活力和效率的秘诀所在，这导致对社会合作的排斥，注重市场经济中零和博弈，而忽视了非零和博弈。在市场竞争中，每个人都受物欲的驱使，为了实现自身的交换价值，都把他人当成实现自身目的的手段，马克思讽刺边沁观点的虚伪性说：“因为双方都只顾自己。使他们连在一起并发生关系的唯一力量，是他们的利己心，是他们的特殊利益，是他们的私人利益。正因为人人只顾自己，谁也不管别人，所以大家都是在事物的预定的和谐下，或者说，在全能的神的保佑下，完成着互惠互利、共同有益、全体有利的事业”[④]。

社会道德失范随市场的扩张而蔓延，国外学者有三派不同的观点。经济自由主义学派乐观地认为在“看不见的手”的牵引下，个人利益会导致天然的和谐，市场经济在满足个人利益的同时也客观地促进了他人利益的实现和集体福利的增加。文化保守主义悲观地认为“市场文明的来临和现代工业的发展，无情地斩断了人与人之间天然的相互依赖关系，代之以冷冰冰的现金交易，竞争代替了和谐，贪欲代替了节俭，浮华代

---

① 详见厉以宁：《超越市场与超越政府——论道德力量在经济中的作用》一书“前言”，经济科学出版社 1999 年版。

② 万俊人：《道德之维——现代经济伦理导论》，广东人民出版社 2000 年版，第 19 页。

③ 张传平：《市场逻辑与平等观念》，《哲学研究》1996 年第 11 期。

④ 《马克思恩格斯全集》第 23 卷，人民出版社 1972 年版，第 199 页。

替了纯朴，虚伪代替了诚实，人类精神道德的退化和心灵烦恼的增加，成了发展市场经济的代价，这样的进步有什么意义呢?”① 凯恩斯是悲观而怀希望：“也许将来会有一天，人们重新把人类的目的看得高于手段。但是，至少在一百年内，我们还要扬言美就是恶，恶就是美；因为恶实用，美不实用。我们还要把贪婪、高利剥削、防范戒备奉为教条。因为只有它们才能把我们从经济必然性的地道里引领出来重见天日。现在，市场经济所包含的伦理和价值矛盾又一次以更加尖锐的形式出现在我们的社会生活之中，引起了人们的忧虑和深思。”②

国内学者也持有三种观点。“爬坡论”认为，市场经济赋予了人们主体性，促进了个人解放，增强人们的自立意识、竞争意识、效率意识和开拓创新意识，以平等、竞争和效率为杠杆推动了个人和社会的发展与进步，因而市场经济从总体上来说是有利于提高道德水平的。道德失范与市场经济没有必然的联系，而与我国文化传统、社会制度结构与市场经济不相适应密切相关。

“滑坡论”认为，发展市场经济必然以牺牲道德为代价，原因在于：其一，由于市场经济过于强调效率和个人利益等功利价值，因而客观上导致人与人之间关系的功利化，良心、义务、责任等伦理价值遭到贬抑；其二，无情的市场竞争规律迫使人们不择手段来实现自身的交换价值，并把交换原则运用到那些非交换领域，如政治生活和道德生活领域。③

“划界论”认为，以功利为目标的市场竞争和商业行为“处在道德范围之外”，所以必须“为它们严格划界，以便防止二者相互‘僭越’”。讲道德就不能讲功利，讲功利就不配讲道德。坚决反对“把功利问题纳入伦理道德领域。”“当你最大限度地追求功利目标时，就不可能同时充分地追求道德上的善。”④ “市场经济内在地蕴含着功利性、他律性、利己性特征，从而与道德的本质规定相悖。因此，它本身不可能孕育出伦

① 张宇：《市场经济与价值重建》，《中国社会科学》1994 年第 3 期。
② 张宇：《市场经济与价值重建》，《中国社会科学》1994 年第 3 期。
③ 李刚、高静文：《市场经济与道德代价》，《哲学研究》1997 年第 3 期。
④ 何中华：《试论市场经济与道德的关系问题》，《哲学研究》1994 年第 4 期。

理精神和道德要求。"[①] 总之，"市场经济与道德的二律背反植根于人的生存方式之中，是人的存在的二重化结构在特定历史条件下的一种表现。""这两个方面在人类社会的演进中表现为理性与价值、历史与伦理、科学文化与人文文化之间的分裂和冲突，其实质乃是马克思所说的'存在和本质、对象化和自我确证、自由和必然、个体和类之间的斗争'[②]。这种斗争和冲突构成人类学本体论所蕴含的基本悖论。"[③]

要克服市场体制所带来的缺陷，仍然要在发展市场经济的前提下解决。因为"市场经济与道德的间接统一的历史内涵，只能被合理地理解为市场经济作为历史进步的内在环节构成道德理想最终实现的一个不可或缺的前提。在此意义上，市场经济与道德二律背反关系的历史超越，正是由市场经济的充分发展造成的必然后果。"[④]

对市场是可加以政治的、法制的规范的。"功利与价值，是内在于一切经济尤其是市场经济的矛盾，二者既不可或缺，又相互冲突，构成一个矛盾体。作为一个制度设计，市场体制本身是一种有缺陷的体制，市场化、功利化的倾向就是可能存在的最基本的缺陷，所以，中国在市场体制建立之初就在'市场经济'前冠以'社会主义'的限定，这种限定，不应该仅看作是政治的要求，而且代表着试图以此克服市场体制固有缺陷的一种努力。"[⑤]

对市场也是可加以道德的、文化的规范的。马克斯·韦伯认为以"天职观念"为核心的新教伦理即资本主义精神是西欧资本主义经济蓬勃发展的规范和内驱力。"现代资本主义精神乃至一般而言的现代文明的诸构成部分中的一个成分是在天职观念的基础上对生活进行理性组织。

---

① 何中华：《再谈市场经济与道德的关系问题——答鲁鹏、王淑芹同志》，《哲学研究》1995 年第 6 期。

② 《马克思恩格斯全集》第 42 卷，人民出版社 1979 年版，第 120 页。

③ 何中华：《再谈市场经济与道德的关系问题——答鲁鹏、王淑芹同志》，《哲学研究》1995 年第 6 期。

④ 何中华：《再谈市场经济与道德的关系问题——答鲁鹏、王淑芹同志》，《哲学研究》1995 年第 6 期。

⑤ 樊浩：《伦理精神的价值生态》，中国社会科学出版社 2001 年版，第 303－304 页。

这诞生于基督教禁欲主义的精神。”[①] 新教伦理有许多合理因素：（1）“天职”观念，把工作看做是为上帝增加荣耀的神圣的职责；（2）敬业态度；（3）合乎道义地追求财富；（4）节约与节制，不贪图享受，挥霍纵欲。韦伯留下的启示是：“经济活动如果不灌注一种理性精神、文化价值，或者说经济活动如果缺乏精神动因和精神规范，那么就容易变成一种纯物质利益的冲动和暴发挥霍。”[②] 美国学者彼得·伯格认为日本与亚洲“四小龙”的现代化也有一种文化精神，即“亚洲资本主义精神”：“有非常强的成就取向的工作伦理；高度的集体团结感存在于家庭和家庭以外的一些群体中；对教育赋予相当高的声誉，同时对子女的教育有很强的动机。”[③] 伦理精神对于市场经济发展具有重要的规约作用，亚洲资本主义精神与欧洲资本主义精神，都有来自传统的道德精神作为约束，一个是新教伦理，一个是新儒家伦理。中国特色的市场，也可以用中国特色社会主义价值体系来加以规范。

“物化与人文的对抗”。“物化”指人的非人格化即主体的物化过程，商品社会中人大大地消耗其主体性属性，如劳动、才能、名誉、良心、爱情等等，被商品所排挤和压抑，甚至异化成商品，甚至人自身也成为物的人格化。“物化”的另一方面指物的主体化即赋予对象以主体性的过程，人的主体性转移到物，物性代替主体性，社会不是受人支配，而是受物所支配，物的尺度成为人的行为的唯一标准，人的价值标准缺失。[④]

“物化”表现为拜物教、消费主义和拜金主义。“人与人之间的关系表现为物与物的关系，货币是他们发生联系的纽带；一种事物的价值的高低表现为货币数量的多少，货币是衡量事物价值的尺度；任何事物不

---

① （德）马克斯·韦伯：《新教伦理与资本主义精神》，苏国勋等译，社会科学文献出版社 2010 年版，第 116 页。

② 孟宪忠：《论社会主义市场经济的文化精神》，《中国社会科学》1994 年第 6 期。

③ 塞缪尔·亨廷顿：《现代化理论与历史经验的再探讨》，上海译文出版社 1993 年版，第 423 页。

④ 杨魁森：《商品经济和人道主义》，《哲学研究》1995 年第 12 期。

论它的内容和性质如何，不论它是真、善、美，还是假、丑、恶，在市场上都只表现为量的差别，货币是社会财富和价值的一般形式。这种基本的价值关系包含了市场经济全部的奥秘和矛盾。”[①] “一切生活关系都以能否赚钱来衡量”，“金钱确定人的价值”[②]。“人们变成物质欲望的奴隶和工具，成为丧失灵性的纯粹‘经济人’和‘自然人’。”“物的世界的增值同人的世界的贬值成正比。”[③] “爱情缩减为性，友谊缩减为交际和公共关系，读书和思考缩减为看电视，大自然缩减为豪华宾馆里的室内风景，对土地的依恋缩减为旅游业，真正的精神冒险缩减为假冒险的游乐设施。要之，一切精神价值都缩减成了实用价值，永恒的怀念和追求缩减成了当下的官能感受。”[④] 拜物教和拜金主义、消费主义“放大着市场的交换价值，而把人的活动的真实价值本身，以及我们的其他生活领域中的那些重要价值排挤于边缘，使人的精神世界平面化，使人不能发展体验人类深层文化价值与道德精神价值的能力，从而阻滞人对道德精神价值的欣赏、领悟与追求。”[⑤]

市场经济强调人的效用价值、即手段性价值，人就有了价值等级，是由能力、金钱、财富等物化的尺度来确定的。这样就拒斥了人的主体价值和目的价值，即人作为主体所享有的生命、尊严、自由、幸福等一切人文价值。前苏联社会学家奥辛廷斯基说：“一旦物质的东西在一个人的生活中占据了最重要的价值位置时，他本人也就变成了其占有物的一部分”[⑥] “市场经济效率的直接意义只能化解人的生存的物料问题，而不能解决人的生活价值问题；相反，它在使人从对人的依赖性解放出来的同时却变成了对物的严重依赖。世界市场经济发展史同时也表明，任何

---

① 张宇：《市场经济与价值重建》，《中国社会科学》1994 年第 3 期。

② 《马克思恩格斯全集》第 2 卷，人民出版社 1957 年版，第 565、566 页。

③ 《马克思恩格斯全集》第 42 卷，人民出版社 1979 年版，第 90 页。

④ 周国平：《探究存在之谜》，《读书》1993 年第 2 期。

⑤ 廖申白：《市场经济与伦理道德讨论中的几个问题》，《哲学研究》1995 年第 6 期。

⑥ （苏联）维克多·奥辛廷斯基：《未来启示论——苏美思想家谈未来》，徐元译，上海译文出版社 1988 年版，第 140 页；转引自吴育林：《社会主义道德与市场经济统一性研究》，中山大学出版社 2007 年版，第 136 页。

一个市场经济社会，如果缺乏高尚的价值理想的范引和完备的道德法律的规治，都将可能引致人的物化和社会的庸俗化，人被物的魔力牵引进西西弗斯式的没有尽头的对物的追逐的轮回中，一次次的物欲满足获得的却是一次次的越来越强烈的精神空虚。经济学上的边际递减效应和边际递增效应在这种悲情的轮回中同时彰显。”①

市场经济彰显了无尽的物质财富，但人的精神价值领地和精神家园日益萎缩，这是要在社会主义精神文明建设中要解决的大问题。

第二节　所有制改革的价值取向：生产力

传统公有制是一种“政府所有制”或“官有制”的单一公有制模式，财产所有权归“公”，任何个人都不能成为公产的权利主体，强调公有权的整体性、单一性。集体成员参加劳动并以工分或工资形式参与按劳分配。由于产权归属主体不明确，导致平均主义和集体成员对集体资产保值增值的冷漠。② 传统公有制模式还具有集权性和行政性特征。其行政性表现在：一是它以行政机构作为产权主体，全民或国家所有制表现为条块分割的政府所有制；二是它以行政组织而不是经济组织作为经营主体，按行政规则而不是经济规则行事；三是所有权收益不是表现为经济收益，而是财政收入形式，其投资也不表现为资本投入而采取财政投入形式。③ 这是与马克思关于在“生产资料的共同占有的基础上，重新建立个人所有制”相异的官有制。政府控制全部资源，政府包办所有企业，政府垄断一切经济。④ 劳动者对生产资料的虚化占有导致劳动者政治权利的虚化、精神上的依附和生活上的贫困，所谓“全民所有”

---

① 吴育林：《社会主义道德与市场经济统一性研究》，中山大学出版社 2007 年版，第 7 页。

② 刘建华：《股份合作制与重建个人所有制》，《当代经济研究》1999 年第 8 期。

③ 于金富：《构建劳动者个人联合所有制》，《经济学家》2000 年第 4 期。

④ 谢韬、辛子陵：《试解马克思重建个人所有制的理论与中国改革》，《炎黄春秋》2007 年第 6 期。

成为一句空话。

邓小平改变了以公有制纯度来判定社会主义属性这一僵化的标准，代之以生产力标准来评定所有制模式的价值，颠覆了以往强调生产关系、意识形态和道德精神的政治价值观，把效率和利益摆在了突出的位置，允许与生产力相适应的多种经济成分存在。马克思认为私有制是分工的产物，与分工相伴相随。“分工发展的各个不同阶段，同时也就是所有制的各种不同形式。这就是说，分工的每一个阶段还决定个人的与劳动材料、劳动工具和劳动产品有关的相互关系。”① “分工和私有制是相等的表达方式，对同一件事情，一个是就活动而言，另一个是就活动的产品而言。”② 私有制与社会分工共存亡，因分工产生而产生，因分工消亡而消亡。在经济全球化、社会分工日益精细的今天，私有制尚有生存空间，不可能立即退出历史舞台。在当前历史条件下私有制作为一种社会形态，作为一种手段，具有促进经济效率提高和生产力发展的功能。所有制的选择要同本国生产力发展水平相适应，所谓适应就表现为效率。

改革率先从农村突破，其实质就是赋予农民大部分产权和在生产上的主体地位，这就极大地解放和发展了生产力，给农村带来了翻天覆地的历史性变化，结束了主要农产品长期短缺的历史。粮食年总产量二十年间增加了四千亿斤，十二亿中国人吃饭的问题基本解决。农村产业结构和劳动力就业结构得到重大调整，乡镇企业异军突起，转移了一亿三千万农业富余劳动力，农村开始了史无前例的工业化进程。③

私有制自古以来就被认为是滋生不平等和罪恶的根源。欧文说：“私有财产过去和现在都是人们所犯的无数罪行和所遭的无数灾祸的根源”；“私有财产是人为法律制造的最不道德和最有害的力量之一，而且也是产生无数的犯罪和严重的不正义的原因”④。卢梭也曾说过：“一切灾祸，都是私有财产的第一个后果”，如果没有私有制，“该会使人类免去多少

---

① 《马克思恩格斯选集》第1卷，人民出版社1995年版，第68页。
② 《马克思恩格斯选集》第1卷，人民出版社1995年版，第84页。
③ 《十五大以来重要文献选编》（上），人民出版社2000年版，第525－526页。
④ 《欧文选集》，商务印书馆1965年版，第11、145页。

罪行、战争和杀害，免去多少苦难和恐怖啊!”[①]《共产党宣言》称“共产党人可以把自己的理论概括为一句话：消灭私有制。”[②]“共产主义革命就是同传统的所有制关系实行最彻底的决裂。”[③]“私有制也必须废除，而代之以共同使用全部生产工具和按共同的协议来分配全部产品，即所谓财产共有。废除私有制甚至是工业发展必然引起的改造整个社会制度的最简明扼要的概括”[④]

但是马克思对空想社会主义者的私有财产概念作了辨析，《共产党宣言》对私有的性质作了区分：“我们决不打算消灭这种供直接生命再生产用的劳动产品的个人占有”“共产主义并不剥夺任何人占有社会产品的权力，它只剥夺利用这种占有去奴役他人劳动的权力”[⑤]。这就明确了私有制仅指生产资料的私有。马克思还对私有制的性质作了分析：“私有制作为公共的、集体的所有制的对立物，只是在劳动资料和劳动的外部条件属于私人的地方才存在。但是私有制的性质，却依这些私人是劳动者还是非劳动者而有所不同。”[⑥]而“能不能一下子废除私有制”？恩格斯在《共产主义原理》中回答说：“不，不能，正像不能一下子就把现有的生产力扩大到为实行财产公有所必要的程度一样。……只能逐步改造现社会，只有创造了所必需的大量生产资料之后才能废除私有制。”[⑦]马克思也说：“无论哪一个社会形态，在它所能容纳的全部生产力发挥出来以前，是决不会灭亡的；而新的更高的生产关系，在它的物质存在条件在旧社会的胎胞里成熟以前，是决不会出现的。”[⑧]

能否消灭私有制取决于生产力水平的高低。只有在生产力水平高度发达的前提下，国家才能废除私有制。判断一种所有制是否合度的标准

---

① 卢梭：《论人类不平等的起源和基础》，商务印书馆1962年版，第125、111页。
② 《马克思恩格斯选集》第1卷，人民出版社1995年版，第286页。
③ 《马克思恩格斯选集》第1卷，人民出版社1995年版，第293页。
④ 《马克思恩格斯选集》第1卷，人民出版社1995年版，第237页。
⑤ 《马克思恩格斯选集》第1卷，人民出版社1995年版，第287、288页。
⑥ 马克思：《资本论》第1卷，人民出版社1975年版，第829－830页。
⑦ 《马克思恩格斯选集》第1卷，人民出版社1995年版，第239页。
⑧ 《马克思恩格斯选集》第2卷，人民出版社1995年版，第33页。

是生产力标准，是经济效果，并不是越纯的公有制就越好。“公有制只是一种满足使社会生产有效率的方法，这种方法不是对理想社会的规范，并且这种方法是一种需要实证的方法，经济历史环境不同，方法便可以是不同的。”① 实行多种所有制并存的所有制结构，理由是生产力发展需要和经济效果。

不过，在现阶段无论是股份合作制，还是股份公司制，都与马克思在《资本论》第一卷阐述的“重建个人所有制”不是一回事。“资本主义的私有制，是对个人的、以自己劳动为基础的私有制的第一个否定。但资本主义生产由于自然过程的必然性，造成了对自身的否定。这是否定的否定。这种否定不是重新建立私有制，而是在资本主义时代的成就的基础上，也就是说，在协作和对土地及靠劳动本身生产的生产资料的共同占有的基础上，重新建立个人所有制。”② 杜林曾讥讽马克思“那既是个人的又是社会的所有制的混沌世界”是个“深奥的辩证法之谜。”恩格斯反驳说：“马克思是说：‘这是否定的否定。这种否定重新建立个人所有制，然而是在资本主义时代的成就的基础上，在自由劳动者的协作的基础上和他们对土地及靠劳动本身生产的生产资料的公有制上来重新建立。……’这就是一切。可见，靠剥夺剥夺者而建立起来的状态，被称为以土地和靠劳动本身生产的生产资料的社会所有制为基础的个人所有制的恢复。对任何一个懂德语的人来说，这也就是说，社会所有制涉及土地和其他生产资料，个人所有制涉及产品，那就是涉及消费品。为了使甚至6岁的儿童也能明白这一点，马克思在第56页设想了一个‘自由人联合体，他们用公共的生产资料进行劳动，并且自觉地把他们许多个人劳动力当作一个社会劳动力来使用’，也就是设想了一个按社会主义原则组织起来的联合体，并且说：‘这个联合体的总产品是一个社会产品。这个产品的一部分重新用作生产资料。这一部分依旧是社会的。而另一部分则作为生活资料由联合体成员消费。因此，这一部分要在他们

---

① 孙勇：《浅论劳动者所有制与劳动者主权——从公有制和私有制的对立以外谈社会主义所有制》，《文史哲》2003年第2期。

② 《马克思恩格斯选集》第2卷，人民出版社1995年版，第269页。

之间进行分配。'"[①] 由此可知，重建个人所有制不是重建以前社会都存在的私有制，而是要确保在共同占有的基础上的个人所有权，劳动者既共同占有生产资料又分别占有生活资料，"随着联合起来的个人对全部生产力的占有，私有制也就终结了。"[②] "在无产阶级占有制下，许多生产工具必定归属于每一个个人，而财产则归属于全体个人"[③]。1871 年《法兰西内战》称巴黎公社"是想要把现在主要用作奴役和剥削劳动的手段的生产资料、土地和资本完全变成自由的和联合的劳动的工具，从而使个人所有制成为现实"[④]。

马克思的个人所有制不是私有制。现代为私有制辩护的名文，是加利福尼亚大学哈丁教授 1986 年发表的《公有地的悲剧》论文，科斯也提出过美国经济史上的著名案例，即所谓"铁丝网的发明造就了美国西部的繁荣"。[⑤] 但是这种历史观包含两个假设：第一个是人性论假设，即理性经济人假设：能计算未来利益从而理性选择个人利益最大化的行为。第二个是独立平等的个人主义假设：整个社会经济体系是个体的平等的理性经济人的总和，社会公共福利就是一个个平等的个人福利的总和，每个人拥有的资源决定其所能实现的最大利益边界。

这两个假设的缺陷是忽视社会关系：人们能在何种程度上及如何利用其资源来实现其自身利益，是由其所处社会关系决定。而这种社会关系并不是伦理理念所建构的平等个体之间的关系，而是历史规律和社会变迁所形成的各种复杂关系。[⑥] 在生产力水平不发达和资源有限的历史条件下，实行产权明晰的私有制，能够提供创造最大福利和实现"帕累托最优"的巨大动力。但是"理性经济人"的假设只看到了人的利己的

---

① 《马克思恩格斯选集》第 3 卷，人民出版社 1995 年版，第 473 – 474 页。

② 《马克思恩格斯选集》第 1 卷，人民出版社 1995 年版，第 130 页。

③ 《马克思恩格斯选集》第 1 卷，人民出版社 1995 年版，第 129 页。

④ 《马克思恩格斯选集》第 3 卷，人民出版社 1995 年版，第 59 页。

⑤ 鲁品越：《现代生产力结构与我国所有制结构》，《马克思主义研究》2009 年第 7 期。

⑥ 鲁品越：《现代生产力结构与我国所有制结构》，《马克思主义研究》2009 年第 7 期。

一面，却忽视了人性利他的一面，人在追求自身利益最大化的同时却往往要受到其他利益机制的制约，高尚的道德、人与人之间的协作也能产生高效率。私有制实现利益最大化的功能必须建立在资源初始配置平等的基础上进行自由竞争，才能实现“帕累托最佳”。因为私有制要达到“帕累托最佳”，必须满足“独立平等的个人主义假设”：每个人拥有的资源的产权是明晰的，而且这种产权界限能够构成每个人所能达到的最大利益的边界，从而形成对私人利益最大化行为的相互约束。① 如果不具备这一前提条件，而又实行全盘私有化，“其私有产权就不能构成对私人利益的约束，而成为私人为了自身利益侵占公有资源与他人产权的手段与工具。在这种情况下，发生的将不是所谓‘公有地的悲剧’，而是‘私有制的悲剧’：一部分私人利用其产权来吞噬全社会其他公有资源与私有资源，使全社会资源濒于枯竭，并且发生两极分化。这将是全社会的灾难。”②

经过革命和改革的两次否定，我们终于认识到：公有制不应否定每个劳动者都拥有所有权，不重建“个人所有制”，劳动者的平等权利就会流于形式，甚至成为空话。劳动者必须和生产资料“直接结合”。③“应当把个人所有权是否能得到充分实现作为衡量公有制是否完善和成熟的一个基本标志。可以说，个人所有权得不到尊重和保障的公有制，就不是马克思所设想的未来社会的所有制。”④ 传统公有制之所以导致共同贫穷，就是对劳动者个人所有权的否定。

---

① 鲁品越：《现代生产力结构与我国所有制结构》，《马克思主义研究》2009年第7期。

② 鲁品越：《现代生产力结构与我国所有制结构》，《马克思主义研究》2009年第7期。

③ 马德安：《对“重建个人所有制”的“正确理解”的商榷》，《经济研究》1990年第7期。

④ 徐兴恩、袁凌新：《“重建个人所有制”的现代解读》，《马克思主义与现实》2001年第6期。

第三节　分配体制改革的价值取向：效率兼顾公平

计划经济时代“一大二公”的分配方式似乎更符合伦理的本性，然而平均主义不能有效促进财富的增加，最终反而束缚伦理目的性的实现。[①] 邓小平总结和反思计划经济时代分配制度的弊端，他改革的“思路体现在分配原则上，便是生产效率与个人利益挂钩。应该说，这种分配原则在整体上与经济伦理的根本原则相符合，至少不具有反伦理的性质，它的伦理基础与遵循的经济原则就是‘按劳分配’‘不劳动者不得食’。”[②]

一、按劳分配的价值取向：效率与公平并重

实行按劳分配是打破平均主义而恢复马克思主义的原则，马克思认为按劳分配是等价交换原则，“生产者的权利是同他们提供的劳动成比例的；平等就在于以同一尺度—劳动—来计量”[③]。按劳分配是市场原则，体现了市场效率。以按劳分配为主体、多种分配方式并存的分配制度，所反映的价值取向，是通过企业和个人追求个别劳动时间和社会必要劳动时间之间的差别实现效率，承认贡献差异和脑体差别，打破平均主义，强调物质刺激，促进效率。美国学者罗纳德·德沃金说：“绝对而无差别的平等，不但是一个软弱无力的或容易被其他价值压倒的政治价值，它根本就没有价值：用勤快人的成果去奖励那些能够工作却选择了游手好闲的人，这样的世界根本不值一提。”[④] 分配上的平均主义只能是懒汉的德性和生活哲学，它剥夺勤劳者、智慧者劳动成果，助长偷懒者、嫉妒

① 樊浩：《伦理精神的价值生态》，中国社会科学出版社 2001 年版，第 294 页。

② 樊浩：《伦理精神的价值生态》，中国社会科学出版社 2001 年版，第 294 页。

③ 《马克思恩格斯选集》第 3 卷，人民出版社 1995 年版，第 304 页。

④ （美）罗纳德·德沃金：《至上的美德：平等的理论与实践》，冯克利译，江苏人民出版社 2003 年版，第 2 页。

者的揩油心理。[1]“粗陋的平均主义以牺牲优秀个体的发展来维持个体与类的平衡，结果是整个族类的落后。平均主义的尺度是与生产力标准不相容，同世界文明的发展不相容的。”[2]

平均主义政治学也讲“按劳分配”，但把“劳”的概念搞乱了。什么是劳动？平均主义政治学把劳动分了政治的道德的等级：贫下中农的原始体力劳动是最高尚的劳动，是改造思想的唯一实践途径；白领工人的复杂技术劳动是不利于灵魂革命的劳动，“文革”甚至下放工人到农村劳动以防修正主义；而脑力劳动不算劳动，所以知识分子被排除在劳动者的先进政治等级之外，脑力劳动不直接创造物质财富，所以知识分子是“被劳动人民养活的寄生虫”。意识形态领域拨乱反正的伟大功绩之一，就是承认脑力劳动也是劳动的一部分，承认知识分子是劳动人民的一部分，并大大扩张了劳动的外延。马克思曾指出：“资本主义生产方式的特点，恰恰在于它把各种不同的劳动因而也把脑力劳动和体力劳动，或者说，把以脑力劳动为主或者以体力劳动为主的各种劳动分离开来，分配给不同的人。但是，这一点并不妨碍物质产品是所有这些人的共同劳动的产品。”[3]

科技和管理劳动作为脑力劳动，能够创造出远远高于一般劳动力所创造价值的价值，是一种高级的复杂的劳动。“比较复杂的劳动只是自乘的或不如说多倍的简单劳动，因此，少量的复杂劳动等于多量的简单劳动。”[4] 科技劳动者通过科学技术将自己的活劳动“吸收——储存——转移——变换”为间接活劳动，然后“释放”到生产领域和要素组合。

熊彼特所讲的企业家的各种“创新”等内容与关系，成为创造新价值的活劳动。[5] 马克思指出：企业家监督劳动和指挥劳动也是一种生产

---

① 万俊人：《寻求普世伦理》，转引自万俊人：《道德之维——现代经济伦理导论》，广东人民出版社 2000 年版，第 117 页。

② 廖晓义：《试论生产力标准的辩证法》，《马克思主义研究》1988 年第 2 期。

③ 《马克思恩格斯全集》第 26 卷 I，人民出版社 1972 年版，第 444 页。

④ 马克思：《资本论》，第 1 卷，人民出版社 1975 年版，第 58 页。

⑤ 刘解龙：《科技时代劳动价值论的运用和发展》，《马克思主义研究》1998 年第 4 期。

劳动，“凡是直接生产过程具有社会结合过程的形态，而不是表现为独立生产者的孤立劳动的地方，都必然会产生监督劳动和指挥劳动。不过它具有二重性质。一方面，凡是有许多个人进行协作的劳动，过程的联系和统一都必然要表现在一个指挥的意志上，表现在各种与局部劳动无关而与工场全部活动有关的职能上，就像一个乐队要有一个指挥一样。这是一种生产劳动，是每一种结合的生产方式中必须进行的劳动。另一方面，——完全撇开商业部门不说，——凡是建立在作为直接生产者的劳动者和生产资料所有者之间的对立上的生产方式中，都必然会产生这种监督劳动，这种对立越严重，这种监督劳动所起的作用也就越大。”①

劳动的外延也扩张到服务劳动。马克思认为“对于提供这些服务的生产者来说，服务就是商品。服务有一定的使用价值（想象的或现实的）和一定的交换价值。”② 第三产业包括商业、旅游、金融、保险、信息咨询、饮食服务，都是生产性劳动、是创造价值的劳动，还包括科教文卫、医疗、体育、美发、美容、沐浴等等。③ 那些不为市场交换提供任何新的使用价值的服务，比如党政领导部门、社会安全部门等为社会提供的政治、军事、公共诉讼、公共安全服务等不属于生产性服务劳动，也不创造价值。服务消费品的使用价值具有非实物性、不能贮存性以及生产、交换与消费的同时性。④

邓小平把劳动的外延扩大到各个不同的劳动领域，承认体力劳动者、脑力劳动者和服务劳动者都是劳动者，就赋予了各种不同性质劳动和各个层次劳动者的平等地位，体现了按劳分配的平等原则。总之，按劳分配既体现了效率又实现了平等，是效率与平等的统一。

二、按要素分配的价值取向：效率先于公平

理论和实践证明，按要素分配存在的最大历史合理性就在于其效率

---

① 《马克思恩格斯全集》第25卷，人民出版社1974年版，第431页。
② 《马克思恩格斯全集》第26卷Ⅰ，人民出版社1972年版，第149页。
③ 程恩富：《深化社会主义劳动价值论认识》，《光明日报》2001年9月25日。
④ 李江帆：《服务消费品的使用价值与价值》，《中国社会科学》1984年第3期。

价值。1987 年中共十三大报告提出“在促进效率提高的前提下体现社会公平”。1993 年 11 月中共十四届三中全会调整政策导向，强调鼓励一部分人先富起来，首次提出“效率优先，兼顾公平”。十五大再次重申“坚持效率优先，兼顾公平”，并首次提出“把按劳分配与按要素分配结合起来”。十六大报告在重申“效率优先兼顾公平”的同时提出“再分配注重公平”，并继续细化按要素分配：劳动、资本、技术、管理等生产要素都要按贡献参与分配。此后才进行政策导向的再调整，到十六届五中全会才未提“效率优先兼顾公平”。十七大的提法是“要把提高效率同促进社会公平结合起来”“再分配更加注重公平”。

正是对效率价值的推崇，才有了按要素分配的政策导向。但是，既然生产要素如资本、土地、机器、科技和知识等都不创造价值，那么为什么它们能参与价值分配呢？按要素分配对传统劳动价值论提出了挑战，引发了一场旷日持久的关于劳动价值论的理论论战。

第一，按要素分配对资源实行有效配置而实现了效率；第二，按要素分配承认要素个人所有权，承认个人利益合法性，提供了经济动力。利益冲突源于要素资源稀缺，要素资源的配置体现要素占有者之间及其利用者之间的利益关系。人之所以要占有要素资源和建立所有权制度，无非要获得较多分配份额。[①] 而这种资源配置机制在近四百多年的历史阶段中被证明是有效率的，所以用供求决定价格的市场机制来确定要素所有者收入有历史合理性。在产品市场和要素市场均为竞争的假定前提下，决定要素需求的基础是企业使用要素的原则，是“要素的边际产品价值等于要素的价格”（其中，要素的边际产品价值是产品价格与要素边际产品的乘积）。将该均衡等式两边同时除以产品价格，则有“劳动的边际实物产品等于劳动的实际价格”的结论，或者说劳动的实际报酬等于劳动的实际贡献。在充分竞争的市场上，“要素的价格由要素的市场供求关系或供求曲线决定”的机制是公平而有效率的。[②] 但是由于现实

---

① 周晓唯：《按要素分配的法经济学分析》，《人文杂志》2002 年第 3 期。

② 许成安、王家新：《按劳分配：现实还是趋势——兼评关柏春和姚家祥两先生的学术争论》，《经济评论》2007 年第 1 期。

市场总有不完全竞争因素，按要素贡献分配原则难以完善兑现，从而出现企业对劳动要素的利益侵占即分配领域的“剥削”现象。①

生产要素如资本、科技、知识等非劳动要素在生产中的投入，使经济效率大大提高。按生产要素分配的理论依据，一是要素的个人所有权，二是生产要素参加财富即使用价值的创造。实践中人们在经济活动中的地位及其收益，实际上取决于其资源即生产要素的相对稀缺程度。在当前最不稀缺的是普通劳动力，而最稀缺的是资本。特种人力资本和高科技成果的稀缺程度，决定拥有稀缺资源所有者凭借财产权、货币资本所有权、特种人力资源所有权、专有技术所有权等，获取高收益，取得支配地位。如果人为地改变这种权益分配格局，使拥有稀缺要素的经济主体与拥有最不稀缺资源的所有者拉平分配，甚至于逆向权益配置，必将导致低效率。当然资本主权并不是不可改变的，人力资源所有者的普通劳动力也可能变得最为稀缺，那么劳动主权替代资本主权也是可能的。②

按生产要素分配政策对传统劳动价值论提出了挑战。非劳动要素的生产要素能否创造价值？资本尤其是不变资本的物化劳动，能创造价值吗？美国经济学家萨缪尔逊肯定劳动价值论的历史作用，但认为现已过时，在土地私有权和资本积累尚未发生以前“劳动是考虑的唯一因素，土地可以为一切人所自由使用，而资本的使用尚未开始。在这个简单而漫长的黎明时期，决定价格和分配的是什么？答案：不折不扣的劳动价值论。”③“无论在有计划的社会主义制度下还是在依靠市场起作用的资本主义制度下，都不能单独地按照商品所需要的劳动量来决定商品的价格，而不考虑爱好和需求的型式以及它们对稀缺的非劳动的生产要素的影响。”④ 国内亦有人尖锐提出：“物化劳动是创造剩余价值的主要源泉，物化劳动来自社会活劳动，并且是本期的活劳动。”“如果物化劳动真的

---

① 许成安、王家新：《按劳分配：现实还是趋势——兼评关柏春和姚家祥两先生的学术争论》，《经济评论》2007 年第 1 期。

② 刘伟、黄桂田、李绍荣：《关于我国转轨期所有制变化的历史“合理性”考察》，《北京大学学报（哲学社会科学版）》2002 年第 1 期。

③ 萨缪尔逊：《经济学》下册，商务印书馆 1964 年版，第 125 页。

④ 萨缪尔逊：《经济学》下册，商务印书馆 1964 年版，第 133 页。

不创造价值，也就是先进的设备、材料和工艺不能提高劳动生产率、创造剩余产品、剩余价值，那科学技术是生产力、第一生产力这个大命题就不能成立。”[①] “知识经济与科技生产力表现在这方面则是共同的——以物化劳动为凝介，才能发挥其第一生产力的巨大功能和作用。”“否定了物化劳动创造价值，相对剩余价值包括超额剩余价值就无从得来。”“否定了物化劳动创造价值，商品二因素与劳动二重性就不能存在。”[②]

这样就提出“整体劳动价值论”来补充劳动一元价值论。马克思对劳动的定义是——劳动是人以自身活动来引起、调整和控制人和自然之间的物质变换的过程。因此，劳动是劳动主体（人）与劳动客体（自然）的统一，而不是单纯劳动主体活动。传统劳动价值论只承认活劳动创造价值，是只承认劳动主体创造价值，这就割裂了劳动的整体性，割裂了劳动主体与劳动客体的统一。劳动价值是由劳动主体和劳动客体共同创造的，不能将价值创造与价值归属混同起来，不能认为价值归属于谁即谁创造了价值。[③]

此外还有质疑劳动一元价值论的“多元价值论”：“在创造价值的过程中，不仅劳动，而且资本、技术等生产要素都是必不可少的。劳动、资本或技术本身都不能单独创造价值，价值创造是离不开各种生产要素的综合作用的。”[④] 各种生产要素在价值创造中是起着同等作用，价值创造是各种生产要素综合作用的结果。

“新劳动价值论一元论”“整体劳动价值论”和“多元价值论”是大同小异。只是保留劳动价值论一元论的外壳，而实质上扩大了劳动的外延，加入资本、土地等非劳动生产要素以及技术变动下的利益关系。[⑤]

斯密早就提出过劳动价值多元论，马克思曾给予批评：“起先他研究商品的价值，在一些地方正确地规定价值，而且正确到这样的程度，大

---

① 钱伯海：《论深化劳动价值认识的根本关卡》，《经济学动态》2001 年第 9 期。

② 钱伯海、王莉霞：《否定物化劳动创造价值，就等于否定马克思的劳动价值论——对提出有关质疑、商榷同志的回复》，《经济评论》1999 年第 2 期。

③ 《劳动价值论对话》，《中国特色社会主义研究》2001 年第 6 期。

④ 胡钧：《“挑战”劳动价值论的新课题》，《高校理论战线》2001 年第 5 期。

⑤ 谷书堂、柳欣：《新劳动价值论一元论》，《中国社会科学》1993 年第 6 期。

体上说，他找到了剩余价值及其特殊形式的源泉——他从商品价值推出工资利润。但是后来，他走上了相反的道路，又想倒过来从工资、利润和地租的自然价格的相加数来推出商品价值（他已经从商品价值推出了工资和利润）。”① “现在要问，被认为是商品价值源泉的各种收入，它们各自的价值又是怎样决定的呢？就工资说，它是可以决定的，因为工资是它的商品即劳动力的价值，而这个价值，和任何其他商品的价值一样，可以由再生产这种商品所必要的劳动决定。但剩余价值，或者在亚当·斯密那里确切地说是它的两种形式，即利润和地租，又怎样才可以决定呢？在这方面，亚当·斯密只说了一些空话。”② 萨伊也提出过“生产三要素价值论”，说：“事实已经证明，所生产出来的价值，都是归因于劳动、资本和自然力这三者的作用和协力。”③ 他认为“所谓生产，不是创造物质，而是创造效用。” “创造具有任何效用的物品，就等于创造财富。这是因为物品的效用就是物品价值的基础，而物品的价值就是财富所由构成的。”④ 他认为效用即使用价值或财富就是价值，混同了价值与使用价值即效用的区别。

李嘉图反驳说：“这些自然要素尽管会大大增加商品的使用价值，但是从来不会使商品增加萨伊先生所说的交换价值。如果，个人由于机器或自然哲学知识的帮助可以驾驭自然要素来完成以往由人完成的工作，这种工作的交换价值就会因之而降低。……萨伊先生始终忽视了使用价值和交换价值之间有根本的区别。”⑤

恩格斯在《资本论》第 3 卷的序言中指出：“按照这种见解，构成资本的那种积累起来的过去劳动，不仅是一定数额的现成的价值，而且因为它作为生产和利润形成的因素，也形成价值，所以是比它自身更大

① 《马克思恩格斯全集》第 26 卷 I，人民出版社 1972 年版，第 78 页。

② 《马克思恩格斯全集》第 24 卷，人民出版社 1972 年版，第 425 页。

③ 萨伊，陈福生、陈振骅译：《政治经济学概论》，商务印书馆 1982 年版，第 75 页。

④ 萨伊，陈福生、陈振骅译：《政治经济学概论》，商务印书馆 1982 年版，第 59 页。

⑤ 李嘉图：《政治经济学及赋税原理》，商务印书馆 1962 年版，第 243 页。

的价值的源泉；价值规律则确认，只有活劳动才具有这种属性。"[①] 马克思强调："唯一与物化劳动相对立的是非物化劳动，活劳动。前者是存在于空间的劳动，后者是存在于时间中的劳动；前者是过去的劳动，后者是现在的劳动；前者体现在使用价值中，后者作为人的活动进行着，因而还只处于它物化的过程中；前者是价值，后者创造价值。"[②] 物化劳动只能转移自身价值而不能再创造新价值。"只有劳动才是我们在任何时候都能够用来估计和比较各种商品价值的最后的和现实的唯一尺度。"[③] "由于加进价值而保存价值，这是发挥作用的劳动力即活劳动的自然恩惠。"[④] 随着科学技术的发展，生产工具得到大大改进，机器得到广泛应用，"内涵于商品中的人类劳动不是越来越多，而是越来越少了；与此同时，内涵于商品中的自然力也就由弱到强，越来越多了。对于人类社会而言，解放劳动、减少劳动、排挤劳动，正是科技提高和机器普及的意义所在。劳动耗费之所以能够减少，就在于由科技提高和机器普及所引发的对自然力运用程度的增加。在这里，把人类劳动排挤出商品之外的，正是科技呼唤出来并通过机器所发挥的自然力，也就是说，自然力填补和替代了人类劳动在商品中留下的空缺。"[⑤] "机器的作用并不在于增加了劳动耗费从而创造了价值，而恰恰在于减少了人力耗费从而减少了凝结在商品中的人类劳动（价值）。"[⑥] 机器不参与价值创造的原因在于自然力的贡献是不被计入"价值"，因为"价值"是一种"有偿"的耗费，而寓于机器中替代人力的自然力是"无偿"的，所以机器不创造价值。[⑦]

科技创造价值吗？按照劳动价值论，科学技术劳动是复杂劳动，创造更大的价值。而科学技术本身只是劳动产品，属于生产力范畴，作用

---

① 《马克思恩格斯全集》第 25 卷，人民出版社 1974 年版，第 16 页。
② 《马克思恩格斯全集》第 47 卷，人民出版社 1979 年版，第 33 页。
③ 《马克思恩格斯全集》第 23 卷，人民出版社 1972 年版，第 60 页。
④ 马克思：《资本论》第 1 卷，人民出版社 1975 年版，第 233 页。
⑤ 赵磊：《劳动价值论的历史使命》，《学术月刊》2005 年第 4 期。
⑥ 赵磊：《劳动价值论的历史使命》，《学术月刊》2005 年第 4 期。
⑦ 赵磊：《劳动价值论的历史使命》，《学术月刊》2005 年第 4 期。

是提高劳动生产率，降低单位商品的价值，从而带来相对剩余价值。[①]作为物化劳动的科学技术本身不创造价值，只发挥“不变资本”的功能，一次性或逐次性地转移自身已经物化了的价值，而不创造新价值。[②]知识、科技的价值由生产它的脑力劳动决定，并转移到新的使用价值中，而不由它所产生的使用价值来决定。科技价值的转移具有“转移而不减”的奇异特征。[③] 1982 年美国未来学家约翰·奈斯比特在《大趋势—改变我们生活的十个新方向》中宣称：“在信息经济社会里，价值的增长不是通过劳动，而是通过知识来实现的，知识是一种完全不同类型的劳动。‘劳动价值论’诞生于工业经济的初期，必将被新的‘知识价值论’所取代。”[④] “知识价值论”如果指的是知识劳动则成立，如果仅仅指知识成果，则如同科技产品与生产资料，属不变资本，不能创造价值。

既然资本、土地和机器等生产资料、科学技术以及知识等生产要素是不创造价值的，只是创造财富即使用价值的源泉，那为什么又能参与分配呢？价值创造与价值分配究竟是什么关系？按生产要素分配的理论依据是什么？一个利于生产力和强国富民的分配政策改革，引发一场旷日持久的理论论战。

如果认定非劳动要素同样参与价值的创造，生产要素的所有权又是生产要素参与分配的法律依据，那么各种生产要素参与分配的尺度，则是各种生产要素在价值创造中所作的贡献。在完善的（竞争的）市场经济中，价值的创造与价值的分配是统一的。[⑤] 按各种生产要素在价值形成中所作的贡献进行分配，这就是按贡献分配。[⑥] 但是用“要素创造价值”理论来解释按要素分配，这与萨伊的三要素论分配公式有何区别？

---

① 苏星：《再谈劳动价值论一元论》，《经济纵横》，1995 年 7 月。

② 刘解龙：《科技时代劳动价值论的运用和发展》，《马克思主义研究》1998 年第 4 期。

③ 刘冠军、邢润川：《运用马克思劳动价值论解读科学价值》，《哲学研究》2005 年第 4 期。

④ 奈比斯特：《大趋势》，中国社会科学出版社 1984 年版，第 15 – 16 页。

⑤ 蔡继明：《关键是弄清非劳动生产要素的作用——也谈深化对劳动价值论的认识》，《学术月刊》2001 年第 10 期。

⑥ 谷书堂：《社会主义经济学通论》，上海人民出版社 1989 年版，第 112 页。

"不论借出的是劳动力、资本或土地，由于它们协同创造价值，因此它们的使用是有价值的，而且通常得有报酬。对借用劳动力所付的代价叫做工资。对借用资本所付的代价叫做利息。对借用土地所付的代价叫做地租。"[①] 正是马克思本人认为萨伊混淆了价值与使用价值的区别，萨伊认为工资、利息、地租三种收入相当于三个要素在创造效用时各自耗费的代价，从而构成效用的生产费用。这样，萨伊就从效用决定价值，转到了生产费用决定价值。价值又包括在商品的价格中，而市场供求关系又决定着生产费用。[②] "在这些好汉们那里，'生产费用'一词是毫无意义的。我们从萨伊那里看到这种情况。在他那里，商品的价值决定于生产费用—资本、土地、劳动，而这些费用又决定于供求。这就是说，根本不存在什么价值规定。"[③]

因此，主张按各种生产要素在价值形成中所作的贡献进行分配，是对劳动价值论的严重挑战。按贡献分配还是按劳分配之争，实质上仍然是劳动价值一元论与多元论之争，是一百多年前这一争论在新的历史条件下的再现。所不同的只是：在资本主义条件下的争论焦点是资本与土地所得是否存在剥削的问题，而在社会主义条件下的争论焦点则是资本与土地所得是否合理合法的问题。[④] 关于劳动价值的争论，既要保卫马克思又要论证按生产要素分配的历史合理性，这种合理性不是抽象的公平正义，而是地地道道的效率，效率就是合理性，做大蛋糕就是合理性，发展就是硬道理。资本、劳动工具、自然资源、知识、信息、技术等生产要素，都是生产"使用价值和价值"的客观物质条件，社会主义初级阶段多种所有制形式并存，构成按生产要素分配的根源和制度基础。[⑤]

---

① 萨伊：《政治经济学概论》，陈福生、陈振骅译，商务印书馆1982年版，第77页。

② 苏星：《劳动价值论一元论》，《中国社会科学》1992年第6期。

③ 《马克思恩格斯全集》第26卷Ⅱ，人民出版社1973年版，第142页。

④ 何炼成：《也谈劳动价值论一元论——简评苏、谷之争及其他》，《中国社会科学》1994年第4期。

⑤ 黄萍、张存刚：《劳动价值论、按劳分配与按要素分配》，《经济评论》2002年第1期。

土地、资本等非劳动生产要素参与收入分配是生产资料归不同的经济利益主体排他性占有，即存在着私有制等多种所有制结构。[①] 只有到社会主义发达阶段时劳动者共同占有生产资料，生产资料的占有不再是个人赖以取得收入的源泉，人们拥有的只是自己的劳动，劳动权是全体社会成员参与价值分配最基本的权利，这是按劳分配的历史条件。“权利决不能超出社会的经济结构以及由经济结构制约的社会的文化发展。”[②]

生产要素所有者凭借所有权及其对个别资本增殖的“贡献”索取分配，包含着两个理论问题：一是“价值的创造”与“价值的分配”可否分割？二是“资本（财富）增殖的贡献”与“价值创造的贡献”可否分割？

一是价值创造与分配是可以分割的。因为价值创造取决于价值定义、价值源泉、劳动耗费，而价值分配则取决于所有权性质和公正观念。[③] 按劳分配可不以劳动价值论为依据，而根据公有制、劳动的性质和生产力状况决定。同理按生产要素分配，也取决于要素所有权，而不必诉之于“要素创造价值”论。[④] 不能用价值创造去规范价值分配、即劳动必须获得全部新价值，也不能用价值分配来解释价值源泉、即所有要素都是价值源泉。劳动价值论是一个评价标准，以劳动为唯一标准，评价个人对新价值创造的贡献。[⑤] 新创造财富则按生产要素所有权分配，而所有权最本质的体现是获得新财富，生产要素所有者必然要参与价值分配，这不以生产要素是否创造价值为转移。[⑥] 马克思本人也认为分配不由劳动价值理论决定，而是“消费资料的任何一种分配，都不过是生产条件

---

① 陈德华：《关于劳动价值论的几个理论问题》，《经济纵横》2002 年第 2 期。

② 《马克思恩格斯选集》第 3 卷，人民出版社 1995 年版，第 305 页。

③ 陈文通：《深入研究和正确理解马克思的劳动价值论——兼与董德刚教授商榷》，《中共中央党校学报》2006 年第 1 期。

④ 卫兴华：《再论深化对劳动和劳动价值论的认识》，《宏观经济研究》2001 年第 3 期。

⑤ 左大培：《劳动价值论的科学地位》，《经济学动态》2003 年第 2 期。

⑥ 中国社会科学院经济研究所：《关于深入研究社会主义劳动和劳动价值论的几个问题》，《经济研究》2001 年第 12 期。

本身分配的结果；而生产条件的分配，则表现生产方式本身的性质”①。《哥达纲领批判》认为社会主义不存在商品生产，因而不存在价值、价格范畴，按劳分配当然就不是依据劳动价值论，而依据四个社会历史条件：首先是所有权——公有制，其次是劳动不是第一需要而只是谋生手段、劳动能力差别、生产力不足以按需分配。此外，按需分配也与劳动价值论无关，而与所有权和人的需要、人的价值观念相关。② 无论斯密、李嘉图还是马克思的劳动价值论，既决定不了资本主义，也决定不了社会主义的分配方式。

二是“资本（财富）增殖的贡献”与“价值创造的贡献”也是可以分割的。《哥达纲领批判》认为劳动不是创造财富的源泉（只是创造抽象价值的源泉），认为财富是劳动、生产资料、自然力三方共同创造的。社会分配所分配的并非抽象的价值，而是分配物质财富，而这些物质财富的生产是活劳动和物质生产资料共同作用的结果，那么包括劳动在内的各种生产要素就应按各自所起作用（贡献）分到应得。③ 所以劳动力所有权和生产资料所有权共同决定分配。资本主义按生产要素分配不是以“要素创造价值”论为理论依据，而是以要素所有权为实际依据。“要素创造价值”论只是对按要素分配的一种解释。④ 非劳动要素之所以参与价值分配，不是因为它创造价值，而是它参与价值创造过程，为创造价值提供条件。价值分配向非劳动要素的所有者倾斜，是因为它处于有利地位。这种不尽合理的分配能够存在，取决于社会主义初级阶段根本任务，不取决是否符合劳动价值论。⑤

马克思的劳动价值理论充满对劳动者的人文关怀，是无产者的意识形态，他在批判亚当·斯密关于工资、利润和地租“也是一切交换价值

---

① 《马克思恩格斯选集》第 3 卷，人民出版社 1995 年版，第 306 页。

② 卫兴华：《深入认识劳动价值论中的几个是非问题》，《学术月刊》2001 年第 7 期。

③ 谷书堂：《从产品分配谈到劳动价值论》，《南开经济研究》2001 年第 5 期。

④ 卫兴华：《三论深化对劳动和劳动价值论认识的有关问题》，《高校理论战线》2001 年第 8 期。

⑤ 董长瑞：《应当正确对待按生产要素分配》，《马克思主义研究》1998 年第 2 期。

的三个原始源泉”时指出：“土地所有权和资本，对于它们的所有者来说，是收入的源泉，也就是说，使它们的所有者有权占有劳动创造的价值的一部分，可是它们并不因此就成为它们的所有者占有价值的源泉。”[①]“土地成了地租的源泉，资本成了利润的源泉，劳动成了工资的源泉。现实的颠倒借以表现的歪曲形式，自然会在这种生产方式的当事人的观念中再现出来。这是一种没有想象力的虚构方式，是庸人的宗教。”[②]不是因为非劳动要素创造了价值，而它在生产中占了优势地位，所以“凡是社会上一部分人享有生产资料垄断权的地方，劳动者，无论是自由的或不自由的，都必须在维持自身生活所必需的劳动时间以外，追加超额的劳动时间来为生产资料的所有者生产生活资料。”[③]而社会主义也得首先承认非劳动要素的优势地位，然后才有可能恢复劳动要素的合理地位。

三、分配两原则（劳动与要素）、价值两取向（公平与效率）的关系

有学者认为按要素分配涵盖了按劳分配，并与其性质相同：劳动力是生产要素，资本、技术、自然资源也是生产要素，不能把劳动力从生产要素中单独抽出来，抬到至高无上的地位，而忽视各种稀缺资源如土地和资本的生产贡献，尤其当今劳动投入对社会财富创造的贡献在不断下降，而科技进步、制度创新和经营管理的作用则在逐步提高。[④]《哥达纲领批判》批驳“劳动是一切财富和一切文化的源泉”，认为“劳动不是一切财富的源泉。……只有一个人一开始就以所有者的身份来对待自然界这个一切劳动资料和劳动对象的第一源泉，把自然界当作属于他的东西来处置，他的劳动才成为使用价值的源泉，因而也成为财富的源泉”[⑤]。生产是不同生产要素相互结合、共同作用的结果，不同生产要素

---

① 《马克思恩格斯全集》第 26 卷Ⅰ，人民出版社 1972 年版，第 74、75 页。
② 《马克思恩格斯全集》第 26 卷Ⅲ，人民出版社 1974 年版，第 499 页。
③ 马克思：《资本论》第 1 卷，人民出版社 1975 年版，第 263 页。
④ 张志武：《关于按生产要素分配的思考》，《经济评论》2000 年第 2 期。
⑤ 《马克思恩格斯选集》第 3 卷，人民出版社 1995 年版，第 298 页。

的所有者都有分享经济成果（财富）的权利。分配的依据，不是劳动者支出的劳动量（按劳动时间或强度计量），也不是劳动力再生产所需的生活资料价值，只能是劳动力产权的市场稀缺性。劳动力在生产过程中的贡献、在诸生产要素中的相对地位，都是由市场决定的。当然劳动力产权还拥有市场所无权干预而由国家保障的最起码人权：生存权和基本发展权、维持劳动力再生产权利、劳动力自主支配权、部分剩余索取权。①

市场关系中基本的分配方式就只能是按要素分配，而在社会主义劳动者所有制企业中，使按要素分配所反映的不是剥削关系，而是自主拥有财产权利的劳动者之间按劳分配的关系。经过市场的换算，简单劳动、复杂劳动、科技劳动、管理经营劳动、生产物品劳动、提供服务劳动，一切劳动所创价值都在不同要素的价格上显示。劳动者既可以作为生产者，也可以作为投资者、管理者、经营者，获得其投入要素的报酬。只要劳动具有自主性质，各种要素收入都可以还原为要素所有者的劳动收入。②

另一种意见则认为，按劳分配与按要素分配是不相容的两种分配方式。一般的按劳分配是社会主义公有制所决定的，而完全的按劳分配则需要严格的“马克思条件”。而按要素分配如等价交换一样是一种市场现象，是与市场配置资源相统一分配方式，本身没有社会属性，在不同社会关系中反映不同性质的分配关系。③ 全部实行按要素分配导致两极分化，而按需分配在以利益为基础的社会中则是一个不公正的原则。④所以必须以按劳分配为主体，确保劳动者权益的实现，但又要以按要素分配为补充，发挥资本、土地、科技、知识等非劳动要素的作用和功能。

---

① 姚先国、郭继强：《按劳分配新解：按劳动力产权分配》，《学术月刊》1997年第5期。

② 周为民、陆宁：《按劳分配与按要素分配——从马克思的逻辑来看》，《中国社会科学》2002年第4期。

③ 周为民、陆宁：《按劳分配与按要素分配——从马克思的逻辑来看》，《中国社会科学》2002年第4期。

④ 王海明：《按需分配与按劳分配新探》，《人文杂志》2010年第1期。

麦迪逊分析1950年至1965年期间22个发展中国家的经济增长表明，资本对经济增长的贡献为55%。[①] 资本投入对经济增长的作用在发展中国家要比在发达国家重要得多。[②] 按劳分配的最低标准是维持劳动力的再生产过程的费用，按生产要素分配的最低标准则是银行的利息。按要素分配有利于资源的优化配置和经济效率的提高，是中国分配制度的必然的历史选择。

按要素分配是我国非公有制经济发展的客观要求。“要素所有权的大小是根据各个要素的稀缺程度，在供求关系的平衡下以要素价格的形式体现的，它是一种权利的市场价格，或者权利的市场租金，它的形成完全受价格机制的作用。”[③] 按要素分配承认了个人的要素所有权，生产要素参与分配使要素所有者获得了相应的产权收益，承认了生产要素在形成价值中所做出的贡献，激发了要素所有者的积极性，促进了社会生产力的发展，凸显了效率。但由于资源的稀缺和人们在资源占有程度上的差异，由要素所有权决定的分配会导致不公平的社会分配，反映了资本经济关系的要求，但是适应目前我国非公有制经济发展的需要。生产要素参与分配的实质，就是使生产要素所取得的收益相应于其所它产出的边际生产力。这种收益就是要素的产权收益或生产的风险收益，要么就是二者兼而有之。例如资本的收益——利息，既是产权收益，又是风险收益。由于经济生活中的不确定性和风险永远存在，资本在生产经营中具有的一种重要作用，就是承担生产经营的风险，这是一种独特的贡献。[④]

“生产要素参与分配是由市场经济决定的：经济资源的稀缺性和生产要素产权的多元化决定了资源——生产要素的使用必须是有偿的，否则

---

① 周天勇主编：《新发展经济学》，经济科学出版社2001年版，第140页。

② 中国社会科学院经济研究所：《关于深入研究社会主义劳动和劳动价值论的几个问题》，《经济研究》2001年第12期。

③ 杨慧玲：《劳动价值实体是市场经济社会分配的必然客体——劳动价值论与要素价值论之比较》，《马克思主义研究》2007年第1期。

④ 甘宜沅：《“劳动价值论”是“生产要素参与分配”的理论基础吗》，《武汉大学学报（社会科学版）》2002年第4期。

任何生产要素的供给就会枯竭。生产要素产权的交易一方面使其所有者通过初次分配获得收益，另一方面又实现了资源的有效配置。如果包括劳动力在内的生产要素没有产权的话，市场经济就不成其为市场经济，更谈不上生产要素参与分配了。"① 新制度学派约拉姆·巴泽尔的"产权模型"理论表明，"决定所有权最优配置的总原则是：对资产平均收入影响倾向更大的一方，得到剩余的份额也应该更大"②；而瓦尔拉斯的均衡理论也表明，"各生产要素必须获得相应于它们对产出的边际生产力的收益，这就是生产要素参与分配所遵循的基本原则（规律）。"而"巴泽尔的'产权模型'理论与生产要素参与分配所遵循的原则或规律之间存在着一致性：'对资产平均收入影响倾向更大的一方'就是'对产出的边际生产力更大的一方'，反之则不是。只有各生产要素的收益与其对产出边际生产力的比例都趋于均衡时，经济资源——生产要素的配置才是有效率的，这就是市场经济的本质所在。"③ 只要社会生产力仍然不是由单一的生产要素构成，只要生产要素仍然是具有私有产权的、稀缺的经济资源，只要市场机制还在发挥作用，那么生产要素就必然地要参与收益的分配。④

20 世纪八九十年代执行"效率优先，兼顾公平"经济发展战略，对于冲破计划体制束缚，促进市场体制的形成，消解平均主义分配观，激发生产动力起了积极作用。如果这只是作为一种经济策略，作为一种矫枉过正的权宜之计，是有其历史必要性和必然性的。但是以效率为目的，终究颠倒了手段与目的的关系，公平才是社会制度的首要价值。效率如果长期作为社会制度的首要价值，则会导致社会达尔文主

---

① 甘宜沅：《"劳动价值论"是"生产要素参与分配"的理论基础吗》，《武汉大学学报（社会科学版）》2002 年第 4 期。

② （美）Y·巴泽尔：《产权的经济分析》，人民出版社 1997 年版，第 8 页。

③ 甘宜沅：《"劳动价值论"是"生产要素参与分配"的理论基础吗》，《武汉大学学报（社会科学版）》2002 年第 4 期。

④ 甘宜沅：《"劳动价值论"是"生产要素参与分配"的理论基础吗》，《武汉大学学报（社会科学版）》2002 年第 4 期。

义后果。[①]

由于历史条件、天资禀赋的差异必然导致人对社会资源占有的差异和不均衡分布，按要素分配一开始就起点不平等，而市场上要素所有者的机会都是不一样的，市场“公平交易”掩盖事实的不等价交换。劳动同所有权是分离的，生产的物质条件采取了资本的形式，劳动采取了雇佣劳动的形式，劳动者向资本所有者提供剩余劳动，这仍然是剥削。[②] 而利用权力或资源通过非法途径强占他人资源尤其是剥削。剥削存在仍有一定的历史必然性，这就带来分配的严重不公。市场的“第一次分配”已经存在经济不公平，要素资源的垄断严重剥夺劳动者分配的份额。

国家税收和社会福利进行的“第二次分配”，亦存在政治不公平，有权力者取得较大的份额，而且再分配要改变既得产权，使财产权发生转移，从而放大再分配调节的负面效应，最终将会损失效率。[③] 分配是一种价值配置，当今问题是价值总是向非劳动要素倾斜，分配已经不是一个经济问题，而是政治问题和伦理问题。美国社会学家 J. 范伯格发现，“‘分配的公正性’这一术语在传统上应用于直接由政治当局加以分配的责任和利益”[④]。政治分配的平均主义原则，已不足以应对陷入“中等收入陷阱”的小康社会。“严格的平等主义对于一个富裕社会以及满足人们的基本生理需要来说，是一种完全行得通的公正分配的实质性原则。但是，当它运用于分配那些在满足了基本需要之后的‘剩余产品’

---

① 万俊人：《道德之维——现代经济伦理导论》，广东人民出版社 2000 年版，第 156 页。

② 陈文通：《深入研究和正确理解马克思的劳动价值论——兼与董德刚教授商榷》，《中共中央党校学报》2006 年第 1 期。

③ 彭剑君、陈珏宇：《马克思主义公平分配观与和谐社会建设》，《武汉大学学报》2010 年第 3 期。

④ J. 范伯格：《自由、权利和社会正义》，王守昌等译，贵州人民出版社 1998 年版，第 156 页；转引自樊浩：《伦理精神的价值生态》，中国社会科学出版社 2001 年版，第 295 页。

时，它就丧失了合理性。”[①] 樊浩也认为：“分配正义要求把‘基本生活需要’作为一种人权加以确立。两极分化历来是社会不公的表现，平均主义在经济发展的一定阶段代表着人类的伦理理想，具有内在合理性。问题在于，当经济发展到人的基本生活需要得到满足时，像贝尔所说，由追求‘需要’发展到追求‘欲求’、从分配‘基本需要’到分配‘剩余产品’时，平均主义就失去了合理性。”[②]

公平反映人与人之间利益关系，包括政治权利和权力分配公平、经济权利和收益分配公平和伦理公平，是起点公平、过程公平、结果公平、环境公平的统一。公平属伦理学和政治哲学的范畴。

效率是一个经济学范畴，指资源的有效使用与有效配置。[③] 对效率可作功利价值和伦理学价值的双重判断：不仅要回答功利的提问——什么有效率？还要回答道德的提问——谁的效率？效率的目的为何？效率的后果如何？

美国经济学家奥肯认为效率与公平是冲突的，平等的种种“坚持把馅饼等分成小块的主张，都会导致整个馅饼的缩小。这个事实形成了经济平等和经济效率之间的抉择”[④]。而“购买效率的代价是收入和财富以及由此决定的社会地位和权力的不平等。这些不平等起源于财产（包括基本生产手段）私有制以及由市场决定的工资和薪金。”[⑤] 国内有论者认为社会分化及其产物——效率，是人类发展的需要。社会不分化，就没有效率，而社会分化又必然牺牲多数人的利益。原始社会没有社会分工而有社会公平，却没有效率，生产率每万年提高1% ~2%。奴隶

---

① J. 范伯格：《自由、权利和社会正义》，王守昌等译，贵州人民出版社 1998 年版，第 160 页；转引自樊浩：《伦理精神的价值生态》，中国社会科学出版社 2001 年版，第 296 页。

② 樊浩：《伦理精神的价值生态》，中国社会科学出版社 2001 年版，第 295 页。

③ 厉以宁：《经济学的伦理问题》，生活 · 读书 · 新知三联书店 1995 年版，第 2 页。

④ （美）阿瑟 · 奥肯：《平等与效率——重大抉择》，王奔洲等译，华夏出版社 2010 年版，第 55 – 56 页。

⑤ （美）阿瑟 · 奥肯：《平等与效率——重大抉择》，王奔洲等译，华夏出版社 2010 年版，第 60 页。

社会因社会分工而获得效率，生产率每百年提高4%，这是不公平的社会分工，但比没有社会分工有效率。国外国家干预主义者则主张公平优先，建构一种“从摇篮到坟墓”的福利体系保障公平的优先，造成效率低下。而新自由主义主张自由优先、效率优先，做大蛋糕，兼顾公平。介于二者之间是奥肯主张的效率与公平并重。中国从“大锅饭”到“效率优先，兼顾公平”，再到效率与公平并重，不同历史时期作出不同选择。

第十三章　新时期中国马克思主义学术研究的深化

1978年，思想解放运动打破了理论禁锢，中国的马克思主义理论工作者得以在相对宽松的政治条件下，进行相对自由的理论研究。从十一届三中全会之后至21世纪初，出于历史反思的需要，出于对马克思主义中国化第二次飞跃进行“建构式研究”的需要，对“马克思主义中国化”第一次飞跃进行了再研究，这是科学与深化的再研究。马克思主义中国化于是出现了一个“双线并进”的繁荣的研究。新时期之初，在对毛泽东和第一个中国化的马克思主义成果的评价问题上，出现了“凡是”教条主义与“全盘否定”两种思潮之争，邓小平力主的科学评价，经拨乱反正之后，系统地体现于《关于建国以来党的若干历史问题的决议》之中，统一了党内思想，给定了今后研究的准绳。随之对“马克思主义中国化”第一次飞跃的研究走向深化，先是集中于对失误的清理，后是出现一段时间的研究低潮，随后“毛泽东热”带起一个研究高潮。由歌曲、传记、文学影视所引发的毛泽东热，向理论界渗透。办起了几种毛泽东研究专刊，多角度、多学科研究毛泽东思想，尤其对毛泽东思想与传统文化的关系、与苏联关系（含中苏论战）、与农民关系、与民主法制关系和毛泽东的工业化与经济建设思想等。各种新的研究方法、各种新的观点、各种新的视角、不同的评价，使毛泽东思想研究领域的学术研究丰富多彩，初步形成“百花齐放、百家争鸣”的学术局面。但是不同观点之间，少有交锋切磋。最引人注目的，是境外的研究大规模译介进来，打开了许多新的研究领域，如以文化社会学理论，研究毛泽东思想与中国传统文化的关系。由过去政治化、情绪化、夸张臆断的研究，渐趋于学术化、理性化、客观公允的研究；从革命范式、政治范式，转入科学范式、学术范式。其原因之一，是随时间的流逝，毛泽东评价问题渐渐由政治性课题向历史性课题演变。党史研究中“两种趋向”论模式的提出，突破了对“文革”前十年理论探索的评价困境。

第一节 中国马克思主义第一个理论形态的再研究

一、长期以来毛泽东思想研究的一统局面

从历史发生学角度看，伴随毛泽东思想的产生和在延安政治理论界的正式定名，首先在延安出现了毛泽东思想的研究者群体。我们不妨称之为延安阐释学群，这是历史上对毛泽东思想进行阐释、宣传和正面研究的第一个群体，产生于延安地方及延安时期，而后扩大到全国、延续到七大和八大。具体是从延安整风开始，而到七大正式形成。研究的中心命题是“马克思主义中国化”和“马克思主义与中国革命实践相结合”，其研究的最大功绩是提出“中国化马克思主义已经在中国形成”，随即获得全党承认，并命名为毛泽东思想，并归纳其内涵和伟大意义，注疏其字句，作通俗化解说。研究者有理论工作者如张如心、艾思奇、陈伯达、胡乔木、李达、周扬等，有党的领导人如刘少奇、张闻天、王稼祥等。他们的研究成果进入中共七大的报告和第一个《历史决议》，一直沿用到中共八大以后。党的领导群体对毛泽东思想的自觉性共识，表明马克思主义中国化的合理性已为全党所认识，也表明中国马克思主义已为全党所承认。这无疑有利于中国革命的胜利和继续发展。延安时代对毛泽东思想的研究是高度政治化的，还无暇顾及学术层面的研究。政治性研究具有学术性研究所无法比拟的重要性，并决定了这只能是一种一元化研究，不同意见极少极微。

而中华人民共和国成立以后直至毛泽东逝世，学术界对毛泽东思想的研究也还只是在延安时期的解说、注疏和宣传的层次上有所发挥，难有突破性的发展。后来出现过杨献珍将毛泽东哲学思想核心范畴的“一分为二”解释为“合二而一”等少数例外，而这种有新意的研究一开始就被视为离经叛道，百家争鸣的禁区也设置在毛泽东思想的研究领域。毛泽东曾经反对过将苏联马克思主义教条化的学风、文风和政治倾向，

但是反教条主义的毛泽东思想自身在中华人民共和国成立后却也有被教条化的遭遇，这是人们所预料不及的。这是无情的历史辩证法逻辑。缺乏新的探讨和新的研究，没有思想的砥砺交锋，没有学术的争鸣切磋，任何正确的思想都会走向故步自封和僵化。

“文革”结束之初，又出现“凡是”派，坚持凡是毛泽东说过的每一句话、每一个指示都是对的，仍然坚持个人崇拜和教条主义立场，而没有划清与林彪江青等神化派的思想界线。重新对毛泽东和毛泽东思想进行实事求是的评价和科学解释，就成为发动思想解放和改革开放的重大政治课题。而正是在伟大的思想解放运动中确立了实事求是的科学原则和学术研究的自由原则，打破了垄断思想文化的禁锢之局，由此形成中国马克思主义研究和毛泽东研究的百家争鸣的新局面，出现了众多研究范式和学派。

二、新时期毛泽东研究的两个阶段：实事求是思想路线被恢复与整理文库开藏掘宝

（一）第一个阶段：实事求是思想路线被恢复

新时期是从拨乱反正、平反冤假错案开始的，解放思想运动打破了个人迷信思想禁锢，开辟了改革开放的兴国之道。这一时期的理论研究工作就是全面否定“文化大革命”，集中批判“文革”的错误理论与实践，批判“两个凡是”的教条主义和毛泽东晚年错误。是邓小平首先提出要准确地科学地全面地理解毛泽东思想，《决议》通过前后的10年中，反思“文化大革命”的论著数量繁多。

邓小平在回答外国记者法拉奇的提问时，定下毛泽东研究的基调：毛主席的错误和林彪、“四人帮”问题的性质是不同的，他的错误是违反了他自己正确的东西，他的错误是一个革命家、一个马克思主义者所犯的错误。他的功绩是第一位的，晚年的错误是第二位的。法拉奇在美国《华盛顿邮报》分两次发表了她对邓小平的访问记录，各国报纸纷纷转载。邓小平的观点，成为起草十一届六中全会《关于建国以来党的若干历史问题的决议》（以下简称《决议》）的基本思想。《决议》对毛泽东思想作出新解释：一是它并非全是毛泽东个人的思想，而是中共领导

集体的智慧的结晶；二是它不包括毛泽东晚年的错误思想。《决议》主要解决毛泽东思想的政治性问题，许多历史性和学术性问题留给学界进一步探讨。《关于建国以来党的若干历史问题的决议》通过后，最初两年间出版的有代表性的论著，都是阐述《历史决议》对毛泽东思想的界定、评价和三个“活的灵魂”、六个方面内容的概括。如马齐彬、陈登才的《浅谈毛泽东思想》（上海人民出版社 1981 年版）、熊复的《毛泽东思想浅释》（红旗出版社 1983 年版），中共中央党校的《毛泽东思想原理讲话》（中国青年出版社 1983 年版）等。《毛泽东思想辞典》（中共中央党校出版社 1999 年版）则填补了毛泽东研究史上辞书的空白。

（二）第二个阶段：整理文库开藏掘宝

随着拨乱反正的完成，以及面临东欧剧变的严峻形势，毛泽东思想研究在此后的近 20 年里的一个新的走向，是从头 10 几年研究毛泽东晚年错误占有相当分量，逐渐走向积极正面的评价占绝对数量。这个转变的关节点并不确定在上述的哪一件事上，大体以纪念毛泽东诞辰 100 周年为标志。1993 年隆重纪念毛泽东诞辰 100 周年，中共中央、全国人大常委会、国务院、中央军委、全国政协联合召开纪念大会，中共中央总书记在会上发表重要讲话，重申了毛泽东领导中国革命取得胜利的历史功绩以及对中国社会主义建设道路的探索，邓小平建设有中国特色社会主义的理论继承、丰富和发展了毛泽东思想，并把毛泽东思想推进到新的高度。与此同时，关于毛泽东思想研究的“辞典”“大全”“导读”和研究性丛书相继问世，一批辞书、丛书的出版成为综合性研究的重点，研究性专著竞相推出，研究论文数量可观。

《毛泽东文集》（8 卷本）（人民出版社 1999 年版）是距建国初编撰《毛泽东选集》约 40 年之后正式出版的多卷本毛泽东著作集，共 8 卷本，时间跨度为 55 年，文献研究室编辑出版文集用了 8 年时间，于 1999 年 6 月出齐，收入了《毛泽东选集》之外的许多重要文稿、讲话和谈话。《毛泽东文集》的出版是根据中央档案馆保存的手稿、早期文本和记录稿刊印，只作技术性的校正、订错等工作，从大量文稿和讲话记录稿中选出，力求保持原貌，尊重历史，而错误较多的文稿和讲话记录稿都没有编入，只在少量文稿中有个别不正确的论断酌情编入。这符合 1981 年的《历史决议》对毛泽东思想的界定。《毛泽东文集》首次发表的文稿占全部收录文献总量的68%。《建国以来毛泽东文稿》（13卷本）（中央文献出版社1998年版）提供读者参考研究之用，于1998年1月出齐，系统收入了建国后毛泽东的大量文稿，其中也包含被认为错误较多的一些文稿。《建国以来重要文献选编》（中国文献出版社2011年版）至今一共出版了20册，收入了从中华人民共和国成立至“文化大革命”前的重要文献，其中包括中共中央、全国人大、政务院或国务院、中央军委发出的最基本的文件，以及毛泽东等中央主要领导人发表的重要讲话和文章等等。这一文献集对于研究建国以来毛泽东思想的发展具有重要的参考价值。

《毛泽东外交文选》（中央文献出版社1994年版），对于毛泽东的国际战略和外交思想研究具有重要价值。《毛泽东在七大的报告和讲话集》（中央文献出版社1995年版），是1945年4—5月在七大的多次讲话，是毛泽东思想形成和发展史方面研究重要资料集。《毛泽东诗词集》（中央文献出版社1996年版），直接推动了毛泽东美学趣味和文学思想的研究。《毛泽东早期文稿》（湖南出版社1995年版）是研究青年毛泽东世界观形成和发展的一手资料。《毛泽东军事文集》（军事科学出版社1993年版）收录了毛泽东1927—1972年关于军事方面的文章、电报、批示和讲话等共1600余篇，其中大部分是第一次公开发表，系统地反映了毛泽东军事思想包括军事辩证法思想的全貌。《毛泽东读文史古籍批注集》（中央文献出版社1993年版）反映毛泽东各方面的知识见解。《毛泽东著作专题摘编》（中央文献出版社2003年版）分为9编，收入毛泽东各方面的重要论述6000多段，共170多万字，是一部按照《关于建国以来党的若干历史问题的决议》对毛泽东思想的界定而又有所展开或扩充大型理论工具书，这部书的摘编范围包括公开出版的和内部出版发行的毛泽东著作集和文稿资料集，还包括没有收入上述两大类集子的著作单行本和在其他书刊中发表的著作及引用的论述，如民主革命时期出版、建国后没有再版或没有全部收入各种著作集的《论新阶段》（新华日报馆1939年版）、《经济问题与财政问题》（解放社1942年版）、《辩证法唯物论（讲授提纲）》（华北新华书店1942年版）等。其中，以往没有全部收入各种著作集的《论新阶段》(1938 年 10 月)一文,《摘编》从该文全文中摘选了不少《毛泽东选集》《毛泽东军事文集》中未收入的内容。再如摘选了《读苏联(政治经济学教科书)下册谈话记录稿》中没收入《毛泽东文集》第 8 卷的不少内容。还有《辩证法唯物论(讲授提纲)》(1937 年)中相当一部分后来未收入任何著作集、也未以其他形式发表的内容,《摘编》也摘选了部分论述。《毛泽东传(1893—1949)》(中央文献出版社 2004 年版)、《毛泽东年谱》(中央文献出版社 2005 年版)、《周恩来传》(中央文献出版社 2011 年版)、《周恩来年谱》(中央文献出版社 2007 年版)、《刘少奇传》(中央文献出版社 2008 年版)、《刘少奇年谱》(中央文献出版社 1996 年版)等著作相继出版,根据文稿、电报、书信、讲话记录等大量第一手资料记述了中共领袖们的实践活动,展示了他们思想发展轨迹。

国外的研究成果和资料也大量介绍到国内,哈佛大学的费正清研究中心的众多研究成果、斯坦福大学东亚图书馆大量中国近现代研究以及相关中国文献、日本《毛泽东全集》(竹内实主编)等,这些资料组成了一个与传统官方文件不同的类别。

1991 年出版的《中国共产党历史》认为 1960 年代初的十字路口出现了两种发展趋势:一是国民经济调整,这是通向改革的“趋向”;二是重提阶级斗争,这是通向“文革”的“趋向”。从而从对这一历史现象的理论概括中,提出一个从左倾错误年代寻找亮色的理论研究模式——“两种趋向”论。“两种趋向”论解救了把毛泽东思想与毛泽东晚年错误截然两分带来的研究困境,也极高明地满足了改革合法性与革命合法性对接的政治需要。“两种趋向”论既符合复杂历史的真实性,又避免了一味批判错误从而有割裂改革与革命一脉相承关系的危险性,它开辟了今后 20 年毛泽东研究的一条新路。从此大量的研究,着重发掘所有毛泽东言论文献中的通向改革的闪光点,这成为毛泽东研究中压倒性的多数。并且促使毛泽东思想研究发生一个从革命范式向现代化范式的转换,着重研究毛泽东思想与中国现代化道路的选择;毛泽东思想对现代资本主义发展状况的理解;毛泽东思想与当代中国现代性的建构;毛泽东思想与中国现代化及现代性的关系。这类研究相对于传统研究,是视野新,角度新，内容新，观点新。境外也不乏此类研究，如法国巴黎第五大学马努埃尔·乔治（Manuel Jorge）运用历史性回顾和前瞻性展望的方法来研究现代化视野中的毛泽东思想，旨在说明毛泽东思想为中国现代化奠定了坚实的理论基础。他认为，要理解当代中国的发展趋势，就必须在过去的运动中找到它的思想基础和根据。

“开藏掘宝”无疑抢救了毛泽东留下的思想遗产，有利于建立改革合法性。但其中有些研究违反历史真实性原则，夸大了毛泽东言论中的改革趋向，给人造成中国的改革似乎发生在毛泽东时代的错觉。这固然防止了“把前后30年对立起来”，但是也贬低了改革的历史功绩，削弱了“改革是第二次革命”的意义。

三、新时期毛泽东研究群体及其思想倾向

新时期思想解放大潮涌起，政治环境走向宽松，官方、学界、民间、境外的研究者，对毛泽东、毛泽东思想、毛泽东时代、毛泽东现象进行多层次、多方位、多角度研究，形成了毛泽东研究的百家争鸣学术局面。举其大要，可归纳为四种倾向的学术群体。

（一）实事求是阐释学

邓小平提出全面地准确地科学地理解毛泽东思想，核心是实事求是，这成为党的第二个《历史决议》的指导思想。新时期的思想解放运动和宽松政治条件，终形成国人期盼已久的学术研究百家争鸣局面。除国家研究机构外，高校的、民间社会的各种研究群体、各种层面、各种视角的毛泽东研究十分活跃，毛泽东研究无论在官方还是在民间层面，都成为当今中国的显学，形成了一种前所未有的“多元化”的研究格局，这种格局正是学术讨论的必要前提，期间的争论则意味着毛泽东研究正由政治性研究范式渐渐向学术化研究范式演变。出现了众多的“毛学研究”的研究群体。

其中最主流最权威的是以第二个《历史决议》为代表的实事求是阐释学，也可称之为重构学派，其价值追求是正确性权威性。它主张全面地准确地也就是科学地解释毛泽东思想，反对神化派的过头说法和“凡是”派的教条主义僵化，为清理“文革”时期的个人崇拜和夸张神化而

重构毛泽东思想。在程序上经全党为时几年的大讨论，于1981年对毛泽东思想作出重新解释，并以十一届六中全会决议的权威形式公布，其结论持续到今，发挥了积极的政治功能。实事求是阐释学派形成于历史决议公布之后，此学术群体掌握大量一手资料，30年来所做的大量工作主要是论证历史决议的正确性和予以学术化。

《历史决议》有较强的意识形态取向，而多年来体制内研究者对之作了更为学术性的再诠释。其中重头研究成果是逄先知、金冲及主编、中央文献出版社2003年出版的《毛泽东传（1949—1976）》，披露了大量鲜为人知的资料，许多历史细节都是第一次公诸于世。“《毛传》的最大特点是用事实说话。它是在中共中央《关于建国以来党的若干历史问题的决议》的指导下编写的；反过来，通过对大量档案资料的研究，又进一步证明了《历史决议》的科学性和正确性。”该书还对若干重大思想理论的变动，酌情给了正面回应，如：“过渡时期总路线”是怎样提出来的？为什么提出来？中共八大、整风“反右”的背景是什么？毛泽东为什么发动“文化大革命”？等等。

（二）历史主义学派

历史主义学派也可称为还原学派，其价值追求是实证性学术性。坚持思想史的阐释必须基于原始思想史实，这是继承中国史学传统，重考据，重实证，重历史文献，有一分证据说一分话，他们所提出的问题是典型学术性的，应予以正视。他们认为权威解释并没有穷尽真理，仍然有继续研究的空间。他们运用前苏联解密档案推倒了不少常识性的结论，他们在历史细节上也取得了一些突破，如沈志华中苏关系的研究、杨奎松对若干历史事实的研究，引起国内外广泛关注。但是他们的研究主要是历史的而不是思想史性质的。

（三）建构学派

新左派对毛泽东思想进行改塑式解释，其价值追求是应然性抒情性。他们运用国外新左理论和国内公平问题，建构起一个他们一厢情愿的、为过来人所不认识的毛泽东，激起不少质疑改革的共鸣，这同样是情绪化的。他们为针砭现实问题而对历史再研究，但不依据历史事实而想当然地塑造一个他们心目中的“应然毛泽东”。其研究大都缺乏深厚历史的学术的依据。

（四）解构学派

解构学派也可称为情绪派，其价值追求是抒发冤屈之情，要颠覆毛泽东原有形象，这一派甚至不能称为学派，主要是历次政治运动的受害者。他们在20世纪七八十年代之交文革刚结束时有非常情绪化的倾诉，情绪派的研究缺乏理性支撑，以亲身痛苦经历作经验性直观判断，而对“一个人究竟如何可能全面地操控历史”一类的综合性复杂问题，没有给出学理性学术性的答案。经团结一致向前看的疏导，20世纪九十年代之后渐回归理性。境外学者如果不就其研究成果在中国的效果（这是另一研究主题），仅就其研究立场而言，亦有解构学派，也有建构学派（这些新左主义是国内新左派的理论来源），以及还原学派的客观主义（当然据解释学中立客观是不可能的，而以超越政治功利和追求客观真实为学术研究的一个价值追求，此种动机可以真实存在）。这是以译成中文、在国内产生学术影响的境外文献为评述对象而得出印象。

除以上四类研究群体之外，还有许多学者各自进行的多方法多角度多元化的研究而无法归其类属。如心理学的研究方法，既淡出了政治功利性要求，也不完全遵守历史还原主义，只是提供一种新颖的、另类的、趣谈式的解释而已。萧延中等《探索毛泽东晚年的生命焦虑》等。

又如有一种“洋话中说”的研究方法。尚庆飞《国外毛泽东学研究》（江苏人民出版社2008年版）等类论著，并非单纯介绍国外的毛泽东研究，而是对国外学者的理论与方法进行批判性、发挥性解读，这其实成为一种研究方法——不直接罗列国外的观点与理论，而改造利用其观点与理论。如有学者引用美国教授阿帕特观点与话语解释“文革”的一些现象，认为以个人崇拜为特征的极左理论是一种“政治宗教”（political religion），政治宗教缺乏普通宗教那种自我更新能力，过期自动失效，为维持权威而借用宗教的反复说教式灌输、仪式化的学习、空洞化的目标、正统性的论证。[①]

① 刘辉：《“哈佛大学‘毛泽东再认识’国际学术研讨会”述要》，《教学与研究》2004年第3期。

第二节　苏联教科书哲学体系的解构

1978 年 5 月 11 日，《光明日报》发表特约评论员文章《实践是检验真理的唯一标准》，拉开了真理标准大讨论的序幕。文章阐述了长期被遗忘的马克思主义哲学常识——实践而不是“本本”才是检验真理的唯一标准，并以此为论据批评了教条主义和现代迷信。这场规模空前的讨论有着鲜明的政治主题，而涉及的学术问题并不太深，但是讨论气氛是宽松自由的。有部分论者认为检验真理的标准不是实践而是“客观存在”本身，是否真理只能看它是否与客观对象相符合。另一种意见则认为检验真理的标准既不是客观事物也不是社会实践，而是“实践的结果是否成功”。陶德麟反驳说：前种观点发生混淆，真理的定义与真理的检验标准是两个问题，前者回答是什么是真理，而后者则回答如何判断认识是否与对象相符合。判断真理的标准既不是主观意识，也不是单纯客观存在本身，而只能是实践。也不能用实践的结果（或客观事实）作为检验真理的标准，因为它本身也是实践活动的产物。①

今天看来，无论是把“客观存在”还是“实践结果”或者是“实践”本身看作检验真理的标准，在实质上并没有根本性的差别。“客观存在”说强调真理与对象的符合；“实践结果”说强调实践的复杂性，既有成功的也有错误的实践，所以要以实践效果来验证真理；“实践”说则看重实践的整体性和过程性，强调其沟通主客观的功能。

讨论中也有一些论者认为逻辑证明（论证）在检验真理或证明真理的过程中有重大作用，有人还进一步认为实践检验也是一种特殊类型的逻辑证明。在检验真理的过程中，实践检验与逻辑论证的关系是：逻辑论证以实践检验为前提，实践检验以逻辑论证为先导；实践检验的反复性需要逻辑论证作补充，逻辑论证的可靠性要在实践检验中提高；科学理论的发展要求逻辑论证有相对的独立性，逻辑论证的相对独立性以实

---

① 曹维劲、魏承恩主编：《中国 80 年代人文思潮》，学林出版社 1992 年版，第 65 页。问题的这种论辩思路后来几乎被所有的马克思主义哲学教科书所采用。

践检验为根基。①

当然从哲学学术本身来看，这场讨论中的不少问题还是浅尝辄止，未及深究。比如对在检验真理的过程中逻辑证明在多大程度上可以发挥作用这一问题，争论双方都给人一种“没说清楚”的感觉。比如为什么几何学的真理（如“三角形内角和等于180°”）并未付诸实践检验（这种检验的结果常常并不十分准确，而且是个别性的、暂时性而不具有一般性和永恒性），而只是由逻辑证明推出，却仍然被人们奉为公理（每个念过中学的人都不假思索地予以接受）？长期反“经院哲学”“繁琐哲学”而窒息了思维，其影响是深远的，其结果在这场对中华民族至关重要的哲学讨论中充分表现出来——这场讨论所达到的政治成果伟大而辉煌，而作为其理论表现的哲学成果、学术水准却平平淡淡，远远不能与之比肩。同五四新文化运动比，同历史上欧美革命的伴奏——文艺复兴和启蒙运动比，都不能不是一个遗憾，这犹如一个旷代佳人的闪亮登场，缺乏流光溢彩的灯光、气势磅礴的音乐和雍容华贵的晚服。

中华人民共和国成立以来中国哲学界主要致力于马克思主义哲学宣传、普及，而缺乏对马克思主义哲学真正意义上的研究，流于“注经”式的解读、复述、引申，表现出高度意识形态化乃至政治化的倾向。“文化大革命”期间，现代中国思想史上马克思主义哲学研究出现一段罕见的“空白”。直到1978年后才开始了哲学研究的复兴。

十一届三中全会之后，思想理论界开始拨乱反正、正本清源，逐渐摆脱教条主义、形式主义以及“注经”式的研究方式，开始了真正意义上的学术研究，其中最重要的就是中国学者突破苏联教科书哲学模式的框框，对马克思主义哲学体系尝试进行重新建构。马克思崇尚具有严密体系的德国古典哲学，但他对“体系”本身甚至不屑一顾，他没有留下体系化的哲学著作。后来恩格斯对马克思主义的理论（包括哲学）作了初步的系统化整理和总结，主要是苏联政治领袖和理论家们完成了马克思主义哲学的体系化工作。

以《联共（布）党史简明教程》为蓝本的苏联模式的马克思主义理

① 王耀堃：《实践检验与逻辑论证的联系》，《学术月刊》1981年第1期。

论体系，起于20世纪20年代初布哈林的《历史唯物主义理论》，成于30年代末斯大林的《论辩证唯物主义和历史唯物主义》，包括以“辩证唯物主义和历史唯物主义”命名的马克思主义哲学体系，流传甚广，影响深远。中国马克思主义哲学研究者将其称为“苏联哲学模式”或“苏联教科书体系”，该哲学模式体系长期以来一直占据社会主义国家马克思主义哲学研究的正统地位和意识形态的核心地位。该模式在传播和普及马克思主义哲学基础知识、扩大马克思主义的思想和政治影响力方面发挥了不小的作用，以其体系严密、观点“科学”、论述逻辑性强、内容通俗易懂等特点征服人心。但是其教条化、神圣化的倾向也给马克思主义造成过严重影响。

教科书体系取消主体能动性，把人的认识仅仅看做是物质活动及其规律的消极反映，它难以阐述标志哲学革命的马克思主义实践哲学。哲学功能从解释世界变成改造世界，哲学向科学趋近，实践高于理论，所以实践哲学扬弃教科书实体性哲学的定位，实践哲学也扬弃主体性哲学，卢卡奇的《历史与阶级意识》是代表作。[①]

在解构苏联教科书体系的批判活动中，中国的马克思主义哲学研究出现了学派研究的雏形，大体可以分为四个学派：一是“以马解马”，以文本解读方法重在“回到马克思”、寻找“本真的马克思”，破“以苏解马”，并与“以西解马”对话。二是“以西解马”，研究吸收西方马克思主义的成果，重在塑造“当代马克思”“与马克思对话、与马克思同行”，重在反思现代性，以求对“我们的时代”（实是世界性的现代性问题）发出哲学的声音。三是“实践唯物主义”，对马克思哲学提出自己的理解，两次大讨论奠定了其地位，第一次是以实践、主体性范畴改革苏联哲学教科书体系，第二次是确立实践唯物主义在马克思主义哲学中的核心地位，强调人的主体性，强调以实践统合物质客观性原则、人的主体性原则、革命性原则。四是“社会生活批判派”，也可称是“以中解马”，重在建构面向“中国问题”的马克思主义哲学，主要应对“我

---

① 王南湜：《从哲学教科书的三重功能看其内容的变迁》，《中国社会科学报》2009年9月24日。

们的问题”（实是中国现代化过程中的问题），主要运用社会结构理论、即市场经济与社会及公共服务型政府三者互动互制的理论，来解释和改造中国社会生活。①

一、批判苏联哲学教科书教条主义、机械唯物主义、自然本体论的倾向

哲学界敢于向一直被视为“正统”马克思主义哲学的庞大体系质疑，并且将其称为“苏联教科书哲学体系”，是源于发现、并可以说出这个一直不容置疑的庞大体系存在着与马克思“原意”不符之处，它与马克思哲学的“精神实质”更是有高下之分。不过，这又是一个争议极大、很难有定论的问题，因为马克思主义的“原意”“精神实质”本身就是一个理解者众说纷纭的概念。它必须设定所有马克思主义经典作家在任何时间的所思所说完全一致，没有任何差异，还必须否定当代解释学所说的“视界融合”。否则，“原意”或“本真马克思”“回到马克思”之说，很难成为批评“苏联教科书哲学体系”偏离马克思主义真精神的思想武器。中国学者一方面虽然是以“还原马克思”为思想武器来批评苏联教科书，另一方面却是以社会主义运动的全部政治的经济的文化的社会的实际生活和全部实践的历史——包括成就和挫折、经验和教训，即主要还不是以原典理论来检验理论，而是以实践这一最大的权威来检验理论。在实践上，苏联解体了，中国崛起了，这是中国学者最大的优势。

当然中国学者的又一个方面，仍然是运用现代解释学来为与时俱进和创新马克思主义辩护，说“回到马克思”不是要找回一个“本真的马克思”，而是要清除教条、从原点重新出发，创造我们自己的中国特色的社会主义理论。

30 年来，中国学者对苏联马克思主义哲学体系进行了全面的清理和批判，普遍认为苏联哲学教科书存在教条主义和机械决定论倾向。该体

---

① 韩庆祥：《新时期中国马克思主义哲学研究的“四种学派”》，《中国社会科学报》2009 年 10 月 13 日。

系从原则和现有理论出发，把一种理论学说及其对之所作的某种解释和理解绝对化，看作是一种绝对的、永恒的真理，并以之作为判断一切、检验一切的唯一标准，把马克思主义哲学变成了脱离现实生活实践的干巴巴的几条不变的、且不容置疑的、不可超越的理论教条。另一方面则过分强调了马克思主义哲学的意识形态品格，而对其哲学性、科学性即学术性的一面重视不够，[①] 不强调研读马克思主义的原典文本，而是根据当前意识形态需要来解释或反注文本，这就难免产生对马克思主义哲学理解上的片段化、零碎化甚至断章取义的弊病。[②]

该体系的机械决定论倾向表现为把马克思主义哲学一般唯物主义（实即机械唯物主义）化，过分突出一般唯物主义的基本命题"物质第一，意识第二"，或"物质决定意识"，片面强调物质、自然界、社会不依赖于人或"不以人的意志为转移"的一面，对人的目的性、主体创造性在变革自然、推动社会发展中的作用重视不足。囿于辩证唯物主义与历史唯物主义机械二分的困境，在"辩证唯物主义"部分离开实践中的人而抽象讨论物质与意识的关系，抽象地肯定意识对物质的反作用。而在"历史唯物主义"部分具体讨论人的实践活动时，似乎生产发展、社会发展完全是一种与人的主观需要、目的和动机无关的"自然历史过程"，是生产力自我发展的需要，而人的需要、目的、情感、意志等主观的东西遭到贬斥和压抑。[③] 这也是中国哲学界在改革开放后重提主体性问题，学界乃至整个社会形成"主体热"的原因。

苏联马克思主义哲学体系从马克思哲学到达的水平和高度降落，相

---

① 应当说，传统哲学教科书也强调马克思主义哲学的科学性，但这种科学性与正常学术讨论中的科学性不同，它实际上是把马克思主义哲学看成一种"大科学"或"普遍科学"，而这不仅使人看不出教科书中所突出强调的马克思主义哲学的创立结束了哲学作为"科学之科学"的历史，反而强化了马克思主义哲学的这一功能，从而为那些试图以某种形而上学来裁决一切的做法提供了理论依据。因此，这种"科学性"不过是改头换面的意识形态性而已。

② 吴静：《"哲学体系与当代马克思主义哲学"研讨会综述》，方军：《马克思主义哲学研究的新进展》，《哲学动态》2000 年第 4 期。

③ 吴静：《"哲学体系与当代马克思主义哲学"研讨会综述》，方军：《马克思主义哲学研究的新进展》，《哲学动态》2000 年第 4 期。

当程度上还停留在前马克思主义的水平上，基本上属于近代哲学而不是现代哲学。与自然本体论、物质本体论等一般唯物主义哲学一样，属于一种“实体本体论”类型的哲学，具有基础主义、本质主义、思辨形而上学等前现代哲学的明显特征，局限于追问“世界的本原（或本质）是什么”或“我们能够通过什么方式或途径把握世界的本质”这种典型的前现代哲学的问题。其思维方式是认识论的或知识论的以及科学主义的，这与马克思以实践为基础和维度的生存本体论的致思方向大相径庭，后者本质上属于现代哲学，关注的不是像前现代哲学那样建立关于整个世界的严密完整的体系，而是直面人的现实生活和实践，把实践看做是其整个哲学的基本观点。①

俞吾金认为，以斯大林为代表的传统马克思主义哲学体系并没有真正弄清楚马克思哲学与一切旧唯物主义哲学之间所存在的根本差异（尽管它也曾努力地对此加以论证），不是从实践唯物主义角度而是从一般唯物主义的角度去理解并解释马克思对黑格尔辩证法的倒转和改造，把马克思所说的已然在生产劳动中对象化了的“物质的东西”混同于旧唯物主义者常常使用的、脱离人的活动的、抽象的“物质”，以为如此把黑格尔的思维或观念辩证法倒过来变成物质辩证法或自然辩证法以后，就可以实现哲学上的真正变革。② 这种一般唯物主义或抽象唯物主义的主要表现形式之一，就在于对“世界”这一概念的抽象理解，即仅仅从自然科学的宇宙起源论或自然哲学的本原论角度，即从时间在先的意义上关注世界是如何发生的，而不是从逻辑在先的意义上来思考世界的本质是什么。换言之，尽管这种对世界的思考一般都是以“世界的本质”为题，但研究者们真正关心的并不是“世界的本质”，而是“世界如何起源”，这就使哲学问题被实证化了，把一个哲学问题变为一个科学问题，探讨的问题停留在科学的层次而没有达到哲学的抽象。当传统哲学

---

① 吴静：《“哲学体系与当代马克思主义哲学”研讨会综述》，方军：《马克思主义哲学研究的新进展》，《哲学动态》2000 年第 4 期。

② 俞吾金：《实践诠释学——重新解读马克思哲学与一般哲学理论》，云南人民出版社 2001 年版，第 51 页。

起劲地谈论世界的起源、人的诞生、人和世界之间的关系时，他们谈论的实际上只是自然科学意义上的世界，而不是哲学意义上的世界。因为哲学意义上的世界不但无法与人分离，而且它本身就是人的生存活动的展示方式。我们既不能离开人来谈论世界，也不能离开世界来谈论人。而苏联教科书的马克思主义哲学在“辩证唯物主义”部分谈论“世界”，在“历史唯物主义”部分谈论“人”，这就完全把人与世界分离开了，也就是说，他们与真正的世界概念失之交臂了。①

俞吾金批评苏联哲学教科书将马克思主义哲学解读为一般唯物主义，这得到了许多中国学者的赞同。杨耕认为：“马克思哲学在哲学史上划时代的意义就在于它实现了哲学主题的根本转换，即从宇宙本体转向人类世界，关注人的生存状况及其异化的消除，关注无产阶级和人类解放。”② 高清海等人也指出马克思主义哲学不是自然本体论。“我国哲学界对马克思主义哲学的最大的误解就是从马克思哲学思维方式倒退到传统哲学思维方式，把马克思主义哲学看做是描述和表述世界发展一般规律的科学。这种主客二元对立认识方式的倒退，一方面把自然、世界直观地看做亘古不变的存在，看做与人的实践和历史性存在无关的自在存在，并进而追究这种存在的本质和规律，这就使马克思主义哲学倒退到自然本体论的理论形态。另一方面把哲学认识主体从历史的实践的具体立场推向代表人类理性的客观观察者的位置，实际就是神或‘无人身的理性’的观察角度，从而使其哲学理论神圣化、绝对化，转而成为规范和统治人们思想的意识形态或所谓权威话语。这正是马克思批判和力求颠倒的传统哲学观，以这种哲学观理解马克思主义哲学是惊人的历史倒退。”③

对马克思主义哲学的科学性的理解，有严重的片面性，试图把马克

① 俞吾金：《从康德到马克思——千年之交的哲学沉思》，广西师范大学出版社 2004 年版，第 235 – 236 页。

② 杨耕：《为马克思辩护——对马克思哲学的一种新解读》，北京师范大学出版社 2004 年版，第 1 页。

③ 叶汝贤、孙麾主编：《马克思与我们同行》，中国社会科学出版社 2003 年版，第 27 页。

思主义哲学完全实证化、科学化，而忽视其人文关怀品格，即人本主义或人道主义的一面。这种对马克思主义“非人”化的理解不仅在苏联和中国等国的哲学界占据主导地位，甚至如萨特也认为马克思主义哲学存在所谓“人学空场”，要用他的存在主义去“补充”马克思主义。

二、批判苏联教科书体系二元论倾向和哲学实证化倾向

苏联教科书将马克思主义哲学一般唯物主义化（自然本体论化），从而既降低了其实践意义，在体系结构上的表现，则是将马克思的统一理论体系作二元分解，即将辩证唯物主义与历史唯物主义并列，看成是两个并立的部分。理论体系上的二元化导致对问题论述的抽象性，蕴含既不符合逻辑、也不符合历史事实的“推广”说，即认为历史唯物主义是把辩证唯物主义推广到社会历史领域内的结果，等等。如说辩证唯物主义是这样一种思想体系，“它对自然界现象的看法，它研究自然现象的方法，它认识这些现象的方法是辩证的，它对对自然界现象的解释，它对自然界现象的了解，它的理论是唯物主义的”。而“历史唯物主义就是把辩证唯物主义的原理推广去研究社会生活，把辩证唯物主义的原理应用于社会生活现象，应用于研究社会，应用于研究社会历史”①。也就是说，马克思主义哲学的基础是一般唯物主义（即其载体是抽象的物质或自然），而把一般唯物主义与辩证法结合起来形成了辩证唯物主义（以自然界为研究对象），再把辩证唯物主义应用或推广到社会历史领域，就形成了历史唯物主义。②

俞吾金认为，恩格斯对马克思主义哲学的理解（以及直接来源于恩格斯的苏联马克思主义哲学），即通过对哲学基本问题的经典性表述所表达的对一般唯物主义的认同；认为马克思对黑格尔辩证法的改造是用唯物辩证法取代了后者的唯心辩证法；主张旧哲学终结后只剩下了一个“纯粹思想的领域”即关于思维过程本身的学说（逻辑和辩证法）；等

---

① 《斯大林选集》下卷，人民出版社 1979 年版，第 424 页。

② 俞吾金：《实践诠释学——重新解读马克思哲学与一般哲学理论》，云南人民出版社 2001 年版，第 47 页。

等。这些理解导致了两个“决定性的结果”。

其一，马克思哲学的关注点落在“关于思维的纯粹理论”即思维的辩证法上，因而后人在探讨马克思哲学时，始终把逻辑、辩证法、认识论三者之间的关系视为最核心的问题。这就是为什么社会主义时期的苏联、东欧国家以及改革开放前的中国很少讨论人、人道主义、异化、价值这类问题的原因。

其二，马克思历史观的重要性被降低了，它的内涵被窄化了。本来，马克思的历史观所蕴含的历史性具有非常丰富的内容，不光是探究整个社会历史领域的基础（“唯物史观”），也是理解全部自然发展史和思维发展史的基础（“历史的唯物主义”）。在马克思的哲学视野里，并不存在着自然、社会历史和思维这三个平列的研究对象，马克思只承认一个研究对象，即历史。正是在这个意义上，马克思写道：“我们仅仅知道一门唯一的科学，即历史科学。”[①] 但恩格斯按照传统的习惯把哲学的研究对象理解为自然、社会历史和思维三大领域，这样一来，马克思的历史观仅仅被理解为适用于社会历史领域的学说，其内涵必然被窄化。另一方面，马克思的历史观被实证科学化了。既然它不过是把一般唯物主义的立场和经过改造的辩证方法综合起来运用到社会历史领域的产物，那么构成马克思哲学的基础和核心的只能是一般唯物主义和辩证法的综合物，即唯物主义辩证法，而不可能是马克思的历史观。易言之，马克思的历史观被边缘化了，或者说被实证化了，至少也是被半实证化了。它似乎成了一种整理社会历史资料的具体的指导原则，而不是马克思全部哲学理论的基础、核心和出发点。[②]

从此，“辩证唯物主义和历史唯物主义”就成了传统马克思主义哲学教科书的基本框架，尽管这一教科书体系在马克思主义哲学的传播上起过重要的作用，但随着实际生活的发展和大量马克思手稿的出版，其弱点也日益严重地暴露出来：其一，它认为辩证唯物主义部分讨论存在

---

① 《马克思恩格斯全集》第3卷，人民出版社1960年版，第20页。

② 俞吾金：《实践诠释学——重新解读马克思哲学与一般哲学理论》，云南人民出版社2001年版，第55－57页。

（自然界或物质世界），历史唯物主义部分讨论社会存在决定社会意识，从而把马克思哲学二元化了。其实，对于马克思哲学而言，不以社会存在为媒介的存在（如单纯的自然界）和没有社会化的意识即关于单纯自然的认识，都是不可想象的。在马克思那里，存在体现为自然存在和社会存在的辩证的统一，并且，社会存在的逻辑和重要性上优先于自然存在（当然，作为一个唯物主义者和理智健全的人，与绝大多数人一样，马克思并不否认自然存在在时间上先于社会存在），因为在马克思看来，唯有从社会存在出发，自然存在才是可以认识和理解的。同样，作为认识者的人永远处于某种社会关系之中，因此，人的意识本质上只能是社会意识，决不能离开社会单纯地从自然的角度去解决意识问题。一句话，马克思哲学是以社会存在为基础的一元论哲学，它不应该被二元化。

其二，与上述第一个局限性密切相关，传统马克思主义哲学体系把自然观（物质观）、认识论、方法论和范畴论的研究抽象化了。因为这些问题都是被放在辩证唯物主义部分讨论的，而人、社会存在这样的问题又是放在历史唯物主义部分讨论的，也就是说，人们是在与人、社会相分离的情况下来讨论自然观（物质观）、认识论、方法论和范畴论的。显而易见，以这样的方式讨论这些问题，只能导致抽象的（即非社会的、非历史的）结果。

其三，尽管苏联教科书强调马克思主义哲学与旧唯物主义的“根本区别”，但是苏联教科书在“辩证唯物主义”部分一开头就脱离人的实践活动来谈论世界的物质性，这就与一般唯物主义之间没有差异，把历史唯物主义一般唯物主义化了。而马克思认为一般唯物主义（即旧唯物主义）是以直观的形式去理解现实、事物、感性的，而历史唯物主义则是从社会实践出发去理解这一切。正是这一点构成两者之间的根本差异。

其四，它所蕴含的“推广论”（即认为历史唯物主义是辩证唯物主义在社会历史领域中的推广和应用）难以自圆其说。“推广论”要成立须有两个前提：一是必须假定马克思先研究自然，创立辩证唯物主义，然后再研究社会，创立历史唯物主义。但这一假定与马克思哲学创立的实际情况不符。从一开始，马克思哲学的重心就始终落在社会历史领域内，即使在其早期研究古希腊自然哲学的时候也不例外。二是必须假定只要把一般唯物主义与辩证法相结合去研究社会历史，就一定能得出历史唯物主义的结论。这一假定同样站不住脚。因为，像苏联教科书所做的那样，把脱离人和社会的抽象的自然界或物质世界而不是具体的、活生生的劳动作为辩证法的承担者或载体，即从对抽象的、与人相分离的自然界或物质世界的认识出发，不可能推出历史唯物主义那种对具体的、以人的有目的的活动为基础的社会历史的认识。[①]

三、批判苏联教科书对实践在马克思哲学中本体地位的忽视

中国哲学界深受苏联马克思主义哲学体系的影响，也主要是从认识论的角度去理解实践，从而严重地误解了马克思的实践观，这种误解导致马克思哲学的人文关怀的维度和意蕴被极大地遮蔽。在这一认识论的解释框架中，实践仅仅被认为是马克思主义认识论的首要的、基本的观点。如艾思奇主编的《辩证唯物主义历史唯物主义》就这样写道："马克思主义哲学最显著的特点之一，就是它的实践性。认识是从实践中产生，随着实践的发展而发展的，它又转过来为实践服务，并在实践中得到检验和证明。人的认识一点也离不开实践，一切否认实践的重要性、企图使认识离开实践的观点，都是错误的。把实践作为认识的基础，强调认识对于实践的依赖关系，这是辩证唯物主义认识论同以前的一切认识论相区别的一个根本标志。马克思主义哲学第一次把实践引到认识论中来，从而科学地解决了认识论的一系列问题，克服了旧形而上学认识论的缺陷，彻底驳倒了唯心主义的认识论。"[②] 而如果仅仅把马克思的实践概念理解为"认识论解释框架内的实践概念"，马克思哲学中的人文关怀的维度不但不会敞开，反而会被遮蔽起来。

其原因在于：第一，当马克思的实践概念被"囚禁"在认识论的牢笼中时，在本体论上就会出现空场，而这个空场通常是由抽象物质的本

---

① 俞吾金：《实践诠释学——重新解读马克思哲学与一般哲学理论》，云南人民出版社2001年版，第58－61页。

② 艾思奇主编：《辩证唯物主义历史唯物主义》，人民出版社1978年版，第159页。

体论来填补的。既然抽象物质是与人的活动相分离的物质，那么，以这样的抽象物质为出发点的哲学，自然不可能重视具体的人，不可能向人文关怀的观念敞开。就像马克思在批评崇拜抽象实体的机械运动的唯物主义者霍布斯时所说的那样，“唯物主义变得敌视人了”①。

第二，传统哲学体系不但把马克思的实践概念“囚禁”在认识论的牢笼内，而且进一步把认识论圈定在“辩证唯物主义”的范围内。由于认为历史唯物主义研究人和社会，而辩证唯物主义则研究与人和社会相分离的自然界，既然如此，隶属于辩证唯物主义的认识论就会把人的问题（包括人与自然的关系、人与人的关系）作为物的问题来看待，这就关闭了人文关怀的维度。

第三，由于认识论是研究认识的起源和本质的，所以实践概念的内涵也势必被这一研究范围所窄化，人们无法通过这个概念把人文关怀的全部内容都安顿到认识论中来。对此人们也曾经做过尝试，如企图把人文关怀中的核心概念——自由引入认识论中，但今天看来显然不成功。“自由并不在于想象中的脱离自然规律，而在于认识这些规律，并能够把它们用到实践活动中去……因此，只有在认识必然性的基础上才能有自由的活动。自由是被认识了的必然性。”② 这段对自由的表述长期被奉为权威经典，但实际是一种前康德的哲学观点。因为康德早就告诉我们，思辨理性和认识论关系到自然规律，而实践理性和本体论才与自由有关。自由还关系到社会规范及人与人、人与自我之间的关系，而不仅仅只涉及人与自然之间的关系。如果认为认识了自然规律就进入了自由，那么科学家和工程师就是世界上最自由的人了。③

马克思的共产主义与人道主义之间的联系，有他几段著名的论述为证：“这种共产主义，作为完成了的自然主义，等于人道主义，作为完成了人道主义，等于自然主义，它是人和自然界之间、人和人之间的矛盾

① 《马克思恩格斯全集》第2卷，人民出版社1957年版，第164页。

② 罗森塔尔、尤金编：《简明哲学词典》，生活·读书·新知三联书店1973年版，第171－172页。

③ 俞吾金：《从康德到马克思——千年之交的哲学沉思》，广西师范大学出版社2004年版，第277－279页。

的真正解决，是存在和本质、对象化和自我确证、自由和必然、个体和类之间斗争的真正解决。”“无神论是以扬弃宗教作为自己的中介的人道主义，共产主义则是以扬弃私有财产作为自己的中介的人道主义。”① 但长期以来夸大了马克思主义哲学与西方人文主义传统之间的对立，把马克思的唯物主义变形为马克思本人所批判过的霍布斯式的、“敌视人”的唯物主义。这种误解对马克思主义的发展来说是灾难性的。②

第三节 新时期马克思主义哲学中国化新体系的重构

在批评和解构传统体系的同时，对马克思主义哲学的新体系、新形态的探索也就随之而全面展开，也有一些学者对这种构建新体系的努力持有异议（以南京大学孙伯鍨教授为首的“南大学派”最有代表性），他们认为马克思主义哲学本来就不属于一种具有体系形态的哲学，马克思所实现的哲学变革的实质，恰恰就是以科学的革命的方法论冲破了体系哲学的牢笼，因此再去建构马克思主义哲学的体系本身就有违马克思主义的本质，应通过重新回到马克思的文本，揭示马克思主义哲学的精神实质。目前这两条道路似乎在并行不悖地向前发展着。③ 理论重构总是趋向体系化，而体系化并不必然歪曲原有理论的精神。中国学者所建构的马克思主义哲学体系各有不同，名目繁多，先后出现过“实践唯物主义”“历史唯物主义”“新唯物主义”“现代唯物主义”“科学唯物主义”“系统唯物主义”“中国化的辩证唯物主义”“客体唯物主义与主体唯物主义”“辩证的历史的实践的人道的唯物主义”等。其中影响最大、较为完善的要属下面两种。④

---

① 《马克思恩格斯全集》，第 42 卷，人民出版社 1979 年版，第 120、174 页。

② 俞吾金：《从康德到马克思——千年之交的哲学沉思》，广西师范大学出版社 2004 年版，第 327 页。

③ 徐素华：《马克思主义哲学在中国——传播、应用、形态、前景》，北京出版社 2002 年版，第 266、269 页。

④ 其中部分内容参考了徐素华：《马克思主义哲学在中国——传播、应用、形态、前景》中的相关论述。

一、主体—客体解释框架

20 世纪 80 年代初，高清海等人提出了中国哲学界第一个关于马克思主义哲学新体系的初步设想——《马克思主义哲学大纲》。该体系不再沿袭把马克思主义哲学分为辩证唯物主义和历史唯物主义两大基本部分的传统做法，而是以意识与存在的关系为新体系的主线，以唯物史观和实践观点为解决哲学基本问题的基础，通过揭示主体与客体的辩证关系来回答全部哲学问题，从而使辩证唯物主义与历史唯物主义真正地融为一体。到 80 年代后期，他们在这份大纲的基础上，撰写了 70 多万字的《马克思主义哲学基础》，将一个新的马克思主义哲学体系呈现在人们面前。相比于苏联哲学教科书及其中国版哲学书籍，该书无论是在体系结构上和内容上都有所突破：在体系结构上，完全放弃了以往的“两个主义”（辩证唯物主义和历史唯物主义）和“四大块”（唯物论、辩证法、认识论和历史唯物论）的结构主线，根据世界观、认识论、方法论三者统一的原则，构建了以主体—客体关系为轴线的马克思主义哲学新体系；在内容上，改变了颇为遭人非议的“原理加例子”传统叙述方法，注重概念的解析和逻辑的推理，同时引进了一些新范畴、新概念，增加了对马克思主义哲学的新理解、新说明。

全书包括绪论和四篇内容，绪论主要考察哲学研究对象的演变历史，说明马克思主义哲学在研究对象上与传统哲学不同，是世界观、认识论和方法论的高度统一。第一篇把意识与存在（而不是以往的“物质”）作为认识的基本矛盾，由此出发论述人类认识从客体入手，回复到主体，最后达到主客体的统一的过程。第二篇探讨客体即世界的统一性和多样性。第三篇探讨主体即人的规定性及其能力的根据和发展。第四篇探讨主体与客体的统一，即在实践基础上真善美的统一及自由的实现。

该书的出版标志着中国马克思主义哲学研究的重要突破：它否定了苏联教科书体系主要从本体论（不是今天许多人所说的马克思那种“生存本体论”或“实践本体论”，而是旧的、静态的本体论，如物质本体论）理解哲学的思维定势，突出了人的主体性①，实现了马克思主义哲学研究由关注世界（自然）本身到重视人、人与自然的关系的重要转向，可谓意义重大。

但从90年代以来开始逐渐占据主流地位的认识来看，该体系最大的问题在于，它虽然也认为马克思主义哲学是世界观、认识论和方法论的统一，但对这种统一的认识却是从认识论着眼的，这从正文的三篇内容可以看得很清楚。也就是说，该体系完全把马克思主义哲学认识论化了，本体论的维度被作为旧哲学的遗迹而彻底抛弃了。对马克思主义哲学的这种处理方式，"实践唯物主义"者是难以认同的。

二、实践唯物主义解释框架

"实践唯物主义"体系的构建，是改革开放以来马克思主义哲学体系创新活动中参与者更多、讨论更为热烈的一项学术活动。许多人认为，要真正把握马克思主义哲学的精神实质，认识到它与一切旧哲学的真正区别，必须回到马克思的文本，尤其是马克思的早期或较早时期的著作，如《1844年经济学哲学手稿》《关于费尔巴哈的提纲》《德意志意识形态》等。这些著作中蕴藏着极为丰富和深刻的"实践唯物主义"思想。俞吾金发现《关于费尔巴哈的提纲》不同于《费尔巴哈论》之处，即在于它是以实践而非以自然界为本体，是以实践为本体论概念而不仅仅是认识论概念。因此只有把马克思的哲学理解和概括为实践唯物主义而不是"辩证唯物主义和历史唯物主义"，我们才能够真正把握马克思所创立的这种全新的哲学的"新意"，我们才会认识到，马克思主义哲学绝不是把他之前已有的唯物主义与辩证法简单地"结合"在一起，② 而是

① 这一马克思主义哲学的新体系与人道主义和异化的争论几乎同时产生，这一点绝非偶然。不过，相比后者更浓烈的政治意味而言，前者基本上是在从事着一种纯理论的工作。

② 在我们看来，哲学上的所谓创新恐怕难有科学上所说的那种"集大成"的情况。牛顿可以"集"开普勒和伽利略的"大成"，从而统一了"天上"与"天下"而成就经典力学。但如果把马克思的哲学创造也说成是集费尔巴哈（唯物主义）和黑格尔（辩证法）的大成，那除了是在机械地模仿科学外，不能说明任何问题。

根本突破了以往的哲学单纯追求世界的终极本质的旧传统（这正是所谓“马克思哲学的后现代意蕴”的提法的理由之一）。“实践唯物主义”的提法才完整体现了马克思的哲学宣言——以往的哲学家只是在解释世界，而问题在于改造世界——之深意。传统哲学体系的最大缺陷在于没弄清马克思哲学革命的真正指向，而只是在认识论意义上来讲实践，没有像实践唯物主义那样把实践提升为“生存本体论”。

在如何以实践唯物主义精神去构建马克思主义哲学体系的问题上，仍存在不少分歧。有的把实践唯物主义理解为一种主体性原则，主张根据主体性原则来构建实践唯物主义体系，确立实践范畴在这个体系中的中心地位。这一思路与前述主体—客体体系并无多大区别。

有的则提出构建实践唯物主义哲学体系的五条基本原则和三个基本设定。五条基本原则是实践性原则、客观性原则、主体性原则、系统性原则、整合性原则。三个基本设定则是：以唯物主义的能动性观点理解和解释实践，这是实践唯物主义理论体系的根本前提；从实践的角度来理解人、人的世界和人与世界的关系及时代的特点，这是实践唯物主义的理论体系的基本内容；以哲学的方式指导人们对现有世界进行理论批判和实践批判。

还有人提出，马克思主义哲学体系的建构原则应该是以实践唯物主义为理论基石，以当前社会实践为现实基础，以人与世界的总体性关系、人对属人世界的自觉把握和能动改造为基本线索和基本内容，将本体论（包括历史观）和认识论（包括实践论和方法论）统一起来，在历史与逻辑、理论与现实的统一中探索马克思主义哲学的体系。

在实践唯物主义体系中，除了上面所说的分歧外，还有一个分歧也值得关注，那就是关于能否把实践唯物主义理解为一种“实践本体论”的争论。在马克思主义哲学史上，是西方马克思主义的葛兰西最先反对以近代哲学来理解马克思，强调马克思对费尔巴哈和黑格尔唯物和唯心两方面的超越。

高海清等人从现代哲学反传统本体论角度理解马克思主义，马克思主义是现代哲学思维方式，以实践消解物质本体论。马克思主义哲学是对传统哲学的根本性超越和否定，而所谓传统哲学主要就是形而上学

（本体论），否定传统哲学，就是否定形而上学（本体论）。马克思主义哲学身上所表现出来的那种明确的反形而上学的气质和品格，决定了它不可能在推翻了旧的形而上学之后，又创立自己的形而上学。它所要颠覆不仅是这种或那种具体的形而上学，而是形而上学本身。① 因此，决不能将实践唯物主义看作是一种本体论哲学（哪怕是新的本体论），不能说什么马克思主义哲学的创立标志着一种新型本体论的建立。因为实践唯物主义虽然极为重视实践，但并不是把实践作为所谓的“本体”（即从本质主义的立场出发，把实践看作世界的本原），而是作为中介，是不断把先于人类存在的自然变化作为人化自然的“永动机”。

而刘纲纪等人认为马克思没有抛弃本体论，但不是近代自然本体论，而是建立起实践唯物主义，这仍然是一种本体论（当然是一种新的本体论）。马克思虽然批判否定旧的形而上学，但没有足够证据表明马克思反对形而上学本身。马克思不过是用一种新型本体论去取代糟糕的旧本体论，从而实现本体论上的革命。马克思主义哲学所宣称的哲学革命，是推翻旧本体论的革命而非是推翻本体论的革命。“实践本体论”者认为人类的存在，既不是精神本体论所主张的纯粹精神性的存在，也不是旧唯物本体论所主张的单纯物质性存在（自然存在），而是一种实践性存在，即以实践活动为存在方式的一种存在。人类通过实践来理解和把握世界的，人在世界的“在”既不仅仅是一种物质的“在”，也不仅仅是一种精神的“在”，而是一种物质与精神、存在与意识相统一的即“实践”的“在”。因此，从本体论的角度看，人类历史的本原、始基、第一性的东西就是、也只能是实践，特别是物质生产活动。没有实践，所谓物质、精神以及双方的“对立”等都将成为不可能的或虚无缥缈的东

① 张一兵等人指出：“本体论在传统的形而上学中是一种思维方式，它是一种寻求存在根基的努力。但是，无论是把物质还是把意识作为存在之本体，传统形而上学的本体论都是一种实体性的思维方式。这种思维方式被马克思主义的‘实践’哲学抛弃了，‘人是社会关系的总和’这一指示性论断表明，在社会历史研究中，能够承担某种话语本体基础的东西不是绝对的不变的物质性‘质’点，而是功能性关系，这也在根本上肯定了社会历史的永恒的变动性质。”（张一兵、胡大平：《西方马克思主义哲学的历史逻辑》，南京大学出版社2003年版，第51页。）

西。这种实践本体论比物质本体论（过去连马克思主义哲学也被认为是一种物质本体论）更真实、更高级，也更符合马克思主义所实现的哲学革命的初衷和实质：以动态的、发展的、革命的本体论颠覆和取代以往那种抽象的、静态的、僵化的本体论（包括唯心主义和旧唯物主义）。唯心主义是“我思故我在”，旧唯物主义是“我在（身体的‘在’）故我思”，实践唯物主义是“我实践故我在我思”。

两种对实践唯物主义的理解其实并无根本性的区别，争论源于对“本体”和“本体论”这样的概念的理解不同。当然，这里也有对于马克思主义哲学对旧哲学所实现的哲学变革的本质和力度的估量不同，否定实践唯物主义是一种本体论的人显然要比肯定这一观点的人更看重马克思主义哲学革命性变革的一面，否定本体论是对唯物唯心两种本体论的超越。

三、从自然辩证法向科学技术哲学范式的转换

前30年的自然辩证法研究的特点是：一注，即是对经典的学习讨论解释和心得；二批，即是对“唯心主义”“资产阶级”哲学和科学的批判；三演绎，即是从语录出发找实例印证观点的研究方法；四封闭，除苏联以外，对西方科学哲学几无了解。新时期以来打开国门，翻译出版了大量西方学术名著，自然辩证法研究扩展到科学哲学的各方面，如对自然科学哲学问题的研究；对信息论、控制论、系统论、耗散结构、突变论、混沌论、生态学的哲学研究；对科学家的哲学思想和哲学家的科学思想的研究；对科学史和科学思想史的哲学研究；从科学和科学哲学角度对传统哲学问题如时空、物质、实在、感觉、知觉、记忆等进行研究。80年代发生自然辩证法向科学技术哲学研究范式的转换，从意识形态向学术研究、从经典条文向实证理论研究转换。这种转换也得到程序权威的认可，1987年学科目录已经将自然辩证法调整为科学技术哲学，1990年国务院学位委员会正式发文，将“自然辩证法学科”易名为“科学技术哲学（自然辩证法）”。[①]

---

① 李醒民：《从自然辩证法向科学技术哲学范式转换》，《中国社会科学报》2009年10月13日。

除了上面所说的中国学者在马克思主义哲学新体系的建构方面所做的积极探索外，中国学者在诸多具体哲学问题（如主客体问题、实践概念和实践唯物主义中的诸多问题、价值和价值观问题等）上得出了许多前所未有的新认识和新观点，并极大拓展了马克思主义哲学的研究领域（如马克思主义哲学史、马克思主义人学等），把马克思主义哲学的研究推进到了一个相当的高度，一个能够与世界各国马克思主义研究者们对话和交流的高度。

第四节　中国传统哲学的现代化——建立中华民族自己的哲学

哲学界提出不仅要重构马克思主义哲学的中国化，还要实现中国传统哲学的现代化。不仅要中国“化”马克思主义哲学，还要中国“化”西方哲学，现代“化”中国传统哲学，实现中、马、西会通，最后建立反映现代精神的而又本土化的中华民族自己的哲学。

一、马克思主义哲学与中国文化的关系：客观的文本与主体的解读①

马克思主义哲学是在世界历史背景中产生的“世界哲学”，它产生的历史文化基础十分广泛和丰富，除了众所周知的法国启蒙哲学、德国古典哲学等西方文化的优秀成分以外，也应包括中国传统哲学（尤其是朴素的辩证唯物主义思想）。因为中国哲学尤其是辩证法思想传到西方并对伏尔泰、黑格尔等哲学家产生过影响，这是对马克思的间接影响。马克思本人在19世纪50年代曾经专门研究过中国历史，并写下了一系列有关中国的文章，并在这个过程中直接地感受过中国文化和哲学。马克思主义哲学与儒学这一中国文化的代表的相通性，中国传统哲学中有悠久的朴素唯物主义和朴素辩证法传统，成为中国人接受马克思主义及其

---

① 其中部分内容参考了徐素华：《马克思主义哲学在中国——传播、应用、形态、前景》中的相关论述。

哲学的思想桥梁。具体说：一是宇宙观上的一致性，即都是既唯物又辩证的。二是致思趋向具有一致性，即认知路线的一致性。双方都承认实践是认识的来源、途径和目的，是检验真理的标准。三是对人的本质的看法一致。马克思主义认为人是社会关系的总和，强调人的社会属性。儒学伦理至上的思维取向也恰恰是对人的社会属性的高度重视。而后者强调群体人格和人的整体性，亦与前者对阶级、集体和国家的利益的强调相一致。四是历史观具有一致性。儒学重视从现实的物质生活中寻找历史发展的动因，强调国家的根本在于人民，认为历史的发展在于“势”而不在“圣人之意”，这些都与马克思主义的历史唯物主义相通。五是社会学说的一致性。儒学向往没有私有制、没有剥削和压迫、人人平等、天下太平、家庭和睦、人人幸福快乐的“大同世界”，这与马克思主义所追求的共产主义理想虽在理论基础、现实依据和实现途径等方面具有很大的不同，但双方的一致性仍不容忽视。①

中国文化不仅与马克思主义哲学有相通契合的一面，中国文化还可以补充马克思主义：一是将中国传统哲学的内敛型、修养型实践与马克思主义的外张型、物质改造型实践相结合，创造出一种内外相通、精神实践与物质实践兼备的更加全面的实践。二是将中国传统哲学中的规范型人学价值与马克思主义哲学中的升华型人学价值整合，创造出新型的人格理想。三是将中国哲学中的和谐社会文化理想与马克思主义哲学中自由型社会文化理想结合，创造出新型的社会文化理想。②

马克思主义哲学的中国化，也可以看做是“一个具有解释学意蕴的文化历史现象”。这一现象在解释学的观照之下，就从一个必须的政治原则——必须为自己的合法性作辩护，转变为一个必然的文化规律——一个化多化少、化优化劣的问题，而不再是可不可化、能不能化的问题。当代解释学最重要的成果之一，是为长期以来被视作理解障碍的“成

① 参见张允熠：《中国文化与马克思》，山西教育出版社 1999 年版，第 104－110 页。

② 孙美堂：《马克思主义哲学中国化的价值路径初探》，《马克思主义研究》2007 年第 4 期。

见”（“偏见”）正了名。“成见”或称前见，对于理解极为重要。“成见”构成了理解的“前结构”，是我们进行理解和解释的先决条件。“成见”即是历史和传统，它们作为客观的存在构成了我们存在的情境和基础，理解只有通过“成见”才能产生。马克思主义文本产生之后，就被纳入了理解和实践的历史进程，而一旦这种文本进入中国的特殊语境中，“中国化”的诠释过程就已经不以人的意志为转移地开始了。具体说来，这种中国化的过程就是中国人在自己的文化历史传统、当前社会实践等构成的中国实际这样一个“成见”“界域”“基体”上理解、选择和运用马克思主义，对马克思主义进行文化的诠释和实践的诠释。因此，“中国化”是一个客观的、必然的历史过程和现象，它“不在于你愿意不愿意，应该不应该，只要是在中国选择和接受马克思主义，理解和运用马克思主义，其背景条件、文化传统、语言特点、实践基础、成果形态等都不可避免地打上‘中国化’的烙印”①。因而“试图保持一种‘原汁原味’的‘非中国化’的马克思主义，既无可能，也无意义”②。对马克思主义中国化命题的这种解释学的诠释，使其合法性得到理论上的不容置疑的辩护。

当代解释学恢复“成见”在理解过程中地位，但也反对“过度诠释”而走向相对主义和主观随意性。马克思主义中国化也并不意味着人们可以对马克思主义的文本按照所谓“中国实际”而随心所欲地进行解释，否则本来是充满反教条主义精神的马克思主义中国化就有可能变成主观主义和实用主义。③

对马克思主义哲学中国化历史阶段的划分，以前大都沿用政治历史阶段划分的方法，对哲学发展每一阶段特征的概括也是政治性的。而以理性精神为线索研究“马克思主义哲学中国化的不同理论样态”，符合

---

① 林默彪：《马克思主义中国化释义——一种解释学的视界》，《东南学术》2003 年第 1 期。

② 林默彪：《马克思主义中国化释义——一种解释学的视界》，《东南学术》2003 年第 1 期。

③ 林默彪：《马克思主义中国化释义——一种解释学的视界》，《东南学术》2003 年第 1 期。

中国近代文明发展特征——即理性精神的不断觉醒。伴随着中国人理性精神的嬗变，导致了不同时期马克思主义哲学中国化的不同理论样态："信仰理性"时期的马克思主义哲学中国化，"认知理性"时期的马克思主义哲学中国化，"反思理性"时期的马克思主义哲学中国化。

在"信仰理性"时期即20世纪初期的马克思主义，是作为一种政治信仰和救国的"济世良方"被引入中国，中国人是以一种早已蛰伏在思维方式深处的"信仰理性"的态度接受和选择马克思主义的（当时李大钊就称马克思主义是组织群众运动的"宗教的权威"，陈独秀也类似地把马克思主义看成是新道德的化身和凝聚人心、统一行动的伦理规范）。尽管此时也称马克思主义为科学，但这不是指具体科学，而是指一种"科学"的意识形态或信仰。这种信仰的态度，可以迅速确定马克思主义在中国的合法性，坚定用马克思主义解决中国问题的信心，但也有代价：导致马克思主义的教条化和神圣化，使马克思主义哲学的研究走上一条颂经、解经、注经的路子。

至新时期中国人的理性精神和主体意识开始复苏，"认知理性"逐渐取代了"信仰理性"，马克思主义哲学的中国化进入了一个新阶段。人们更多从科学的角度去对待和研究马克思主义哲学，从而取得了远比前一阶段更为丰富的理论成果，最终形成了马克思主义哲学中国化的新的理论范式——"实践唯物主义"。它决不是简单的对马克思主义哲学的"称谓"问题，而是中国学界在认知理性的引导下重新解读和理解马克思主义哲学而对其理论实质和特征的基本定位，是当代马克思主义哲学中国化的最为重要的理论成果。

20世纪90年代后，马克思主义哲学中国化的研究进入了一个更为深入的阶段：以个性化研究为特征的、以当代中国哲学新形态的建构为取向的理论发展的阶段，这可以称为"反思理性（理性自身的自我意识、自我反省、自我批判）"时期的马克思主义哲学中国化阶段。这一时期不仅从马克思主义哲学研究本身，而且从哲学本性、马克思主义与其他哲学的关系、中国马克思主义哲学与他国马克思主义哲学的关系以及马克思主义哲学与现代性的关系出发，重新审视马克思主义哲学中国化的问题，并在此基础上重构马克思主义哲学以及马克思主义化的哲学。

在这种得到拓展的哲学时空中，并非只有那种提出普遍规律和超越时空的先验逻辑范畴并形成完整封闭的体系的命题系统才能称为哲学，这种以表现普遍规律为己任的体系哲学是传统哲学的理论遗产，与当今时代的精神及人们对哲学的当代理解有诸多不和，应予以创造性的转换和改造，更多地和主要地把哲学看成是对待人、人的生活和人所生活的世界的一种自觉意识、观点和态度。这不仅是时代精神的当然要求，同时也是马克思主义在哲学史上所实现的哲学革命的必然指向，因为后者在哲学史的意义就在于终结了以本体论思维方式为主要特征的传统哲学，从而不仅改变了“思”的视域，也导致了哲学由“思”到“行”（实践）的根本性转向，这一转向改变了西方哲学史上延续了几千年的、根深蒂固的把理论神圣化、绝对化和封闭化的“逻各斯中心主义”传统，把哲学重新拉回和还原到生活和实践之中，真正解决了哲学的合法性和意义问题。①

上述对马克思主义哲学中国化的概括颇有新意，“信仰”与“认知”的确构成一对矛盾，而“反思”与“认知”这一对矛盾，则需要对“反思”作特别界定。而将第一个阶段称为“信仰理性”也易起争议，因为“信仰”与“理性”难以兼容。

二、“化”中国传统哲学的反思：认知层面、政治层面、体悟层面

中西哲学差异。中国文化没有追问“哲学是什么”，但思索过哲学的根本问题。哲学是对人生存根本问题的理论把握，它以完全不同于西方的话语方式述说着人类生存问题，是华夏民族对终极存在和终极意义的追寻。中国哲学的发展没有经历西方发生的学科分化，是“文史哲不分家”，这是中国哲学的局限又是它的长处。“文史哲不分家”意味着中国人对世界、人生的把握，是人的诸种能力（情性审美、德性审善、知性求真、灵性求道）的综合性把握，是一种整体把握的思维方式，这是

① 参见张旭：《理性的嬗变与马克思主义哲学中国化》，《马克思主义与现实》2007 年第 5 期。

中国人理解生活世界、构造生活世界的一般方式。中国人、西方人生存本源问题都是一样的，这就是哲学所要探讨的“本体论”问题，对于本体问题的不同诠释源于不同的民族生存方式、而构成不同的民族文化。西方知识论（从本体论到认识论）哲学与中国古老生存论哲学是不同的，西方哲学的学术范式不能把握中国哲学的“体悟”境界。依照西方哲学的“问题域”、理论范式、概念框架来叙述“中国哲学”，难以表达中国哲学的主体性、特殊性、个体性。[①] 西人的学科分立虽是一种文化进步，但不是把握世界存在和人的生存方式的恰当形式，可能差之愈远。但是，引入西方哲学学术范式能促使中国哲学从不自觉走向自觉，西方学术范式构成了我们检选、理解中国哲学的新视域。[②] 要同西方哲学对话，就要建构规范概念统一的学术范式，以相同的学术规范才能沟通不同的学术见解。冯友兰编写《中国哲学史》就是做这种努力，他说：“就中国历史上各种学问中，将其可以西洋所谓哲学名之者，选出而叙述之。”[③]

体悟层面的“化”。用西方哲学或马克思主义哲学“化”中国传统哲学，要先作认知层面（认识论）和体悟层面（价值论）的区分，只有在中国哲学的知识论层面用西方哲学学术范式去检视，其合法性才可以成立，才可以承认中国哲学文化在认知层面上的落后性。但中国哲学文化在体悟层面上的独特性，却不可用先进落后来分，在哲学的生存论和体悟层面，各民族哲学则既有能相互通融的普遍性的一面，也有特殊性的一面。特殊性的一面即是民族性，因为任何哲学都产生于民族的生活实践，都出于一个民族对自身生存方式的认知、体验，在观念形态、话语方式上、所关注的生存问题上都具有民族性特征，中国哲学文化的特殊性即其民族精神的一面是不可能西化的。各民族哲学的普遍性的一面即是世界性，这是指哲学思维都在最高抽象层次上回答人类生存发展的

① 赵景来：《中国哲学的合法性问题研究述要》，《中国社会科学》2003 年第 6 期。

② 许全兴：《全面准确地理解马克思主义中国化的内涵》，《毛泽东邓小平理论研究》2006 年第 4 期。

③ 冯友兰：《中国哲学史》上册，华东师范大学出版社 2000 年版，第 3 页。

最一般的问题，这就要超出对一个民族生活实践的理解，而上升为关乎人类整体的一般观念。哲学的这种世界性正是不同民族哲学得以对话、融合的基点。[①] 马克思主义哲学“化”中国哲学，正是在这两种哲学普遍性的一面上发生交融。

政治层面的“化”所存在的问题。马克思哲学最初是《关于费尔巴哈的提纲》所概括的“实践唯物主义”。后经恩格斯《反杜林论》解释，再到列宁《唯物主义与经验批判主义》的理解，再到《联共（布）党史》第四章第二节“辩证唯物主义和历史唯物主义”，发展为突出对立统一的斗争性和阶级矛盾的斗争性的政治哲学。[②] 恩格斯说“科学越是毫无顾忌和大公无私，它就越符合工人的利益和愿望。”[③] 他是说科学这一无阶级性的工具虽可为不同阶级服务，但更能服务于工人利益，因为工人利益的公共性与科学的客观性比较一致。但是，不能反过来，将阶级利益说成就是科学性和客观真理，并进一步绝对化为“阶级的政治需要与科学的真理始终统一”，以“为政治服务”来检验哲学、科学、及一切人文学术研究的价值和真理性。这就导致马克思主义“化”中国哲学一度产生简单化贴标签的倾向，用唯物论和唯心论、辩证法和形而上学的“对子结构”来贯穿中国哲学史，用“本体论”（自然观）、“认识论”和“社会历史观”几个袋来“打包”中国哲学的丰富内容。[④] 一部中国哲学史“政治化”为“进步阶级与反动阶级、科学与迷信的斗争史”，这不是马克思主义之“化”，而是极左虚无主义之“化”。而极为反讽的一个现象是，随着中国哲学被简单贴阶级标签以代替研究，马克思主义哲学本身的深度研究也几乎失去相对独立性，只局限于注经式的解说，陷入为极“左”思潮所困的境地。而在中国历史上，政统与道统

---

① 许全兴：《全面准确地理解马克思主义中国化的内涵》，《毛泽东邓小平理论研究》2006 年第 4 期。

② 吴元梁：《关于我国马克思主义哲学研究状况及若干理论问题的分析》，《东岳论丛》2004 年第 5 期。

③ 《马克思恩格斯选集》第 4 卷，人民出版社 1995 年版，第 258 页。

④ 许全兴：《全面准确地理解马克思主义中国化的内涵》，《毛泽东邓小平理论研究》2006 年第 4 期。

是有适度分离的，儒者的教化活动一定程度上独立于王朝政治，这才可能形成相继多次的研究高峰，出现汉学、宋学、阳明学、考据学的鼎盛局面。

虽然有以上失误，但在政治哲学和认知科学的层面来“化”中国哲学学术，仍然可推动中国哲学的现代转型。不过，不能因中国传统哲学的体悟层面难以被“化”，就视为旧物而扬弃之，因为中国人的精神家园毕竟建立于中华民族优秀文化传统而不是现代化之上。

三、政治实用主义哲学反思：哲学要走向生活而不要替代科学

20 世纪 50 年代至 70 年代末，中国马克思主义哲学研究的问题域极为狭隘：一是论证马克思主义哲学教科书体系中的每一原理的正确性及其形成经过，被讥为“原理加例子式的马克思主义哲学”；二是对毛泽东思想做注经式研究，在抽象概念领域作演绎式研究，远离国内外的近现代思想运动。基本研究方法号为逻辑与历史的统一方法而实是逻辑主义方法，所描述的哲学是单一形态的哲学史，对哲学问题的研究和叙述是线性的。[①] 三是夸大了主观能动性、思想、理论、意识形态的作用。

今天仍有人重提 1958 年的“文化革命”口号：让哲学从哲学家的课堂上和书本里解放出来，成为群众手里的尖锐武器，实现哲学认识世界、改造世界的功能。[②] 哲学是要求社会化的，在革命时期对于革命哲学的要求甚至于是强烈的。但 1958 年的一个误区是政治哲学而不是生活哲学的社会化运动，忽视了生活世界的需要。另一个误区是用哲学替代科学，直接应用于生产，去解决生产中的具体技术问题，例如如何用哲学养猪、搞工业发明，后被叽为“哲学的庸俗化”。

哲学思辨应止于实证科学开始的地方。哲学只能提供世界观和方法

---

① 鉴传今、何萍等：《当代语境中的马克思主义哲学中国化》，《哲学研究》2006 年第 6 期。

② 雍涛：《关于马克思主义哲学中国化的几个问题》，《重庆邮电学院学报》2004 年第 3 期。

论，解释时代精神、人类生存的矛盾与困境。哲学是以理论的方式表征时代的人类自我意识。马克思说西方近代以前的哲学表征了人在“神圣形象”中的自我异化，近代哲学是揭露人在“神圣形象”中的自我异化即实现“上帝的人本化”，而现代哲学是揭露人在“非神圣形象”中的自我异化。人的这几种最基本的存在形态及其自我意识，都是由哲学表征的。①

哲学为现实服务的方式是理论的，而不是科技应用的方式，它需要与现实拉开间距，透视时代精神、规范时代精神、批判时代精神。是一种从问题到问题的不断追问，对假设质疑，向前提挑战，对日常生活、科学概念、生活方式、流行的思维方式、流行的原则规范进行批判，诸如家庭、两性关系、劳动场所、消费方式、社会交往等。人是实践的存在，也就是“化理想为现实”的存在，为自己的存在寻求安身立命意义的存在。哲学提供价值理想和尺度，转识为智，化性为德，促进人格的完善，解决价值困境，关心人的生存状况和精神生态。②

马克思主义哲学中国化是否完成？其实作出一个“化”与“未化”的简单判断，并无多大意义，如何定位“化”的判断标准，才是更重要的。如果从哲学的更为广阔的意义即为民族构建精神家园的视域来看，则马克思主义哲学中国化的实现，还只是在政治意识层面。直到拨乱反正、思想解放的新时期以来，社会科学界才真正活跃起来，先后对真理标准、人道主义、异化、价值哲学、人学、社会发展哲学、本体论、现代性、世界历史理论、中国化马克思主义哲学进行大讨论和深度研究。研究范式从范畴概念到现实问题、研究方法从逻辑主义到历史主义、研究主题从政治批判到文化批判。有人概括马克思主义哲学研究出现三大走向：一是返本开新，“回到马克思”的原初语境，以文本研究超越教条化的教科书体系在“理解的前结构”方面的误导，重现一个马克思或

① 孙正聿：《以哲学的工作方式推进马克思主义哲学研究》，《学术月刊》2007年第5期。

② 陈名财、周茂丽：《新世纪中国哲学走向浅识》，《甘肃理论学刊》2006年第2期。

一个“与我们同行、同时代人的马克思”；二是开放，与现代西方哲学对话，拓展问题意识，开阔学术视野，进入学科前沿和世界背景；三是主体性，发挥马克思哲学的实践和批判精神，进入现实的时代性的研究课题，[①] 直面中国文化现实和现实生活实践。

另一学者也得出大致相同的观察：一是“马克思与我们同行”“回到马克思”口号引领经典文本学研究，打破“原理反注文本”的传统研究方式。回到经典作家的原初文本，吸收国外学者的最新成果，开启了创新研究的活力。近10年时间文本研究取得一批有价值的成果，如张一兵的《回到马克思》（1999年）等。二是引进国外学术资源，与“西方马克思主义”“马克思学”“后马克思主义”“晚期马克思主义”进行学术对话；三是20多年来中国马克思主义哲学研究走出了苏联哲学教科书体系，进行了大胆的理论探索，提出了“实践本体论”的新概括。[②]

四、中国“化”马克思主义哲学的反思：多层面多形态

马克思主义哲学中国化不是中国哲学的马克思主义化，也不是用马克思主义哲学评判中国传统哲学，而是马克思主义哲学被中国文化所吸收。哲学与民族文化传统、语言习惯、思维方式不可分离，不同文化传统在哲学关键概念上难有可通约性，外来概念会发生为我所用的变异。因此“某哲学被某国化了”，其实是被这个民族以自己的方式吸收了。这种吸收是出于这个国家的现实需要，马克思主义切合中国救亡图存的需要，对中国革命的指导现实地存在，以此为基础去构建马克思主义哲学中国化的新形态是完全可能。[③] 而两种哲学文化之间如存有契合点、亲和性，更是利于这种吸收的。马克思主义无神论的信仰体验方式与具有无神论或多神论精神文化传统的中国儒家思想之间，即有这种契合性。

新文化运动是中国传统哲学向现代转型的启动，此后梁漱溟、熊十

---

① 叶汝贤等：《马克思与我们同行》，中国社会科学出版社2003年版。

② 周嘉昕：《“马克思学”与中国化马克思主义哲学新形态建设》，《哲学研究》2007年第8期。

③ 孙伟平、张羽佳等：《当代语境中的马克思主义哲学中国化》，《哲学研究》2006年第6期。

力、冯友兰、金岳霖、贺麟等各自创立了自己的哲学体系，但多只是以西方哲学范畴来梳理中国哲学。中国哲学现代化要实行中外哲学相结合，除了马克思主义哲学外，还有实用主义、新实在论、尼采哲学、柏格森哲学、新康德主义、新黑格尔主义、印度唯识论等等。哲学家们将各自偏爱的中国哲学流派和外国哲学流派相结合，形成诸多哲学体系。但都未能适应中国社会大变革的需要，最终都被中国革命胜利大潮所淘汰。

张岱年早在1935年就在《关于中国本位的文化建设》中主张“兼东西两方之长，发扬中国固有的卓越文化遗产，同时采纳西洋的有价值的精良的贡献，融合为一，而创成一种新的文化”。[①] 这说的只是文化创新的路径，未涉这种“新文化、新哲学”的性质究竟是马克思主义哲学的中国化，还是中国传统哲学的现代化。张申府（崧年）在上世纪20－30年代提出马克思、罗素、孔子三者相结合的主张，但他未能从事这一工作。

张岱年接着提出孔子、罗素、列宁三位一体，将唯物、理想、解析综合于一，即“综合创新”。他致力于马克思主义哲学、中国传统哲学和罗素分析哲学的结合，构造一个“三结合”的体系，在40年代写作了天人五论，即《哲学思维论》《知实论》《事理论》《品德论》《天人简论》。天人五论既不同于熊十力新唯识论、冯友兰新理学等体系，也不同于当时流行苏联马克思主义哲学。天人五论的前两论用马克思主义哲学和西方哲学的概念范畴，后三论用中国哲学的概念范畴，是中国哲学现代化、马克思主义哲学中国化的最初尝试，还很不成熟，而且至80年代才出版。[②]

艾思奇提出哲学大众化之后，又提出哲学中国化、现实化的运动。在延安、重庆等地就马克思主义哲学中国化（在国统区重庆叫“学术中国化”）展开了讨论，但是由于对中国哲学缺乏研究而成果不大。李达、艾思奇、侯外庐等也都没有建构起中国化马克思主义哲学体系。

---

① 转引自方克立：《张岱年与二十世纪中国哲学》，《中国社会科学》2005年第1期。

② 《张岱年全集》第7卷，河北人民出版社1997年版，第433页。

中国“化”马克思主义哲学最成功处，是在政治哲学和意识形态层面，这就是毛泽东哲学思想和邓小平哲学思想。而在一般文化和生活世界层面，不少学者认为，只有冯契（1915—1995 年）的“智慧说”融马克思主义哲学、中国传统哲学和西方哲学于一体，可以自成一家之言，是 20 世纪 90 年代中国化马克思主义哲学的新形态，是专业哲学家建构的第一个学术层面的马克思主义哲学中国化的逻辑体系。它有独特的研究宗旨和问题域：转识成智问题、价值论中的自由问题。它有自己的范畴体系，形成了“疑问”“意见”“统觉”“智慧”等新范畴。它提出了新命题：“化理论为方法、化理论为德性”。智慧说是马克思主义的，又地地道道是中国的。[①] 他把“智慧说”展开为三部书：《认识世界和认识自己》《逻辑思维的辩证法》《人的自由和真善美》。

《新民主主义论》对中国百年来政治思想上的古今中西之争做了历史性总结，提出“能动的革命的反映论”范畴，体现了实践唯物主义精神。冯契进一步发挥：实践不仅具有获取知识的功能，也具有获得智慧的功能。实践能够推动人的认识由“知识真理”转化为对“性与天道”及整个宇宙人生“终极真理”的认识。因此许多学者认为冯契哲学是马克思主义哲学中国化的另一个成果，不同于毛泽东哲学和邓小平哲学的另一种理论形态。

五、中国传统哲学现代化：中、马、西会通

在“新启蒙运动”过去 60 多年后，高清海重新提出要“创建中华民族自己的哲学理论”，认为哲学是人对自身生存根基和生命意义的反思，提升人的自我意识和生存自觉，因而哲学有强烈的个性和民族性，是民族之魂，标志着一个民族对它自身的自我意识所达到的广度与深度。创建当代中国自己的哲学新形态，实质就是要创造中华民族的“思想自我”，是中国人反思自己的生命历程、理解自己的生存境域、寻找自己未

---

① 以下见许全兴：《马克思主义哲学中国化的新突破——读冯契的“智慧说”》，《吉林大学学报》2005 年第 5 期；王向清：《“智慧”说及其对马克思主义哲学中国化的贡献》，《哲学动态》2006 年第 5 期。

来发展道路的内在要求和迫切需要。①

因此中华民族文化的现代化，是包括了外来文化的中国化而又是后者所不能替代的。提出经中、西、马会通而实现中国哲学的现代化，当然是一个更为大气的命题。它不仅包括了马克思主义“化”中国哲学、中国“化”马克思主义哲学，还包括了中国“化”西方哲学，中国哲学“化”中国现代化实践诸命题。

中国哲学的主体性地位，决定了它要在中、马、西哲学的会通融合中，实现自身的现代转换。马克思主义哲学中国化，被作为这场新哲学运动的合法性口号。中国哲学现代化提出的前提是：一是市场经济挑战了原有的社会结构和思想观念，人们的生活方式、价值观念、社会心理失去平衡，要求哲学回答时代的问题；二是市场、生产、文化的全球化运动，推动人类寻求普遍性价值的理念与原有民族意识、民族文化发生的冲突。

正是在此背景下，近20年来中国哲学突破了原有的研究范式，从范畴体系研究转向问题研究，在研究方法上从逻辑研究走向了历史研究，在基本问题域转向对中国现代化的实践与理论的研究、对中国现代化的历史问题和思想史的研究。马克思主义中国化理应以中国现代化为核心内容，中国化马克思主义哲学理应是中国现代化的理性精神。

20世纪初对现代化问题的辩论，在俄国展开于马克思主义与民粹派、自由主义之间，而中国则是在马克思主义与新儒学、自由主义之间展开的。中国现代化辩论第一次发生在19世纪末到20世纪30年代，第二次是20世纪90年代至今。两次辩论都是在马克思主义哲学与新儒学、自由主义之间展开。

第一次辩论中，新儒学主张“中体西用”，自由主义则主张全盘西化。两者都热衷于体用之辩，而疏忽了“西学中国化”，都未能用给定的机会解决中国现代化问题。是“马学中国化”使中国走上社会主义现代化道路，争论告一段落。

---

① 高清海：《中华民族的未来发展需要有自己的哲学理论》，《吉林大学社会科学学报》2004年第2期。

可是到“文革”结束和东欧剧变之后，思想文化上的“古今中西”之争再次发生。仍是反思器、政、文和经济制度，讨论中国器物现代化和市场经济之上，要建立一种什么样的政治文明和价值形态。这场辩论采取了马克思主义哲学与中国哲学、西方哲学对话的形式。马克思主义哲学、中国哲学和西方哲学都面临着挑战，挑战者是中国现代化的当下实践。20 世纪 20 年代以来和 90 年代以来，是 20 世纪中国历史上最开放的时期，也是中国学术思想空前活跃的时期。中国马克思主义哲学的发展同样需要开放的文化环境，不仅要会通西学，还要会通各国马克思主义及马克思学。

福特主义在工业生产中地位的确立，标志发展到组织化资本主义的新阶段，资本主义生产方式的改变，国家与市民社会关系的改变，使文化与意识形态问题突现。不面对资本主义的新发展，马克思主义研究将脱离现实。以上世纪 60 年代末至 70 年代初的“新左派”运动为契机，西方马克思主义发生了一次研究主题的重大转向，转向了对全球化、后工业社会的文化批判。一是在文化哲学的层面，如阿多诺等对启蒙的思考；二是大众文化研究层面，如本雅明对机械复制技术的讨论、阿多诺与霍克海默对文化工业的批判。技术的本质，就是人与存在的关系、人与客观真理的关系。

西方马克思主义者大都放弃“改变世界”的政治实践，这种政治实践只有组织成共产党才是可能的，他们都采取学者干预生活的方式。他们大都处在马克思、恩格斯曾经生活的国家，对马克思主义文本的视域更接近，把马克思主义哲学看成“实践哲学”和生活哲学。“生活是一个整体，当马克思谈到‘物质生活’‘社会生活’‘政治生活’和‘精神生活’的时候，他并不是说存在着四种毫不相干的生活，而是指一个存在论结构。”① “‘生活’或‘现实生活’是马克思哲学最基本的核心范畴。”② 葛兰西的“实践哲学”注重实践在马克思主义哲学中的核心地

---

① 马拥军：《小康社会与文明转型——生活哲学视野中的当代中国》，《华侨大学学报》2003 年第 2 期。

② 杨楹：《论马克思哲学的理论立场》，《哲学研究》2003 年第 8 期。

位，但“他把‘实践’理解为文化历史范畴，由此出发，‘实践哲学’的全部重心是研究意识形态的文化现象，其哲学的方法是‘绝对历史主义’。”① 把人、主体和主体性等范畴恢复或补充到马克思主义哲学中来，反对把马克思主义哲学看成是关于自然界、思维和人类社会一般规律的学说，反对反映论，反对自然辩证法。葛兰西“反对的是‘唯物主义的一元论’，而与此同时主张‘实践一元论’”，“他所提出的‘世界统一于实践’的命题言简意赅地概括了‘西方马克思主义’。”②

这些都影响到“物质本体论”的中国马克思主义哲学，从而引发了从“传统本体论”向“现代本体论”的转向：一是主张“物质本体论”和“实践本体论”并存的“二元本体论”；二是主张“实践本体论”。马克思承认在人类社会出现之前有一个无人存在的世界，但他反对谈论脱离人的世界，这是“二元本体论”的局限。但是纯粹的“实践一元论”忽视了物质存在这个基础，则无法解释世界。

近年最引人注目的马克思主义中国化研究事件，是文本学、解释学方法的兴起，而这又是由“马克思学”热而引发的。二战后出了吕贝尔、费切尔、巴特莫尔等一批“马克思学”学者。③“马克思学”在上个世纪60、70年代被作为国外学术思潮、“资产阶级言论”，刊于“内部参考”资料上，含于苏联马克思主义研究专著的批判中。70年代后期到80年代《马克思恩格斯全集》中文第一版（尤其是第40至50卷补卷部分）翻译出版，“青年马克思”问题的讨论、《资本论》及其手稿的研究等一批国外马克思研究成果也介绍到国内。当时对“马克思学”的代表人物胡克、科拉科夫斯基的评介，一是批判，二是作参考资料以服务于其他任务，并非对研究对象的客观分析和历史考察，多是沿用苏联或西方学者的说法，着重文献资料的译介。

进入90年代以来，摒弃以前“印证原理＋裁减文句”的研究方式，

---

① 何萍：《全球化与中国马克思主义哲学的命运》，《江淮论坛》2000年第1期。

② 陈学明：《“西方马克思主义”命题辞典》，东方出版社2004年版，第141页。

③ 周嘉昕：《“马克思学”与中国化马克思主义哲学新形态建设》，《哲学研究》2007年第8期。

几年间出了一批综述性批判性的研究成果，主要是批判“马克思学”抽去马克思主义对资本主义的批判、放弃社会主义革命目标的“肢解马克思”的倾向。①认为“马克思学”在对马克思恩格斯思想的“纯学术性”研究后面深藏着隐蔽意识形态。②其研究立场是不能“根据马克思学说的宗旨来阐释马克思的著作，运用马克思主义的观点和方法来研究马克思主义”。③但“马克思学”的许多理论观点和学术成果，对国内学者视野的开拓以及文献研究的深化有推动作用。

随着苏联解体、苏联马克思主义的衰退，冷战意识形态斗争产物的“马克思学”也受到西方马克思研究学者的摒弃而一度不景气。但是苏东国家的马克思主义研究者，随着马克思主义丧失主导地位而放弃对马克思主义的政治讨论、将重点转向马克思恩格斯生平思想的历史研究之后，“马克思学”随之再次以非意识形态的“纯粹学术研究”立场吸收新的力量，获得新的发展。特别是 MEGA2 研究近年来也表现出一种与“马克思学”方法合流的趋势。

东欧剧变后，中国的马克思主义理论工作者得以最后摆脱苏联传统哲学模式的束缚，在“马克思与我们同行”“回到马克思”“走进马克思”口号下，深入到马克思历史文本中研究。“马克思学”也在中国由批判对象而变成师法的对象，成为马克思文本研究的标本。“马克思学”与马克思主义研究之间的边界被模糊化，“马克思学”所具有的非（反）马克思主义的意识形态本质及其方法论被弱化。

近年“马克思学”之所以在中国能够获得发展，一是世界社会主义运动的低潮等外部环境的因素，二是中国马克思主义研究的微观环境，如《马克思恩格斯全集》历史考证版（MEGA2）问世的影响。MEGA2 相关文献自上世纪 80 年代初已介入国内的相关讨论，90 年代中期以来随着《全集》中文新版的出版以及直接以之为基础的一批研究成果的出

① 陈先达等：《被肢解的马克思》，上海人民出版社 1990 年版，第 5 页。

② 徐琳、唐源昌：《恩格斯与现时代》，中国人民大学出版社 1995 年版，第 216－221 页。

③ 孙伯鍨、曹幼华等：《西方“马克思学”》，江苏人民出版社 1992 年版，第 1 页。

现而备受关注，对它的跟踪研究逐渐成为热点。

不过中国学者大都认为，强调中立立场和实证方法的“马克思学”并没有成为科学，因为它摆脱不了隐性意识形态。[①] 马克思主义不是一种可以囿于学科体制中的“学问”和学科，而是一种“改变世界”的立场、观点和方法。阿尔都塞说“运用马克思主义哲学来研究马克思，不但对于理解马克思，同时对于建立和发展马克思主义哲学，都是绝对的前提条件”。[②] “马克思学”里的研究主体与客体之间的关系是外在的，而马克思主义的研究主体，是客体的信仰者。

吸收西方哲学思想资源，以马克思主义哲学为主导，实现中、西、马哲学“综合创新”，是近年哲学界屡提的一个话题。有专家认为至少有三次规模和影响较大的研讨会与此主题紧密相关：一是 2003 年 9 月桂林的“全球化语境中的文明冲突与哲学对话：中哲、西哲、马哲专家论坛”；二是 2004 年 3 月中国人民大学的“重写哲学史与中国哲学学科范式创新”学术研讨会，讨论中国哲学的“合法性”、中国哲学学科范式的创新、重写中国哲学史的前提和方法；三是 2004 年 10 月北京师范大学“马克思主义哲学的当代价值及其体系创新”学术研讨会，讨论会通“中西马”、建构当代中国哲学新形态。[③]

① 胡大平：《穿越西方“马克思学”神话，走向马克思主义哲学的深处》，《福建论坛》2006 年第 4 期。

② 阿尔都塞：《保卫马克思》，商务印书馆 1984 年版，第 43 页。

③ 赵剑英：《建构中国化马克思主义哲学新形态的再思考》，《南京大学学报》2005 年第 6 期。

结　语

马克思主义中国化研究的基础学科是原典马克思主义理论与苏俄马克思主义理论，中共党史与中国化马克思主义，中国现代思想史与中国文化史。马克思主义是马克思主义中国化的理论来源，中共党史与中国化马克思主义则是其实践展开及其成果。马克思主义中国化研究学术史，内含于中国现代思想史中。

“马克思主义中国化研究”学术史的对象是90年的研究历史，其内容异常丰富，但至今只有少数几部专著。目前研究现状基本是就某一专题的一些零星综述。对研究意义、研究内容、基本思路、基本方法和学术要求都缺乏讨论，对一些关键性概念、它与“马克思主义中国化进程史”的不同，也都没有厘清。有学者评论说：“目前研究中存在一个重大的空白就是对马克思主义中国化学术史的研究。人们对马克思主义中国化的探索也快一个世纪了，但是，到目前为止，理论界对我国马克思主义中国化研究史却关注不够。少数学者撰文叙述过国内马克思主义中国化研究的学术分期、研究现状和未来研究应解决的部分问题，但显得势单力薄，未能形成学术气候。一门学科的发展史是其重要的生命支撑，所以，系统梳理、研究和评析马克思主义中国化研究的学术史，总结马克思主义中国化研究的经验和存在的问题，从中提炼出规律性的认识和结论，是我国理论界亟待开展的工作。”①

“马克思主义中国化研究学术史”应如何写？要力戒写成“马克思主义中国化的历史进程”，它不是去重复几百部著作和万余论文已经写的东西，而是要写成“研究的学术史”，是以所研究问题和研究者个人为

---

① 梅荣政、杨军：《揭开马克思主义中国化研究的理论新篇》，《武汉大学学报》2005年第1期。

经纬来组织学术史的框架。所研究问题包括：（1）此问题对马克思主义学术的意义。（2）谁最早提出问题并初步分析了它。（3）谁推动了此问题的研究。（4）谁解决了此问题。（5）历史的局限性：问题遗留的问题。

关于国内外研究现状及研究意义。“马克思主义中国化研究”这一学科的设置虽只是最近10几年的事，但“研究”却是早已存在，与“马克思主义中国化”理论运动同时发生。如果以1918年第一个中国人声明信仰马克思主义为起点，则“第一次飞跃”到1949年及1956年，耗时38年完成，而对其研究迄今已90余年了。其间又发生“第二次飞跃”及对其研究，由此提供了对两次飞跃作比较研究的条件，引发“马克思主义中国化”研究的空前繁荣。仅搜索新时期30年以“马克思主义中国化”为主题的论文就有10561篇，直接以之为篇名的1886篇，专著300余部，这里还未包括含此内容的论著（对毛邓思想理论的研究会是十倍于此）。研究逐年升温，检索近三年权威期刊发表此篇名的论文：2005年为70余篇，2006年120余篇，2007年240余篇。这就带起一个被称为全国最大学科之一的“马克思主义中国化研究”，就其博士硕士点数、就导师和研究生数、就论著产生数，都堪称庞大。

但是，至今尚未出一本对如此繁盛研究进行历史考察的学术史著作。境内外学者在对毛泽东周恩来邓小平等中共领导人的研究中、对毛泽东思想和中国特色社会主义理论的体系、精髓、功能、价值及其实践研究中，对中共党史和民国史、共和国史的研究中，实际上已就“马克思主义中国化”的诸理论问题有过大量的长期的研究，成果累累，学派不少。尤其在国内，这种研究一直据于强势主流地位，只是在过去碍于前苏共的质难，较少标示为“马克思主义中国化”或“中国化马克思主义”之研究，而长期只提“相结合”这一无懈可击的命题。到新时期，胡乔木生前出于某种考虑也曾主张不那样提，上世纪末学者开始“复兴”这一提法，并且愈用愈盛。到本世纪初，党的领导人也开始采用这一简捷而意旨更加明确的提法，2005年“马克思主义中国化研究”二级学科设置，研究越加大张旗鼓。

国内这种学术史的研究尚在起步阶段，一些零散成果分见于少数

“研究综述”论文中。近年所出一些以“马克思主义中国化”“中国化马克思主义”或“毛泽东思想”“邓小平理论”冠名的研究、概论、历史进程、发展概论、发展史著作中，鲜有系统回顾前期研究者的。直接标示为国内或国外毛泽东思想邓小平理论“研究述评”的专著，仅十几部。这些论著一般是近年研究的述评，而未回溯历史上的研究，且述多评少，堆积材料。不少学者呼吁：对“马克思主义中国化研究”的90年学术积累，亟待进行系统梳理与学术史考察，这是“一个薄弱环节”。全国社科基金2002年以后始立以“马克思主义中国化”为题的诸项目，但到2008年之前从未立学术史项目。

学术史研究具有较大学术价值，马克思主义中国化研究作为一个二级学科设置，在学科体系上是否有充分的学术依据？有没有深厚的学术积累？我们钩沉搜微、去陈采新，做成一部资料翔实的马克思主义中国化研究学术史，以期“引玉”更多的此类学术史著作。回顾整理自五四时期“马学东渐”以来的“马克思主义中国化研究”学术史，尤其近年以来与马克思主义中国化相涉的研究，专著以百计，论文上万，在数量上远超历史上任何时期，显得十分繁荣，这就需要学术史角度的评估。如果与五四以降的老一辈的学者作纵向一比，这一时期虽队伍浩大，却几无大家，大都是话语、方法与视角上的出新，结论多是重复过去的定论，新意之作较少。学术史荟萃前人和今人的研究成果精要，展示理论界学术界对马克思主义中国化的长期研究所达到的成就。

主要参考文献

［1］《建国以来毛泽东文稿》（第1—8册），中央文献出版社1992年版。

［2］《毛泽东文集》（第1—8卷），人民出版社1993—1999年版。

［3］《毛泽东早期文稿》，湖南出版社1990年版。

［4］《建国以来重要文献选编》（第1—20册），中央文献出版社1998年版。

［5］《李大钊文集》，人民出版社1984年版。

［6］《瞿秋白文集》，人民出版社1993年版。

［7］《蔡和森文集》，人民出版社1980年版。

［8］《恽代英文集》，人民出版社1984年版。

［9］《李达文集》，人民出版社1980年版。

［10］杨明斋：《评中西文化观》，上海书店1991年版。

［11］张申府：《什么是新启蒙运动》，上海生活书店1939年版。

［12］贺麟：《五十年来的中国哲学》，商务印书馆2002年版。

［13］张君劢等：《科学与人生观》，黄山书社2008年版。

［14］何干之：《中国社会性质问题论战》，上海生活书店1937年版。

［15］胡乔木：《胡乔木回忆毛泽东》，人民出版社1994年版。

［16］吴冷西：《忆毛主席》，新华出版社1995年版，第9页。

［17］陶德麟、何萍：《马克思主义哲学中国化：历史与反思》，北京师范大学出版社2007年版。

［18］郑谦：《延伸与准备：新中国成立后马克思主义中国化的曲折历程（1949—1978）》，中共党史出版社2009年版。

［19］何萍、李维武：《马克思主义中国化探论》，人民出版社2002

年版。

［20］安启念主编：《马克思主义中国化研究》，中国人民大学出版社 2006 年版。

［21］李大钊：《再论问题与主义》，《每周评论》第 35 号，1919 年 8 月 17 日。

［22］胡适：《四论问题与主义——论输入学理的方法》，《每周评论》第 37 号，1919 年 8 月 31 日。

［23］梁启超：《复张东荪书论社会主义运动》，《改造》第 3 卷第 6 号，1921 年 2 月 15 日。

［24］张东荪：《社会主义研究宣言》，《时事新报》副刊“学灯”，1921 年 9 月 16 日。

［25］郭沫若：《社会发展阶段之再认识》，《文物》第 1 卷第 2 期，1936 年 7 月。

［26］陈序经：《乡村文化与都市文化》，《独立评论》第 126 号，1934 年 11 月。

［27］胡秋原：《亚细亚生产方式与专制主义》，《读书杂志》第 2 卷第 7、8 期合刊，1932 年。

［28］张如心：《学习和掌握毛泽东的理论与策略》，《解放日报》1942 年 2 月 18 日第 3 版。

［29］胡绳：《思想方法和行的方法》，《新学识》第 1 卷 10 期，1937 年。

［30］杨松：《关于马列主义中国化的问题》，《中国文化》1940 年第 1 卷（5），1940 年 7 月 25 日。

［31］嵇文甫：《漫谈学术中国化问题》，《理论与现实》1940 年第 4 卷。

［32］龚育之：《马克思主义中国化与“异端”问题》，《中共党史研究》2007 年第 3 期。

［33］石仲泉：《马克思主义中国化的历史发展》，《中共党史研究》2006 年第 4 期。

［34］郭德宏：《近十年马克思主义中国化研究述评》，《党史研究与

教学》2004 年第 4 期。

［35］鲁振祥：《“马克思主义中国化”解读史中若干问题考察》，《中国特色社会主义研究》2006 年第 1 期。

［36］张一兵：《思想构境论：一种新文本学方法的哲学思考》，《学术月刊》2007 年第 5 期。

［37］郭建宁：《马克思主义中国化的文化解读》，《北京行政学院学报》2007 年第 1 期。

［38］王南湜：《问题、进路、方法：马克思主义哲学研究新的学术制高点上的思考》，《学术月刊》2007 年第 5 期。

［39］郑又贤：《马克思主义中国化研究的思想方法审视》，《马克思主义研究》2006 年第 5 期。

［40］陈海飞：《马克思主义中国化研究的解释学审视》，《马克思主义与现实》2007 年第 6 期。

［41］彭兴伟：《释义学语境下的马克思主义中国化——马克思主义阶级学说在中国的“效果历史”》，《中南民族大学学报》2007 年第 6 期。

［42］陈晏清、杨谦：《马克思主义哲学中国化的实践版本和理论版本》，《哲学研究》2006 年第 2 期。

［43］袁吉富：《马克思主义哲学中国化的若干基本问题》，《哲学研究》2007 年第 4 期。

［44］皮家胜：《解释学：马克思主义哲学中国化研究的新维度》，《哲学研究》2005 年第 11 期。

［45］陶德麟：《马克思主义中国化的两个前提性问题》，《武汉大学学报》2005 年第 2 期。

［46］郭建宁：《马克思主义中国化研究的历史、现状与方法论》，《毛泽东邓小平理论研究》2005 年第 5 期。

［47］王福生：《范式转换与中国化的马克思主义哲学新形态的建构——第五届“马克思哲学论坛”学术综述》，《吉林大学学报》2005 年第 5 期。

［48］李建勇：《马克思主义“化”中国与中国“化”马克思主义——关于马克思主义中国化的一种逻辑分析》，《学术论坛》2006 年第

10 期。

［49］叶险明：《关于马克思主义中国化的历史和逻辑研究中的两个问题》，《哲学研究》2001 年第 2 期。

［50］安启念：《马克思主义哲学中国化：规律和形态》，《中国人民大学学报》2005 年第 3 期。

［51］谭培文：《马克思主义中国化究竟是何以可能的》，《马克思主义研究》2006 年第 2 期。

［52］鉴传今：《“一个未完成的计划”，关于马克思主义哲学中国化的思考》，《哲学研究》2006 年第 6 期。

［53］王福生：《范式转换与中国化的马克思主义哲学新形态的建构——第五届“马克思哲学论坛”学术综述（杨耕发言）》，《吉林大学学报》2005 年第 5 期。

［54］海德格尔：《存在与时间》，上海：三联书店出版社 1987 年版。

［55］黑格尔，杨一之译：《逻辑学》（上卷），北京：商务印书馆 1986 年版。

［56］伽达默尔：《真理与方法》，上海译文出版社 1999 年版，第 466 页。

［57］（美）本杰明·史华兹：《中国的共产主义与毛泽东的崛起》，中国人民大学出版社 2006 年版。

［58］（美）马克·塞尔登，魏小明、冯崇义译：《革命中的中国：延安道路》，社会科学文献出版社 2002 年版。

［59］（美）阿里夫·德里克，翁贺凯译：《革命与历史：中国马克思主义历史学的起源，1919—1937》，江苏人民出版社 2005 年版。

后　记

本书是2008年度国家社科基金规划项目“马克思主义中国化研究九十年学术史撮要”最终成果，这是国家社科基金第一次立项的马克思主义中国化学术史课题。这一课题培养过几届博士生，给予他们较高起点的学术训练，课题吸收了他们的学术成果和贡献。五年始成，2013年结项获国家级别优良鉴定。之后又断断续续作小修小改，将研究方法论20万字抽出另行谋篇，拟发展为一部30万字的独立著作。其间放弃过中山大学、教育部和一些文库、出版机构等的多次资助出版机会，不为所动。2016年度经广东省专家学者们评定，确定为“广东省马克思主义理论研究文库”资助项目，在此对资助者审稿者中共广东省委宣传部、编辑出版者广东人民出版社及予以优评的专家学者们表示感谢。

本书由周全华主撰并主持全书统稿修改。陈媛参与全书修改、规划、写作思路设计。陆茹参与全书修改、校对、英译。黄修卓、周全华合写第一、二、三、四、五章。周全华撰写第六章第一、二、四节，周全华、许冲合写第六章第三节。周全华撰写第七章第一节。吴炜、许冲合写第七章第二节。吴炜撰写第八章第一、二节。孟令蓉、周全华合写第八章第三节。周全华撰写第九章。周全华、郭万敏合写第十章。张华、周全华合写第十一章。张华、周全华合写第十二章。周全华、柳媛合写第十三章第一节。吴炜撰写第十三章第二、三节。周全华撰写第十三章第四节。

作者

2018年10月